PRACTICAL RESEARCH ON THE LAW PRINCIPLE
OF A SERVICE-ORIENTED GOVERNMENT
AND ITS HEAVY DIFFICULTIES

服务型政府的法学原理
及其重难点领域实务研究

主编 李延铸　　副主编 杜炳昌 蒋　文

四川大学出版社

特约编辑:娄义梦
责任编辑:吴雨时
责任校对:黄蕴婷
封面设计:远近文化
责任印制:李 平

图书在版编目(CIP)数据

服务型政府的法学原理及其重难点领域实务研究 /
李延铸编. —成都:四川大学出版社,2012.8
ISBN 978-7-5614-6101-3

Ⅰ.①服… Ⅱ.①李… Ⅲ.①国家行政机关-行政管
理-行政法学-研究 Ⅳ.①D912.104

中国版本图书馆 CIP 数据核字(2012)第 194047 号

书名 服务型政府的法学原理及其重难点领域实务研究

主 编 李延铸
副 主 编 杜炳昌 蒋 文
出 版 四川大学出版社
地 址 成都市一环路南一段 24 号 (610065)
发 行 四川大学出版社
书 号 ISBN 978-7-5614-6101-3
印 刷 成都白马印务有限公司
成品尺寸 142 mm×210 mm
印 张 11.75
宁 数 315 千字
版 次 2012 年 9 第 1 版
印 次 2012 年 9 月第 1 次印刷
定 价 32.00 元

◆读者邮购本书,请与本社发行科
 联系。电话:85408408/85401670/
 85408023 邮政编码:610065
◆本社图书如有印装质量问题,请
 寄回出版社调换。
◆网址:http://www.scup.cn

目　录

绪　论

第一章　关于服务型政府的行政法定位

第二章 建设服务型政府需要新型行政法

第三章　扁平化:服务型政府体制建设方向

第四章　公共服务均等化及其制度保障

第五章　公用事业公私合作及其主要法律问题

绪 论

一、从两个基础概念谈起

1. 什么是服务?

"服务"一词,在日常语言中的使用频率非常高,且在不同语境中有不尽相同的含义,难以尽述。然而,作为理性思维的基础性概念,"服务"主要有两种理解。

首先,从日常生活的角度理解,服务是指"为他人提供便利的行为",具有利他性、功能性和兼容性。例如,人们从甲地乘坐公共汽车出游到乙地。显然,提供这种交通服务的公司及其司乘人员,他们自己本身并没有旅行的需要,而是专门为顾客提供这种服务。这就是说,他们所实施的服务行为是利他性的。而且,尽管公共汽车公司为乘客们提供的服务需要具备车辆、站台等相应的物质性硬件,但是,他们所拥有的这些硬件设施并不像人们消费一般物质商品那样,会因为顾客的消费行为而致使物质商品本身被消耗殆尽或出现其他物理或化学性的质变。因此,这种社会服务活动区别于一般的物质性商品,主要是提供某种具有功能性的消费。另外,对于一般物质性商品的消费而言,该商品所能提供的效用只能惠及商品消费者本人,根本无法同时兼顾他人;而公共交通等社会服务则不同,在一定的范围内可以同时满足多个人的需求——故相对于一般物质性商品的消费而言,服务具有某种意义上的兼容性。

其次,从产业分类理论的角度理解,服务是指除第一、二产业以外的,具有职业性、无形性等属性的其他各行各业的总称。这里所谓的产业,是指"同类企业、事业的总和"①。根据国家统计局的标准,我国三大产业划分的具体概念是:第一产业包括农、林、牧、渔业;第二产业包括采矿业,制造业,电力、燃气及水的生产和供应业,建筑业;第三产业包括除第一、二产业以外的其他行业,包括交通运输、仓储和邮政业,信息传输、计算机服务和软件业,批发和零售业,住宿和餐饮业,金融业,房地产业,租赁和商务服务业,科学研究、技术服务和地质勘察业,水利、环境和公共设施管理业,居民服务和其他服务业,教育、卫生、社会保障和社会福利业,文化、体育和娱乐业,公共管理和社会组织,国际组织等。② 如果以提供服务的主体为标准进一步划分,上述各种具体服务行业还可以分为私人服务和公共服务两大类。其中,所谓的私人服务(Private Service),是指自然人或者法人等市场主体,以获取赢利为目的,遵循等价有偿、诚实信用、自由竞争等市场机制,向社会不特定人提供有关服务的活动。而公共服务(Public Service)则是指政府等公权组织以社会共识为基础,为了实现社会公共利益,维持本国或本地区社会经济的稳定和可持续发展,维护社会正义,保护个人的基本生存权和发展权,根据社会经济发展阶段和总体水平,提供必备公共产品的活动。

① 李悦主编:《产业经济学》,中国人民大学出版社,2004年版,第139页。
② 参见龚培著:《我国重新划分三次产业》,载《经济日报》,2003年5月23日。

从理论上讲,公共服务不同于私人服务,主要具有六个方面的基本属性。一是效用的不可分割性(Non-divisibility),如公共安全、公共卫生和环境保护等公共产品就具有整体性效用,不能简单地从数量关系或空间关系上进行再次分割。二是消费的非竞争性(Non-rivalness),即这种服务产品一旦被提供,就不可能排除任何人在不支付对价的条件下对它进行消费的情况。三是收益的非排他性(Non-excludablity),即在这种服务产品的供应过程中,增加某些人的消费并不会减少其他消费者的收益,也不会增加社会成本。换言之,社会不特定人享受这种公共服务时,并不会导致别人对该服务产品消费的减少。四是供应主体的特定性(Supply of the specific sexual),一般公共服务只能由依法确定资质的特定主体提供和维护。在现代社会,提供公共服务的公权组织主要包括:国家机关、有关政党或社会团体以及其他自愿者,其中最主要的是政府。公权组织为履行社会公共服务职能而提供的具体产品,称作"公共产品"。五是资源的公共性(Resources of the public),即公权组织在生产和维护这些公共产品时所使用的资源,并非是自己所私有的,而是全民或全社会所共有的。如上例所讲到的公共汽车公司在提供公交服务时,其运营的道路就不是自己所建造的,他们的车辆只能在有关部门已经建成的公路上行驶。而有关部门修建和维护公路的资金,主要是通过依法设置专项税费向全社会征集的,其土地则是通过公益征收而取得的。由此可判定,修建这类基础设施的资源具有公共性。六是社会必要性(Social necessity),即只有到了私人利益必须依赖这种公共产品,否则便无法得以实现之时,人们才可以通过公共选择机制来发现并形成社会共识,才能由相关适格主体生产和供应该公共产品。如上例中从事交通运输业务所需要的公路,就需要由有关部门进行规划和论证,只有从社会经济发展整体需要的角度充分证明,并为代表民意的机构确认其社会必要性为确实无误的事实之后,才能把珍稀的公共资源投入到某个具体的公路建设之中。

现实生活中,公共服务可以分为广、狭两义。狭义的公共服务,指主要通过发展城乡公共设施建设和教育、科技、文化、卫生、体育等公共事业,为社会公众参与社会、经济、政治、文化等活动提供基本条件和必要的保障。广义的公共服务,除了狭义公共服务之外,还包括政府所从事的经济调控、市场监管、社会管理等职能活动。由于考虑到我国特殊国情和语义分析传统,本书以狭义类公共服务立论,故非特殊说明,书中公共服务一词均在狭义的条件下使用。

2. 什么是政府?

在高度分工的现代社会,那种"日出而作,日落而息,帝力于我有何哉"的时代已经远远逝去,人们在每个角落都能够感受到"政府"的存在及其影响。然而,关于"政府"的科学概念,则是一个非常复杂的理论问题。大体而言,作为法律和政治概念,"政府"通常有两种理解。

一是广义的政府(State),即"政权",既是国家的基本要件之一,也是国家主权所有者实现统治的工具,因而具有强制性、主权性(自主性)等特点,通常具有镇压、保护以及对外代表国家等重要职能。在当代国家观念形成的过程中,生于德国的国际法学家奥本海曾作出重要的贡献。奥本海对国家的界定为:"当人民在他们自己的主权政府下定居在一块土地上之时,一个国家——以别于殖民地——就存在了。"[1] 因此,国家的存在必须具备四个法定要素:定居的人民、确定的领地、政府和主权。奥本海的这种观点现在已经为世界多数国家所认可,对我国学界的影响也很大。例如,已故的国际法学家王铁岩先生的有关论述,就沿袭了奥氏的这种观点。当然,这里存在着对西文"State"的翻译问题,如果将它译成"政权",则在理论上将更为妥当。故我国新一代的国际法学家,如赵建文教授,在其主编的《国际法新论》中,在介绍国家概念之时,就将国家四要素中的"政府"改为"政权组织"。显然,这种做法至少在语义学上显得更为科学通畅。

二是狭义的政府(Government),即主管国家行政事务的机关。

---

[1] 〔英〕劳特派特修订,石蒂、陈健译:《奥本海国际法》上卷第一分册,商务印书馆,1971年版,第96页。

近代工业革命爆发以来,各国在建立自己的政权组织时,纷纷采用分权制衡的模式,因而出现了淡化政治色彩而主要从事相关执行性事务的国家机关——行政机构。大体而言,当今世界各国所实行的分权制衡体制,主要有英国式的两权分立和法国、美国式的三权分立。但是,无论在哪种分权制衡体制中,其国家行政机关均为这种狭义的政府。由于本书主要是从行政法学的角度来讨论相关问题,需要在相对确定的条件下使用这些概念,故以狭义的政府立论。因此,在本书中,凡是没有作出特别说明,"政府"一词都是在狭义的条件下使用,即均指国家的行政机关。

不过,由于当代学科林立、理论交叉,我们在日常语言中往往受习惯性思维的影响,即常常出现把政府与国家相混淆的现象。对此,也需要给予必要的说明。

毫无疑问,如果依照各国通行的"主权在民"的基本理念,国家不仅是属于特定人民所有的,而且还是一个巨系统,无论是政权还是政府,都只是国家的某个组成部分或环节,它们是根本不能与国家画等号的。或者说,如果对于我们前文所讨论的广义政府——政权,可以明确无误地界定为国家构成"要素"之一,那么,对于狭义政府——行政机关,它就只能是国家"要素的要素"。但由于自近现代以来,各国均把外交权界定为行政权而交由政府执掌,令其在本国与其他国家的交往中代表国家或国家利益,这就给人一种错觉——仿佛政府就是国家的代言人。而且,当时经典作家是在现代国际法学尚未完全成熟的语境中讨论许多与国家紧密相关的问题,后人又不加分辨地生吞活剥,因而出现将日常生活中的错觉演化为与相关领域基本语词混淆的现象。例如,列宁在《国家与革命》中写道,"国家是阶级矛盾不可调和的产物"[1],"国家是剥削被压迫阶级的工具"[2]。对于第一个论断,显然没有什么歧义,因为这是对恩格斯有关观点的转述;但对于第二个论断,显然存在着一些容易让人误解的地方。

---

① 列宁:《国家与革命》,人民出版社,1964年版,第6页。
② 列宁:《国家与革命》,人民出版社,1964年版,第12页。

恩格斯曾写道:"国家绝不是从外部强加于社会的东西。国家也不像黑格尔所断言的是'伦理观念的实现','理性的形象和现实'。毋宁说,国家是社会在一定发展阶段上的产物;国家是表示:这个社会陷入了不可解决的自我矛盾,分裂为不可调和的对立面。而为了使这些对立面,这些经济利益互相冲突的阶级,不致在无谓的斗争中把自己和社会消灭,就需要有一种表面上驾于社会之上的力量,这种力量应当缓和冲突,把冲突保持在'秩序'的范围内;这种从社会中产生但又自居于社会之上并且日益同社会脱离的力量,就是国家。"① 恩格斯还认为,国家是通过"部分地改造氏族制度的机关,部分地用设置新机关来排挤它们,并且最后全部以真正的国家权力机关来取代它们而发展起来的;受这些国家权力机关支配的,因而也可以被用来反对人民的,武装的'公共权力'……代替了氏族、胞族和部落,只能够自己保卫自己的真正的'武装的人民'"。② 显然,在恩格斯这部著作中,"国家"与"国家机关"是严格区分的两个概念。前者是"从社会中产生但又自居于社会之上并且日益同社会脱离的力量",后者是通过改造或替代氏族制度的机关而发展起来的。

那么,按照恩格斯在《家庭、私有制和国家起源》中所建立的这种逻辑,列宁关于"国家是剥削被压迫阶级的工具"的论断,就应当理解为"国家机关(或国家机器)是剥削被压迫阶级的工具"。因为,国家是属于全社会或全体人民的,至少在"表面上"是凌驾于经济利益互相冲突的阶级之上的。因此,如果把国家视为统治阶级的工具,那么,国家就不能居于社会之上,也不能凌驾于经济利益互相冲突的阶级之上。这样一来,就必然会出现这种命题:"国家既是居于社会之上,又不是居于社会之上的。"或者,"国家既能缓和阶级冲突,又不能缓和阶级冲突"。毫无疑问,这是一种典型的逻辑矛盾。这就是说,如果把列宁的第二个论断理解为"国家机器是剥削被压迫阶级的工具",就可以避免这些逻辑矛盾,使经典作家的理论更为严

① 《马克思恩格斯选集》第四卷,人民出版社,1972年版,第166页。
② 《马克思恩格斯选集》第四卷,人民出版社,1972年版,第105页。

谨。但是,这样又将产生另外一个文献学方面的问题。

我们知道,尽管恩格斯在1884年出版的《家庭、私有制和国家起源》中,小心翼翼地避免把"国家"与"国家机关"这两个概念弄混淆,维持了该书自身逻辑的严谨,并且也明确地回避了所谓"国家是阶级斗争的工具"的观点,但他在为马克思《法兰西内战》1981年单行本所写的导言中,则有了这样的文字叙述:"实际上,国家无非是一个阶级镇压另一个阶级的机器,这一点即使是在民主共和制下也丝毫不比在君主制下差。"① 接下来,恩格斯又写道:"国家最多也不过是无产阶级在争取阶级统治的斗争胜利以后继承下来的一个祸害;胜利了的无产阶级也将同公社一样,不得不立即尽量除去这个祸害的最坏方面,直到在新的自由社会条件下成长起来的一代能够把这全部国家废物完全抛弃掉为止。"② 显然,从这段话中可以逻辑地推导出这样的命题:不同历史时期的国家都是特定条件下的产物,即当时各个利益冲突的阶级为了缓和矛盾,防止在无谓的斗争中把自己和社会统统摧毁,那么,一旦这些相互矛盾的阶级有谁被历史淘汰,其相对立的阶级也就没有必要按照原来的模样继续保留下来,必然会以新兴的面孔组建成新的社会存在,并在一定的社会生活中与另外的社会力量构建成新的社会均衡,形成新社会,甚至新国家。这就是说,国家的这种历史现象在实质上是不可能出现"继承"的。这就像老黑格尔所说的那样,"人不能两次进到同一条河流"——人们也不能在不同的历史长河中构建同一个"国家"。但是,国家机关(或国家机器)则可能发生"继承"——统治集团易位后,新的执政团队可以对旧的国家机器进行接受和改造。所以,如果将上述论断中的"国家"理解为"国家机关(或国家机器)",就可以顺理成章地了解经典作家的思路。而且,作为旁证,恩格斯在这篇导言中还写道:"为了防止国家和国家机关由社会公仆变成社会主人——这种现象在至今所有的国家中都是不可避免的——公社采取了两个正确的方

---

① 《马克思恩格斯选集》第二卷,人民出版社,1972年版,第336页。
② 《马克思恩格斯选集》第二卷,人民出版社,1972年版,第336页。

法。第一,它把行政、司法和国民教育方面的一切职位交给由普选出的人员担任,而且规定选举者可以随时撤换被选举者。第二,它对所有公职人员,不论职位高低,都只付给跟其他工人同样的工资。"①这里,尽管恩格斯把"国家"与"国家机关"混用,但是,他在后文中所提到的两个办法,实际上都只是对"国家机关"而言的。因此,将"国家"与"国家机关"作必要的区分,在经典作家的著作中已经有了先例。

由于我们过去曾生吞活剥地阅读经典著作,导致了基本术语的紊乱,甚至引起了一些不必要的思维混乱。这种情形的存在,致使我国关于政治法律基础理论的研究出现了一些不应当有的真空。如果这些基础性问题不能妥善解决,我们就难以彻底清除阶级斗争的惯性思维,也难以真正地界定人民政府的法定职能,难以表达时代呼唤新型政府的呼声。

二、关于本书的研究领域与研究任务

1. 关于建设服务型政府研究的兴起与主要观点

作为一个全新的概念,"服务型政府"的提法主要是在中国当代特定语境之中产生的。其词源,同德国的"服务行政"相类;其理念,同西方发达国家当代行政改革相近。在经历了经济高速发展和社会生活急剧变化之后,我国学者根据深化改革和应对全球化挑战的实践需要,在学理上开始深入探讨"服务行政"和"政府治理"等具有前沿意义的学术命题,引起了国人的高度关注。特别是在加入世界贸易组织和应对"非典"疫情的挑战之时,学者们对我国政府的法定职能进行了深刻地反思,并提出了强化政府公共服务职能作为行政体制改革基本方向的重要主张。由于这种研究思路和研究结论能够切

---

① 《马克思恩格斯选集》第二卷,人民出版社,1972年版,第335页。

中时弊,反映社会生活发展规律,因而引起了党中央领导的高度重视。2004年,温家宝在中央党校讲话,正式提出"建设服务型政府"的思想,并将这种理念写入了2005年的"政府工作报告"。2007年,胡锦涛作十七大政治报告,将"加快行政管理体制改革,建设服务型政府"作为重要理念,用来论述党在社会主义民主建设、政治体制改革中的任务和目标。这时,建设规范性服务型政府,已经成为全党的重要共识,并有力地推动了改革开放向纵深方向发展。由于建设服务型政府涉及有关法律制度的完善和政治体制改革等深层次的问题,不仅需要进一步解放思想,大胆实践,还需要加强有关理论探索的力度。就笔者所搜集到的资料看,近年来国内关于服务型政府研究的主要成果,大体可以分为以下几个方面。

(1)关于服务型政府的科学内涵

我们知道,科学思维总是要求通过给出科学定义的形式来揭示概念的内涵,以明确其反映对象的本质属性。然而,由于提出"服务型政府"的概念,其本身就是一个重大的理论创新,按照传统的理论框架是无法给出其科学定义的,故需理论界为之进行积极的探索。大体而言,国内学者在这方面的研究,主要形成了以下三个方面的代表性观点。

一是从社会分工的角度来界定。这种观点认为,由于公共服务的性质和供应方式决定平等的市场主体无力也不可能自愿地从事这种社会活动,只能由公权组织依法提供,因此,所谓"服务型政府",就是提供私人和社会无力或不愿提供的、却又与其公共利益相关的非排他性服务的政府。这就是说,在新的历史条件下出现新的社会分工,致使政府由原来的控制者改变为兴利者、服务者,政府所确立行政目标的机制也从机关意志和首长决策转变为发现民意、遵从民意,并以民众的愿望和合法期待来鞭策自己,其核心职能也由经济管理转移到公共服务。①

---

① 参见中国海南改革发展研究院编:《建设公共服务型政府》,中国经济出版社,2004年版,第19页。

二是从政府职能演变的角度来界定。这种观点认为,政府的法定职能并非一成不变,而是随着社会、经济的发展而不断发展。具体地说,所谓"服务型政府",就是指政府由原来的强制性控制为要务转变为传输公共服务为要务,其行政目标由引领经济增长转移到生产和供应公共产品。这时,过去一直争论不休的"管理"与"服务"的关系可以理顺,即"管理是手段,服务是目的"。这就是说,服务型政府科学内涵的界定具有历史针对性,旨在根据社会主义市场经济建设的发展而确立新型的政府职能和机制。显然,这是针对我国在计划经济条件下建立的以计划、指令和行政管制为主要手段大包大揽各项社会事务的管制型政府,而提出的一种新型现代政府的治理模式。①

三是从社会与政府的关系来界定。这种观念认为,从主权在民的基本价值取向看,政府和社会并不是矛盾的,但传统的管制型政府把管理绝对化,因而出现了行政权凌驾在社会之上的情形。因此,所谓"服务型政府",就是指回归自己社会"公仆"本质的政府,其工作目的、工作内容、工作程序和工作方法都需要遵从民意,依法给公民和社会提供方便、周到和有效的公共帮助,促进社会的稳定和发展。这就是说,我们要建设服务型政府,就是要让人民政府重新回归自己的本质,即在公民本位和社会本位的理念指导下服务于社会,促进和保障民主制度的建立和完善。在这种公共服务关系中,服务主体是各级政府及其工作部门,服务对象是公民、组织和社会,服务宗旨是"权为民所用"、"心为民所系",服务方式应当公开、透明并随时接受人民群众的监督。②

显然,尽管上述三种观点分别有自己独特的理论视角,但其所得的结论中,存在着许多同构性。这种理论耦合的出现,说明大家所期望的服务型政府,至少应当满足这样几种属性:①努力提供并忠

---

① 张康之著:《行政道德的制度保障》,载《浙江社会科学》,1998年第4期。
② 吴玉宗著:《服务型政府:概念、内涵与特点》,载《西南民族大学学报》(人文社科版),2004年第2期。

实地守护公共利益;②主要是通过提供公共服务而非强制性管制来实现社会治理;③遵从民意并成为社会的"公仆";④其职权、职能和行使方式都应当具有公开透明性。

(2)关于服务型政府建设的历史必然性

由于服务型政府建设涉及行政体制和机制的转变,在客观上会出现某种微妙的利益调整,因而需要在达成共识的基础上采取共同行动。充分揭示建设服务型政府的历史必然性,可以为相关体制的改革赢得更多的理解和支持。这样,关于建设服务型政府具有历史必然性的理论证明,便成为该项研究的基础性工作。从文献资料看,关于建设服务型政府是社会发展必然趋势的理论证明,主要有以下三种代表性思路。

一是张康之提出的关于政府治理模式发展变化的证明模式。他们认为,政府治理模式的发展变化可以分为三个阶段:盛行于农业社会的专制型行政模式,可以称作"统治型政府";马克斯·韦伯所设计的,与工业社会相适应的职业官僚型行政模式,可以称作"管理型政府";随着后工业社会的来临和治理理念变化而兴起的"服务型行政模式",可以称为"服务型政府"。[①]

表一

社会历史基础	农业社会	工业社会	后工业社会
社会治理模式	统治型社会治理	管理型社会治理	服务型社会治理
社会治理途径	"权治"(依权治理)	"法治"(依法治理)	"德治"(依德治理)
社会治理手段	"权制"	"法制"	"德制"

正如中国古代法家所云,"三代不同法而治,五霸不同法而王",每一种政府模式都有其社会经济基础,只要能够与自己的社会基础相适应,就是正确的、适合的模式。因此,政府模式从统治型、管理型到服务型的发展变化,其实反映了社会生产力的进步和发展,不能用"五十步笑一百步"的方式简单地"打棍子"、"扣帽子"。我国当前所要建设的服务型政府,旨在使政府职能进一步合理化、科学化,其

[①] 参阅张康之著:《寻找公共行政的伦理视角》,中国人民大学出版社,2002年。

本质就是要适应改革开放以来所出现的生产力进步和社会转型的形势,因而代表着不以人的意志为转移的社会发展规律。

二是刘厚金提出的政府历史模式的比较分析框架。[①] 通过这种比较分析,不仅可以从整体上把握政府职能转变的发展趋势,还可以更好地把握社会发展的趋势。

表二:关于三种政府范型的比较分析

比较的向度	政治统治型政府	经济建设型政府	公共服务型政府
理论认识基础	统治理论和集权理论	经济发展理论和企业管理理论	公共服务理论和公共管理理论
政府行为模式	以政治权威为中心,以政府机构和官员为本位,把人作为控制目标,政治统治是根本目的	以政府和官员为本位,把经济事务作为管理对象,以经济发展为根本目标	以社会和公民为本位,提供公共服务和产品,以公共服务为根本目标
组织权力体制	层级制、封闭制、垂直式结构	官僚制、封闭式结构	职能制、扁平结构
政府主导职能	政府统治为主导	经济发展为主导	公共服务为主导
公共利益概念	自身利益占超强地位	自身利益占主导地位,兼以实现社会公共利益为基础	社会公共利益占绝对地位
政策主体手段	道德自律、行政手段,政府是唯一主体	制度规范、行政手段,政府是唯一主体	市场化、社会化、与非政府公共机构甚至私人部门合作
行政自由裁量	无限裁量权	自由度大,存在随意性	有限性、责任性
公职人员激励	终身制、等级特权	以工资和公职保障为主要形式的利益驱动	社会价值和公共责任
与社会的关系	非良性	非良性,蜂窝状社会结构	良性,网状社会结构

如表所示,与服务型政府相比较的还有"政治统治型政府"和"经济建设型政府"等不同的范型。更为重要的是,这些不同范型的政府之间所出现的相变,不仅是组织结构的改进,更主要是思想观念、行为机制和角色定位的进化。因此,这种政府范型变迁的历史现象,在本质上反映了社会生活的进步与发展。从这个意义上讲,构建服务型政府,不仅意味着实现政府范型从原有的低级形态向更高级

---

① 参阅刘厚金著:《我国政府转型中的公共服务》,中央编译出版社,2008年版,第32页。

的形态的转变，其本身就具有进一步解放社会生产力的革命性意义。毋庸讳言，一旦明确了建设以公共服务为导向的服务型政府具有历史必然性，且具有巨大的历史进步意义，就会赢得人民群众更为广泛的支持和理解。

三是迟福林提出的我国社会发展需要政府进行职能转变的论证思路。他认为，就我国当前社会生产力发展水平看，中国人民需要政府提供三种基础性的公共服务：一是为企业、社会提供经济性公共服务，即通过有效的宏观经济调控和管理严格、规范的市场监管，及时公开地向全社会提供经济信息，提供最基本的基础设施等，为经济发展创造良好的社会环境。二是着眼于缓解社会矛盾，提供最紧迫的社会性公共产品或公共服务，比如，建立和完善从中央到地方的就业工作服务体系，提供基本的公共教育、公共医疗和社会保障等以实现人的全面发展。三是在经济转轨的过程中，为社会直接提供制度性的公共服务(而不是直接投资)，比如建立健全的现代产权制度、加快农村土地制度改革、建设一个良好有效的金融制度、建设有利于公平竞争的法律制度环境等，为人们对经济社会的发展带来长远的预期。① 也就是说，建设服务型政府就是要让政府能够更好地承担为社会提供公共产品的任务，这不仅是在新的历史条件下保障社会的有机整合和良性运转的需要，也是要满足我国广大社会成员日益增长的公共产品的需求。这样，关于服务型政府建设的理论研究，不仅要通过发扬学术民主而形成新的改革共识，还要在此基础上勾画出安排合理制度的蓝图，才能够清晰地给实际工作部门提供必要的理论指导。

显然，上述关于建设服务型政府必然性的理论论证，不仅是在批判传统政府模式及其行政理念的落后性，更为关键的是，还从社会历史发展规律与现实生活中找到了理论依据，并从中感悟到现代政府所应当承担的社会责任。

---

① 参阅迟福林著：《全面理解"公共服务型政府"的基本涵义》，载《人民论坛》，2006年5月。

(3)关于构建服务型政府的路径探索

文献资料显示,国内研究者都承认关于服务型政府建设的课题既具有前沿性又具有实用性,且按照这种前沿性和实用性应当拥有这样的理论要求——必须为实际工作部门提供选择路径的指导。显然,我们在这方面的研究尚嫌薄弱,还有待深入。不过,现有研究成果之中,也不乏真知灼见。以下,我们就将有关的代表性观点略作简介。

沈荣华认为,构建服务型政府就是要让政府职能向提供公共服务的方向转变,其路径依赖主要应该包括以下六个方面:①以公众为服务导向。其主要途径有二:一方面,扩大政府决策的公众参与;另一方面,建立关于政府公共服务的社会评价机制。因为,以服务受益对象的评价为主,不仅可以扩大公众影响力,还能够增强公共产品供应的针对性。②引入市场竞争机制。正如美国"建立企业家政府"的行政理念那样,要增进行政部门的执行力和效率,才能提高公共产品供应的有效性。③营造政府与社会的协作机制。政府要在市场经济条件下为全社会提供必要的公共产品,就必须注重并建立不同利益主体的诉求表达机制,否则,就难以发现民意和尊重民意。④推行绩效管理评估机制。建立以公共服务为取向的政府业绩评价体系和科学的行政问责机制,而这些机制需要建立在更加完善的信息公开制度的基础之上。⑤发展政府间协作。⑥强化政府责任。①

李军鹏认为,构建公共服务型政府必须处理好五个重大战略关系:①对于经济发展与公共服务的关系,应当以提供充足优质的公共服务为政府的首要责任;②对于市场服务与公共服务的关系,政府公共服务必须在服务于市场经济的前提下弥补市场失灵;③对于经济性公共服务与社会性公共服务的关系,政府应当由经济性公共服务为主逐步过渡到以社会性公共服务为主;④对于科教型公共服务与转移支付型公共服务的关系,应优先完善科教型公共服务;⑤对于公共服务

---

① 参见沈荣华:《提高政府公共服务能力的思路选择》,载《中国行政管理》,2004年第1期。

水平与公共服务覆盖面的关系,应以完善广泛覆盖的基本公共服务为基本目标。①

燕继荣认为,研究服务型政府建设的路径依赖,涉及界定政府与社会关系的问题,属于政治改革范畴,应当把它提升到政治发展战略的高度来考虑。而且,由于这是一个基础性的社会问题,具有相当大的复杂性,需要从政治制度建设的角度系统规划,统筹安排,尤其是应当从公民本位的角度,对政府理念、政府制度和政府行为等三个层面进行检讨和反思,按照时代精神实现政府再造,即实现政府与社会的互助合作、双向互动、共管共治。因此,构建服务型政府最值得大家神往的路径,应该是从建立公民参与的制度平台入手,鼓励作为"第三部门"的民间组织承担更多的社会责任。②

傅耕石则在其学位论文中,对服务型政府的构建提出了四个建议:①现代公民的培养是中国服务型政府构建的基础。培养现代公民,就是要培养公民的公民精神,即培养公民的公共精神、爱国精神、宽容精神以及批判与怀疑精神;还要培养公民的公民意识,即培养公民的权利意识、参与意识、公正意识、责任意识;更要培养公民的公民能力,即培养公民关于政治决策的认知能力、政治决策程序的发现能力以及将政治知识转变为政治行动的转换能力。②政治的民主化与法治化是中国服务型政府构建的前提。因此,需要加强基层民主建设;建构市民社会;健全民主制度、丰富民主形式与扩大公民有序的政治参与。③执政党执政能力的提升是中国服务型政府构建的关键环节。④政府转型与政府自身的建设是中国服务型政府构建的主要内容。③

客观地看,尽管这个方面的研究成果显得比较粗糙,过于原则,但仍然给实际工作部门提供了积极而又必要的理论指导。

---

① 参见李军鹏著:《关于建设公共服务型政府的思考》,载《中共天津市委党校学报》,2004年第2期。
② 参阅燕继荣著:《对服务型政府改革的思考》,载《国家行政学院学报》,2006年第2期。
③ 参阅傅耕石著:《服务型政府的构建:中国语境下的审视》,吉林大学博士论文,2007年6月。

2. 关于已有研究成果的简要评析

毫无疑问,我国学界关于服务型政府建设的理论探索,是当代改革开放和社会经济高速发展的产物,其研究成果直接反作用于有关的社会实践,且社会成效正面、积极。以下,我们从三个方面给予评析。

(1)充分体现学术民主的前瞻性

如前所述,我国关于服务型政府建设的概念及其相关理论的研究,最初是由学者们根据理论发展的需要而独立地提出来的。仅此而言,就已经能够充分显示社会科学对于促进社会进步、民族振兴所应当发挥的重要作用了。

从文献资料看,崔卓兰于1995年发表论文《行政法观念更新试论》,开服务型政府研究之先河。该论文率先提出了"服务行政"和"管理就是服务"等新理念,希望在此基础上建立符合市场经济机制的行政模式。在1998—2000年间,在大家关注政府职能与机构改革之际,张康之撰写论文《行政道德的制度保障》,正式提出"服务型政府"的概念,并称政府所实施的职权行为,都应当建立在社会服务原则的基础之上,即"管理是手段,服务是目的"。这就从理论上清晰地刻画出来,当我们确立了社会主义市场经济体制之后,政府面临自身改革时所应当选择和坚持的发展方向——建设服务型政府。

应当说,这种理论贡献对于中国社会发展具有重要的引导作用。因为,在相当长的历史时期,人民政府都是严格遵循我党"全心全意为人民服务"的宗旨来确定和履行自己的核心职能的。然而,在我们构建市场经济体制的过程中,有的学者和干部机械地照抄照搬了西方资本主义国家传统的行政管理学,甚至把行政等同于行政管理,从而导致中国政府一度将行政管理作为自己的基本定位,逐渐养成了脱离群众的不良风气,引发了许多社会矛盾。尤其是我国当代所进行的经济体制改革,主要是通过政府主导的模式而推动的,并因这场史无前例的改革开放运动又是在理论准备不足的条件下启动的,所以,政府在选择和实施某些具体改革措施之时,往往只好采用"摸着石头过河"的方式行事。这样,就难免出现新问题——由于缺乏科学性、系统性的前期研究,有些具体的改革措施往往带有机会主义的倾向,不仅未能切中时弊,还浪费了宝贵的时间和公共资源,甚至还被某些利益集团用来牟取不正当利益。如果说,在改革开放初期,由于社会生产力比较低下,大家都还处于探索试验阶段,采用这种"试错式"操作方式还可以理解,那么,当我们的社会生产力已经有了长足的进步,"温饱"已经不再成为社会的主要矛盾之后,政府推行改革的具体措施和方略就应当适应这种历史变化。在这种情况下,如果继续采用政府"自编自导、即兴表演"式的改革操作模式,就可能将改革推向死胡同。在这种历史条件下,发扬学术民主,发挥理论思维的前瞻性作用,可以进一步把握国情,提高创新的针对性,减少不必要的改革成本。

毫无疑问,我国政府在这场前所未有的社会变革之中,成绩斐然,可圈可点。但是,这些成就在总体上都是沿着"补课"的思路,跟在西方国家的背后"炒别人的陈饭"。而且,由于我国市场经济体制本身就具有非常特殊的性质,既要坚持和保证社会主义所固有的基本性质,又要尽快吸收发达国家的先进科技;既要在实现共同富裕的基础上不断推进社会生产力的进步,又要激发广大人民群众参与市场竞争的热情。这就出现一个非常麻烦的问题:西方国家在历史上所建立的经济管制型政府,只能同当时的社会经济基础相适应,尽管这些经验对我们有一定的参考价值,但是,如果不加分辨地照搬照抄,真的可能出现人们最担心的噩梦——"卫星上天,红旗落地"。事实上,当我们在付出了高昂的代价之后,初步建立了有中国特色的社会主义市场经济体制之时,我国政府在改革前期所形成的所谓"新理念"、"新体制",反而给我们带来了诸多烦恼。如有的地方政府逐渐演变成了"经济动物",不仅抗拒中央政府的宏观调控,还竭力制造"行政篱笆"来打造自己的"经济王国"。这种情形表明,仅仅依靠各级政府及其工作部门"自我设计"、"自己改自己",无异于与虎谋皮。所以,进一步发扬学术民主,广开言路,才能更清楚地看到政府体制改革的必要性、主要内容和基本路径选择。从这个角度讲，服务型政府建设所走过的这种从理论到实践的道路，既体现了理性思维的超前性，同时也体现了学术民主对我国社会发展具有重要而又不可替代的价值。

（2）坚实、厚重的社会实践基础

毕竟，关于政府职能与体制改革的研究课题，都属于应用型研究领域，因而需要拥有广泛、深入的社会实践为基础。不过，我国关于服务型政府建设的实践，既包括内地各级人民政府的大胆探索，也包括香港特别行政区政府的实践活动。而且，由于历史原因，香港特区政府有关的实践经验和教训，对内地政府产生了重要的影响。

我们知道，当大陆内地进行经济体制改革之时，香港地区已经拥有比较成熟的市场经济体制了。因此，关于服务型政府建设的社会实践，香港特区政府曾走在全国各地之前。事实上，早在香港主权回归之前，原港英政府就在西方国家"政府再造运动"的影响下，开始尝试"顾客导向"的行政改革。但因当时的香港处在英国殖民统治之下，港英政府实施管制的基本出发点在于维护宗主国的在港利益，所以，这些尝试大都自生自灭，无果而终。香港回归后，特区政府坚持"促进安定繁荣，提高广大市民的生活质量，照顾需要援助的人，保障个人权利和自由，维持法治，鼓励市民对社会各尽本分"的改革宗旨，从政府理念、制度、电子政务等三个方面着手，采取了一系列措施，力图建立符合"三E"（Economy, Efficiency and Effectiveness, 即经济、效率和效益）标准的服务型政府，为香港市民提供优质、高效、便捷和无缝隙的公共服务。为此，香港特区政府树立了"服务市民、以市民为本、向市民交代"的全新行政理念，确立了"量入为出、有效管理、改善服务"的基本原则，并制定了一系列强制性的法律制度。这些法律制度主要包括：①公开资讯制度；②政务咨询制度；③服务承诺制度；④市民申诉与服务质量监督制度；⑤加强电子政务建设。

香港特区政府的这些改革理念和措施，不仅让内地各级地方政府看到了自身建设和改革的方向,也为内地学者从事相关研究提供了非常宝贵的资料。当我们进入21世纪以后,内地各级地方政府及其工作部门纷纷根据党和国家的安排,开始借鉴香港经验进行服务型政府建设的试点和探索。其做法主要包括四个方面:一是确立建设规范化服务型政府的目标和方案,二是进一步依法规范政府的行为,三是优化政府的服务流程,四是明确公共服务标准。其中,富有成效的改革成果主要表现在三个方面:①建立健全便民服务体系,给人民群众提供规范、高效的服务,有效地改善了政府与人民群众的关系;②各级政府及其工作部门在规范自身行政行为的同时,纷纷开展服务流程再造工程,如开办"行政服务中心"、"办证大厅"、"政务中心"等窗口,改革审批方式和办事作风,建立了告知服务制、并联审批制、职务代理制、一个"窗口"统一受理制等一系列便民服务制度;③加大对政府及其工作人员的监督,特别是借实施《政务公开条例》之际,许多地方根据自己的实际情况,积极探索和创新监督行政新机制,以保证公共服务所应有的公正性。

显然,我国各级政府及其工作部门的大胆实践、不断创新,不仅验证了服务型政府建设的必要性、正确性,同时也为这项庞大、系统的社会工程注入了无限的生机与活力。

(3)需要进一步克服的问题

尽管我国学界关于服务型政府的研究取得了令人欣慰的成就,但也存在许多不足之处。我们认为,需要尽快予以纠正的问题,主要表现为以下三个方面。

第一,存在明显的学科局限性,制约了有关研究达到所应当具有的理论高度。我们知道,我国学界历来存在文人相轻、门户森严的习气,大家都习惯于用各自学科所熟悉的思维方式、研究方法和表述习惯来研究问题和表达观点。正是这种各自为政、随意评点的学术风气,常常引发一些误导国人的不良现象。例如,某些经济学家认为,人们对好政府的评价标准有两个:一是有限,二是有效。所谓有限,是说它应当给市场提供秩序和条件,而不应当直接处理微观经济事务,更不应当在市场上牟取自己的利益。所谓有效,是说它应当廉洁奉公,办事有效率,能够低成本地提供公共产品。[①] 显然,这种观点是非常值得商榷的。因为,这种观点是关于经济管制型政府固有属性的总结和概括,用来评价服务型政府就有失偏颇。我们知道,服务型政府的基本理念和核心职能是服务而不是管制,对于提供和保障基本公共产品而言,政府是不能够强调自身的"有限性"的,而是应当承担严格责任,提供具有全覆盖性的公共服务。此外,服务型政府发挥自身的职能,主要是生产、供应和维护社会公正,至于行政效率的提高,应当建立在实现公平正义的基础之上,即"在实现社会公正的基础上提高效率"。如果没有达到这种基本标准,只是片面地强调"有效",不仅有可能背离我国政府所应当具有的社会主义性质,而且也不能妥善履行现代政府的社会职责。由此可见,我们在建设服务型政府之时,如果不加分析地听从这些所谓的"专家"的建议,那是容易误国误民的。

第二,存在着事务化、庸俗化的倾向,容易将关于服务型政府建设的基础性研究演变成关于某些权谋权术的总结。毫无疑问,国内推动服务型政府建设研究的重要学术力量之一,当属行政管理学。尽管我国的行政管理学成熟时间较短,但由于这个学科能够与西方发达国家的有关学术结构保持密切的学术交往,因而容易捕捉到某些前沿性的研究课题。不过,由于行政管理学不仅可以研究一些具有普遍规律性的问题,而且也可以研究一些具有技巧性、工具性的课题,因而其研究结论既可以为法治社会服务,也可以为人治社会服务。由于我国行政管理学研究时间比较短,有些学者缺乏必要的鉴别能力,误将关于特殊个案的权术、策略或变通技巧当作建设服务型政府研究的课题。这种研究方法所得到的结论容易误导国人:一是以为服务行政建设可以通过强势领导人的权谋技巧而加以推动,二是存在实用主义和机会主义的倾向,在一定程度上造成对制

---

① 参阅吴敬琏著:《寻租腐败造成贫富悬殊:改革要过大关》,载《商务周刊》,2008年8月8日。

度性研究的阻碍，导致研究成果滞后于实践需求。显然，在现代法治社会，政府职能职权必须依法取得、依法行使，其策略性、权谋性工作艺术的重要性已经大大降低，远远逊色于程序正义、程序公开和权利(力)义务均衡配置等基本制度安排的研究。所以，在"没有法就没有行政"的历史时期，我们应当淡化这种雕虫小技式的研究方式，防止这些事务性问题阻碍我们达到所应有的先进性。

第三，法学的声音太小，与这种严肃性课题的性质不太相称。由于本书正是针对这种问题而设定自己的研究任务，故将关于这方面的探讨放在下面进行专门叙述，这里从略。

3. 关于本书研究任务

本书侧重从行政法学的角度探索服务型政府建设的基础理论和实务。本书之所以设定这样一个研究任务，主要基于以下三个方面的理由。

首先，关于服务型政府建设的改革成果应当上升为相关的制度规范。我们知道，市场经济是法治经济。我国当代经济体制改革，既是从计划经济体制转变为市场体制，同时也是从主要靠政策和说教来组织社会化大生产转变为主要靠法律制度来规范人们的社会生产活动。在这种新的历史条件下，转变政府职能的各项改革成果，都应当以法律制度的形式加以固定。例如，当党的十一届三中全会作出"工作重点转移"的决定时，我们率先进行的是政府财政体制的改革，即通过推行"财政分灶吃饭"的办法，打破中央高度集权的财政管理体制。显然，这种体制改革在整个改革措施中具有举足轻重的作用。因此，到了20世纪90年代，国家通过"分税制"的形式正式地将这种改革成果法制化。该种正式制度的建立，充分调动和发挥了中央与地方的两种积极性，让地方各级政府真正成为能够独立"打球"的"运动员"，从而找到了中国式经济现代化的实施模式。可见，改革措施的法制化，既可以使改革成果以国家意志的形式而得以巩固，同时也可以让大家明确和充分地行使自己的法定权利(力)来扩大改革的战果。毋庸讳言，尽管我国政府在推进改革不断深入的过程中大力进行自身的体制改革,成功地将"斯大林式"的行政模式转变为基本适应市场经济的管理体制,但是,由于各种历史或现实的原因,我国政府的现行体制本身又衍生出许多制约改革开放进一步发展的不良因素,需要通过建设服务型政府来进一步转变职能。而这种进一步的改革,更需要通过不断探索和制度创新来保证其顺利实施。换言之,既然社会生活已经在深切地呼唤"规则化取向"的社会治理模式,那么,我们有责任顺应这种历史潮流,为实现服务型政府建设的法制化提供必要的理论基础。

其次,在党所确立的依法治国基本方略的前提下,任何关于政府体制、机制和职能职权的改革,都必须纳入依法行政的范畴。所谓"依法治国",就是依照体现人民意志和社会发展规律的法律制度来治理国家,而不是依照个人意志、愿望或主张来治国安邦。简而言之,依法治国就是要求国家的政治、经济等各方面的社会活动统统依照法律规范进行,而不受任何个人意志的干预、阻碍或破坏。随着改革开放的不断深入,党和国家领导人已经认识到,离开依法治国和依法行政,我们将难以适应社会生活的发展变化。因此,1997年9月,党的十五大正式提出,党领导人民治理国家的基本方略,就是广大人民群众在党的领导下,依照宪法和法律规定,通过各种途径和形式管理国家事务,管理经济文化事业,管理社会事务,保证国家各项工作都依法进行,逐步实现社会主义民主的制度化、规范化、程序化,使这种制度和法律不因领导人的改变而改变,不因领导人看法和注意力的改变而改变。毫无疑问,服务型政府建设的实践和理论探索,必须建立在严格坚持依法治国这一基本方略的基础之上。一方面,将依法治国作为研究服务型政府建设的基础,就要遵循社会主义市场经济建设的客观规律,就要顺应社会文明进步的历史潮流。另一方面,将服务型政府建设纳入党的依法治国总体方略之中,就是坚持党的领导,保证党始终发挥总揽全局、协调各方的领导核心作用,将坚持发扬社会主义民主和严格依法办事统一起来,从制度建设的层面上保证党的基本路线和基本方针的贯彻实施。这就是说,如果我们关于服务行政建设的理论研究没有充分体现这种时代精神,那么,任何有关理论成果或建议、建言的形成,都可能丧失其应有的实用性和理论先进性。

另外,加强服务型政府建设的探索是进一步丰富和完善行政法学的需要。我们知道,尽管我国行政法学源远流长,但出于众所周知的原因,作为独立的现代社会科学学科却成熟得比较晚。直到改革开放后的1983年,我国才出版了第一部行政法学著作——《行政法概要》。由于我们的改革开放选择了一条所谓的"政府推动型"路径,所以,我国行政法学从它正式登堂入室的那一天起,就注定要为经济体制改革充当"马前卒"。尽管有关学者兢兢业业,呕心沥血,但是,在这种"急就章"式的理论建设中,难免存在一些问题。其中,最主要的问题有三个:一是在行政法学体系的构建上缺乏宪政制度的视角,二是至今尚未形成大家所普遍认可的行政法体系,三是行政法学界的研究成果对社会、经济发展的影响力不够。可以说,行政法学的成长和发展还是存在着滞后于现实生活的问题。那么,怎样才能扭转这种局面呢?笔者以为,与其紧跟前人,不如迎头赶上。具体地说,关于建设服务型政府的理论研究,既是行政法学发挥自己专长的"用武之地",同时也是迅速提升自身学科建设的历史机遇。因此,我们应当把握机会,积极参与,争取有所建树。

三、我国服务型政府建设的社会历史背景

根据马克思主义理论与实践相统一的基本观点,建设服务型政府的社会历史背景同样也是研究该课题所必须考虑的理论背景。

1. 科技与生产力背景

作为马克思主义的基本观点,人类社会生活的发展变化,最终是由社会生产力所决定的,而生产力的发展则主要依赖于科学技术的不断进步。

大体而言,人类社会自近代以来共经历了三次产业革命,而每次产业革命的出现都源于相应的科技革命。发生于16至18世纪以蒸汽机为代表的科技革命,将人类手与脚的功能大大地延长了,爆发了所谓的"第一次产业革命",使人类社会真正进入了有经济效率的时代。发生于19世纪以电气技术为代表的科技革命,让人类能够使用上更方便、更快捷和更高效的能源,因而爆发了所谓的"第二次产业革命",使人类社会的机械加工能力得到空前的提高。发生于20世纪中叶以微电子技术为代表的科技革命,通过计算机技术和光纤通讯技术的结合,引发了所谓的"第三次产业革命",使人类社会开始步入信息化时代。

相比较而言,信息技术所带来的产业革命对人类社会的影响更为深刻和广泛。这里所谓的信息,主要包括两层含义:一是信息本身所代表的意义,即信息的内容;二是传递信息的工具,即信息的载体。而所谓的信息技术,则是泛指包括信息获取、传输、处理、存储、显示和应用的技术。经过高速的发展,信息技术目前已经演变成庞大而又复杂的系统。在这个系统之中,微电子技术、通信技术、计算机技术和网络技术可称之为核心。因为,它们的发展进程往往决定了整个信息技术的社会作用和现实影响力。从微电子技术看,由于这种技术可将越来越复杂的电子系统集成在一小块硅片上,从而使得电子设备及其系统实现微型化,从而大大降低能耗,因而引发了一场意义深远的"微电子革命"。一方面,集成电路的发展速度十分惊人,平均每18个月集成电路芯片上所集成的电子器件数量就翻一番;另一方面,这种产品的价格却能够保持不变甚至不断下降,由此创造了信息技术产品性能不断提高而价格不断下降的奇迹。从通信技术和计算机技术看,随着19世纪上半叶莫尔斯发明电报至20世纪下半叶初程控交换机的诞生和数字程控交换机的应用,通信技术开始向数字化方向发展。再加上卫星通信、移动通信等新技术的发展,极大地开拓了通信手段,扩展了通信技术的应用领域。从计算机技术看,1946年世界上第一台笨重、庞大、高电耗的计算机问世,经过集成电路和软件技术的发展,计算机的运算速度、存储容量和处理能力不断提高,其功能也从单一的数字计算发展成能处理数据、语言、图像等多种信息,其应用的领域也覆盖了社会生活的各个方面。从网络技术看,1969年美国建成了世界上第一个采用分组交换技术的计算机网络ARPANET,尽管它当时仅仅连接了四个大学实验室,但它孕育了计算机互联网(因特网)的诞生。依照这种思路,1986年美国建成了所谓的国家科学基金网NSFNET,并于1991年进入商业应用的阶段,给信息产业乃至整个社会带来了革命性的影响。正是由于信息技术的快速发展和革命性影响,传统工业的面貌正在被彻底改变,并掀起了全球范围内的"数字化生存"浪潮。

信息技术的长足进步奠定了当今世界社会经济发展的客观基础,也为各国政府履行其法定职能提供了更先进的技术手段和物质条件。过去,人类靠手势和简单音节进行极其简单的信息交流,因而只能以血缘家庭的形式而存在。有了语言文字之后,大家可以广泛交流思想和情感,人类才能以社会的形式组织自己的生产和生活,才有了专门从事社会管理的人员和机构。而当有了成熟的印刷技术后,人类的实践成果和思想情感结晶可以通过规模化的方式记录、存贮和传播,这才加速了知识的积累和创新,才能够全面、系统地应用法律制度来实现社会治理。而当我们拥有现代数字化信息技术时,人们之间的信息交流可以大大地突破时空界限,其生存方式和组织手段也随之出现革命性的变化,其意义之大是怎样估计也不会过分的。例如,如果建立了能让大家待在家里就可以投票的网络系统,即让电子票决系统与议会的召开实现电视直播同步运行,国家就可以通过电子投票和网络民主方式来发展和培育主流民意。这样一来,公民直接参与政治就会成为可能,传统代议制的重要性就会逐渐消失或淡化。这时,作为居民意愿代言人的政党,其组织理念和运行模式都会随之出现质的变化。可见,当人类步入到数字化生存时代,在工业社会形成的包括行政法律制度在内的许多理念和规范,都将成为被重新审视和大力修正的对象。

2. 社会思想背景

毫无疑问,我国改革开放的过程,既是解放思想的过程,同时也因各种社会思想的空前活跃而形成了日渐复杂的局面。

首先,坚持马克思主义并在实践中不断加以发展和完善,这仍然是我国当代社会思想的主流。

我们知道,中国共产党从成立之日起,就是一个用马列主义思想武装起来的政党。然而,找到马克思主义这个思想武器不意味着就能自然而然地解决中国革命实践所遇到的各种问题,还需要把马克思主义基本原理同中国的具体情况相结合,即实现马克思主义的中国化。

正如毛泽东同志所说的那样:"我们要把马、恩、列、斯的方法用到中国来,在中国创造出一些新的东西。只有一般的理论,不用于中国的实际,打不得敌人。但如果把理论用到实际上去,用马克思主义的立场、方法来解决中国问题,创造些新的东西,这样就用得了。"这就是说,我们要把马克思主义基本原理同中国具体实际相结合的探索,一方面是在实践中学习和运用理论,用理论指导实践的过程;另一方面又是在总结实践经验的基础上深化对理论的认识并丰富和发展理论的过程。在新民主主义和社会主义革命时期,中国人民曾在实践中成功地实现了马克思主义中国化的历史性飞跃,其理论成果被称为毛泽东思想。在改革开放以后的新时期,中国人民一方面继续从理论和实践两方面继承和发展毛泽东思想,另一方面又根据我国当代社会经济发展的新要求,提出了包括树立科学发展观和构建社会主义和谐社会在内的等一系列的重要思想。毫无疑问,这些具有战略性的重要思想是运用马克思主义世界观、方法论研究当代中国现实问题而形成的理论成果,要求我们科学、辩证地看待社会经济发展各个领域、各个方面的内在联系,正确地对待人与自然的共生、共融关系,正确地总结经济与社会、人与自然相互作用的规律,因而对中国发展问题给出了科学的回答,以便建立能够正确认识发展和科学谋划发展的思想方法和工作方法。只有这样，才可能在降低改革成本的基础上实现社会经济又好又快的发展，建设能够惠及全国绝大多数人民的和谐社会。

显然，应对我国当前的复杂形势，仍然需要我们始终不渝地坚持马克思主义基本原则，在理论上进一步揭示社会发展的客观规律，丰富马克思主义理论与中国实践相结合的内容，以更加宽广的世界眼光，立足于科学发展，促进社会和谐，积极开创社会主义经济建设、政治建设、文化建设、社会建设和生态建设的新局面。

其次，推动改革开放得以开展和不断深化的"改革共识"出现了裂痕，需要尽快加以恢复。

当初，由于存在严重的效率低下、物资匮缺的时弊，普通群众不能解决温饱，政府陷入严重的财政危机，因而才形成了所谓的"改革共识"——解放思想，做大"蛋糕"，尽快摆脱贫穷。然而，这种共识是基于对当时现实生活的批判，同时也表现为不同利益诉求的交汇点，因而多少带有一些浪漫的理想色彩。因此，这种"改革共识"在以后社会历史条件发生变化后出现了分歧，也在情理之中。

大体而言，所谓的"改革共识"裂痕，主要表现为三个方面：一是对改革公平性的质疑。当初，人们曾对改革寄予殷切的希望——在与现存的社会主义基本框架相兼容的基础上把"蛋糕"做大做强。可是，当这个大"蛋糕"真的做出来之后，却产生了成本分摊和利益分配的分歧。特别是到了20世纪90年代，全国大约有6000万国有和集体企业职工"被下岗"；4000万农民失去土地或人均占有土地不足0.3亩；7000万股民在股市中的损失超过1.5万亿元；城市中1.5亿人失去或未得到应有的社会保障，整个社会的基尼系数达到0.53～0.54。这些问题的出现，让不少人感到社会主义"共同富裕"理想正在破灭。二是对改革正当性的质疑。一方面，当初曾拥有广泛社会基础的改革联盟已经被排挤出局，取而代之的是狭小利益集团，这使得改革话语已经在相当一部分民众心中失去正当性。另一方面，在一部分人的心目中，改革就意味着利益的丧失，意味着强势群体对公财和私财的瓜分与掠夺，意味着他们生活成本的增加和生活负担的加重。过去，人们曾津津乐道地称，中国改革的成功展示了渐进式社会变革的魅力与合理性。现在看来，这种提法是不太确切的。因为，中国有些改革措施（如20世纪90年代推行的出售国企和工人下岗）在事实上比前苏联的"休克疗法"更为激进。而且，由于操作过程不规范、不透明，其代价和成本更为高昂。甚至有人认为，由于前期改革失范而形成的许多硬伤，造成当代中国社会道德底线被破坏，无论旧体制还是新体制，都无法正常运转，所以应当暂停涉及重大利益的改革，"与民休息"。三是对改革科学性的质疑。在改革开放的初期，我们采取"摸着石头过河"的操作策略，对于破除旧体制而言似乎是适宜的。但问题是，我们在社会转型阶段是否需要继续沿袭这种改革前期的策略呢？比如，像国企改制这种涉及基本体制和重大利益关系的改革，既没有开展充分的社会讨论，也没有进行系统的立法，就贸然地加以实施。对此，有人形象地说，河上有船，岸上有桥，而我们为何要一意孤行地摸石头过河呢？对此，大家不禁要问：这种思维和操作模式具有科学性吗？显然，党中央近年来提出了科学发展观，就是要对这种为改革而改革、为发展而发展的机会主义进行必要的纠正。

更值得大家关注的问题是，面对"改革共识"所出现的裂痕，我们该怎么办？有人认为，人民群众已经承受不了更大的"折腾"，改革应当暂停。由于前期改革的失范，致使中国社会生活的基础秩序和道德底线已经荡然无存，如果在这种情形下再贸然进行改革，将会严重地损坏我党来之不易的执政地位。因此，我们应当抓紧时间对已有改革措施进行必要的完善，特别是通过社会保障对受损严重的群体进行必要而又充分的利益补偿。只有重建社会生活所必要的基础秩序和道德底线，才能重新启动改革。也有人认为，改革已经取得了巨大成就，大家都是改革的受益者。即使在改革进程中出现了相对利益受损的群体，但与改革前的境况相比，他们的利益总量从绝对值上讲也有明显的增加。所以，改革是不可逆转的，在改革中出现的问题只能通过深化改革来加以解决。笔者以为,这两种观点似乎都比较极端,我们应当考虑国家行政学院公共行政教研室主任竹立家教授的观点。2007年11月,竹立家在接受《经济观察报》记者马国川的采访时说,在各种社会思潮碰撞的背后,新的改革共识正在形成,其基本内容主要包括四个方面:①民主,主要有县级政权直接进行选举,实现各级人大代表直选,政府要"公开透明",建立公共财政,等等。②民生,政府应该"有效地"提供义务教育、公共医疗、基础设施、社会秩序和福利保障等公共物品。③公正,政府处于各种利益关系的中心,应当遵循社会公正原则,"以维护每个社会成员的基本权利为出发点"。不管穷人富人,其基本权利都应当得到一视同仁的保护。④和谐,其核心是利益公平分配,民主和公正是和谐社会的"两个最根本的制度支柱"。就笔者所接触的材料看,关于竹立家提出的四个"新共识",其基本内容早已散见于大量的学术文献和媒体议论之中,但是,把它们归纳起来并系统地概括为"新共识"的核心内容,这是竹立家教授的首创。所以,这个观点见报后,很快就被媒体概括为"竹四条"。而且,由于这种观点见诸报端之后没有人提出明确的质疑、反驳,似乎说明以"民主、民生、公正、和谐"为新的"改革共识",能够获得坚实的民意基础。

第三,在思想界出现了自由主义、民族主义和"新左派"等三大社会思潮,反映了中国社会转型过程中所出现的矛盾与冲突。

尽管我们始终坚持以马克思主义为指导思想,但是,中国思想界并非处于真空状态,尤其是经过改革开放的洗礼,多种社会思想沉渣泛起,乘虚而入,纷纷登台亮相,各自表达了不同社会阶层、群体在急遽变动时代的感受与愿望。其中,最值得大家关注的主要有三种思潮。

一是自由主义思潮。从根本上看,中国当代的自由主义思潮,主要是试图效法西方社会的经济、政治、文化模式,使中国融入所谓的世界潮流的意识形态。当初,以"文化大革命"为代表的革命理想破灭后,人们需要另一个完美理想来填充自己的感情世界。这时,西方意识形态及文化附着在中国对外开放形成的经济流、物质流之上，汹涌澎湃地涌入华夏大地。可以说，在这个时期的中国知识界，自由主义已经积累了巨大的能量，甚至被赋予了真理性和正义感。尽管1989年的政治风波被平息后，自由主义思潮一度陷入低迷，但经过短暂的沉寂之后，这种自由主义思潮再度浮出水面。上海大学教授朱学勤于1998年12月25日，在发行量很大的报纸《南方周末》上发表了一篇文章《1998，自由主义的言说》。该文提出："1998年，中国思想学术界最值得注意的景观之一，是自由主义作为一种学理立场浮出水面。"笔者以为，当代中国的自由主义思潮与中国正在形成中的新资本家阶级有着天然的联系。一方面，自由主义思潮自觉或不自觉地为资本家们代言，同时又在扮演着哺育这个新的富裕阶层使之拥有其阶级意识的乳母角色；另一方面，蒸蒸日上的暴发户们又为自由主义提供了更加肥沃的社会土壤和资源，并在精神上鼓舞着自由主义的成长。

二是民族主义思潮。这种思潮能够成为中国民间最有影响力的社会思潮，主要有两个深刻的社会原因：首先，批判自由主义思潮及其思想泉源是民族主义得以兴起的社会基础；其次，全球化的波及和影响是当代中国民族主义思潮广泛传播的国际原因。尽管从表面看，中国是经济全球化的最大受益者，但在中国内部，却深刻地感觉到了全球化带来的压力和挑战。有中国学者指出："与西方一样，民族主义在中国也是现代的产物，确切地说，是现代性的产物。与西方不同的是，西方的民族主义是在西方民族的现代化过程中自发自然地产生的；而中国的民族主义却是在中国与西方国家的交往和冲突中被动地产生的。"[①] 概括起来，中国当代民族主义思潮主要有五个基本诉求：①反对全面开放，主张适度开放，坚持走内循环为主，外循环为辅的道路。②推进区域化，构建亚洲经济圈，建立一个以中国为中心，联结东南亚、中亚、西亚和俄罗斯的共同市场，制衡和消减

---

① 张汝伦著：《现代中国思想研究》，上海人民出版社，2001年版，第111页。

对日本、美国、西欧的依赖,扩展中国对外开放的空间。③寻求"效率"与"公平"的均衡,改"效率优先"为"兼顾效率与公平",以防止中国内部经济与社会的进一步分化。④抵制西方话语霸权,矫正崇洋媚外心理,建构民族新文化。⑤改变中国经济增长模式,重点发展本国自己的优势产业和战略产业。尤其是近年来有不少的具有民族主义情结的经济学家,把大量精力投向了关于民族技术和产业发展的研究。他们认为,从维护民族利益的角度看,如果只让初级劳动力参与国际资本循环,我们就可能得不到或很少得到先进技术的沉淀。长此以往,就会造成我们自主研发能力的降低。所以,只有坚持适度开放的原则,改变中国现行的外资主导型经济发展模式,才有可能积极消化和吸收国外先进技术,实现增长模式的转变。

三是"新左派"。在"文化大革命"结束30多年后,"新左派"再度成为中国人民的公共话题,这本身就是意味深长的事情。中国的"新左派"一登场便以两种面目出现:一种是反思传统社会主义,意味着"新";另一种是批评资本主义与西化潮流,体现了"左"。其实,这些所谓的"新左派",大多是没有经历过"文化大革命",而是在改革开放中成长,并大多有留学西方背景的新一代知识分子。然而,恰恰是这样一大批似乎天生应当属于自由主义阵营的年轻学者,却选择了反资产阶级的平民主义立场。也许,这正是"新左派"现象非常值得大家关注的根源。结合当代社会主义运动遭遇挫折的背景,"新左派"提出了自己的独立思考与见解:①更加强调民主,主张以坚持人民民主来遏制社会主义政权官僚化的趋势。他们不仅认同毛泽东发动的"文化大革命",而且认为这是最适合中国的"草根民主",还以毛泽东忠实的学生自诩。②关于社会主义本质,"新左派"提出了不同于主流观点的看法。他们认为,发展社会生产力是建设社会主义的必要条件之一,但并非充分条件。他们反对经济决定论,认为社会主义在发展生产力、满足人民需要的同时,还必须改变人的需要本身,以便进一步提升国民的"人性"。这就是说,在改造客观世界的同时改造人们的主观世界,这才是社会主义运动所面临的更重要、更艰巨的任务。因此，与单纯的生产力本质论相比，社会主义的本质应当是追求社会和谐，即实现人与人、人与自然的和谐发展。③"新左派"在当代中国的社会主义理论中引入了人和自然关系的新视角，注重从人与自然的关系的层次思考社会问题，以支持和扩展自己的思想主张。更值得玩味的是，"新左派"不仅在知识分子与青年学生中与自由主义争夺听众，而且在许多社会问题方面积极充当"弱势群体"的代言人，因而在一定程度上呈现向主流意识形态积极靠拢的态势。例如，"新左派"的社会主义本质观（至少在表面上）与2004年党的十六届四中全会提出了建设"社会主义和谐社会"的观念和设想非常一致。

我们知道，社会思潮是一面镜子，通过对社会思潮的观察和认识，可以帮助我们从社会的精神层面更加深入地了解当代中国社会发展变迁的现状与基本走向。显然，由于体制与中国社会依然处于迅速发展的变动时期，因此，中国思想界的分化、矛盾与争执，还将长期存在并积极反馈于中国人民的社会实践。

3. 法治建设背景

改革开放以来，我国社会历经了经济体制与治理方式的转型，同时也使法制建设获得了历史性的转机。当初，人民政权建立之时，曾废弃了国民政府的"六法体系"，现在看来，确实存在这样一个问题——在倒掉那盆脏水的同时也把水中的婴儿倒掉了，实在令人惋惜。有人说，出现这种局面的原因在于传统观念在作祟，也是革命战争年代特殊环境而出现的非理性行为。笔者以为，这些因素固然存在，但最根本的原因是当时的经济基础。由于当时所要建设的是计划经济体制，而这种体制可以主要依靠政策而不是依靠法律来调整社会生活，所以，我们才会毅然决然地摧毁民主法制传统，而且，也没有急忙参照前苏联的模式建设具有社会主义性质的法制体系。这就是说，积极准备并长期推行计划经济体制，才是当时之国人藐视法制、废弃"六法全书"并造成中国法制体系长期缺失的根本原因。不过，随着改革开放的不断深入发展，我们逐渐清醒地认识到了两个基本常识：一方面，"市场经济是人类社会不可逾越的历史阶段"；另一方面，市场经济必须要以健全的法制作为支撑。因此，发展社会主义民主，加强有中国特色的社会主义法律制度体系建设终于实现了历史性的跨越。尤其是到了1997年，党中央正式提出了"依法治国"的基本方略，决心要把我国建设成一个"社会主义法治国家"，并将其作为社会主义现代化的重要目标。不久，全国人大在修改宪法时，把"依法治国，建设社会主义法治国家"载入了宪法。这不仅是一种治国方略的转型，也是一种社会治理方式的转型，即从"法制"转型为"法治"。虽然，它们仅有一字之差，但其差别不小：法制强调法律制度本身，重点在于治民，而且还以静态分析为特征；法治则注重运用法律制度对社会的治理，重点在于治官，并且是以动态分析为特征。当下，我国正在实现具有历史意义的社会转型，即从比较传统的农业社会向工业化、城市化的现代社会转型。我国能够进入这样一个转型时期，不仅是因为此前经过了30多年的经济体制转型和治理方式转型，使综合国力有了很大提升，而且，当前我国法制建设本身也取得了巨大进步，基本能够保证将这种社会转型纳入法治的轨道。但是，由于我国情况复杂，变化多端，如果仅仅停留在现有法治建设的成绩上，是难以妥善应对各种新情况、新问题的。因此，若要顺利地依法推进这种历史性的社会转型，需要在以下三个方面进一步努力。

一是我国公民的法律素质需要得到进一步提高。我们知道，公民法律素质是法治的灵魂，提高公民法律素质可以极大地提升整个国家的法治水平。公民的法律素质主要由法律意识、法律知识和法律能力等三大部分构成。公民的法律意识提高了，就会更加主动、有效地学习法律知识，也会更加努力、积极地提高自己的法律能力。当前，我国公民的法律意识还跟不上法治建设的步伐，不仅人治意识挥之不去，而且许多违法犯罪案件都与当事人法治意识不强有关。因此，我们应当充分利用各种方式、方法来宣传社会主义法治理念，使广大民众能够更加有效地提高自己的法律意识。这里所谓的社会主义法治理念，就是指导我们进行法治建设的基本思想、原则和观念,其主要内容包括:依法治国、公平正义、执法为民、科学发展和维护社会和谐。毋庸讳言,只有当我国绝大多数公民的法律素质都有了明显地提高,能够把法治作为自己的行为方式的时候,我国法治建设的基础才可以称为变得牢固了,我国社会转型的历史任务也就能够更加顺利地实施和完成了。

二是立法需要进一步完善。根据党中央在十五大时期就提出的目标,我们应当在2010年建立具有中国特色的社会主义法律体系。从理论上讲,建成这种法律体系的基本要求应当是:宪法比较完备,各部门法比较周全,各部门法中的基本法律比较齐全,与法律相配套的行政法规、地方性法规、自治条例和单行条例等比较完整,法律体系内部的形式和内容都比较协调,等等。当前,我们已经步入了2012年,按照这个理论目标看,尽管有中国特色的社会主义法律体系的基本框架已经建立起来,但是,我国制度供应滞后于现实生活的矛盾并没有真正解决。这就意味着,我们今后的立法任务仍然十分艰巨,我们的立法机制还有待进一步地完善。当前,最主要的问题有两个:一方面,权力机关制定法律规范的效率比较低,需要大力提高;另一方面,地方立法、部门立法的质量有待提高。当然,更严格地讲,这两个问题又可以归结为一个更为深刻的问题——我国现行立法机制的设置欠科学。因为,依照宪法的规定,只有权力机关才是反映人民意志的机构,才拥有重大问题的决定权和立法权。然而,由于权力机关存在"橡皮化"的现象,不仅难以妥善地代表人民群众行使当家做主的权力,而且,对于一些技术含量较高的领域,往往缺乏必要的专业知识,因而被迫将大量法律规范的创制授权有关行政机关代为行使。可是,这种机制的长期存在,造成了立法机制的扭曲:地方政府和行政部门都知道自己利益之所在,所以,希望通过自己代行的立法权来实现自身利益的最大化。这样,这种地方利益、部门利益往往借助于这种代行立法的机制在制度安排中得以强化,不仅增加了公民的负担,还直接滋生腐败现象。因此,我们所期望的立法完善,主要是指立法机制的完善。

三是法律监督需要进一步落实。法律监督是法治的保障，没有这种监督，法治的正常运行就会受阻。从理论上讲，法律监督应当涵盖法治的全过程，即对立法、行政和司法等环节都应当进行必要的监督。在日常语言中，主要表现为对法律应用的监督，即"对宪法、法律、法令在全国范围内的统一、正确实施与遵守实行的监督"[①]。在这种理解下，我国有权进行法律监督的国家机关主要是各级人大常委会和人民检察院，法律监督的范围包括国家机关及其工作人员、公民和其他各种经济组织，法律监督的主要对象是各种违法行为。不过，这种传统的法律监督观念需要进一步拓展，应当把人民群众视为最主要、最根本的法律监督主体。我国宪法已经赋予人民群众广泛的法律监督权，但还需要通过完善立法来进一步规范和保障。目前，应当在两个领域加大人民群众的法律监督。其一，应当加大对行政执法的法律监督。因为，这与老百姓的日常生活关系密切，如果处理不好，不仅会出现"干群关系"对立，还容易滋生腐败现象。其二，应当加大对司法机关的监督。由于我国司法机关不时出现错判、误判等现象，特别是对无罪者判处死刑（如佘祥林、赵作海等人蒙受冤屈），说明司法监督没有切实得到落实，司法机关"奉旨办案"的情形时有发生。显然，我们需要通过强化法律监督等方式，进一步维护和提高司法权威。

四、本书的基本思想、研究方法与篇章结构

1. 本书基本思想

如前所述，本书主要是从行政法学的角度来研究服务型政府的建设。本书的基本思想在于，我们应当在新的历史条件下科学把握我国行政权的法定职能及其运行规律，以便能够在维护社会公平正义的基础上提高行政效率。

---

① 粟劲、李放主编：《中华实用法学大辞典》，吉林大学出版社，1988年版，1221页。

改革开放以来,经过反复探索和不断调整,我国政府的职能职权已经发生了巨大的转换,能够有力地推动经济体制和经济建设的进步。但严格地说,我国政府现行职能职权的基本框架仍然是在计划经济体制下确立的,如果要让我国政府更好地与市场经济无缝对接,还必须进行脱胎换骨式的改造。

我们知道,依1949年《共同纲领》和《中央人民政府组织法》的规定,我国中央政府(政务院)有六项职权。依1954年《宪法》(以下简称"54宪法")规定,中央政府(国务院)有十七项职权。依1975年《宪法》(以下简称"75宪法")规定,国务院的职权只有概括性的一项,即"根据宪法、法律和法令,规定行政措施,发布决议和命令;统一领导各部、各委员会和全国地方各级国家机关的工作;制定和执行国民经济计划和国家预算;管理国家行政事务;全国人民代表大会和它的常务委员会授予的其他职权"。依1978年《宪法》规定,国务院的职权为九项。依1982年《宪法》(以下简称"82宪法")的规定,国务院拥有以下十八项职权:

(一)根据宪法和法律,规定行政措施,制定行政法规,发布决定和命令;

(二)向全国人民代表大会或者全国人民代表大会常务委员会提出议案;

(三)规定各部和各委员会的任务和职责,统一领导各部和各委员会的工作,并且领导不属于各部和各委员会的全国性的行政工作;

(四)统一领导全国地方各级国家行政机关的工作,规定中央和省、自治区、直辖市的国家行政机关的职权的具体划分;

(五)编制和执行国民经济和社会发展计划和国家预算;

(六)领导和管理经济工作和城乡建设;

(七)领导和管理教育、科学、文化、卫生、体育和计划生育工作;

(八)领导和管理民政、公安、司法行政和监察等工作;

(九)管理对外事务,同外国缔结条约和协定;

(十)领导和管理国防建设事业;

（十一）领导和管理民族事务，保障少数民族的平等权利和民族自治地方的自治权利；

（十二）保护华侨的正当的权利和利益，保护归侨和侨眷的合法的权利和利益；

（十三）改变或者撤销各部、各委员会发布的不适当的命令、指示和规章；

（十四）改变或者撤销地方各级国家行政机关的不适当的决定和命令；

（十五）批准省、自治区、直辖市的区域划分，批准自治州、县、自治县、市的建置和区域划分；

（十六）依照法律规定决定省、自治区、直辖市的范围内部分地区进入紧急状态；

（十七）审定行政机构的编制，依照法律规定任免、培训、考核和奖惩行政人员；

（十八）全国人民代表大会和全国人民代表大会常务委员会授予的其他职权。

显然，由于行政事务复杂多样，难以尽述，故宪法采用了常见的"列举加概括"的立法模式来规定中央政府的法定职权，以便能够依法应对各种复杂局面。不过，尽管这种立法模式无可厚非，但由此赋予政府的相关职权，在实质上却仍然停留在政治统治型政府模式的层面。当然，由于"82宪法"产生之时仍然处于计划经济时代，国民经济的恢复和建设主要依靠国家计划来保证实施，所以，当时在处理这些问题时只能采用实用主义的方式——既要让政府承担经济工作的责任，又要让这种职能隶属于或服从于其政治职能。这就不难理解，尽管"82宪法"对中央政府职权规定地最为详细，但仍然是对1949年规定的政务院职权和1954年规定的国务院职权的继承、增减或修改。甚至还可以毫不留情地讲，尽管"82宪法"的有关规定纠正了"75宪法"、"78宪法"中一些过"左"的做法，但从现在的眼光来看，仍然存在着明显的历史局限性。例如，"54宪法"要求国务院"保护国家利益，维护社会秩序，保障公民权利"。无疑，这是顺应世界历史潮流、符合社会发展规律的。因而即便是在极左时期产生的"78宪法"，对这些规定都予以全盘肯定，照单接受。可是，这些非常正确的规定，却在"82宪法"中被彻底删除。这种制度安排就直接导致我国宪政体制存在着明显漏洞——宪法总纲规定"公民的合法的私有财产不受侵犯"，"国家依照法律规定保护公民的私有财产权和继承权"，但是，这些基本原则却不能在宪法文本中保持自身的逻辑一致性，也不能成为国家行政机关具体的职能职责，因而在现实生活中始终无法克服某些政府部门所存在的"为政治而政治"的倾向，甚至还在无形中助长了为保护本位利益而践踏宪法的功利主义作风。这就是说，我们近年来的历次政府体制改革，都是在本身就存在缺陷的宪政体制的基础上进行的。正是基于这样的原因，尽管我们在改革开放中能将政治统治型政府改造成经济管制型模式，有力地促成了经济腾飞，但是，我们为此却付出了高昂的代价，甚至损坏了我党来之不易的执政根基。这是需要我们进行深刻反思的问题。

从理论上讲，我国政府从政治统治型模式转变为经济管制型模式相对比较容易，而要从经济管制型模式转变为公共服务型模式，即要建立真正能够与社会主义市场经济无缝对接的新型政府，则是一个具有挑战性难题。

为什么说我国政府从政治统治型模式转变为经济管制型模式比较容易呢？其原由主要有两个。其一，我们在计划经济体制下建立的政治统治型政府，本身就将经济管制作为政府的重要职权之一。"54宪法"第四十九条规定，国务院拥有"执行国民经济计划和国家预算"、"管理对外贸易和国内贸易"的职权。"75宪法"第二十条规定，国务院有"制定和执行国民经济计划和国家预算"的职权。"78宪法"第三十二条规定，国务院有"编制和执行国民经济计划和国家预算"的职权。"82宪法"第八十九条规定，国务院有"编制和执行国民经济计划和社会发展计划和国家预算"和"领导和管理经济工作和城乡建设"的职权。由于从"54宪法"到"82宪法"都将管制经济作为政府履行政治统治职能的重要环节,因此,在改革开放时期,将政治统治型政府转变为经济管制型政府,只是将其固有职能进行主次调整,并不是进行全新的职能、职权和核心机制的转变。其二,随着党的工作重心转移,我国的经济建设不仅被赋予了浓厚的政治色彩,而且还成为党的核心政治任务。一般而言,政府是执政党获得公共权力的基本载体,也是贯彻执行其方针政策的重要工具。从这个角度讲,只要是在政党政治的条件下,执政党所决定的核心政治任务,都会自然而然地成为政府的重要任务。这就不难理解,为何在"以阶级斗争为纲"的年代,人民政府的经济职能反而得到进一步扩大。众所周知,国务院从建立之初就拥有"执行国民经济计划"和"管理国内外贸易"的职权,但还没有"制定(或编制)国民经济计划"的权力,直到"文化大革命"时期,国务院的经济管理权力才进一步得到扩张,才将原属于全国人大的国民经济计划的制订权明确给予国务院。这是一个非常耐人寻味的事件——在那充满政治豪情的时代,国务院的经济管理权不仅没有萎缩,反而得到进一步扩张大。对此的唯一解释是:因当时无序的群众运动已经严重地影响了经济建设,执政党需要通过扩大政府权能来提高经济活动的效率,以便能够维持必要的政治平衡。正是按照这种历史逻辑——以政治运动的方式提高经济建设的实效——党的十一届三中全会作出决定:党的工作重心需要进行历史性的转变。从此,我国的经济建设已经被完全地政治化——发展社会生产力、提高城乡居民的物质文化生活水平,已经成为政治生活的核心问题。这样,人民政府作为执政党实现其治国方略的工具,就必须自觉自愿地进行职能转变。由此就不难理解,为何我国各级政府长期以来总是习惯于用政治方式、运动方式来解决社会经济发展中出现的问题。或者说,尽管我国30多年来的经济建设卓有成效,但我们推动经济进步的基本方式仍然掺杂了大量的政治动员模式的成分,与市场经济所应有的机制大相径庭。这种情形表明,关于我国政府的职能、职权及其行使机制都需要进行深层次的探索。

　　那么,为什么说我国政府要从经济管制型模式转变为公共服务型模式相对比较难呢？其理由主要有以下三个。

第一，某些社会势力为了保护自己的既得利益，会阻挠或干扰政府从经济管制型模式转变为公共服务型模式。众所周知，我国前期推进经济体制改革的基本思路，同所谓的"华盛顿共识"有许多相似之处：主要是通过还权于民、责权益紧密挂钩等措施而实施的。按照这种思路，有的地方政府甚至提出了"你赚钱、我发展"的口号，企图通过明目张胆的私有化、自由化来发展地方经济。这就必然会带来一种社会问题——改革红利主要集中在投资者及其相关群体手中，并形成了"赢家通吃"的经济发展态势。这就是说，我国政府在履行经济管制职能并取得经济建设成就的同时，也造就了形形色色的利益集团。而当政府要转变职能时，必然会下决心扭转这种局面，这就会对某些既得利益集团的发展形成一定的限制和制约。这样，基于对既得利益的维护和期望，这些社会群体必然会对任何不利于自己的社会变革抱有天生的抗拒心理，势必会利用自己已经取得的优势地位和社会资源予以干扰或阻挠。例如，中央政府为减缓商品房上涨速度过快而进行宏观调控的措施，就受到某些利益集团的诋毁和抵制，因而长期得不到认真贯彻。记得当年成都市房地产管理局组织"房地产公平维权——3·15专题论坛"，社会公众代表、有关专家学者和房地产开发商就"个人集资建房"等问题进行对话。参会的开发商对这种建房模式均持否定态度，认为这是"一种倒退"，其理由主要是"有悖商业社会的劳动分工原则，效率低下"。[①] 在这种思想的指导下，成都市仅有的几个"个人集资建房"案例因得不到政府的支持而自生自灭，令人痛心。这就说明一个问题，新的利益集团已经拥有强大的社会资源，足以影响到有关政策的制定和实施。而且，我们还要注意的是，由于党章修改之后，私企业主不仅可以入党，还常常由地方党委推荐而进入"人大"和"政协"，使之拥有超乎常人的话语权，再加上他们还可以凭借经济地位的优势进行"政治投资"，所以他们已经具有干扰主流民意上升成为国家意志

---

① 周鸿德主编：《公平、效率与社会和谐——从"成都模式"看城市再开发的利益整合与政府责任》，红旗出版社，2005年版，第365页。

的能量了。显然,如果这种机制得不到根本性的治理,将会对服务型政府建设造成不良的阻碍和制约。

第二,各级政府及其工作部门都不同程度地存在着某种难以割舍本位利益的思想倾向。例如,最近为国人所关注的河南农民张海超的"开胸验肺"案件,就充分暴露出行政部门已经衍生出强烈的本位利益意识,并已严重地影响到有关行政官员的视野、理念和行为方式。2007年8月,河南新密市农民张海超出现咳嗽、胸闷等症状,胸片显示双肺有阴影,并可排除肺癌、肺结核等可能,怀疑为"尘肺"。但他曾在有关职业病防治机构进行检查,得到的诊断结论却是既没被肯定也没被否定他得的是职业病,因而使他既不能进行应有的治疗,也得不到应有的赔偿。无奈之下,张海超在郑州大学第一附属医院做了开胸肺活检,其诊断结果显示——"肺组织内大量组织细胞聚集伴炭木沉积并多灶性纤维化",结论为"尘肺合并感染"。但耐人寻味的是,河南省有关行政主管机关竟公然跳出来,指责这家该省最好的医院是在未获得有关行政许可的条件下擅自作尘肺诊断,其性质属于超出了自身资质的非法行为。于是,在全国范围掀起了轩然大波:行政机关难道只关心自己的那点儿利益? 维护行政机关那点儿职权就这么重要? 当然,由于张海超最终同他曾服务过的企业达成协议,以获得补助赔偿金62.5万元了结,所以,关于郑大第一附院做"开胸验肺"手术的合法性争议也就淡出了人们的视角。但是,这个案件暴露出这样一个的问题,仍然需要大家进一步的深思———些政府部门行政理念和行政职能已经严重错位,如果要想在此基础上建立以公共服务为核心职能的新型政府,似乎也会引起这帮职业官僚的心理抵抗。

第三,在党的中心工作还没有明确地转变的时候,仅仅要求政府率先实现职能转变,这似乎显得有点强人所难。显然,我党在十一届三中全会上所确定的工作中心转移的战略性决策是非常正确的,是当代中国之所以能够获得经济腾飞的主要原因。然而,当走过这段历史路程再回头反思之时,我们就会发现——对于社会主义治国理念来说,经济发展本身并不是根本性目的,只是不断改善人民群众物质、文化、生活的必要条件。从这个角度看,社会主义市场经济既是目的也是手段——如果不将经济建设作为治国的重要目标,就会淡化推进社会生产力不断进步的历史使命感;如果将经济建设作为治国的终极目的,就会出现"为经济而经济",甚至出现片面追求经济指标而牺牲社会公平正义的做法。当然,要让人民政府在新的历史发展阶段审视自己的职能职权,必须站在更高的理论视角,即从先进生产力发展的高度重新界定和细化政府所应当承担的历史使命,这就需要执政党进一步确立"与时俱进"的政治路线。事实上,尽管党的十七大已经确立建设服务型政府的政治目标,但是,这个历史性任务同相关政治体制改革有紧密的联系,仍需要深入研究,统筹安排。因此,一方面,我们应当把政府职能转变作为政治体制改革范畴的内容,遵照党中央的统一部署而分步实施;另一方面,我们可以率先在某些具有现实操作性的领域大胆探索,为系统化的政治体制改革奠定必要的基础。

综上,尽管我国政府在不同的历史阶段都成功地完成了党和人民交给的政治任务,但在新的历史条件下,如果要继续保持这种优良传统,就必须与时俱进,根据时代需要而实现职能转变。对此,我们需要进行深入细致的探讨,才能把握其内在规律,以便达成共识,减少阻力。笔者希望通过自身绵薄的努力,对这个历史性课题的探索提供积极、有益的贡献。

2. 本书主要研究方法

(1)坚持马克思主义为指导

马克思主义是人类社会共同的精神财富。它是在批判地继承德国古典哲学、英国古典政治经济学和英法空想社会主义的基础上,根据社会主义运动的实践需要而创立的理论体系。一般认为,马克思主义作为一个完整的思想武器,主要包括辩证唯物主义与历史唯物主义哲学、政治经济学和科学社会主义等三个组成部分。而且,作为无产阶级认识世界和改造世界的理论工具,马克思主义最基本的特征是科学性和革命性的结合,理论和实践的统一,并在创造性解决实践所提出的新问题、新情况的过程中而不断发展。笔者以为,我们要坚持用马克思主义指导当前的法学理论研究,主要应当从以下三个方面入手。

首先,"以人为本"是马克思主义重要的基本原则。我们知道,马克思主义之所以为世界各族人民所普遍接受,其重要原因之一,就在于马克思主义始终把"人"作为自己分析问题的基本出发点。马克思主义所谓的"人",并非抽象的人,而是现实的、活生生的人。正是基于这个基本出发点,我们才可以得出这样的理论结论:法应当以社会为基础。正如马克思所说的那样:"社会不是以法律为基础的,那是法学家的幻想。相反,法律应该以社会为基础。法律应该是社会共同的,由一定的物质生产方式所产生的利益需要的表现,而不是单个人的恣意横行。"①显然,由于社会性质决定法律性质,社会物质生活条件在归根结底的意义上最终决定着法律的本质,因此,规范我国社会转型的法律制度也应当建立在这个物质条件的基础之上。这样,我们不仅要承认规制我国社会发展的法律制度是当代社会的产物,还应当承认法律制度也像上层建筑的其他组成部分一样,不仅会随着社会生活的发展而发展,同时也会积极地反作用于社会。当然,法律制度对社会的反作用,可能表现为对社会发展的促进作用,也可能表现为对社会发展的阻碍作用。对此,我们仍然应当坚持"以人为本"作为认识、鉴别其好坏作用的基本标准,即在构建服务型政府的过程之中,就是要求各级政府和官员必须树立"民本位、社会本位、权利本位"的思想,即人民是国家的主人,政府的权力来自于人民的让渡,政府为人民服务是天职,人民的利益至上,政府必须全心全意为人民服务,实现社会公共利益的最大化。坚持"以人为本"的观念,对于建设服务型政府而言,具有重要的指导意义。因为,传统管制型政府的理念停留在"官本位、政府本位、权力本位"的基础上,政府利用公共权力主要是维护统治秩序和对社会实施管

①《马克思恩格斯全集》,第6卷,人民出版社,1965年版,第286~287页。

制,公众和社会的主导性和自主空间很少。而服务型政府的实质就是重新回归"人民公仆"的初衷,坚持从"为人民服务"的高度依法明确政府与社会、公民的关系,将权力和责任有机结合,即是以服务为宗旨的新型政府组织形式。显然,如果坚持"管理为本"、"秩序为本",那是无法实现政府理念、体制和机制的全面创新的。

其次,坚持唯物主义辩证法,正确处理民主与法制的关系。众所周知,法制建设有其重要的基本规律——民主与法制是不可或缺的"双生子":没有民主的法制,就会变成专制;只有民主而没有法制,就会出现社会混乱。作为中国人,我们应当牢记两个深刻的历史教训。第一个历史教训:不可一世的秦朝帝国"二世而亡"。这个曾凭借建立健全法制而得以兴盛,并以摧枯拉朽之势而一统寰宇的政治集团,本想传之千秋万世,然而却在短短的不到20年的时间内灰飞烟灭。出现这种局面的根本原因,就是这个政治集团是在民主缺失的条件下建立法制体系,因而出现两个根本性的问题:一是法律的制定只是反映了最高统治者的利益和意志,丧失了必要的社会共同性和人性,最终激化了社会矛盾;二是最高统治者把法律视为驾驭群臣的工具,一旦这个最高权力出现真空,就会激起残酷的内耗,从而导致堡垒内部的崩溃。第二个历史教训:当代中国"文化大革命"的十年内乱,导致国民经济陷入崩溃的边沿。当时的决策者本想通过自下而上的民主,建立一个更符合"人民民主"理想的社会。但是,这种没有规矩的民主导致社会失序,为大大小小的野心家提供了难得的舞台。这样,不仅没有达到"抓革命、促生产"的目的,反而让许多善意群众深陷帮派势力的裹挟,丧失了自己的判断力。显然,民主既是保证法律制度正义性的必要手段,也是建立法制体系所要全力维护的重点目标。从这个意义讲,民主既是手段也是目的,没有民主就没有法治。而且,当代学人已经证明了这样两个基本定律:其一,如果要让法治成为人类社会发展的终极目标,需要有一个先决条件——只有良法才能为人民所信仰,才能保证法治的合理性和稳定性;其二,只有保证公平、正义和充分体现人民的意志,才能建立良法。笔者以为,建设服务型政府就是要让人民群众能够真正感受到社会主义民主是个好东西,也是普通老百姓"看得见、摸得着"的东西。从建设服务型政府的角度看,我们应当通过回归社会主义行政法而建立行政民主。毋庸讳言,服务行政法的制度架构应当建立在行政民主的基础之上,"行政民主"或"民主行政"是服务行政法律制度建构的最基本的价值内核,公民在行政过程中的广泛参与是服务行政法律制度建构的主线。从宏观的层面上来讲,服务行政法的制度架构主要包括如下要素:民主化基础上的行政立法制度;民主化基础上的行政执行制度;民主化基础上的行政司法制度;民主化基础上的监督救济制度。目前,在这四个方面,我国行政法已出现并正在发生着一系列制度创新,逐步深入地体现了服务行政法顺应历史潮流的大趋势。

最后,坚持生产力的决定作用。马克思指出:"不是人们的意识决定人们的存在,相反,是人们的社会存在决定人们的意识。社会的物质生产力发展到一定阶段,便同它们一直在其中运动的现存生产关系或财产关系(这只是生产关系的法律用语)发生矛盾。于是这些关系便由生产力的发展形式变成生产力的桎梏。那时社会革命的时代就到来了。随着经济基础的变更,全部庞大的上层建筑也或慢或快地发生变革。在考察这些变革时,必须时刻把下面两者区别开来:一种是生产的经济条件方面所发生的物质的、可以用自然科学的精确性指明的变革,一种是人们借以意识到这个冲突并力求把它克服的那些法律的、政治的、宗教的、艺术的或哲学的,简言之,意识形态的形式……无论哪一个社会形态,在它所能容纳的全部生产力发挥出来以前,是决不会灭亡的;而新的更高的生产关系,在它的物质存在条件在旧社会的胎胞里成熟以前,是决不会出现的。"[1] 笔者以为,生产力决定论是马克思历史唯物主义的高度概括,是人类社会历史发展的一般性规律。依据马克思主义生产力决定论的原理,我国法制体系及其政府治理制度都应当适应社会经济发展的历史状

①《马克思恩格斯选集》第二卷,人民出版社,1972年版,第32～33页。

况。由于当今中国已经基本完成工业化并开始步入信息化,所以我们相应的制度体系必须适应这种社会生产力的发展水平;否则,就将被历史所无情地淘汰。

(2)借鉴发达国家行政法学新理念

我们知道,20世纪末,许多西方发达国家不约而同地掀起了行政改革的浪潮,开启了所谓的"行政现代化"的时代。

大体而言,这些西方发达国家所进行的行政改革,可以分为三种类型。一是地处北大西洋和南太平洋的英国、美国、加拿大、澳大利亚和新西兰,以"新公共管理"(New Public Management)为口号,对韦伯的"科层制"提出质疑,主张借用私营部门的管理技术来重塑政府,大力推进政府职能市场化改革。其中,英国、澳大利亚和新西兰的改革较为激进,且具有较强的系统性;美国的改革带有某些渐进主义的性质,容许新目标与旧体制的兼容,体现了改良主义的风格;加拿大则居于上述两者之间,不仅仍旧让政府继续充当着"看门人"的角色,还保留了世界上最庞大的中央政府机构。二是欧洲大陆的法国、德国、荷兰、瑞典等国家受"新公共管理"的影响,实行连续或不连续的渐进主义改革。其中,具有合作主义传统的瑞典,其改革理念和措施受英美影响较大,除了进一步强化行政合法性之外,还通过放松管制来加强官僚与市民社会的联系;德国则主要根据本国的具体情况而选择了最具有渐进性的模式,虽然号称要推进"行政现代化",但实质上在很多领域仍然采用"新瓶装旧酒"的对策;法国、荷兰则因"管理方法"的转变而引起强烈的争议,其根深蒂固的国家集权观念被政党轮替冲淡,传统的科层制行政文化不得不向新管理主义屈服。三是南欧的半岛国家意大利、希腊,为加强行政合法性和强化制度化的改革,其特点介于以上两类之间。①

显然,这些西方发达国家都不约而同地进行了较为全面的行政改革,充分体现了生产力进步对政府带来的挑战和压力,在一定程

---

① 参见国家行政学院国际合作部编译:《西方国家行政改革述评》,国家行政学院出版社,1998年版,第3~4页。

度上也反映了社会发展的共同趋向。法学作为探索人类社会必要性的精神财富，需要对这种历史现象进行更深层次的总结，并从中找到值得我们借鉴的东西。笔者以为，至少有以下三个方面，对我们具有启迪作用。

一是行政法学研究重点的变化。行政法学曾以规制"守夜人"为信条，长期保持了慎重、严谨等特点，因此，依法行政是各国政府普遍奉行的基本准则。在这些西方国家，依法行政包括法律优先、法律保留和比例原则等，因而形成了公开透明、公众参与等行政法治的基本特点。但是，战后行政权的扩张使政府的社会角色发生了戏剧性的转变：一方面，不仅需要为保障公民的基本权利而加强对行政权的制约，而且还要通过行政组织，编制法定化，以解决行政机关的机构臃肿、人浮于事、效率低下等弊病。另一方面，不仅要严禁国家机关从事营利性活动以防止腐败的发生，还要全面、充分和及时地提供公共服务。特别是当信息化时代来临之后，政府面临的规制对象和履行职权的方式方法都发生了质的变化，传统行政法制的理念和工具都遇到了巨大的挑战，这是行政法治实践的重大事件，也是行政法学从事理论研究的重大题材。这样，管理行政开始让位于服务行政，行政法学理念走向更高的发展阶段。

二是有关政府职能定位的理论。由于传统政府主要是对经济与社会进行管制，因此，关于政府职能定位的实质性研究，最开始主要属于经济学与政治学领域的课题。然而，这种传统理念在镀金时代（Gilded Age）就曾受到挑战。当时，美国政府为了制止铁路营建事业盛行的高度投机现象，对铁路公司实施行政性管制。政府所采取的手段是依据《美国宪法》的"州际贸易条款"，制定《1887年州际贸易法》草案，经国会通过生效后，即禁止铁路公司实施某些被认为是不正当的活动，如规定歧视性价格、索取回扣等，并建立州际商业委员会，以协助执行这些禁令。① 由此，弗朗西斯亚当斯与布兰代斯法官

---

① 参见伯纳德·施瓦茨著，王军等译：《美国法律史》，中国政法大学出版社，1997年版，第157~159页。

提出了关于政府职能依据的公共利益理论（Public Interest Theory）。他们认为，如果政府职能定位的目的是控制被管制的企业对价格进行垄断或者对消费者和劳工滥用权力，那么，政府可以代表公众对市场作出一定的理性计算。而且，如果这种管制符合"帕累托最优"原则，那么，不仅在经济上是富有成效的，还能促进整个社会的完善。[①] 而在西方国家实施行政改革之时，这种理念进一步成熟，不仅将公共利益作为政府职能定位的核心理念，还以类似社会运动的形式来全面、深入地审定政府及其工作部门的职能。这样，不仅将公共利益理论用来解释和界定所有政府的职权行为问题，同时还要求政府职权职能的定位要能够得到行政相对人的认同。在这种情况下，政府作为"社会公仆"的角色，就有了刚性的制约机制。即使政府职权可能会不断地扩张，这种刚性制约机制也能自然而然地防止行政权可能会出现的"恶"。

三是关于行政机关理性化的理论。这种理论是从研究行政机关自身建设的角度来解释政府职能行为的制约机制[②]。该理论认为，仅仅研究外在于行政机构的国家机关（如立法机关和司法机关）对行政权的控制是不够的，需要推定行政过程应该和司法、立法程序一样，都是追求公正与公共福利的。作为正式制度的产物，行政机关处于宪法和成文法所建构的制度框架之内，制度决定了行政机关的机构设置、活动能力以及激励机制，因此，行政机关例行公事的惯例、官僚文化、职业培训以及机构体系对行政机关的管制决策具有决定性影响。这就是说，从行政机关理性化的角度而言，行政机关可作出的职权行为比立法机关与司法机关更多。但是，当政府从早期的"守夜人"转变为社会生活的"操盘手"时，就会积极干预经济和科技的发展，主动调整各种经济矛盾和社会矛盾，直接以促进社会发展和

---

① See: Herbert Hovekamp, Regulatory Conflict in the Gilded Ages: Federation and the Railroad Problem, 1986, Yale L.J. pp. 1061 ~ 1072.

② See: James G. March & Johan P. Olsen, Rediscovering Institutions: the Basis of Politics, 1989.

人民福利为职责。这种转变已经成为保证资本主义社会得以继续存在和发展的重要因素之一。但必须看到的是,政府也具有"经济人"倾向,它所积极实施的各种管制活动,与其说是为了社会公益的目的,毋宁说是迎合特殊利益集团"寻租"的结果。也许,在实施某些行政行为的时候,政府可以给普通公众带来某些有益的东西,但这并非该政府实施某项管制的初衷,它充其量不过是管制的意外结果而已。① 这就是说,研究政府的内部控制机制也是非常重要的,甚至有时会显得比探索关于一般国家机关的控制机制都更为重要。毕竟在最近的数百年间,人类对社会公权力的一般意义的研究已经比较深入,但对行政机关内生性控制机制的认识似乎才刚刚开始起步。当然,也只有到了信息化时代,政府运行机制已经完全摆脱生理感官的局限性之后,这种研究才会成为可能。另外,随着对行政机关理性化的深入研究,行政法学已可以独树一帜地成为反省时代变化的"显学"。这种学术风格的转变具有重大的时代意义——正如西方人士常说的那样,我们应当实现从消极行政法到积极行政法的转变。目前,西方国家的行政机关在经济方面所实施的行为,如宏观调控、积极推进科技教育和基础设施建设的发展、建立和完善社会福利体系等,都反映了积极行政法的内容。这时,建立更为理性化的制度规范体系以规制政府的这些自发倾向,即让行政机关更加理性地对待自己的职权行为,能够对其职权行为及其后果作出理性的判断。但作为"理性人"假设的基本含义,几乎是与"经济人"假设基本相同的,两者都旨在揭示行为人所具有的"自利"倾向。因此,只要是加强行政民主的任何理论观点,都会最终落脚在"控权"的呼声之上。特别是西方发达国家逐步完善了行政程序法之后,这种行政主体理性化的研究才真正找到了实践的切入点,才使程序规范的控权作用与政府职能转变的行为模式得到较好的理论梳理。

(3)关于相关重难点问题的实证性分析

---

① 参见理查德·波斯纳著,蒋兆康译:《法律与经济分析》,中国大百科全书出版社,1997年版,第475~476页。

大量的文献表明，当今世界越来越多的法学家开始意识到，传统行政法学往往把注意力偏重于宪法、行政法与行政程序等领域，长此以往，就会导致行政法学的研究领域出现不应有的萎缩，滞后于社会生活的需要。因此，学者们开始把自己的注意力深入到部门行政法的领域。

那么，什么是部门行政法呢？一般认为："部门行政法是指规范和调整一定行政部门（领域）内发生国家行政关系及监督行政关系的法律规范的总称。"[①] 这就是说，部门行政法是相对于一般行政法而言的，具有四个方面的特点：一是数量众多，内容复杂；二是专业技术性更强，需要精通相应领域的专才；三是其多数规范往往由行政机关自己制定，法律效力相对较低；四是其内容更为具体、明确，但同时具有较大的易变性。显然，如果要对这类部门行政法进行研究，仅仅停留在一般行政法所提供的普遍原则、共同规则的层面上，是难以解决问题的，因此，需要我们对重点领域进行必要的实证性研究。

自20世纪末以来，美国行政法学者开始真正踏入这片新领域，建立起一种新的分析机制。他们从部门行政的角度入手，尝试用实证性方法重点研究了诸如"健全管制"、"公共利益"等问题。他们不想沿着传统行政法学者经验主义的老路，不想仅仅将视角局限在有关宪法条文、国会立法以及司法判决之上，更不想仅仅将整个行政系统看作一个被最高法院的九名大法官牵着鼻子走的附庸。他们开始深入到政府部门实施行政行为的整个运行过程：它的形成、影响及其社会基础、实质内容、运行范围以及所产生的成效。以这种课题的形式作为行政法学研究的起点与核心，就能够帮助他们更好地思考如何用司法审查与行政程序捆住行政权力的触角。而且，仅仅研究用法律规范的程式来赋予政府管制的合法性，那是远远不够的。因为，关于这些程序性问题的研究与实践，会涉及整个政府体系的

---

① 张正钊、李元起主编：《部门行政法研究》，中国人民大学出版社，2000年版，第1页。

基本运作机制。作一个也许不怎么恰当的比喻:弄清楚一个动物为什么能够伤害人,我们才能找到驯服它的办法。设置陷阱,只是一种最消极的途径,了解这些猛兽的习性才是最为重要的。同样,要使政府发挥其作用同时又不至于对社会造成伤害,这就需要深入了解政府部门的性质及其活动的方式。显然,对于这种开拓性领域的研究,与其说是在寻找一个新的行政法律的研究角度,毋宁说是在引进一种方法论,建构新的行政法哲学。

同样,我国行政法学发展趋势的轮廓已经逐渐显现:不仅要揭示一般行政法学的共同规律,更要促使政府科学、有效地履行公共服务的职能,以实现增进公共福祉的宗旨。这样,我们在确立服务行政理念之时,就需要结合具体行政部门的运行机制和实效,建立具有"实质意义"的服务行政法律制度体系。具体而言,摆在我们面前亟待通过实证性研究的重要课题是:①结合行政部门的要求,建立保障有关机关及其工作人员进行以实现服务行政为宗旨的制度创新和机制创新。②按照行政"窗口"设置的客观条件,进一步完善规制服务行政的各项具体法律规范。③按照妥善处理政府与市场关系的原则,调整行政部门与社会、企业和公民的关系,营造服务行政的社会氛围,使政府部门真正成为行政法治意义上的服务者,为社会经济的发展创造良好的环境。

3. 本书的结构模式

本书作为基础理论与应用性研究相结合的产物,其成书体系主要照顾理论表述的便利性。全书按照表述对象自身所具有的相对独立的特点,将有关研究结论分成绪论和正文五章进行表述。这些内容之间具有千丝万缕的内在联系,只是为了文字叙述的便利才将它们抽象成各个部分。也许,这种抽象本身就存在片面、机械的倾向,只不过目前撰稿的各位同仁暂时还没有找到更好的表述体系。我们希望,本书只是引玉之砖,有待更有理论热情的同仁,能够给予宝贵的批评和指正,以便能够进行更加深入细致的研究。

本书绪论的任务主要有四个:一是规范本书所涉及的基本术

语,奠定全书形式和风格的逻辑基础;二是在总结已有研究成果的基础上界定全书的研究领域,找到本书所应当具备的存在价值;三是介绍当前进行服务型政府建设和理论探索的背景资料,以使我们的理论创新能够更有现实针对性;四是给出本书的内容摘要,为读者全面了解本书提供"导游图"。

关于本书正文五章,可以概括为两个方面的主题,即通过前两章讨论服务行政的法理基础,而后三章则分别研究在服务型政府建设过程中三个主要领域的实务性问题。

所谓服务型政府建设的法理基础,即是指揭示这种新型政府的社会定位、权能设置和运行机制方面的法学理论基础和规律,以便构建新型的法制体系来规范和保障实施。这里,我们将该主题主要涉及的理论问题,分成两章来加以讨论:第一章讨论服务型政府行政法的定位问题。第二章讨论建设服务型政府所需要的新型行政法。所谓服务型政府的行政法定位,是指这种新型现代政府应当具有什么样的行政职权和怎样行使这种法定职权。换言之,过去我们曾在学习前苏联模式的基础上建立了规范政府及其工作人员的社会主义行政法,可是,之后随着经济体制转型而转过来学习西方国家在历史上曾大力推行的行政法,这就将我国政府定位于管制经济的"行政执法者"。在这种定位下,我们的各级政府都在经济建设领域大展身手,取得了巨大的成就。可是,这种经济成就的取得在一定程度上是以牺牲社会公共产品供应为代价的。因此,在我们实施服务型政府建设的时候,需要从法理上进一步理清政府的法理定位,既要坚持我们所应有的社会主义性质,同时也要借鉴西方发达国家最近进行的行政改革——为建设"福利国家"奠定行政法基础。至于建设服务型政府所需新型行政法的问题,是对第一章讨论问题的深化。既然我们需要重新定位政府的社会角色,那么,规制政府的相关行政法制就将出现重大变化——现行行政法就将再次面临大规模的废、改、修和立的问题。那么,我国行政法是否具备这种进一步改革的条件呢?因为,对于一个成熟的法制体系而言,需要具备这样的机制:能够随着社会的变迁而不断地实现与时俱进,否则就会出现灾难性的社会恶果。例如,中华民族在11世纪时,曾遇到法制改革的历史机遇——已经具备了欧洲工业革命初期的社会生产力条件,但是,由于当时北宋王朝的管理层没有能力抓住这个机遇,未能完成应有的法制改良,使得中华民族在科技和生产力领先的条件下痛失率先进入工业社会的良机。这就说明,能够创造法制进步的历史机遇是非常重要的,但是,能够抓住这种历史机遇进而推动法治进步是更加重要的。从这个角度看,我们对推进服务行政法的建设,需要给予高度重视。

毫无疑问,服务型政府建设将是一个漫长的系统工程,在这个历史过程中,我们将会遇到各种各样的实务性问题。而就目前我们所能够搜集到的资料看,在这些实务性领域之中,最重要、也最具难度的是三个问题。

一是关于服务型政府的组织结构问题。毋庸讳言,随着核心职能的进一步转变,政府不可能继续沿用现行的组织结构模式。因为,现行行政体制是在计划经济时期形成的,虽然根据市场经济的需要而作过某些修改、磨合,但在总体上只能适应市民化程度比较低的社会发展阶段。如果要同服务型政府相对接,这种传统行政体制存在的最大障碍是向"上"看而不向"下"看——单一地向上级领导负责,而不能自觉自愿地向人民群众负责。因而必须进行大刀阔斧的改革。本书第三章专门研究这个问题,其基本观点为,由于我国政府的本质属性是为人民服务,因而与服务型行政有着天然的内在联系。这种法理性质决定了,对人民政府进一步的体制改革,应当在进一步明确和坚持为人民服务的宗旨的基础上,进行"扁平化"的改进。

二是关于公共服务均等化的问题。从理论上讲,公共服务均等化问题只有在纯公共产品领域才有意义。因为,只有纯公共产品才是属于政府依法利用公共资源进行生产和维护的,而对于私人产品、俱乐部产品和准公共产品,则不存在全国意义的均等化问题。目前,关于公共服务的这种功能性划分和职责分配,在我国还属于新兴课题，故许多理论研究者和实务界的同志尚未给予必要的注意，因而存在容易混淆法律关系的可能性。例如，关于所谓的"看病难"的问题，有些媒体把责任统统引向政府，这在实际上是不太恰当的。因为，对于"非典"等灾难性突发事件造成的人身伤害的救助，显然属于政府应当尽责尽力的问题，这里当然需要推行医疗服务均等化。而对于慢性病且处于调养恢复期的病例，可以划入准公共产品领域，政府有组织、协调和监管的责任，但更多的属于"受益者付费"的领域。至于"整容"、"蝶变"等所谓的新兴医疗问题，应当属于私人产品，政府只宜承担市场监管责任。当然，划清责任的目的，并不是让政府超然物外，而是要将有限的公共资源用于纯公共服务领域，让目前存在的差别化现象能够尽快改变。相比之下，英国政府当年主要是通过"雷纳评审"等全国性的群众运动，逐个审查确定了具体纯公共产品项目，为政府履行职责奠定基础。这种经验值得我们学习和借鉴。

三是关于公用事业公私合作的法律问题。从世界各国的实践经验看，对于具有规模性、外部性和成本弱增性的准公共产品，一般采用公私合作的形式生产、供应。随着社会经济的发展，这类准公共产品会愈来愈多，有效提供这种产品无疑也是政府的重要责任，但与纯公共产品的生产供应不同，这种公共服务的实现方式主要是通过行政特许而构建公私合作机制。这种机制的形成给现代行政法提供了两个新要求：一方面，需要建立健全行政特许制度；另一方面，也需要尽快完善行政契约制度。本书在第五章中，结合我国近期发生的典型案例，分析了建立健全相关制度安排的重难点和关键事项。

↙ 第一章
关于服务型政府的行政法定位

一、行政法及其特殊视角

1. 关于行政法基本内涵的辨析

行政法是国家重要的部门法之一。但由于所持的依据和标准不同,学界对行政法的定义众说纷纭,并影响到人们对有关问题的深入分析。

大体而言,国内学者主要是从三个角度来定义行政法的。一是以调整对象为依据,认为行政法"是调整行政关系的法律规范的总称,或者说是调整国家行政机关在行使其职权过程中发生的各种社会关系的法律规范的总称"①。二是以行政主体为依据,认为"行政法是关于国家行政组织及其行为,以及对行政组织及其行为进行监督

---

① 罗豪才等主编:《行政法学》,北京大学出版社,1996年版,第3页。

的法律规范的总称"①。三是以调整对象和行政主体为双重标准来予以定义:"所谓行政法,是指有关国家行政管理的各种法律规范的总和,是以行政关系为调整对象的一个仅次于宪法的独立法律部门,其目的在于保障国家行政权运行的合法性和合理性。"②

　　从形式逻辑的角度看,尽管这三种定义所揭示的内涵有所不同,但在外延上却是等价的。我们知道,目前我国法学界所使用的逻辑工具,基本属于所谓的"波尔·罗亚尔逻辑"。这种逻辑工具源于亚里士多德,并经宗教僧侣加以完善,以明确思维形式的外延为主,故有"外延逻辑"之称。若从这个角度分析,就可以看到这三种定义都使用了"属概念加种差"的科学定义方法,且都采用了同一个属概念——"法律规范的总称(和)",所不同的只是各自使用了不同的概念为种差。客观地说,尽管这些"种差"在内涵上各有所指,但都能够将行政法同其他部门法加以区别,即在外延上具有相互等价的属性。我们知道,在现实生活中,行政关系是在行政主体之间、行政主体与行政相对人之间依法形成的权利义务关系,离开了行政主体这种社会关系,行政关系就将不复存在。同样,行政主体总是为了满足特定的社会需求而依法设立的,只有在一定的行政关系中它才能扮演特定的社会角色,因而才具有其相应的社会价值。换言之,从依法设立的那一天起,行政主体就已经并且将继续同其他社会主体结成一定的行政关系。这就是说,无论以调整对象还是以行政主体为标准,在现实生活的对应模型中,它们的外延是等价的。由于以"行政关系"与"行政主体"为种差所得到的被定义概念在外延上具有等价性,那么,将它们两个标准同时使用,其定义效果在外延上也仍然是等价的。

　　那么,既然这三种行政法的定义在外延上具有等价性,我们是否可以任选其中之一作为进一步讨论有关问题的理论基础呢?答案是否定的。因为,遵守形式逻辑只是一种知性思维的形式标准,对于

① 应松年、朱维究著:《行政法总论》,工人出版社,1985年版,第21页。
② 胡建淼著:《行政法学》,法律出版社,2003年版,第9页。

法律科学所具有的严格、慎重等特殊属性而言,这只是一个基本、必要的条件,仅此还远远不能满足社会生活的需要。事实上,从辩证思维的角度看,"行政关系"与"行政主体"在内涵上有重大的差别。若以此为理论出发点,往往会得出不同的演绎结论。

首先,在价值取向的排序之中,"行政关系"与"行政主体"之间存在着本源与派生的关系。依照现代"主权在民"的宪政原则,包括行政机关在内的各类国家机关均是人民群众为了组织社会生活而设立的。我们知道,人民群众是社会和历史的主人,他们在社会化大生产中必然要结成一定的社会关系,其中也包括行政关系。从历史的眼界看,只有当社会矛盾发展到一定的对抗程度,才会出现国家机器凭借公权强制性地参与社会生活,并成为有关社会关系一方的当事人。这就是说,行政主体具有派生性,只是一定历史阶段的特殊现象。故从这个角度看,若以行政主体为标准来揭示行政法的基本含义,那只是停留在对社会事物把握的表面层次上,并没有深刻揭示行政法的内在特点,且有本末倒置之嫌。

其次,行政主体本身就是一个包含多重意义的概念。在我国行政法学界,行政主体概念的确立经历了一个较长的时间。目前,已经被大家普遍认可的说法是:行政主体是指享有行政职权,能作出影响行政相对人权利义务的行政行为,并能由其本身对外承担行政法律责任的组织。而且,在法律实务中,我国所使用的"行政主体"概念与日本等西方国家所使用的"行政主体"概念有所区别。他们所使用的"行政主体",通常仅限于政府——中央政府或地方政府,另还包括非国家的公法人,如公共组织、公团、公库、公共会社等,而不包括作为政府部门的行政机关。这种区别暴露出一个问题:我们仅仅出于实用主义的态度,向大陆法系主要国家引进了行政主体这个概念,而对其核心内容却并未做深入细致的分析。我国的这种实用主义做法,主要表现为我们只是将行政主体概念作为一种抽象理论,只是侧重于解决行政机关在对外管理中的地位和解决行政诉讼中被告确认等问题。这种实用主义的做法导致我国行政主体理论存在先天不足的问题,不仅造成有关基本概念缺乏科学性,也不利于公民主体地位的确立。所以,以这个概念来定位行政法,容易导致行政权的异化。

另外,在通常的语义条件下,人们所说的行政主体其实只是一种授权主体,如果将这种主体本位化,不仅会强化"官本位"意识,还会导致宪政理论出现逻辑矛盾。这里已经涉及本章下文将着重讨论的一个理论问题,即行政主体本身就是一个颇有歧义的概念——不仅存在关于行政权的归属主体和行使主体之分,且这两种主体之间的关系也颇为复杂。如果现在就借用以后将得到的演绎结论,我们就可以深切地感受到这样一种理论困惑:行政主体无疑是拥有行政权的社会组织,但由于对行政权归属的理解并不具有唯一性,故采用这种具有歧义的概念作定义项,就会出现定义模糊的逻辑弊病,既不利于进一步深入探讨有关的法学问题,也极易在逻辑上推导出以行政主体为中心的管理主义,导致行政法的错位。

正是基于以上认识,笔者以为,我们应当单一地采用调整对象为标准来揭示行政法的内涵,即应当将行政法界定为:调整行政关系以及在此基础上产生的监督行政关系的法律规范体系。这个定义主要包括三层含义:第一,行政法是国家法制体系中的一个部门法,是一类法律规范和规则的总称。第二,这类法律规范和规则所调整的对象是行政关系和监督行政关系,即规定行政关系和监督行政关系的各方当事人之间的权利与义务。第三,行政是相对于立法、司法等国家权力的一个重要领域,是有关国家机关对国家与社会公共事务的决策、组织、管理和调控。

2. 行政法——作为部门法的特殊视角

按照笔者这种单一地以调整对象为标准所界定的行政法,我们可以在此基础上进一步分析这个重要的部门法对社会生活的独特影响,借此可以清楚地看到服务型政府的法律属性。

(1)行政合法性

合法性是人类社会的一个基本概念,现代社会的许多基础性问题都与此相关,甚至现代法治国家的理念在一定程度上也属于合法性问题的研究对象。

据学者考证,合法性概念最早出现于古罗马,它强调国家权力的行使应当合乎传统理念。"在古罗马,当合法性这一概念初次出现时,行使权力只须与永恒的过去相一致时,才被认为是合理的,而过去的神圣法律程序则是从创建时的决议条款中产生的。"① 之后,合法性概念被赋予更为一般的意义,涉及社会领域的各种基础性问题并隐含着关于公权存在的价值评价。如韦伯所谓的"社会秩序的合法性",就涉及道德、宗教、习惯、惯例和法律等领域,只要那里存在专门的人员或机构,就应当通过多种方式来保证他们及其所实施的行为都能遵从主流社会所认同的规则或自然形成的法则。由于这种广义的合法性泛指所有符合规则的社会现象,而法律只是其中一种比较特殊的规则,除此之外的社会规则还有习惯、乡约、宗教以及价值观、逻辑等,故这种广义合法性的基础既可以是法律规范,也可以是某种社会价值或族群共同体所沿袭的先例或惯例。然而,行政合法性则具有更为严格的意义,不仅仅在形式上需要以法律规范为基础,而且在实质上需要理顺统治者与被统治者之间的关系。

当人类选择了以社会的形式来组织生产和生活时,统治合法性一直是各种社会关系中最为重要的环节,它不仅包含着被统治者对统治的承认,还包含着关于统治行为自身的规范。哈贝马斯曾说,统治合法性意味着某种政治秩序在人们价值观念中被认可以及在事实上得到普遍承认。显然,统治关系能够得到被统治者的承认,是因为这种社会关系得以建立的规则或基础是统治者可以忍受的,甚至于能够得到他们的认可或同意。故从逻辑关系上看,统治因为具有合法性,才被得到承认;而从历史关系来看,统治因为得到了承认,才具有合法性。特别是当人类社会进入分权政治时代,传统的绝对君主统治已经被"主权在民"理念所彻底颠覆,其模糊的统治权则被

① 〔英〕约翰·基恩著,马音等译:《公共生活与晚期资本主义》,社会科学文献出版社,1999版,第288页。

进一步区分为立法、行政和司法等三种权能。这时,人们对统治合法性的理解变得更为深沉和全面:立法合法性的关键在于民主政治的法制化,从而获得人民对法律的信仰和自愿服从;司法合法性的实质在于保证司法活动本身的公正、廉洁和高效,使之能够最大限度地保障公民的权益;而行政合法性的核心在于规范行政权力的运用,任何违法行政行为都能产生相应的法律效力,违法行政行为的实施主体及其工作人员都应承担相应的法律责任。这就是说,行政合法性的具体内容至少应当包括这样三个方面:一是任何行政职权都必须基于法律的授予才能存在。任何行政组织都不得自己为自己设立行政权力,也不得超越法定职权范围而行事。二是任何行政职权的行使都应依据法律、遵守法律,不得与法律相抵触。不仅要遵守实体法规范,而且还要遵守程序法规范。三是任何行政职权的授予和委托及其运用都必须具有法律依据,符合法律宗旨。只有在满足合法性的条件下推进行政法治化,才能避免在实际运行过程中出现盲区或死角。

(2)行政正当性

正当性概念的实质含义要比合法性更为深刻,且成为人类社会共识的历史也更为久远。从法律思想史的角度考察,正当性概念的出现与自然法思想相关。我们知道,自然法思想在各个不同的历史阶段有不同的内涵,但其基本特征是对法律或统治秩序持二元观念,即划分理念世界与现实世界、神法与人法,其目的在于对现存法律或统治秩序予以必要的证明或批判。从现有文献资料看,自然法思想起源于斯多葛主义哲学,在古罗马时代得到西塞罗等法学家的进一步阐发,且在中世纪的基督教经院哲学中得到广泛的继承。由于近代欧洲受到启蒙运动的深刻影响,由此开始进入所谓的"理性自然法"时期。根据韦伯的研究,自然法思想曾发挥过三大作用:一是规范作用,即为制定法提供一个道德基础,并指导和约束法律的制定和实施;二是证明作用,即为制定法提供一种理性和价值观念方面的支持;三是引导作用,即为创制新的法律规范和社会秩序提供革命性的诱导。所以,当正当性理念伴随自然法思想成长之时,它已经自然而然地成为关于社会权力和权威的基础理论,成为实在法所需要而其自身无法提供的合理性证明。这就是说,正当性不仅意味着对一种政治秩序的公认,它还为政治生活法制化提供其赖以成立的基础。当然,正当性概念能够正式地登堂入室,还受到形式主义法学或实证主义的影响。不过,在这些理论的主导下,人们当时更关心的是法律秩序的实际存在以及行为者对法律的服从和遵守。因此,在这个时期,正当性往往表现为一种形式,即为有关国家机关制定或颁行法律规范。自觉遵循某种被人们所熟知的程式,凡是严格依据或被证明是合乎这种形式规范的行为即被视为具有正当性。当然,这只是一种历史现象,这种情形随着资本主义经济的发展和法理型统治的扩张已经有所改变。目前人们所能观察到的情形是,自然法理论在当代西方社会的作用已经越来越弱,人为制定的形式理性逐渐成为自身正当性的来源和基础。因此,实证法律已经不再需要诉诸一种"更高级的法"来证明自己的正当性。在这种背景下,人们往往是从该法律或统治秩序是否具有实质正义来评价其正当性,因而更关注法律秩序对维护人性与保障民生的贡献。

同样,行政正当性判定标准的建构也源自文明社会之初。就中华民族而言,在其历史发轫时期就已经构建了富有特色的行政正当性标准,尽管这种正当性的判断标准曾是一种掩蔽政治利益的道德神话。不过,经过历代执政者和儒家学者的倾心赞扬,这种道德神话在社会生活中也曾发挥过重要的典范作用。如关于传说时代中的尧舜禹三代圣王的禅让,凸显出统治者获得"公器"必须具有明确无误的正当性。尽管这种对公共权力交接标准的要求过于理想化,但却明确无误地提出了"天下为公"的正当性理念。而大禹王为治水"三过家门而不入",则塑造了一个全无私利意识的行政典范。对于这种全无私利意识的执政者,无论其行政目标还是行政模式,都具有令人无可挑剔的正当性。毋庸讳言,尽管中国古代先贤这种对公共权力道德化处理的传统做法与现代社会依法治权的理念尚有巨大的差别,但是,这也凸显出公共行政对正当性判定标准的渴望。其实,行政正当性的实质是社会公平正义对行政权的具体诉求。因此,马克斯·韦伯总结道,一切统治都需要正当性,而行政正当性是其中最主要的环节。一方面,统治者必须致力于建构正当性的机制以便保证其统治行为具有合法性、合理性;另一方面,在法治国家,法律当然可以作为判定正当性的标准,一切统治行为(当然也包括行政行为)都可以依照法律在事先明确界定的标准而获得正当性确认。因为,按照现代通行的主权理论,包括政府在内的国家机关,都有为自己职权行为的正当性而作出陈述或辩护的义务。而且,如果这种陈述、辩解或评价的机制缺失或不够完善,则有可能出现公权滥用的问题。就此而言,所谓行政正当性的判别,就是对行政主体及其行政行为在主流社会所共同认可的价值层面上进行必要性、合理性和正义性的论证。

　　一般而言,构建行政正当性判定标准主要涉及三个方面的问题:一是行政受益指标,主要判定政府职权行为主要能够让"谁"受益,"何时"受益,以及他们"如何"受益,这三个判定细节历来就是评价行政行为社会效果的轴心问题,因而成为识别统治者、管理者职权行为是否正当的关键点。二是行政行为科学性指标,主要包括关于行政行为的合理性、恰当性和可操作性的评价。由于这些问题的理论色彩较重,往往被世人称作关于行政正当性的反思性评价。例如,可操作性是人类主观见之于客观的一项特殊性质,也是在立法者进行制度安排时必须充分考虑的问题。曾经发生过这样一则小事:竹林里生长着一大片茂盛的竹子,可是竹子太多了,影响了笋的质量,看管竹林的年轻人很苦恼。于是,他去请教老者。老者说:"把没用的竹子砍掉。"年轻人很高兴,以为有了行动的指南。可当他真的要去砍竹子时又犯愁了:"到底哪一棵才是没用的?"由此可见,在行政执行领域中,光有好的主观想法是不够的。如果只有一些笼统、模糊的主观设想而不具备必要的客观条件或没有适当的具体实施方法,这与没有形成相应的主观见解基本等价。三是行政行为的社会性指标,这是解决政府与人民群众关系的判定标准,即只有能够获得社会大众的广泛认同,政府才有牢固的统治执政基础。在这个意义上,行政正当性判定标准的建构也可以说是行政正当性关系的建构规则。对于这三种判定指标,如果政府能够同时具备,那就可以断定其行政正当性非常充分,这个政府的意志与人民的意志能够保持一致,可以在不依靠"暴力"或"暴力威胁"的条件下形成行政执行力。

（3）行政公共性

公共性(Public)是人类社会属性的重要表现形式,是个人"自我"得以实现的必要条件。但从历史的角度看,人们关于公共性的研究则是随着公共领域的出现而逐步形成的。哈贝马斯是关于公共性起源研究卓有影响的学者,根据他在《公共领域中的结构转型》一书中的考证,公共性及其有关问题并不是自发地被大家所注意的,而是在工业社会形成之后才成为学者们的研究课题。在过去的农耕社会,人们只需要同自己的土地打交道,至于到咖啡馆、信息栏、俱乐部中去感知公共性的雏形,那只是饭后茶余的"奢侈品"。工业社会的出现加速了社会分工的深化,特别是美国总统威尔逊提出了"政治-行政二分原则"之后,出现了超越政党分肥制的"公共行政"(Public Administration)的理念与实践,使大家更加明确地认识到公共行政所应具有的价值中立和工具性,这才出现了具有现代意义的公共领域,行政公共性才成为行政法学所必须面对的研究课题。

根据长期研究,我国学者杨海坤教授曾得到关于行政公共性的三个结论:其一,公共性是现代国家行政特征中最基本的表现;其二,"公共性是行政的生命力所在,是其存在价值所在,没有公共性,就没有行政"[①];其三,"提出并正确运用行政公共性理论,对找国行政法的发展是至关重要的"[②]。笔者以为,由于计划经济体制下曾有一种流行观点,即因社会主义所实行的是生产资料公有制,便认为

---

① 杨海坤著:《现代行政公共性理论初探》,载《法学论坛》,2001年第2期。
② 杨海坤著:《现代行政公共性理论初探》,载《法学论坛》,2001年第2期。

在这种制度框架之下人们只需注重公法的建设，不必过分关注于公法与私法之分。故当时各社会主义国家，不仅存在民事法律发展滞后的现象，同时也出现了行政法发展严重不足的问题。因为，没有健全的私法制度也就无所谓公法，也就没有人刻意研究公共性等类似课题。同样，我国也存在这种问题。尽管我国经历了改革开放的洗礼，但这种历史现象的消极影响仍然难以在短期内予以彻底消除。这就是说，我国所存在的关于行政公共性研究滞后的现状，正是这种历史现象的一种折射。因此，杨海坤所发表的有关论文，在很大程度上填补了我国行政法学基础理论研究所存在的空白。毫无疑问，由于行政公共性属于政府的根本属性，决定着政府的行政目标、行为方式和价值取向，因而需要深入探讨，在形成理论共识的基础上通过法律的形式加以确认和保证实施。

毋庸讳言，强调行政公共性，就必须突出行政合法性、目的性和自律性，以便形成对各级政府及其工作部门的监督和控制。如前所述，政府是因人民需要公共社会生活而设置的，是能够维护和实现公共利益的专门机构，为此，必须建立规范政府行为的自我控制机制与外部制约机制，使它能够依法行使权力，保证"权为民所用"。但是，正如当代学者已经通过理论模型所证明的那样，政府及其工作人员本身也是"经济人"，他们同平常的人一样，也具有自利性。因此，如果没有建立相应的法律制度，政府及其工作人员就可能公权私用，直至其固有的自利性倾向不断膨胀而屏蔽所应当具有的行政公共属性。可见，深入研究并正确运用行政公共性理论，已经是各国建立行政法制的基础性工作。因为，如果按照行政公共性的观点来看问题，即便是在政党政治的条件下，执政党也不能把政府视为自己的"私器"，而是要充分保证政府具有全民性和社会中立性。我们知道，至少在多数发达国家，保证有关国家机关的行政公共性被视为合法执政的基础。因为，所谓的"法"，不外乎是关于民意的程序化共识和固定，如果政府能够直接依照民意来处理公共领域的问题，那么，它在保证实现自身所赖以立身的公共性之时，其他有关属性也会自然、充分地得到体现。

3."公仆精神"——社会主义行政法的特殊视角

如果说"合法性"、"正当性"和"公共性"是当代各国行政法作为特殊部门法所共有的视角，那么，"公仆精神"则是社会主义行政法所特有的视角。

所谓"公仆精神"，是指社会主义国家要求各类各级国家机关及其工作人员始终都要牢记"为人民服务"的宗旨，通过依法履行职责而成为人民群众的忠心耿耿的服务员。按理，"全心全意为人民服务，一刻也不脱离群众"，是我党唯一的宗旨，也是人民政府赢得全国人民的拥护，从而取代国民党政府的内在原因。然而，改革开放以来，我们曾放弃了固有的社会主义行政法传统，反过来学习西方国家传统的行政法。尽管这种做法可以帮助经济体制改革的顺利实施，并能够在一定意义上促进经济增长，但在取得这些成绩的时候也积累下了一些十分令人担忧的问题：人民的行政机构已经存在脱离人民群众、背离自己宗旨的迹象。

我们知道，所谓"公仆"，原意是指人人都可以使唤的仆人，以此比喻那些从事公务活动的国家工作人员的从业精神。然而，随着我国行政法的西化，这个概念开始变味了，变成"公务员的仆人"的简缩语，指老百姓成为国家公职人员的仆人。所以，我们不得不重温马克思当年的教诲。当初，马克思在《法兰西内战》一书中指出，巴黎公社废除常备军和警察，代之以人民的武装；公社领导成员由普选产生，随时可以罢免；一切公职人员只能领取相当于工人工资的报酬；主张将旧的集权政府让位给生产者的自治政府；宣布教会与国家分离，实行人人都能享受的免费教育，等等。在马克思看来，公社的这些措施，表明它"实质上是工人阶级的政府"，其显著标志就是将"国家这个寄生赘瘤迄今所夺去的一切力量，归还给社会肌体"。[①] 20年后，恩格斯为《法兰西内战》撰写"导言"时补充说，工人阶级取得统

---

① 《马克思恩格斯选集》第3卷，人民出版社，1995年版，第55～59页。

治权以后,不但不能继续运用旧的国家机器来进行管理,还要防范自己的代表和官吏"由社会公仆变为社会主人"。恩格斯还指出,由于人们从小就习惯于认为全社会的公共事务和公共利益只能由国家和地位优越的官吏来处理,因而产生对国家的"盲目崇拜"。对此,恩格斯提出,无产阶级取得国家政权后,"国家再好也不过是争取阶级统治的斗争中获胜的无产阶级所继承下来的一个祸害;胜利了的无产阶级也将同公社一样,不得不立即尽量除去这个祸害的最坏方面,直到在新的自由的社会条件下成长起来的一代有能力把这全部国家废物抛掉"①。列宁在这个领域也有重要的贡献。他在谈论培养工人的社会主义意识时曾指出,"工人本来也不可能有社会主义的意识。这种意识只能从外面灌输进去"②,从而揭示了社会主义公仆精神的形成具有 "灌输性"——尽管社会主义国家公仆精神的核心是人民性,这是社会主义政治文明在公共领域的特殊要求,但是,社会主义公仆精神不像旧的职业道德那样可以自发形成,而是需要马列主义的指导和有关法律制度的规范,才能让那些有觉悟的国家工作人员领悟、建立这种精神并自觉地身体力行。因此,前苏联所构建的社会主义行政法就是在"人民性原则"的基础上建立起来的。因为,"人民性原则表达了苏维埃国家的本质"③,同时,该基本原则不仅规定了广大人民群众参与国家行政事务的各种法定形式与途径,还规定了苏维埃国家行政机关行使职权的基本方法就是 "说服教育"。因为,依照马克思的著名论断——思想一旦掌握群众,就会变成巨大的物质力量。况且,社会主义国家的行政机关与它们的行政相对人之间,并没有根本性的利害冲突,因而完全可以通过说服教育而达成共识,并在这种共识的基础上采取共同行动。因此,说服行政相对人,令其相信和理解行政机关所采取行动、措施的正确性、必要性,使其能够理解和信服,从而能够自觉自愿、创造性地配合行政

---

① 《马克思恩格斯选集》第三卷,人民出版社,1995年版,第12～13页。
② 《列宁选集》第一卷,人民出版社,1972年版,第267页。
③ 〔前苏联〕B.M.马诺幸等著,黄道秀译:《苏维埃行政法》,群众出版社,1983年版,第18页。

机关的职权行动,充分体现社会主义行政管理的法制框架所具有的优越性。对此,列宁精辟地总结道:"只有当我们正确地表达人民所意识到的东西时,我们才能管理。"① 而且,尽管前苏联时期的行政法也有"行政强制"的方法,但是,法律不仅要求将"说服"与"强制"有机地结合,而且,还将"说服"作为实施"强制"的前置条件,即只有当情况紧急而没有"说服教育"的条件,或者经多次反复"说服教育"而不能奏效时,才可以依法采取行政强制措施。列宁明确要求:"我们必须首先说服,然后强制。我们无论如何必须先说服,然后在强制。"② 因此,"说服——这是在社会主义社会每个劳动者的意识中培养对遵守社会生活和国家生活准则的内在需要的直接途径"③。

当年,我们正是以学习前苏联行政法的形式,将"说服教育"作为实现行政管理的基本方法,只是在称谓上有所区别而已,即在一般场合,将这种行政管理方法称为"做耐心细致的思想政治工作"。这样,即便是在物质条件极度匮乏的时期,人民群众都能够自觉自愿地与党和政府保持高度一致,甚至竭尽全力地克服困难来支持国家当时所采取的高积累政策。然而,当今我们为了尽快"脱贫致富",不惜放弃了这个优秀的社会主义法文化传统,反而抄袭了西方国家传统的以行政命令和行政处罚为主要手段的行政管理法。尽管这种行政管理法模式富有效率,但是,这却是在牺牲公平正义的条件下形成的效率。所以,西方发达国家在20世纪后半叶通过系统的行政改革而将其扬弃。而且,这种行政管理法模式在西方国家的形成与运作是建立在比较成熟的民主制度的基础之上的,尽管行政机构以行政命令和行政处罚为其基本职权行为方式,但是,行政相对人能够在总的宪政体制之上与行政机构形成相对平衡的权利义务关系。但是,我们的情况则不同。我们的社会主义民主制度不仅在理论构

---

① 《列宁全集》第27卷,人民出版社,1957年版,第33页。
② 《列宁全集》第27卷,人民出版社,1957年版,第32页。
③ 〔前苏联〕B.M.马诺幸等著,黄道秀译:《苏维埃行政法》,群众出版社,1983年版,第187页。

想上不同于西方国家,而且,其成熟程度也远远滞后于实践需要。因此,如果我们在学习西方国家传统的行政管理法模式时,只看到提高行政效率的一面,却没有看到行政机构必须依法制约的一面。这样一来,经过改造的行政法虽然能够保证有关机构富有效率,但也大大助长了行政机关及其工作人员脱离群众的倾向,甚至出现有的地方政府以行政罚没为牟利手段盘剥行政相对人,导致人民群众与政府及其工作人员的对立。例如,有的地方政府借口"经营城市",不惜通过强制拆迁来侵害公民的合法财产,甚至酿成被拆迁人自焚的严重事件。

问题是,为什么我们的某些地方政府居然能够在"依法行政"的旗帜下干出这种背离我党基本宗旨的行径呢?这是一个非常值得我国行政法学界深入研究和反思的问题。笔者以为,社会主义行政法的基本任务是保证国家行政机关始终成为忠实的"人民公仆",如果有关法律制度不能保证这个基本目标的实现,那么,这种行政体制就需要改革和完善。我们大家应当细心地想想,为什么有的地方政府甘心情愿地被利益集团所绑架而沦落成为其牟取经济暴利的工具?为什么有些行政部门将行政处罚作为牟利工具,为了实现部门利益而给每个工作人员都规定"罚款指标"?这是因为,在现行的"分灶吃饭"的财政体制下,有的地方政府及其工作人员已经意识到了,可以通过"公器私用"而让自己率先富起来。显然,现行行政法律体系已经同应有的社会主义性质相背离,不仅没有真正发挥其应有的"控权"的作用,而且在一定程度上为个别投机分子提供了可乘之机。如果说,我们的行政法学应当努力论证政府可以合法地干什么,那么,对于那些已经退化为"经济动物"的某些地方政府及其工作人员,行政法学的这些努力只不过成为《伊索寓言》中的狼与羊的故事的现代版,只是在为狼吃掉羊而编制各种美丽的借口。对此,我们不妨借用宗教人士净空大师的话——"只要真正全心全意地为人民服务,什么都是合法的;只要一心为自己牟利,什么都是不合法的。"

二、公民受益权及其保障

1. 关于公民受益权的概念

服务型政府以保障公民受益权为己任,故需深入分析公民的这种权利的内涵与特点,使之成为国家行政机关履行职权职责的法理基础。

从理论上讲,公民受益权是指公民基于宪法和法律所赋予的权利而请求政府作出或不作出某种行为,以便能够享受有关利益的功能。这就是说,国家是以设定公民受益权的形式,为自己设定保障公民权益的相应义务。这种国家义务表现为有关国家机关通过采取相应的行动,为有关权益的实现提供一定的服务或者给付。这些服务或给付的内容,既可以是保障公民权益实现的法律程序,也可以是依法对公民在物质上、精神上的资助。从这种意义上讲,公民受益权属于公民基本权利,既具有宪法权利的特征,也具有行政权利的性质。

作为宪法权利,我们可以通过新的学理分类来揭示公民受益权的基本特点。列宁曾说过一句名言:"宪法就是一张写着人民权利的纸。"但是,关于宪法应该如何写出人民的这些权利,列宁没有具体细说,我们只能从各国立宪实践来看这个问题。事实上,各国关于公民基本权利的学理分类多种多样,甚至有些还显得杂乱无序。不过,随着时代的进步,开始出现一种具有普遍性的分类方法,即将公民基本权利分为个人权利、政治权利、社会权利和经济权利。这种分类法在很大程度上受到《公民权利和政治权利国际公约》与《经济、社会及文化权利国家公约》的影响。当然,在具体表述上,学者们的概括依然有些差别,如有的使用"个人权利",有的使用"公民权利",有的使用"个人生活方面的基本权利",还有的则称经济、社会及文化权利为"物质保证的权利"。之后,随着社会实践的深入,学界出现了关于宪法权利分类的新观点，主张将公民基本权利分为自由权、受益权和平等权三大类。显然，这种分类法可以更好地确定公民权利与国家义务的关系。其中，受益权是核心环节，自由权是保障机制，而平等权则是基本要求。从根本上说，国家机关之所以存在，就是为了保障公民权利，其中保障的两种基本方式就是作为与不作为。一方面，个人力量有限，需要国家机关帮助维护个人权利，需要国家有所作为，这就是受益权的基本要义。另一方面，国家机关本身又是侵犯个人权利的主要来源，必须想办法划清国家机关与个人的界限，减少国家对个人生活的干预，这就是自由权的要义。具体而言，这里所谓的自由权，既包括个人层面的人身自由、财产自由、人格自由、思想自由，也包括政治层面的政治自由和政治权利。因为，个人层面的自由权属于消极自由，反映的是权利主体的自然属性与私人生活；而政治层面的自由权则是积极自由，体现的是权利主体的积极的、具有进取性的政治属性与政治愿望。当然，因个人层面的自由权先于国家而存在，故具有高度警惕国家不当干预的自发要求。但因社会生活的复杂性而使国家干预难以避免也无法避免，故政治层面的自由权在某种意义上是权利主体对国家干预的反制性环节，意在通过发现主流民意而形成"善法而治"的良性机制，从根本上抑制国家对个人权利的侵害，充分保障公民受益权得以实现。不仅如此，无论国家机关以作为还是不作为的方式保障个人权利，都必须遵守一定的准则，即基于人在本质上的平等性与国家在本质上的公共性，这种准则就是维护公民在法律意义上的平等性，也是平等权的基本要义。

作为行政权利，公民受益权是指符合法定条件的行政相对人所享有的，要求行政主体为特定行为（包括作为和不作为），以获得或实现特定利益的权利。由于行政主体履行特定义务之后，公民受益权才得以实际享有或实现，因此，公民的行政受益权就是个人受到政府帮助、援助的基本权利，它指向的是国家行政机关的行为。对于行政法中公民受益权概念的把握，应侧重于以下七个方面：其一，行政受益权的受益主体,为具体行政法律关系中的私方当事人,或广义上的行政相对人,所以,行政受益权系个人意义上的权利,而非政治意义上的以全体人民为主体的权利,也非国际人权意义上的集体权利(如民族自决权等)。其二,行政受益权的义务主体,是行政机关以及其他实际运用行政权力的组织。其三,行政受益权是一种请求权,其权利的实现有赖于义务主体应权利主体的请求而采取相应行动,但不排除在某些特定情况下行政机关有依法采取主动作为的义务,即依法定情形的出现而推定某种请求。其四,行政受益权的内容比较多,包括财产利益、人身利益和其他各种利益,既有实体利益也有程序利益。其五,行政受益权通常规定在关于行政机关职责的法律条文中,为行政主体依法采取行动的依据。其六,行政受益权是一项具有成长性、动态性的权利,其实质内容与救济方式均如此。其七,行政受益权是一项深受政策影响的权利,往往具有与某种政策供应相对应的属性。从理论上讲,政府给予公民的利益保障有消极作为和积极作为之分,消极作为对应的是公民的救济权,包括受到公正审判的权利等;积极对应的是公民的社会权,包括请求政府给予物质帮助的权利等。不过,在通常语境之中,政府要保障公民行政收益权的实现,主要通过积极作为的模式。因为,尽管救济权、社会权都有公民受益性,但两者在诸多方面具有明显的差异:救济权背后是"夜警国家"理念,社会权背后则是"福利国家"理念;救济权具有消极作为的特点,社会权则要求政府能够主动关爱自己的子民,因而愈来愈受到各国的重视。

2. 公民受益权的主要类型及其保障之侧重点

从行政法的角度看,公民受益权大致可以分为三种基本表现形态,故对其保障的侧重点也有所不同,需要分别加以讨论。

(1)公众受益权

这里所谓的公众受益,是指政府所实施的公共服务项目可以给一定范围的不特定相对人同时增进或改善社会福利。依照宪法赋予公民的平等权,凡是我国公民、法人或其他组织都享有这种公众受益的权利。而且,这种公众受益权往往与"公共利益"紧密相关,故在这个领域内处理人民群众的公众受益权与政府义务的关系,在一定程度上可以划归为"公共利益"的判定与供应问题。

由于在现代法治社会,"公共利益"是公、私权的平衡点,也是政府的合法性与正当性能够保持内在统一的重要依据,故笔者曾专门撰文探讨过这个问题,建议采用"列举+概括"的方式给出关于公共利益的立法定义,即"兴办公共事业的需要,实现国家规划的需要,以及其他由人民政府建议、同级人民代表大会审议通过、并报上级人民政府批准的客观需要"①。笔者当时的基本思想是,由于"公共利益"是一个具有运动性、开放性和博弈性的法律概念,如果仅仅用简单列举的方式来表述,难免挂一漏万,还会导致制度安排的僵化,难以适应社会生活丰富多样的制度需要,故需赋予有关国家机关凭借概括性条款行使"公共利益"的判定权。三年之后,当笔者再次思考这个问题时,发现这种设计方案有个漏洞:因在现代社会,包括政府在内的国家机关仍然具有"经济人"的倾向,如果关于"公共利益"的识别判定权仅仅授予有关国家机关,即便有再好的程序制约制度,也难以保证人民的公众受益权的实现,也难以实现构建服务型政府的改革目标。其实,从我国现行立法成果的角度看,似乎已经考虑过赋予行政相对人一定"公共利益"判定权的问题。例如,1999年颁布的《土地管理法实施条例》,在土地征收程序安排中设定了"征用土地用途公告"和"征地补偿、安置方案公告"制度,只不过关于"听取被征用土地的农村集体经济组织和农民的意见"的规定,仅限于安置补偿标准,而对于征地建设项目是否真正属于"公共利益",只让老百姓有所闻而不让其有所议。可见,立法者看见了问题,但没有迈出关键性的一步,令人感到非常遗憾。

相比之下,发达国家在这方面做得似乎要好一些。如美国当代行政法,因其主导方向来自20世纪60年代"权利革命"以来建立的环

---

① 参阅拙著《论"公共利益"的立法定义及其判定问题》,载《行政与法》,2007年第7期。

境保护、职业安全、消费者权益保护、反对种族和性别歧视等公共性政府项目,故有"公共利益守护神"之美誉。当然,作为判例制国家,美国至今还是没有给出关于"公共利益"的行政法定义。但美国学者在所谓的"行政权发展和公共利益思考"的标题下曾写道:"美国行政法实质上涉及公共管理者贯彻旨在增进公共利益政策时的程序性问题。"[1] 他们认为,在行政法领域如何形成"公共利益"的法定概念和具体项目,主要属于行政机关在设立、运行和撤销这些普遍性行政给付项目的行政决策的中心问题,但是,"行政机关如果为所有受行政决定影响之利益提供了论坛,就可能通过协商达成可以为所有人普遍接受的妥协,因此也就是对立法过程的一种复制。充分考虑所有受影响的利益之后所作出的行政决定,就在微观意义上基于和立法一样的原则而获得了合法性"[2]。可见,美国行政机关对公共利益和公共服务项目的识别、判定和决策过程,同时表现为相关利益群体表达其意志并经行政机关平衡的过程。如20世纪末,美国联邦政府需要对提高机动车排气环境的保护标准进行公共决策,曾从增进"公共利益"的角度开展了提高空气质量、机动车制造成本和消费者购买能力三者之间平衡关系的社会大讨论,形成了这样的结论:似乎上述三者的利益是不能够完全由国家行政机关来表达的,因为行政机关没有这样的禀赋和能力,所以,让这三方面的代表独立参与公共决策的全部过程,是保证决策程序正当性的主要因素。

概而论之,就公共利益的判定和公共项目的决策而言,利益相关人的参与程度应当与行政决策行为的正当程度正相关。由于行政程序在"公共利益"的识别、判定和决策以及各种具体的服务行政项目的论证中具有特别重要的意义,因而保证其正当程序的法律原则和法律规范应在当代行政法体系中居于中心的地位,并令整个行政

---

① 〔美〕肯尼斯·F.沃伦著,王丛虎、牛文展、任端平、宋凯利等译:《政治体制中的行政法》(第三版),中国人民大学出版社,2005年版,第113~114页。

② See :Breyer,Stewart,Sunstein,Spitzer:Administrative Law and Regulatory Policy,Fifth edition,*Aspen law & business*,2002,p.26.

法的重心从事后权利救济环节转入事前的公共决策阶段。

（2）个体受益权

这是指个体公民或组织享有直接获得政府给予物质、精神或有关政策帮助的权利。在保障人民群众公众受益权的法制框架下，个体公民或组织在多大程度上可以获得直接受益的权利或主张与具体行政服务的请求权有直接关系，这是服务型政府建设必须解决的制度性难题之一。

政府通过公共服务项目所改善和增进的"公共利益"是以普通社会公众为受益对象的，那么，作为公民个人或者组织能否直接向政府主张个别性的、具有法律意义的受益请求权呢？这个命题在法理上还可以表述为：事实上的受益并不等于享有法律上的权利。而这种表述可以视为所谓的"资产阶级法权"的逆命题。我们知道，1804年颁布的《拿破仑法典》，从绝对私有制的角度规范国家对人民权益的保护，出现了法律权利在表面上平等而事实上不平等的现象，被世人讥讽为"资产阶级法权"，以至于一些法律虚无主义者将近现代的法制建设视为一个"天大的谎言"。但是，我们现在遇到的问题却是截然不同。因为，政府所提供的公共服务是以增进"公共利益"为宗旨，而作为个体的公民或组织要获得直接请求政府提供某种利益的法律权利则是有条件的。例如，关于食品和药品质量的行政监督检查，从行政法的角度看，由于行政机关行使这种权力可惠及普通消费者，因而被纳入政府公共服务的范畴。但是，关于具体的行政监督检查及其条件和标准，则是一个普遍性公共决策问题，并往往涉及到具体的生产者、销售者、消费者的个别性利益。因为，这些具体的社会成员并不一定必然享有直接请求或拒绝政府进行某种检查的"权利"。对此，传统行政法重视行政调查机关与被调查人之间的关系，其立法宗旨在于防止行政调查机关对被调查人合法权益的侵犯，而对于行政调查行为所要保护的对象（如消费者群体），则存在着利益表达机制缺失而将其遗忘。但是，服务型政府是以保护公民受益权为出发点，因而不能忽视单个社会成员的利益请求权。

那么,在服务型政府建设的领域中又该怎样来处理社会成员的个体受益权与政府公共服务的关系呢? 对于这个问题,如果将德国、美国和中国有关做法进行比较,就可以比较容易地得出结论。德国行政法提供了主观公法权利与客观法反射利益的分析框架。他们认为,现行具有单纯反射效果的客观法虽然对行政相对人有利,但并不产生其权利。德国基本法第二十条第三款只有关于公共行政主体合法性义务的规定,并不构成行政相对人防御公共行政主体任何违法行为的主观权利。也就是说,不存在要求公共行政主体履行规范义务的一般法律执行请求权, 更不存在相应的诉讼途径 (大众诉讼)。而取得主观公法权利的途径是明确的立法或者法律的明确授权:"如果法律规范明显授意特定的人,或者明显地以保护目的为出发点,或者设定了主观权利,其保护目的即显而易见。"[1] 如消费者,就不属于可以明确界定的个别人群,因而在原则上没有主观权利。美国行政法则作出政府恩惠性特许与法律权利的区分。美国政府关于对贫困者福利补助的法律制度,经历了从恩惠性特许到受益人权利的转变。美国著名的1970年"戈德堡诉凯利案",联邦最高法院在此案的判决中确认了福利救济纠纷中正当法律程序的作用,自此福利救济不再是一种恩惠性特许而变成为一种受益人权利。有学者分析道:"对我们来说, 最重要的是法院明确地否认了特许权的概念。不能用公共补助是'特许权'而不是'权利'的理由回答来自宪法的质问。把福利补助仅仅视为特许权是不准确的(过去曾认为是准确的)。'这种补助对有资格的人来说是个法定权利的问题',在这个意义上,补助更像财产,而不是赏金。"[2]

应当说,从立法层面看,我国这方面的制度安排在个别领域具有这种堪与发达国家相媲美的合理性。例如,我国《行政诉讼法》第

---

[1] 〔德〕汉斯·J·沃尔夫、奥托·巴霍夫、罗尔夫·施托贝尔著,高家伟译:《行政法》(第一卷),商务印书馆,2002年版,第502页。

[2] 〔美〕伯纳德·施瓦茨著,徐炳译:《行政法》,群众出版社,1986年版,第206页。

十一条,明确地把是否依法发放抚恤金的争议,纳入行政诉讼的受案范围。如果借用德国行政法的观念,要求行政机关依法发给抚恤金是法律设定的"主观公法权利";而且,法律的这种规定表明国家对这种权利的保护"目的是显而易见的"。如果借用美国行政法的术语,主张政府向社会成员给付抚恤金,并非是基于政府的"恩惠性特许",而是基于社会成员所享有的"受益人权利"。不过,我国现行立法在总体上还没有达到自觉理解和处理类似问题的境界,因而在更多的领域,如在环境保护等社会普遍受益的社会公益项目立法方面,至今还没有授予因环境恶化而受到污染或感到生存威胁的个人享有要求行政机关积极作为的权利,从而可以依法实现"主观公法权利"或"受益人权利"。这种情况表明,我们要建立规范服务型政府的新型行政法,任重道远。

(3)社会公益变化对个人既得权益影响的救济权

由于社会生活的快速发展,公共利益的相对性也随之提高,由此带来了某些社会成员既得合法权益受损并需要得到必要的公法救济的问题。这是我们在深化改革开放的实践中遇到的新型社会矛盾。

我们知道,在改革开放初期,我们主要是选择具有帕累托改进性质的领域或方式方法来设计和实施改革,因而能够有效减少或避免社会矛盾的激化,使改革能够在达成共识的基础上顺利推进。这里所谓的帕累托改进(Pareto Improvement),是指一种资源分配变化在没有使任何人境况变坏的前提下,使得至少一个人变得更好。正是选择了这种实施路径,我国改革开放才能够得到全国人民的积极支持。然而,随着时间的推移,具有这种帕氏改进的领域或方式方法逐渐出现资源枯竭的现象,更多的改革需要通过"利益置换"的方式来组织实施,因而出现了不同利益集团的改革诉求相冲突的社会问题。这不仅成为改革共识破裂的重要的社会根源,也成为进一步深化改革的瓶颈。在现实生活中最典型的例子,是城市规划调整后出现有关个人或组织利益发生重大变化的问题。因此,这是我们在建设服务型政府时应当充分重视和依法处理好的新型社会矛盾。

众所周知，改革开放以来我们转而学习西方国家传统行政法，其有关法制建设的基础也是公民个人或组织享有排斥政府非法干预的自由权，但并未考虑到公共利益变化对公民个人既得利益的影响。按照这种传统的行政法理念，如果不存在政府的不当干预或其他社会成员的滥用权力，那么，当事人的自由权在法律上就视为处于安全状态。但是，随着科技进步和社会生活发展的速度加快，公共利益的相对稳定期已经大大地缩短了。于是，这种传统行政法所赖以存在的假定性基础——公益优位原则，面临着前所未有的挑战。而且，如前所述，随着生产力发展所带来的社会分工的进一步细化，公民个人或组织的生存与发展在一定程度上愈来愈依赖于政府所提供的公共服务，一旦出现来自于政府自身的失信行为，就可能会对这些个人或组织构成巨大的，甚至是毁灭性的威胁或损害。例如，处于高层电梯公寓广泛出现的时代，人们维持正常生活的前置条件是电力供应正常和电网运行安全。如果有关公用服务部门所提供的这类公共产品出现瑕疵，普通老百姓是无法正常地过自己的小日子的。考虑到公共利益的动态平衡和公民个人或组织的受益权往往是基于政府的支付能力和社会共同需求而产生的，那么，传统行政法所提供的制度安排一旦出现某种不定因素，就会导致政府关于公共利益的认识或公共资源的支持能力发生变化，政府提供的公共服务项目或政策就可能改变，这就可能使原来曾经受益的人群丧失了已经习以为常并可以信赖的利益。例如，政府为支持中小企业而给予的优惠政策，可能因执行其他行政任务，如执行环境保护政策而明令予以取消。这样一来，当事人已经获得或者将要获得的权益也就不复存在。因此，如何评价和约束政府的诚实信用，是建设服务型政府必须解决的法律问题。

耐人寻味的是，当代西方发达国家已经通过系统的行政改革，开始走出传统行政法的这道迷津。按照他们新的理念，"对于授益的行政行为，信任保护在这一过程中发挥着重要的作用。因为其多样性,所以它需要适应不同的情形,以便在下述两方面达到平衡:一方面是公民对取得确定力授意行政行为的利益,另一方面是行政机关为了改正错误或者适应情况变化的需要。在这方面,对违法行政行为的撤回和对合法行政行为的取消有不同的发展过程。"① 这就是说,这些发达国家在新型行政法的构建时,将这类问题归结为关于行政授益行为的诚实信用问题,并将这种问题的解决置于行政行为确定力和对合法行政行为撤回的框架内进行。对于前者,即已经取得确定力的行政决定,原则上是应当禁止改变的。当然,出于"公共利益"的需要,根据法定条件和法定程序,行政机关可以改变已经作出的决定,但应当依据当事人已经取得的信赖利益给予相应的补偿。对于后者,即合法行政行为撤回,需要严格依法办理:原则上禁止违法撤回合法行政行为,如果确实出现新情况新证据需要纠正,则应当经过公众参与等行政程序,才能获得相应的法律效力。对于这些问题,国务院2004年颁布的《全面推进依法行政纲要》就已经开始涉及,故在建设服务型政府的过程中,可将这个原则进一步完善并使之能够适用于政府职权行为所涉及的各个领域。另外,还应当在法律中明确规定公益变化的合理准则及其程序,规定行政决定取得确定力和予以改变的条件,赋予当事人关于信赖利益和权利安全的诉权。这种情况有如澳大利亚等国的类似制度——公众可以就环境污染事件对行政机关提起司法审查(即行政诉讼)请求,即使起诉人本身并没有受到这种污染的实际损害。

三、现代行政权的本质属性及其回归

1. 分权主义与功能主义:看待行政权的两种眼界

行政权是国家权力的重要组成部分,是由宪法和法律赋予或认

---

① 〔德〕埃贝哈德·施密特·阿斯曼等著,于安等译:《德国行政法读本》,高等教育出版社,2006年版,第81页。

可的,国家行政机关有依法组织和实施国内行政和外交等各项事务的权力。

在当今世界的许多国家,人们关于行政权的传统认识总是与分权学说相联系,即把它视为执行权(Executive Powers)。在国内,尽管关于行政权的提法仍不统一,尚有"行政管理权"、"行政权力"等提法,但主要视角仍然是从分权主义来探讨的。不过,由于我国的宪政体制以"民主集中制"为基本原则,行政权独大的情形已在事实上形成,这就使得许多原本属于常识性的理论也显得格外晦涩。但即便如此,我们仍然可以在比较法学的基础上进行梳理。

毫无疑问,从分权主义的角度来讨论行政权,能够在很大程度上揭示现代行政权的基本属性,因而至今仍旧是许多国家或地区的主流学术观点。17世纪洛克首创"两权分立"学说,之后孟德斯鸠继其观点而创立了"三权分立"理论,使行政权成为一种"受控权"。戴西则进一步提出了"规范主义"理论,强调行政法是"控制政府权力的法",主张通过以司法审查为中心的控权体系来保护个人的权利与自由。显然,这些理论都是植根于自由放任时期资本主义的土壤,反映了政府与个人、公益与私益之间的冲突与对峙。因此,在分权主义的基础上出现了规范主义,具有一种理论必然性。其实,规范主义的宗旨仍然在于最大限度地防止行政权的恣意妄为,也是西方国家早期市民社会理念的反映。只不过,它更强调行政权必须充当保护市民利益的工具,因而主张"无法律则无行政",极力将行政权置于法律之下,使行政权在历史上首次真正成为人所瞩目的"法律问题"。在这些理念影响之下进行的有关制度研究和建设,使得那些西方老牌资本主义国家在那个自由放任的时代就开始出现市民与国家机关的二元对峙,不仅打破了国家权力,尤其是行政权无所不及的格局,而且把行政权纳入了法治的轨道。这里,要保持市民社会中的个人权利成为独立于非官方的私域,就必须将行政权严格屏蔽在外,以此作为公民与国家机关形成特殊契约关系的对冲性机制,使得公、私权之间可以形成相对性平衡的关系。所以,从本质上看,自由资本主义时期这种对国家权力的进一步划分和控制,源于人们对维护个人权利和私权领域的关注,由此也奠定了行政权必须接受法律控制的理论基石——"所有权力都必须通过法律赋予,否则行政机关不得享有和行使任何权力,与此同时,任何权力都必须通过法律来制约和控制"①。

然而,随着当代"福利国家"的理论和实践的不断深化,又给大家带来了新情况和新问题,使得这种分权主义行政权理念受到了巨大的冲击和挑战,人们进而才提出了功能主义的思想。因为,传统的分权主义者把法律视为控制行政权的一种消极工具,看不到时代已经翻开了新的一页,法律已经赋予行政权更为积极的一面,即改变了原有对行政权过分束缚致使"社会多元利益"得不到应有保障的局面。因为此前,为了保障这些多元利益,"政府必须在现在那种有些语焉不详的所谓'集体意识'中去取得个人赞同与默认,政府由于经常受到攻击、怀疑,处于不稳定状态,因而不得不反复为自己辩护,设法证明自己的行动是正当的"②。可见,从功能主义的视角看行政权,我们能够更加清楚地把握它所应有的社会职能。首先,从社会需要的角度看,行政权应当是有效推行社会政策、实现社会管制或提供公共服务的工具,故有关制度安排的核心任务就在于保证社会公平,并在此基础上提高行政效率。其次,从促进公共利益的角度看,由于政府拥有庞大的行政资源和权威,因而能够更好地增进和守护公共利益。因此,从功能主义的角度看问题,不仅需要将行政权视为维护公共利益的工具,而且还要求赋予行政权更多的支配性功能。显然,这是受黑格尔"国家高于市民社会"理论的影响,并在黑格尔的行政权至上理论的基础上,又根据其特定社会环境而进行了必要的改造。另外,从社会分工的角度看,行政权所具有的特殊功能是其他国家机关所不能替代的。特别是当历史进入20世纪后半叶,"福利国家"的理论与实践已经日益深入人心,政府职能及其行为模式

①《联邦党人文集》,商务印书馆,1980年版,第264页。
②〔法〕弗朗索瓦·佩鲁著,张宁等译:《新发展观》,华夏出版社,1987年版,第106页。

已经出现了根本性的变化,故从功能主义的角度重新讨论行政权所扮演的社会角色,似乎更符合时代发展的潮流。其中,最引人注目的是,功能主义者们高调主张提高行政效率的理论基础,是将行政权的社会功能作了革命性的调整——从其原有的"管理性"转变为"服务性",以便更好地与"福利国家"及其有关制度相对接。这样,提供公共服务就成为行政权区别于其他国家机关的重要标志:行政权是用"国家观念"来"关心生存","在福利国家中为了国家能按照社会的要求积极贯彻执行政策,法应该为行政提供其所需要的手段"①。显然,从功能主义的角度看行政权,其实质是要更加关注社会公益的优越性,以便能够更好地利用行政权来奠定"福利国家"所应当具有的运行机制。

　　笔者以为,西方国家近年来流行的功能主义模式,已经对分权主义的传统理论进行了重大的修正,基本摆脱了"警察国家"既需要行政机构又害怕行政权过大的矛盾心态,为我们理解现代行政权提供了重要的启迪。特别需要指出的是,尽管社会主义国家采用"民主集中制"作为其基本政治模式,但是,仍然吸收了大量的分权主义的理论成果。只不过,由于这种分权制衡模式缺乏民主宪政的基础性保证,其制度化的形式在前苏联得到了极端性的发展,其社会有效性已被实践所证伪,因而失去了时代意义和道德基础,故被这些国家的人民所彻底抛弃。这就是说,在没有成熟的"代议制民主"基础之上的分权主义,必然会出现关于行政权制衡缺失的矛盾,甚至会导致行政权出现无序性与极端性的扩张。因此,前苏东国家抛弃原有的行政权理念,不仅反映了分权主义及其改良均已失去应有的先进性,也说明了那种被僵化了的"民主集中制"仍然只是对自由资本主义行政权的抄袭,仍然不能适应先进生产力的需要。但是,我国部分学者并没有看到这些理论问题背后的历史根源,仍然喜欢从某个理论定义的角度来把握住行政权有关属性,以为只要能够把握住行

---

① 〔日〕西冈久鞆、松本昌悦、川上宏二郎等著,康树华译:《现代行政法概论》,甘肃人民出版社,1990年版,第9页。

政权与立法权、司法权的区别,就能科学地界定这种国家权力。显然,这只是一种学究式的治学方法。其实,西方发达国家有关理论的演变,在本质上就是根据社会实践的变化而对分权主义进行了深刻的扬弃。因为,无论是"警察国家"还是"福利国家",这些国家的分权政治模式似乎在形式上都得到了继承;然而,他们对行政权的社会功能的定位及其理念,已经发生了质的变化。这就意味着,如果我们也直接从功能主义的角度看待中国的行政权,即把中国政府及其工作部门置于现代社会这个特定历史大背景里进行分析研究,就可能走出鹦鹉学舌式的研究而转变为创造性的理论探索。尤其需要注意的是,研究中国的现代行政权,固然需要学习和借鉴西方国家的经验,但更应该立足和扎根于本国的社会现实和法制环境。

2. 行政权归属主体与行使主体的二律背反

一般而言,权力总是表现为某种资格,即依法拥有按照给定条件和程序而提出问题、决定问题或采取相应行动的资格。以此推论,"权力必须具有主观上的承受因素,这一承受因素就是权力的主体问题"[①]。然而,关于公法领域权力主体的讨论却是一个非常复杂的理论问题。因为,如果把权力关系视为权力的客体,那么,这种社会关系的主导者就是权力的主体。这样,尽管我们可以把权力主体界定为"权力的实质或形式上的拥有者"[②],但由于社会生活所固有的复杂性以及此类社会关系所具有主体与客体之间的相对性,使得这种拥有法定资格的社会主体在其现实生活中总是带有一定的模糊性,难以清晰、唯一地被人们确认或把握。

据笔者所掌握的文献资料看,我国学界目前已经认识到,权力主体作为一种社会存在至少具有三个方面的基本属性:一是有形性,即所有的权力主体总是需要拥有一定的物质外壳,是一个活生

[①] 关保英著:《行政法的价值定位——效率、程序及其和谐》,中国政法大学出版社,1997年版,第4页。

[②] 关保英著:《行政法的价值定位——效率、程序及其和谐》,中国政法大学出版社,1997年版,第4页。

生的社会存在体。这种社会存在体本身可以表现为相对静止状态、渐变状态或由低等级向高等级革命性发展的状态。二是主动性,即具有法律所称之为"主体"的一般意义。在法律的词汇中,"主体"总是相对于"客体"而存在的,可以依据自己独立的意志来认识和评价外界事物,并在这些认识成果的基础上采取行动,且对这些行动所产生的后果承担法律责任。三是可分解性,既包括组织性分解、程序性分解,也包括法律责任的分解。① 如果在这种观点的基础上深化对权力主体的认识,即对权力主体进行合目的性的解构和剖析,就是所谓的"解构性分析"。利用这种思维和研究方法,可以帮助我们把对复杂现象化简,即进行"庖丁解牛"式的认识。例如,从形式要件的角度看,我们可以把权力主体进一步分为五种类型:一是以个体为单位的权力主体,即以自然人的形式成为权力主体;二是小型组织为单位的权力主体,其特点是以集体的形式出现,集体成员之间相互熟悉,相互了解;三是以组织机构为单位的权力主体,这种主体往往是以正式机构的形式出现,其成员之间需要以规章或其他有关正式行为规范为纽带;四是结构性社会集团为单位的权力主体,这种主体往往具有较大的规模,权力承受者往往属于较为固定的社会阶层,并有共同的利益取向,调整这种社会关系主要是利益纽带和法律规范;五是以全体社会成员为单位的权力主体,这种主体可以清晰地表征权力的社会属性,在创建正式制度之时,可以用来明确其基本价值取向,并借此形成相关规范体系的基础。由此可见,尽管从外在形式的角度看问题,容易得到机械、片面的结论,但由于借助了关于权力主体全面、系统的"解构性分析",仍然能够帮助我们深入地把握其基本特点。

毫无疑问,关于权力主体的解构性分析,最具理论意义的贡献莫过于以下两个方面:首先,对于任意一个适格的权力主体而言,总是存在着某种可以进行理论分解的切入点。或者说,如果我们能够

---

① 关保英著:《行政法的价值定位——效率、程序及其和谐》,中国政法大学出版社,1997年版,第7页。

将某个给定的权力主体抽象成为具有某种独立意义的认识对象,那么,它总是可以被进一步进行理论解析而深入认识。这种理论解析,既包括实体形式的分解,也包括行为序列的分解。其次,权力主体总是某种具体概念,即是在多种理论抽象的基础上形成的综合体。对于其中任意一种理论抽象,都可以被人为地进行系统性认识和描述。显然,作为第一层意思的权力主体的解构性分析,是一种简单、机械的认识,属于知性认识的范畴。而作为第二层意思的权力主体的解构性分析,则具有深层次的理论价值,即体现了马克思主义"从抽象上升到具体"的辩证思维方法。如果我们按照这种思路来对权力主体进行解构性分析,便可将这种社会主体进一步划分为"归属主体"与"行使主体",从而解决那些时常困惑大家的理论问题。其中,所谓权力的归属主体,就是权力归谁所有,即哪一个主体是权力的所有者。而权力的行使主体则是权力归谁行使,即哪一个主体是权力的行使者。[①] 其实,把公权领域的权力主体分解为归属主体与行使主体两种类型,不仅是代议式政治制度化之后的一种实际情况,也是建立相应的规制体系的理论基础。例如,近代资本主义国家在其建立之时,纷纷在宪法或宪法性文献中明确宣誓"主权在民",即明确无误地承认人民是国家权力的归属主体;同时,它们又在其宪法及其相关法律文件中建立了完整的国家机器,即设立了具有充分独立性的各类国家机关为这些公权的行使主体。同样,尽管我们是社会主义国家,但在这种基本性制度安排方面也未能例外。例如,我国宪法第二条明确宣布,"中华人民共和国的一切权力属于人民",即明确了我国国家权力的归属主体是"人民"。紧接着,宪法又规定,"人民行使国家权力的机关是全国人民代表大会和地方各级人民代表大会";"国家行政机关、审判机关、检察机关都由人民代表大会产生,对人民负责,受人民监督"。也就

---

① 关保英:《行政法的价值定位——效率、程序及其和谐》,中国政法大学出版社,1997年版,第7页。

说,我国的权力机关以及由它产生的行政机关、审判机关、检察机关都是国家权力的行使主体。

按理,既然宪法已经明确了"人民"是包括行政权在内的"一切权力"的归属主体,有关国家机关分别是相关国家权力的行使主体,那么,大家就应该各司其职,彼此间相安无事。但是,问题并没有这么简单。因为关于权力主体的这种解构性分析及其相应的职权职责设定,乃是代议制民主出现之后的一种无奈之举。虽然这样做能够在理论上说服和安抚民意,但毕竟与通常意义的权利义务相一致的法理存在着明显的不相协调之处,故需要建立包括全民公投在内的"票决民主"作为必要的补充。显然,这种"票决民主"在这里的作用主要有两个:既是一种用以发现民意的机制,同时也是权力归属主体对行使主体的授权机制。特别是对于行政权的行使主体而言,人民作为该项国家权力的所有者,通过"票决民主"将本属于自己的权力授予某些特定的社会成员,让他们在特定的时间和空间范围内依法行使这种权力。正如启蒙思想家卢梭在《社会契约论》中说到的那样,权力本来是人民的,但大家为了更好地组织社会生活,把这些本属于自己的权力授予有关专业机构或个人。可见,票决民主制是这两种权力主体的连接点,至少可以在形式上将这两种主体在有限的时空范围连接在一起。

然而,我国在有关宪政制度的设计上却存在一定的特殊性——有代议制之形而无其实。因为,源于近代西方国家的代议制民主是以政党轮替为其基石,并以周期性全民票决为其外在表现形式。显然,如果要生搬硬套西方国家的这些做法,至少目前我们还不具备这样的条件。这就意味着,即使在有限的时空之中,我们也暂时无法实现这两种权力主体的有机对接。例如,人们的生老病死,本属于他们自身的天然权利,但这些事实或行为必须经过有关行政部门的确认、登记或办理其他相关手续,然后才有可能产生相应的法律后果。更何况对于公共事务,宪法所设定的条件是"人民依照法律规定,通过各种途径和形式,管理国家事务,管理经济和文化事务,管理社会事务"。然而,对于这些公共事务的管理,宪法和法律已经设置了庞大的行政机器来分门别类地进行管理和控制,哪里还有普通民众可以依法"染指"的空当呢?所以,从现实的角度看,行政权的归属主体与行使主体之间存在着明显的分离性或对立性。那么,在我们的基本制度体系之中是否也需要将这两种权力主体有机地统一起来呢?答案是肯定的。因为,明确行政权的归属主体,这是不可动摇的基本宪政原则,否则,所有的行政机构都将成为无源之水,无本之木,也无法获得行使相应职权所需要的社会权威。只不过,我们不能沿袭西方国家所采用的"资产阶级法权"式的制度安排,而是应通过揭示行政权的归属主体与行使主体的内在一致性,即通过明确国家政权的人民性来解决这两种权力主体的对立统一。依我国宪法第一条的规定,我们是"人民民主专政的社会主义国家"。因此,从主体意志形成和表示的角度看,行政权归属主体的意志就应该必然地成为其行使主体的意志,使它们两者之间始终处于同一意志的状态,防止出现实质性的利益对峙。而且,就"国家政权而论,行政权只是一个事物,总体的价值取向、总体的目标、总体的行动纲领只能有一个,绝对不能受两个对立的意志支配"①。

这就是说,我们主要是通过意识形态的宣传、教育和论证,来明确行政权的行使主体应当无条件地接受归属主体的意志,并在这种认识的基础上建立行政法律制度来保证实现人民群众对行政权行使主体的支配和监督,以保证行政权这两类主体的内在统一。

3. 行政权的异化与回归

毋庸讳言,即便是在意识形态与行政法制的双重规制下,我国行政权仍然在一定程度上出现了异化,需要通过积极的努力才能使其回归本性。

这里所谓的异化,乃德文Eetfremdung的意译,指事物在发展运动中出现了一种特殊的状况,其自身的本质力量转化为另外一种异

---

① 关保英著:《行政法的价值定位——效率、程序及其和谐》,中国政法大学出版社,1997年版,第11页。

己的东西,成为与自己相对立或支配自己的力量,即成为与事物自身"相反方向发展变化的趋势和结果"①。例如,马克思在《1844年经济学哲学手稿》就提出了"异化劳动"的概念。他认为,劳动本来是人类的本质,其基本特点是人的自由自觉的活动,但在私所有制和僵化的社会分工的条件下,人类的这种本质属性发生了异化:一是劳动者同他的劳动相异化,二是劳动者同自己的劳动活动相异化,三是人同自己的本质相异化,四是人同人相异化。马克思坚持认为,从人类社会发展的历史长河看,异化劳动只是短时期的暂时现象,随着生产力的进步和阶级的消亡,异化劳动必将在社会历史上绝迹,人的本质属性也能够得以全面回归。

同样,我国行政权也存在着明显的异化现象。按理,依照"主权在民"的宪政原则,行政权的归属主体是"人民",但在管理主义理论盛行的条件下,行政权异化为管制、控制和约束人民的工具。目前,我国行政权出现的异化现象,最为大家所关注的主要有以下两点。

首先,拥有行政权的机构逐渐异化为特殊的利益主体,凭借其执掌的权力牟取狭隘的部门利益,成为凌驾于国家法律制度之上"经济动物"。

如前所述,行政权的行使主体应当以人民的意志为自己的意志,忠实地成为人民利益的代表。但是,当行政权的行使主体一旦意识到自己也有特殊的利益需求时,它们就会像亚当吞下了"智慧果"那样,立即形成自己的独立意志,并千方百计地利用人民所赋予的权力寻租,成为形形色色的社会蛀虫。例如,据《西安晚报》记者报道,陕西渭南市临渭区文化局文化市场管理办公室(当地人称"社管办"),编制是8个人,在册领工资的人数却有近70人。② 一个编制8个人的政府部门,如何能够养得起这70余人呢?据报道称,这个"社管办"从2009年6月份开始接手管理辖区网吧后,要求每个网吧每月缴纳1000元的"管理费",并在证照年检之时每家网吧还要缴纳2000元

---

① 〔法〕孟德斯鸠著,张雁深译:《论法的精神》(上册),商务印书馆,1961年版,第154页。
② 《西安晚报》,2009年10月15日。

年检费,否则就不给予办理证照。该"社管办"辖区内有80余处网吧,他们差不多每年有120万元的市场收入,加上预算内下拨的编制经费,8个人的编制养活70余人并没有太大困难。但是,行政部门从事正常的社会管理活动,为什么要擅自收取所谓的"管理费"、"年检费"呢?显然,这是凭借公权的无耻掠夺!如果行政权的行使主体靠掠夺社会财富来满足狭隘的部门利益,就是十分典型、令人愤怒的"公器私用",属于文明社会所最不能容忍的腐败现象。这种已经异化为"经济动物"的行政机构,其合法性、合理性早已荡然无存。前几年,曾有报道称有些地方的行政部门靠行政罚款来筹集经费,立即成为国人唾骂的对象。现在,居然出现了这种"进化"——就连行政处罚的过场都不用走了,干脆直接收钱。行政权的行使主体本来就是纳税人所雇佣的服务机构,且不以盈利为目的,怎么可以平白无故地向行政相对人"收钱"呢?这样的"收钱"和"抢钱"有多大的区别?但非常令人遗憾的是,这种利用职权"收钱"(或"抢钱")的现象在全国相当普遍,这只是冰山一角而已。

其次,有些行政官员已经从"人民公仆"异化为"官老爷",他们不仅开始背离自己的宗旨,将自己摆在人民的对立面,还凭借手中执掌的权力将自己凌驾于普通社会成员之上。

按理,行政官员是高素质的专业人士,是精英治国的主要表现形式。行政官员的这种高素质,既表现为他们曾接受过系统的专业技术训练,拥有娴熟的业务知识和技能;同时也表现为具有高尚的思想和情操,对人民和事业赤胆忠心。但是,我国现在的情况是,有些人从来就没有真正信仰过共产主义,他们混入公务员队伍中就是为了谋取个人利益;有些人则是被权力所腐蚀,异化为骑在人民群众头上作威作福的寄生虫。例如,2009年11月15日,深圳的出租车司机付某载着三名乘客前往本市宝安机场,其中一名女乘客为多出的17元的车费与司机付某发生争执。这位女乘客扇了付某一耳光后,付某也回敬了她一耳光。这时,女乘客掏出警官证,称"我是警察",并指责司机"袭警"。更有甚者,当地派出所民警闻讯后前来处理此事，希望的哥能道歉和解。可是，司机付某的道歉遭到了那位女民警的拒绝。这位女民警狂妄地说："20号之前我要办丧事，20号之后，用一条腿来换回你打我的一耳光。"[1] 当然，这位"警察"与出租车司机所发生的纠纷，本身包含有各自的是非对错，完全可以依法公正地评价和处理。但是，这个女人却要想凭借着自己特殊的身份给对方罗织罪名，无理找理，意欲置对方于死地而后快。显然，这是另一种类型的"公器私用"，在现代民主国家是难以想象的事件。这就充分说明，这位"警察"根本不具备其应有的基本素质，应当从公务员的队伍中清退出来。但更耐人寻味的是，记者事后又进行了跟踪报道。当时，深圳边检总站曾派出工作组到机场派出所核实相关情况，并向打人的女民警的工作单位了解有关情况。据其直属领导和同事介绍，该女警官于2004年通过考试进入边检，成绩优秀，工作出色，任劳任怨，甚至在其父亲去世时也因工作忙而未请假回家。[2] 也就是说，该女警官本身曾经是个"好人"。可是，这种"好人"却在关键时刻变成了"不好的人"，这又该作何解释呢？建立法律制度来管理国家和社会，其基本要义就是要防止人性弱点的膨胀，既要防止坏人作恶，也要防止好人异化为坏人。如果做不到这一点，就是制度本身出现了问题。

通过以上分析，我们可以得出这样的结论：我国行政权现存在一定程度的异化，这是不争的事实。当然，我们得出这样一个结论的目的，并不是要想否定近年来行政体制改革所取得的成绩，而是要找到行政权异化的根源并明确克服其异化的方向。

毫无疑问，我国行政权之所以出现异化，既有历史原因，也有现实原因。我国悠久的历史留给我们的传统是——"法律从来不是权力的基础，至高无上的皇权反倒是法律的源泉"[3]。这种传统使得行政权在其发展的过程中逐渐垄断地夺取了各类社会权力，成为了一

---

① 《成都商报》，2009年11月17日。
② 《南方都市报》，2009年11月18日。
③ 梁治平著：《法辩》，贵州人民出版社，1992年版，第108页。

个"独立于社会之上又与社会对立"的"超自然的怪胎"①。后来,由于我国又采用计划经济体制,依靠超经济的行政权来推动整个国民经济的运行,因而进一步强化了行政权优位的态势。在经济基础方面,由于利用无所不包的计划,把对每个个体利益的承认纳入对全体成员利益的共同承认之中,因而将生产者所固有的权利全部交由行政权掌控,他们不仅丧失了独立身份和意志,还丧失了独立的经济利益和自我决策的自由。在上层建筑方面,由于行政权执掌了计划的制定、执行与修改的大权,因而出现了行政权与法律的关系的倒置——法律不仅不能制约、规范行政权,反而沦为实现行政目标的工具或手段。即使到了当代,我们也是在行政法制缺失的条件下进行改革开放的。这时,由于经济利益的刚性作用和传统意识形态的软约束,因而在另一种层面上造成了行政权独大的局面。而且,更为重要的是,我们是在社会主义民主制度不健全的条件下进行改革和法制建设的,人民当家做主的权力被解决"温饱"的伪命题所淹没。因此,在急于发展经济的功利主义思想的指导下,我们将西方国家已经扬弃的"警察国家"理念当成救命稻草,酿成了行政权专横的恶果。对此,如果不能高度重视,及时改革,我们就可能因行政部门或个别行政官员的狭隘利益而丧失宝贵的执政基础。

那么,纠正行政权异化并令其回归应有本质的根本途径又是什么呢?其实,建设服务型政府就是一个非常重要的途径。关于这个问题的详细讨论,我们放在下一章进行,这里只是提出问题。

四、服务型政府应当是新型法治政府

1. 法治与法治政府

一般认为,"法治政府就是依照法治的原则组建和实施运作的

---

① 《马克思恩格斯选集》第2卷,人民出版社,1972年版,第409、411页。

政府,政府的一切权力来源、政府的运行和政府的行为都受到法律规范和制约"[1]。也就是说,法治政府是将其决策、执行和监督等整个行政过程都纳入法制化的轨道,让政府集规范性、责任性、公开性和有限性等四重属性于一身,并用法律制度加以固定。

我们知道,法治(Rule of Law,或Supremacy of Law,或Rule according to Law)的字面含义为法律的规制、法律的统治。在西方社会,从一个具有广泛影响的典型案例——磨坊案,可以看到当时欧洲人对法治的理解。

当年,普鲁士的腓特烈大帝(1740—1786年在位)在波茨坦有一行宫。有一天,他突然看到该行宫旁边有座磨坊,对行宫宁静、庄严的气氛构成了妨碍。于是,他派大臣去买这座磨房并想予以拆除。谁知,磨坊主死活不肯卖。该大臣勃然大怒,当即命令卫兵将磨坊强制拆毁。这位倔强的磨坊主欲将此事诉诸法律,而朋友们劝他:"你疯了吗! 皇帝是一国之主,哪个法官敢管这种事情?"但磨坊主认为:"我相信,我们普鲁士的法律比皇帝大。"于是,他真的把这位皇帝陛下告上法庭。法官受理了此案,依法进行审理后,判决原告胜诉——判令皇帝恢复磨坊原状。之后,腓特烈大帝还真的遵照判决将磨坊原样修好。现在这座磨坊仍然耸立在波茨坦。尽管它早就不能再磨面了,但作为法治理念的一个历史见证,它让世人亲身感受到当年的德国人对法治的理解:法大于权,大家都应接受法律的统治,包括皇帝本人。

尽管这种"法大于权"的理念已有划时代的意义,但严格地讲,这种历史理念本身也仅仅停留在关于"法治"的外在形式的认识之上,并没有准确揭示"法治"的科学内涵。如果要更充分、更深刻地理解"法治",还必须进一步深入到"善法而治"(又称"良法而治")的认识境界。其实,最早提出"善法而治"或"良法而治"理念的,是古希腊哲人亚里士多德。亚氏认为,法治有二层含义:"已成立的法律得到

① 刘毅、庄晓春、陈学明主编:《法治政府建设论纲》,四川出版集团、四川人民出版社,2005年版,第33页。

普遍的服从，而大家所服从的法律又应该本身是制订得良好的法律。"① 可是，"善法"或"良法"又是什么呢？对此，亚里士多德本人并没有作出进一步的论述，后人主要从两种思维模式来理解。

开始，人们侧重从形式标准的模式来理解"善法而治"。其中，最具代表性的是英国宪法学家戴雪的观点。戴雪将"善法而治"的标准归纳为三个形式要素：①人民非依法定程序，并在普通法院证明其违法，不受处罚；②法律面前人人平等；③宪法为法院保障人权的结果，而非人权的来源。然而，通过这种形式标准所界定的"善法而治"，不仅没有阻止唯意志论的日益猖獗，反而助长了法西斯专制的气焰。当时，欧洲大陆遭受到铁血和强权的肆意践踏，就连法治的表面形式也荡然无存。当戴雪所代表的这种形式标准模式失败后，人们开始转变思维方式，从实质标准来界定"善法而治"。因为，在经历了法西斯主义所带来的浩劫之后，人们已经认识到，仅用形式标准是无法科学界定"善法而治"的，必须从实质标准，即从保障人权和控制公权来解决这个问题。1959年的《德里宣言》将"善法而治"的实质标准归纳为三条：①立法机关的职能在于创设和维护以使每个人保持"人格尊严"的种种条件；②不仅要对制止行政权的滥用提供法律保障，而且要使政府有效地维护法律秩序，借以保证人们具有充分的社会和经济生活条件；③司法独立和律师职业自由。1961年1月，各国法学家又在尼日利亚首都拉各斯召开"法学家代表大会"，对德里宣言进行修改，称为"拉各斯法则"(Law of Lagos)②。

进入20世纪70年代以后，西方发达国家开始进行"行政改革"，各国学者立即将"善法而治"的理念运用于此项改革浪潮之中，由此形成了在"法治政府"的基础上重新界定政府职能的理念。一方面，这种情形反映了西方资本主义国家政府职能曾发生过恶性膨胀，不仅使市场机制被严重扭曲，同时还导致个人权利的进一步丧失，需要重新依法限制政府的职权；另一方面，也反映了人们对政府职能

---

① 〔古希腊〕亚里士多德著，吴寿彭译：《政治学》，商务印书馆，1996年版，第199页。
② 龚祥瑞著：《比较宪法与行政法》，法律出版社，1985年版，第82页。

无限扩大而危及分权宪政制度的担忧。例如,美国在立国之初,曾建立了典型的三权分立、相互制衡的宪政制度。后因应对经济危机而扩大了政府职权以便有效地进行宏观调控。在第二次世界大战期间,美国政府需要更多的临机处置权,国会便将许多原属于自己的职权授予行政部门。这样一来,美国就出现了行政权过于庞大且在事实上存在凌驾于立法权与审判权的情形。正是基于维护分权制衡原则的考量,1946年颁布的《美国联邦行政程序法》代表了新的"依法治权"模式终于粉墨登场。这时,传统的分权宪法体制仍然存在,但又在此基础上再增加详备、完善的行政程序法,迫使政府始终是社会的忠实的"公仆"。曾几何时,美国人的这种尝试还备受怀疑,可是,当大家观望了30多年之后,终于承认这种办法是行之有效的。于是,在20世纪70年代末,德国率先效仿美国,制定了自己的联邦行政程序法。很快,世界许多国家或地区也竞相加快行政程序的立法,于是出现了所谓的"行政程序法典化"的浪潮。这种历史现象表明,西方发达国家民主法制的建设已经达到新的发展阶段。当时,宪法是保障自由权利的"第一道防线",而行政法则是"第二道防线",其中又以行政程序法为核心。因为在民主社会,宪法的实施效果如何,主要是看行政法的健全与实施情况。因此,学者们把这种历史现象称为"从宪法时代进入到行政法时代"。

从此,关于政府的"善法而治"的标准又增加了新内容,即将保障程序公正,强调良好的法律表达形式也纳入法治政府的标准。于是,人们终于达成共识:只有那些已经能够充分、切实地实现"善法而治"的政府才是真正的法治政府,而规制政府"善法而治"的标准主要包括三个方面:一是善法的实体(内在)价值,二是善法的程序(外在)价值,三是良好的制度安排。

2. 服务型政府应当满足法治政府的内在规定性

那么,这种具有法治政府基本内涵的服务性政府应该具有哪些基本属性呢?这是大家都非常关心的问题。例如,我国2008年行政法法学年会即以《服务型政府与行政法治建设》作为大会的主题。在这次会议上,人们对服务型政府的涵义、本质特征等基本问题以及服务型政府与行政法治建设之间的关系问题展开了广泛的讨论。据笔者所搜集的资料看,目前国人对此的代表性观点主要三个。

第一种观点,以现实生活的客观需要为视角,全面论述服务型政府应当具有"善法而治"的基本属性。如竹立家撰文,将服务型政府所应具有的法治属性概括为五个方面:[①] ①服务型政府是一个具有核心竞争力的政府。对我国而言,这个核心竞争力就是社会主义的基本价值,即社会平等、政治民主和以人为本。②服务型政府是一个民主和责任政府。前者是指我国政府的性质,后者是指政府的目的。民主是宪法赋予人民的基本权利,故能保证公民通过正常程序和渠道参与国家治理和表达自己的愿望,是服务型政府的主要目的。③服务型政府是一个法治和有效政府。"依法行政"是现代政府的一个基本特征,是理顺的政府与社会、市场与公民关系的前提。一个依法行政的政府必然是一个有效政府,其公共政策才能得到认真的落实。只有这样,人民才会相信政府,政府服务才能为群众所接受。④服务型政府是一个为全社会提供公共产品和服务的政府。这就要求人民政府要时刻关注普通老百姓的利益、需要和愿望,让人民安居乐业、心情舒畅、生活幸福。当前,我国政府必须转变单纯抓经济建设的倾向,把工作重点转移到关系千家万户生活命脉的义务教育、公共医疗、社会福利和社会保障、劳动力失业和培训、环境保护、公共基础设施、社会安全和秩序等方面来。实现政府的这种职能转变是关乎国家稳定、发展和繁荣的基本战略,决定着人心向背,是提高党的执政能力的基础性工作。⑤服务型政府是一个实现了合理分权的政府。一般而言,合理分权主要包括:政府内部各部门之间的分权;上下级之间的权力下放;政府与社会中介组织之间的权限划分;中央与地方政府之间的权限划分等。合理分权是现代政府的一个重要特征,是提高政府工作效率的一个重要手段。在我国目前的

---

① 参见竹立家著:《服务型政府的核心特征》,载《学习时报》,2004年8月10日。

发展阶段,合理分权是我们建立服务型政府所遇到的一个最复杂的结构性难题,需要深入研究,妥善解决。

第二种观点,以历史发展进程为线索,通过政府的不同历史类型之间的比较,来看服务型政府所应当具有的法治属性。如聂鑫和林建华认为,在历史的长河中政府有三种类型,即统治型政府、管理型政府和服务型政府。将这三种历史类型的政府相比较,就可以看到服务型政府作为新型的现代政府主要有三个基本属性:[①] ①服务型政府是以公民本位为指导理念,在社会民主秩序的框架下,通过法定程序,按照公民意志组建起来的以为人民服务为宗旨并承担着服务责任的政府。这里所谓的公民本位,就是指政府在经济、社会与管理活动中,优先考虑公民的利益,以追求公民利益最大化为己任,并保障公民意志在整个公共行政中居决定性的地位。相比之下,历史上的统治型政府则以君主本位为指导理念,管理型政府以政府本位为指导理念。因此,服务型政府是对管理型政府的扬弃,是一种全新的现代政府。②服务型政府以制定服务于民的政策为根本目的。在公民本位的理念指导下,服务型政府是"权为民所用,情为民所系,利为民所谋",能够在公共管理活动中充分考虑到公民的意愿,使政府所推行的政策符合公民的需要。③服务型政府以公民为行政主体。一方面,公民意志在政府决策中应处于主导地位,政府的公共政策应该是公民意志的反映;另一方面,充分确保公民知情权也是保证公民行政主体地位实现的关键。正如美国前司法部长克拉克所说:"如果一个政府真正的是民有、民治、民享的政府的话,人民必须能够详细知道政府的活动。没有任何东西比秘密更能损害民主……在当前群众时代的社会中, 当政府在很多方面影响每个人的时候,保障人民了解政府活动的权利,比任何其他时代更为重要。"[②] 因

---

① 聂鑫、林建华著:《公民本位:构建服务型政府之本》,载《中国石油大学学报》(社会科学版),2008年第1期。

② 转引自聂鑫和林建华著:《公民本位:构建服务型政府之本》,载《中国石油大学学报》(社会科学版),2008年第1期。

为,只有确保公民知情权的实现,公民才能更好地对政府的行政活动进行监督,从而确保公共利益的实现。

第三种观点,从服务型政府科学内涵出发,总结出其所应有的法治属性。如巩建华撰文指出,服务型政府应当具有六个方面的基本法治属性:[①] ①职能有限。因为在宪政视野中,现代政府应该是权力有限、职能有限、责任有限的政府。故党中央国务院已经明确提出,政府的主要职能就是四项:经济调节、市场监管、社会管理和公共服务。这就充分说明服务型政府的职能是有限的。②依法行政。不管什么样的政府,它都要履行管理职能,只有行为规范的政府,才具备为人民服务的基本条件。在宪政视野中,依法治国的预设前提是政府必须守法,而要使政府守法,就必须对政府权力进行限制,防止政府权力滥用,更不能使政府超越法律许可的范围行使权力,以任何借口剥夺或侵犯公民的合法权益。因此,政府行政活动必须有法可依、有法必依、执法必严、违法必究,侵权必偿。③运转协调。从理论上讲,只有行为规范、依法行政的政府才可能成为运转协调的政府。④公正透明。民主政治的基本要求是公平、公正和公开,故现代政府应当努力构建和谐、正义的社会结构和政府治理模式,通过公正执法和公平地分配社会资源,为每个公民提供最大限度的公平。⑤廉洁高效。这就要求服务型政府必然是办事积极、工作主动、纪律严明、政令畅通的政府,必然是用权于民、情系人民、为民谋利的政府,必然是人民认同、满意和支持的政府。⑥诚信守责。政府是权力最大,最具权威性的组织。如果政府不负责任、信用缺失、决策随意,执行不力;职能越位,部门失职;政策多变,政出多门,那么,"市场主体就会面对许多不可确定和不可预测的环境变量,从而导致短期预期和短期行为,造成交易费用提高、政府信用度下降"。相反,一个诚实守信、恪尽职守的政府,必然是能够向人民承诺并践行诺言的政府,必然是勇于承担政治、行政、法律和道德责任的政府,其自身存

---

① 参见巩建华著:《服务型政府的内涵和特征》,http://dangxiao.cwi.gov.cn.2009-11-17。

在的合法性就高,人民对它的满意度和支持率也就越高。

笔者以为,尽管以上三种代表性观点是从不同的角度分析服务型政府所应当具有的法治属性,但他们所得到的研究结论中,至少有三个方面是相同的:第一,服务型政府是一种全新的政府类型。只有坚持"依法行政"的基本原则,体现"权为民所用,情为民所系,利为民所谋"的执政理念,才能抓住服务型政府的本质特征。第二,服务型政府不仅是一种理念,也是一种重要的制度结构。因此,服务型政府的基本属性不能简单地总结为几条便民利民的措施,而应在政府治理过程中全面落实以人为本,统筹发展的科学发展观,这就蕴涵着政治体制、政府制度和人事制度改革的丰富实践内容。第三,服务型政府与法治政府在本质上具有一致性。尽管提法和侧重点有所不同,但两种政府的理念和建设目标,都是要建立一个稳定的、科学的、规范的行政体制改革的长效机制,最终实现让人民满意的基本目标。当然,由于各自的理论出发点不同,其理论结论也有所差异。如第一种观点主要是从实践需要的角度总结服务型政府的基本属性,其研究结论更多的是体现了政治学的视角,狭义法学的味道不浓。第二种观点主要是从历史的纵向比较来看问题,其研究结论具有理论创新性,但指导实践操作的意义要淡薄一些。第三种观点从科学定义入手,逻辑地展现了服务型政府在多种情况下的运行机制,但理论抽象程度反而有所降低。

其实,要揭示服务型政府具备法治政府的基本属性,就应当严格证明它具有法治政府的四重属性。

首先,服务型政府具有法治政府的规范性。规范性是人类社会特有的概念,即凡是以社会的形式组织生产或生活,这个社会关于个人或团体的言行举动都会建立法律的、道德的、技术层面的或其他形式的规矩或标准,如果社会成员的言行符合这些规矩或标准,就被视为具有规范性。一般而言,社会对个人、家庭或其他自然人组成团体的规范性,主要是通过宗教团体、教育机构、政府或审判机关等专业组织来评价与纠正,因而人类社会曾形成了传统的心理定势,仿佛这些专业组织天生具有规范性,并可以理所当然地像手电筒那样只照着别人而让自己仍旧隐藏在黑暗之中。然而,自从近代启蒙思想家们宣扬的天赋人权、自由、平等、民主和法制等思想得到广泛传播,形成了强大的社会思潮后,彻底动摇了传统的思想观念,并提出了新的理念:对公共权力规范性的要求和监督应当成为社会生活的重点领域。因此,法治社会的政府应当率先成为规范性的典范。如前所述,我国法治政府的概念是从"依法行政"理念中导出的,这就给人一种印象,仿佛只要依"良法"而行,就能达到这种理想的目标。其实,问题并不这么简单。我们知道,在人类社会的各种规范体系中,法律规范只是一种最低标准,而诸多规范体系之间又具有千丝万缕的联系。例如,法律规范与道德规范之间,就具有千丝万缕的紧密联系,难以机械地把它们截然分开。大家耳熟能详的一个重要的规范性概念——诚实信用,原本是一种道德规范的要求,后来成为民法的一个基本原则,要求当事人在遵守交易道德基础上谋求利益平衡。然而,在改革开放的进程中,人们发现政府及其工作部门往往也会出现诚信缺失的问题,而且,由此所带来的社会问题往往危害性更大。于是,为了纠正这种不良风气,中央确定了建设诚信政府的决心。由此可见,政府的规范性与合法性紧密相关,但比合法性的要求要高。当然,对于服务型政府而言,除了上述关于法治政府的规范性要求之外,还有一些特殊要求,主要涉及三个方面的内容:一是公共服务供应的规范性,二是服务标准的规范性,三是服务争议解决方式、方法和秩序的规范性。

其次,服务型政府应当具有法治政府的责任性。在现代社会,责任是一个非常广义的概念。作为价值概念,责任是指特定社会或国家按照特定的条件关系,对拥有一定行为能力的社会成员所寄予并要求能够切实做到的某种期望,大体可以分为个人责任、家庭责任、社会责任和民族责任;作为法律概念,责任是由特定法律事实所引起的强制性特殊义务,即由于违反第一性义务而引起的第二性义务,通常可以分为民事责任、刑事责任、行政责任与宪法责任。其中,无论哪种类型或意义的责任,都是关于社会主体实施某种社会行为所应有的合法性和正当性,并获得其行为动力的边界性规则。显然,无论是法治政府还是服务型政府,都应当具有满足现代社会所赋予的责任。这是因为,现代民主政治是以责任为基础的,故行使行政权的行政主体,必须按照法律规定在行使行政职权的过程中承担相应的义务,对赋予其权力的人民和国家负责。而且,从现代分权政治的眼光看,凡有权力,就必须有相应的责任,责任与权力的相伴性应该是人类文明进展中的一种共生现象,只不过责任存在的方式有暗含或明示之分。现代法治就是在规定权力的同时,使责任尽量明确化。从逻辑的视角看,如果赋予政府拥有服务行政的职权而没有明确其责任,不仅会出现公共服务的异化,而且还有可能会让有关行政机关及其工作人员产生任意性与随意性。因为,没有责任的公共服务往往是非理性的,因而不会得到人民群众的欢迎和支持。就是说,当服务行政没有责任规则或者越出责任规则之外时,就意味着公共服务的效能在人们心中递减,必然会降低甚至丧失人民对政府的支持度;而且,一旦民众对服务行政持消极态度,必然会导致有关公共服务项目的成本大大增加。显然,责任机制是现代政府对其所实施行政行为进行预期代价和效果的评价、控制,能够有效地督促政府实施公共服务的自我约束,从而使服务行政按法定的轨迹运行。另外,责任机制还对服务型政府产生引导作用,即通过明示其责任边界,形成相应的心理警戒线。显然,法律责任所体现的强制性功能,既可成为服务型政府规范其行为的内在动力,也可成为强大的社会压力。因此,对责任边界的认识既能使服务型政府获得社会的尊重,又能使之充分扮演好其应有的社会角色。

其三,服务型政府应当具有法治政府的透明性。这里所谓的透明性,即要求现代政府推行阳光行政,实行政务公开。显然,政务公开是人民的权利,是民主管理的必要途径,也是反腐倡廉的有效武器。它对于民主来说,是一种必不可缺的途径、手段和方式;对于人民的政治权利和行政需求来说,则是一种目的,一种实现目标,一种成功或完善的标志。国外许多发达国家在政务公开及行政信息透明化方面已有长足的进步,其相关制度建设主要包括实体规范和程序规范两个方面。其中,实体规范部分主要规定了公开的内容、范围、主体、客体,等等,如一些西方国家制定的《阳光下的政府法》《信息公开法》《情报自由法》《财产申报法》《政府采购法》等;而程序规范部分主要涉及公开的方式方法、程序性权利(力)义务的分配以及罚则和公力救济程序等。对于我们所要建设的服务型政府,其政务公开主要应当涉及如下一些内容:①关于政务公开的主体,应该是包括各级政府机关和法律法规或规章授权及委托的组织甚至个人。②关于政务公开的客体,一般可以分为两种情况:一是一般公共事务的公开,如法律、法规、规章及其抽象性的行政行为等;二是具体的行政行为和行政过程的公开,一般是对特定的利害关系人的公开。③关于政务公开的内容和范围,主要应该包括三个方面:一是与公共利益相关的行政决策、比证或讨论会议应当公开;二是有关行政信息公开,主要包括行政行为实施过程与结果的有关文件、档案和资料(保密的除外)等;三是公共服务供应过程要公开,其中包括提供公共服务所需要的依据、标准、执行、结果等,杜绝暗箱操作。④依法确定政务公开的程序。政务公开的程序应该分成两类:一是在行政管理过程中行政主体根据职权和规定主动给予公开。公开的程序具体表现为行政行为的程序,是行政行为中的一个环节。二是依据申请而公开的程序,如有些利害关系人对于一些具有一定保密信息获得的一种特定程序。⑤关于行政救济制度的公开。任何法律都必须规定违法所带来的后果和惩罚、赔偿措施。特别需要指出的是,由于我国已经处于网络化、信息化的时代,建设网络政府以便在网络上公开政务,已经显得越来越重要。

其四,服务型政府还应当具有法治政府的有限性。这里所谓的有限性,是指政府是在行政职权和组织规模等方面受到宪法和法律限制,不再走"事无巨细、包揽一切"的"全能政府"的老路。一般认为,法治的重要作用之一,就是铲除无限政府,确立和维持一个在权力、作用和规模上都受到严格限制的"有限政府"。从历史的角度看，人们提出依法建设"有限政府"的命题，是认为政府是一种必要的"恶"，只能把它限制在最小的范围内。我们知道，在法治社会，政府是唯一可以合法拥有和使用暴力的社会组织。因此，人们在构建现代社会生活的时候，实际上是冒着一种政治风险——政府也是"经济人"，除了知道并可能利用手中职权来牟取本部门或小集团的利益之外，还有可能利用手中的国家强制力作"恶"。所以，传统行政法理论以此为起点来论证"有限政府"，其核心是通过宪政制度的构建来制约政府的权力、规模、职能及行为方式，令其只能达到充分保障公民权利所需要的程度。但是，服务型政府所应当具有的有限性，并非仅仅在于规定政府规模或职权的大小，而是试图理顺政府与社会的法律关系。从现代行政法学的观点看，公共服务可以概括政府的全部职能。例如，前文曾提到有关文献，将我国政府主要职能分为"经济调节、市场监管、社会管理和公共服务"等四项。其实，从服务型政府的角度看，"公共服务"作为政府的核心职能具有非常广泛的含义，诸如"经济调节"、"市场监管"、"社会管理"等都只是它的某些具体内容，而不能够与它处于平行对立的理论层面。当然，从世界发达国家行政体制改革的实践经验看，以这种广义的"公共服务"来界定政府职能，也并非要构建另类的"无限政府"，而是要依法实现政府与市场、公民和社会的合理、良性互动，从而使得现代行政权的运作获得最佳模式。其中，最主要的问题是从以下三个方面处理好政府与社会的关系：一是让政府的职能配置与公共利益紧密联系，真正成为公共利益的守护人。二是明确政府的公共权力受限于公民的授权，只能利用人民赋予的公共权力为人民服务，所以，政府权力的范围不是无限的，而是有限的。三是改变政府不计成本地提供所有公共产品的观念。由于公共资源本身也具有稀缺性，科学地努力降低政府行政成本，建设廉价、高效政府，是世界各国政府极其重视的问题和竭力追求的目标。因此，政府需要将公共服务进一步划分：只是基本公共服务才由政府利用公共资源来生产、供应和维护，至于非基本公共服务项目,如后文将专门讨论的"公用事业",则可由政府采用特殊的市场化机制来提供。

3. 服务型政府是法治政府理念的深化

前面,我们已经沿着从"法治"、"善法而治"到"法治政府"的历史逻辑,深切地感悟到西方国家先哲的聪明、睿智和务实精神,现在,我们需要基于本国特殊国情来进一步深化这种"善法而治的政府"。

改革开放以后,我国对行政机关及其社会公共管理活动的规范,最早提出的要求是"依法办事"。应当说,从价值和功能角度来讲,"依法办事"这一概念具有明显的法律工具主义和实用主义色彩。1993年,第八届全国人大一次会议的《政府工作报告》正式提出了"依法行政"的概念。"依法行政"的本质是依法规范和制约行政权力,从深层次来说,依法行政是依法治权而不是依法治事,是依法治官而不是依法治民。因此,"依法行政"与"法治政府"有着密切的联系。一方面,行政机关严格依法行政是建设法治政府的必然要求和基本条件;另一方面,"法治政府"则是行政机关依法行政所追求的目标。但严格地说,"依法行政"与"法治政府"在内涵上还是存在一定的区别。首先,从"依法行政"的价值取向上来看,"依法行政"所依之"法"既可以是"良法",也可以是违背法治精神的"恶法"或"劣法";而"法治政府"则要求行政机关所依之法只能是"良法",即必须是依"良法"而行政。其次,从"依法行政"所追求的价值目标来看,既可以将"法治政府"作为自己的追求目标,也可以将"法制政府"作为自己的追求目标。尽管这里的"法治政府"与"法制政府"只有一字只差,但其本质含义则有重大区别。

过去,我国法学界关于法制概念的看法主要有两种:①法律制度说。此说认为,法制是法律制度的简称,包括一国的立法制度、执法制度、司法制度,等等。②民主制度说。此说认为,法制是民主的制度,包括法律规制、守法、不允许法外特权等。这两种观点都承认法制是法律制度,但是,它们之间有一个重大的区别,即对待法制理念的价值化的态度不同。前者可以称为广义法制说,不承认法制的价值化。他们认为:"法制历来具有多样性,通常可划分为专制的法制和民主的法制两大类"。[1]后者可以称为狭义法制说,将专制制度排除在之外,刻意将法制由中性概念而转变为"价值化",赋予法制以特殊的价值内容。我国学者曾刻意宣传和追求这种狭义解释的法制概念,其原因主要有两个:其一,我国过去一度存在不承认法治只承认法制的现象,当时的学者们企图通过赋予法制以价值化的内容,使之成为对法制建设有价值导向作用的概念。其二,当代世界各国已经出现法制的"法治化"倾向,当我国不断扩大对外开放、分享当代世界科技进步的红利之时,这些理念就已经影响到我们的现实生活,因此,我们在引入西方国家特定时期的"法制"概念时,曾经把它作为"法治"的同义语。然而,随着"依法治国"理念的广泛传播,关于"法制"与"法治"的理论辨析已经广为大家所接受:它们是两个不同的概念,不能相互替代;但是,它们又存在密切而又不可分割的内在联系:①法制是法律制度,是人们活动的规范或秩序系统;法治以法制为基础,没有法制的法治是不存在的,但是有法制却未必有法治,例如,秦始皇、朱元璋、希特勒时代均有法制而无法治。②法制概念所强调的是实在性规范、秩序;法治概念则强调法律制度要充分体现相应的价值要求,即要求法律制度应当严格贯彻和展现民主、自由、平等、人权等基本价值,同时要求法律制度在程序上、形式上也具备公正性、明确性和公开性。因此,"法治政府"与"法制政府"有重要的区别,前者必须是"善法而治"的政府,后者可以只是在形式上拥有法律制度的政府。

这就是说,由于"依法行政"并不能必然地包含的"善法而治"、公平正义、法律至上等具有基本价值取向的含义。因此,仅仅以"依法行政"为前提,并不能必然地推导出建设"法治政府"的结论,因而在这种思想指导下也无法顺利完成政府职能转变和行政法制的建

---

① 孙笑侠主编:《法理学》,中国政法大学出版社,1998年版,第279页。

设。所以，我们必须在这种理念的基础上进一步提高认识。1997年党的十五大明确提出："依法治国是党领导人民治理国家的基本方略。"1999年3月，第九届全国人大二次会议通过的宪法修正案规定："中华人民共和国实行依法治国，建设社会主义法治国家。"在这种形势下，1999年11月，国务院发布的《关于全面推进依法行政的决定》明确提出，依法行政是依法治国的重要组成部分，以后又作出"全面推进依法行政"的决定。2003年，国务院修订《国务院工作规则》时将"依法行政"正式确立为政府工作的三项基本准则之一。2004年3月，国务院发布《全面推进依法行政实施纲要》，明确提出建设"法治政府"是全面推进依法行政的目标，要求经过十年左右坚持不懈的努力基本实现建设"法治政府"的目标。

尽管国务院当时在《全面推进依法行政实施纲要》中已经将政府职能划分为"经济调节、市场监管、社会管理和公共服务"等四项，但仍然没有正式提出建设服务型政府的思想。笔者认为，这种关于政府职能的四分法本身就存在一定的理论缺陷，即未能科学地回答这样的问题：政府的这四项职能之间属于什么关系？因为，在辩证唯物主义看来，深入分析事物的内在矛盾关系是为了寻找主要矛盾或矛盾的主要方面，只有抓住事物的主要矛盾或矛盾的主要方面，才能有效地解决问题。这就是说，我们不仅应当知道人民政府具有哪些职能，还应当科学地把握这些法定职能之间的关系，即哪些是核心职能，哪些是一般职能；哪些是统筹性职能，哪些是从属性职能。否则，我们就无法科学推行依法治国、建设法治政府的基本国策。从这个角度我们就可以理解，学界人士孜孜不倦地力荐"服务型政府"，要求把公共服务作为现代政府的核心职能，这不仅符合社会发展的内在规律，而且也是中国政府和行政法制建设科学发展的必然要求，同时也是推进中国法治现代化和建设社会主义政治文明的内在需要。非常幸运的是，学界的这些研究成果得到了管理层的认同。2004年3月"两会"期间，温家宝总理到陕西代表团听取意见时科学分析了政府四项主要职能的关系，并明确指出："社会服务这项任务太重要了,管理就是服务,我们要把政府办成一个服务型的政府,为市场主体服务,为社会服务,最终是为人民服务。"这种思想在2005年《政府工作报告》中进一步得到提升和发挥。温家宝总理在该报告第六部分"加强行政能力建设和政风建设"中,将"努力建设服务型政府"作为小标题,并明确阐述了服务型政府建设的具体内涵为:"创新政府管理方式,寓管理于服务之中,更好地为基层、企业和社会公众服务。整合行政资源,降低行政成本,提高行政效率和服务水平。政府各部门要各司其职,加强协调配合。健全社会公示、社会听证等制度,让人民群众更广泛地参与公共事务管理。大力推进政务公开,加强电子政务建设,增强政府工作透明度,提高政府公信力。"2007年10月,胡锦涛主席在党的十七大上的报告提出"加快行政管理体制改革,建设服务型政府"的任务。从此,建设服务型政府成为全党共同的政治理念,成为党领导政府体制改革的重要任务。2008年2月27日,中国共产党第十七届中央委员会第二次全体会议通过的《关于深化行政管理体制改革的意见》指出:深化行政管理体制改革,应当"按照建设服务政府、责任政府、法治政府和廉洁政府的要求,着力转变职能、理顺关系、优化结构、提高效能,做到权责一致、分工合理、决策科学、执行顺畅、监督有力,为全面建设小康社会提供体制保障。"从这个表述中我们不难看出,"服务政府"与"法治政府"都是处于同一个理论层面的,"深化行政管理体制改革"的核心内容。

需要特别指出的是,从党的"依法治国",建立"法治社会"基本方略看,建设法治政府是依法行政的终极价值目标;而从社会发展和政府自身改革的基本规律看,现代政府必须从"管制型"向"服务型"转变,这也是世界各国社会生产力达到一定程度之后的必然选择。那么,为什么长期以来推动我国行政体制改革的两种指导思想和两种价值目标会在这时汇集在一起呢?其实,中共中央《关于深化行政管理体制改革的意见》讲得非常清楚。改革开放以来,党中央、国务院高度重视行政体制改革,不断推进行政管理体制改革,加强政府自身建设。经过多年努力,政府职能转变迈出重要步伐,市场配置资源的基础性作用显著增强, 社会管理和公共服务得到加强;政府组织机构逐步优化,公务员队伍结构明显改善;科学民主决策水平不断提高,依法行政稳步推进,行政监督进一步强化;廉政建设和反腐败工作深入开展。但同时也存在着一些问题,如对微观经济运行干预过多,社会管理和公共服务仍比较薄弱;部门职责交叉、权责脱节和效率不高的问题仍比较突出;政府机构设置不尽合理,行政运行和管理制度不够健全;对行政权的监督制约机制还不完善,滥用职权、以权谋私、贪污腐败等现象仍然存在。这些问题的存在,直接影响了政府全面、正确地履行职能,也在一定程度上制约了社会经济的发展。因此,要建设"令人民满意的政府","必须通过深化改革,进一步消除体制性障碍,切实解决经济社会发展中的突出矛盾和问题,推动科学发展,促进社会和谐,更好地维护人民群众的利益"①。显然,这两种关于行政体制改革的指导思想和价值目标的有机汇集,不仅具有深刻的历史必然性,同时也标志着党中央、国务院对"服务型政府"和"法治政府"互为表里的认识,使"依法行政"和法治政府建设具有更加明确、更加具体的可操作性,也更能够得到人民群众的支持和拥护。

---

① 中共中央《关于深化行政管理体制改革的意见》,2008年3月4日。

第二章
建设服务型政府需要新型行政法

一、行政法范式的转变

1. 范式与行政法范式

行政法具有很强的变动性,与其他部门法相比较,行政法律制度所规制的社会生活和行政关系总是处于复杂多变的境况,因而作为相关社会关系调节器的行政法律规范也具有较强的变动性,需要经常性地进行废、改、立。正如美国学者伯纳德·施瓦茨归纳的一句名言那样:"行政法的首要特征就在于它是一个处于持续不断变化中的学科。"①

在行政法不断发展变化的过程之中,最具有理论意义的,莫过

① Bernard Schwartz, Some Crucial Issues in Administrative Law, *Tulsa Law Journal*, Vol. 28,1993,p.793-794.

于把握其基本范式的转变。当然,从范式的角度研究行政法的演变规律,目前在学界还存在争议。但是,这为一种科学假说提供了深入研究的契机,且这种争论本身就是一种推动科学研究进一步发展完善的动力。因此,本章在系统归纳前人所见之外,更严格地规定其科学内涵,并在努力保持其自身统一的基础上运用这种研究视角和方法。尤其重要的是,以范式演变为研究的核心环节,不仅可以揭示行政法不断变动的基本规律,还能够及时抓住与时俱进的机遇,进而为建设服务型政府提供必要的制度创新。

范式(Normal form),原本是现代逻辑学的概念,是指在一个演算系统中,某些类型的表达式可以显示出该系统所特别推崇的某种特性——如命题演算中的重言式或矛盾式具有恒真或恒假的逻辑值——使得大家在论证该演算的某些性质时,可以大胆利用这类范式及其所具有的特性。之后,美国科学哲学家库恩(Thomas S.Kuhn)借用这种概念来讨论科技发展的规律。不过,库恩在20世纪70年代出版的《科学革命的结构》一书中又重新定义了范式的概念:它是一种对本体论、认识论和方法论的基本承诺,是科学家集团所共同接受的一组假说、价值和方法的集合。他还进一步指出,范式是存在于某一科学论域内关于研究对象的基本意向中,可以用它来界定什么应该被研究、什么问题应该被提出、如何对问题进行质疑以及在解释我们获得的答案时应该遵循什么样的规则,因而在内心深处形成的科学家们的共同信念。[1]概言之,在库恩心目中,范式有三个重要特点:①范式在一定程度内具有公认性;②范式是一个由基本定律、理论、应用以及相关的仪器设备等构成的一个整体,它的存在给科学家提供了一个研究纲领;③范式还为科学研究提供了一些可模仿的成功案例。这里,我们可以进一步推论,库恩构建其范式理论的基本用意在于:通过寻找范式这种在某个研究领域内获得广泛认同的思维单位,使人们可以用它来区分不同的科学家共同体或亚共同

---

[1]〔美〕库恩著,李宝恒等译:《科学革命的结构》,上海科学技术出版社,1980版,第36页。

体,从而能够将存在于某一科学领域中的不同范例、理论、方法和工具加以归纳、定义并相互联系起来,能够通过对各类范式的把握而比较容易地找出科学革命的本质规律和形式要件。他明确指出:"按既定的用法,范式就是一种公认的模型或模式。"① "我采用这个术语是想说明, 在科学实际活动中某些被公认的范例——包括定律、理论、应用以及仪器设备统统在内的范例——为某种科学研究传统的出现提供了模型。"② 可见,在库恩的理论里,任何一种科学知识体系都有自己的范式,而且,科学理论的革命可以在形式上归结为其范式的演进或转变。这就是说,范式是特定科学理论体系的基本表达模式,其范式的突破标志着这个科学理论体系的急剧发展,从而使该科学知识体系获得一个全新的变化。

从20世纪末开始,库恩的范式理论被引入法学研究领域,尤其在行政法哲学方面取得了许多具有前瞻性的学术成果。因为,行政法所具有的诸多特点中,在表现形式上最容易被人们所感知到的是这个部门法所具有的变异性。那么,怎样来把握和驾驭这种规律呢?这是一个类似于库恩所面对的问题,即怎样把握科学进步的规律并利用这些规律来造福人类。显然,作为一个具有相对独立性的领域,行政法变迁不仅具有其特殊的内在规律,同样也拥有特殊的表现形式。因此,借用库恩范式理论的方法和思路,人们可以通过寻找行政法的范式,并从这些范式的跃迁之中找到规律性的结论。笔者以为,我们可以沿着这个研究思路,科学地看待行政法的不断变化,并从中找到可以加以利用的规律。

那么,什么又是行政法范式呢? 对于这个问题,我们可以沿着库恩的思路来加以界定——它是行政法领域的一种带根本性的基本承诺,是立法者、执法者和法律遵守者之间共同接受的一组假说、价值和方法的集合。毫无疑问,行政法不同于民法和刑法,在其渊源上就存在排斥自然法的倾向,因而带有更多"人造"的性质。因此,无论

---

① 〔美〕库恩著,李宝恒等译:《科学革命的结构》,上海科学技术出版社,1980版,第71页。

② 〔美〕库恩著,李宝恒等译:《科学革命的结构》,上海科学技术出版社,1980版,第71页。

是在立法还是在适用法领域，行政法对于时代精神的判断和归纳、共识与分歧的梳理，往往都是基于一定的假说、价值和方法。例如，工业革命时期的行政法，是基于当时人们处在物质匮乏的年代，因而更倾向于这样的认定——采取集约化的生产模式往往最富有效率，因此，国家需要通过行政手段优先保护资本、科技创新和社会秩序。毋庸讳言，关于"集约化生产模式是否最具有效率"的论断，如果把它放在人类社会漫长的历史之中，则属于既不可证伪也不可证实的命题；如果把它放在特定的历史时期，如工业革命初期，则更多的属于一种政治性或经济性的假说。可是，正是基于这种假说，可以将当时行政法的价值取向、立法模式和适用原则逐一定位，并借此构建成一个内容和谐、形式统一的整体。

由此可见，我们所称的行政法范式不仅具有存在性，且一旦形成之后，还会按照自己的逻辑来影响或制约行政法的运行和发展。或者说，一旦形成这种范式，为数众多的社会主体就会自觉或不自觉地按照这种逻辑来思考问题，成为具体行政法律规范适用、修正的思维前提。

2. 行政法范式的主要类型及其转换

在我们进行关于行政法范式的分类之前，需要给出一个特别的约定——由于我们所讨论的行政法是以实现公共利益为基本目标，因而才出现可以凭借国家强制力保证实施的职权行为。这就是说，我们在所讨论的这些话题之中，已经隐含了一个语境的预设——我们没有对"行政"一词作望文生义式的分析。因为，从抽象理念的角度，"行政"一词确实可以将"私行政"包含在其中。但是，这种理解会出现这样一个内在矛盾——如果在这个领域之中自发地隐含着私行政，那么，由于行政主体可以凭借国家暴力机器而实施行政强制，这就会推出一个非常荒谬的逻辑结论：营利性的私主体其所谓"行政"也有"公定力"。显然，要排除这样的逻辑矛盾，最自然的处理办法，就是将所谓"私行政"的话题从我们的论域中彻底排除，即将"行政"一词局限在公法领域使用。

那么,在这种语境之下的行政法范式将有哪些基本类型呢? 笔者以为,以行政主体和行政目标为划分标准,我们可以将行政法范式分成两组基本类型——国家行政与公共行政、秩序行政与服务行政。以下,我们先讨论国家行政与公共行政这一对行政法范式,并在此基础上讨论行政法范式转化的规律;而秩序行政与服务行政这对范式则放在后面作专节研究。

所谓国家行政,是指行政主体仅限于国家机关,即非依法成立的行政机关不得享有行政权。显然,这是国家机器出现之后比较典型的行政法范式。在这种范式的作用下,行政法表现出这样的一些基本属性:一是行政的国家性,即如学者们所表述的那样——"行政是国家的,只能由国家的行政机关即政府来依法进行。其他组织和个人只有在授权的情况下,才可能行使某些行政职能"①。"只有国家出现以后才有行政,将来国家消亡了,行政也将自然消亡。"② 二是行政法律关系的不平等性。正如前苏联学者的描述那样:"行政法调整方法是以多数人的意志不平等为前提,一方当事人将自己的意志加于另一方当事人,使另一方的意志服从于自己的意志。在国家管理机关和管理对象(企业、事业单位和组织)之间、国家管理机关和公民之间、上级管理机关和下级管理机关之间的相互关系均属这种情况。在行政法律关系中,一方当事人常常被赋予国家政权权限,它可以作出管理决定,可以对另一方当事人的行动实行国家监督,在法律规定的场合,可以对另一方适用强制措施。"③ 三是行政行为的命令性。尽管这是对当初警察国家行政法特征的概括,但是,我国有些学者曾满足于拾人牙慧,简单地模仿外国人这些做法而不加批判。如有这样的表述:"在方式上,行政行为是一种单方行为,而不是双方行为。单方行为意味着,行政行为的成立只取决于行政主体的

---

① 许崇德、皮纯协主编:《新中国行政法学研究综述》,法律出版社,1991年版,第30页。
② 胡建淼主编:《行政法教程》,法律出版社,1996年版,第4页。
③ 〔前苏联〕瓦西林科夫主编、姜明安等译:《苏维埃行政法总论》,北京大学出版社,1985年版,第4页。

单方意志,不以相对人的意志为转移。"① "行政行为的单方意志性是行政行为强制性的前提,行政行为的强制性是行政行为单方意志性的结果。"② 显然,这种表述反映了当年西方国家行政法所具有的特点,但以此来理解我国行政法就会造成不必要的误解。

实事求是地讲,当初人们在国家行政这个基本范式的作用下,确实感受到了行政集权对于推动社会生产力进步具有明显的作用。可是,随着岁月的流逝,这种以国家行政为基础的行政法范式却最终日渐式微。这种困境的出现,主要源于"市场失灵"和"政府失灵"的联袂,并且让大家在国家行政的思维定势下,难以作出明智而又适当的决断。过去,大家都认同这样的观点:"管得最少的政府是最好的政府",故尽可能地让市场发挥其资源配置的主导作用。可是,当我们一味地依赖市场这只"看不见的手"之时,发现市场并不可靠,它会愈来愈多地表现出"失灵",而这种状态的频繁出现会自然而然地迫使大家转过来回到依赖政府干预的老路之上。这就是说,在国家行政这种基本范式的条件下,人们是无法严格区分"行政行为"与"市场行为"的,使我们在"选择市场还是选择政府"的问题前一筹莫展。

按照历史唯物主义的基本观点,社会生产力的进步是推动历史进步的火车头。可是,当科学技术的进步不断加快社会经济的发展之时,过去基于当时特定条件划分的社会生活部门不再具有权威性——有的产业兴旺了,有的产业消失了,有的产品被科技含量更高的新东西所取代了。这样带来的直接后果之一,就是人们无法在原有的制度规范框架的帮助下区分"市场行为"与"政府行为"。例如,按照传统的观念,人们有权对自己"生命健康"给予必要的关心、保护和维护。由于人们是按照自己的意愿且在平等、合意的基础上行使这种权利,故具备私权的固有属性。政府对此的义务,仅限于保障权利人实现这些权益,防止权利人受到不良侵害。可是,当城市化

---

① 胡建森著:《比较行政法》,法律出版社,1998年版,第15页。
② 张正钊主编:《行政法与行政诉讼法》,中国人民大学出版社,1999年版,第97页。

进程达到足够的程度之时,人们独立行使自己的生命健康权就显得非常困难。如2003年初广东省佛山市发现第一例非典型肺炎病例时,由于当时有关部门将自己局限在传统理念中,仍旧把这种疾病的防治视为行政相对人自己可以独立处理的事项,因而没有断然采取必要的行政措施,致使这种疾病出现了广域型传播。尽管后来经多方努力和广泛的国际合作,最终控制了这场瘟疫,但是,这个灾难性事件仍然给大家带来巨大的损失。据世界卫生组织公布的统计数字,截至2003年8月7日,全球累计"非典"病例共8422例,涉及32个国家和地区。全球因"非典"死亡人数为919人,病死率近11%。其中,中国内地累计病例5327人,死亡349人;中国香港累计病例1755例,死亡300人;中国台湾累计病例665例,死亡180人。据学者估计,"非典"事件给我国当年的GDP增长率带来了前所未有的负面影响——至少降低了0.5个百分点。这个事件表明,按照传统的社会分工和权力分配理念,我们无法准确识别"市场行为"与"政府行为",并且,因这种误判而造成后果是非常严重的。

由此,我们可以进一步推而论之,原有的国家垄断行政权的理论与实践模式,只是在特定历史条件下具有生命力,其相对合理性将会随着时间的推移而发生变化;并且,人们视为无比崇高的公共利益,也会随时代的进步而出现某些微妙的变化。因此,我们必须随时考虑人们在社会生活中应该怎样行政、谁人行政等问题。这就说明,行政法不能机械地把关于权力性行为的认知视做一成不变的东西,而以建立制度化的方式来维护和实现公共利益将是行政法更为基本的任务。正是在这种历史条件下,公共行政范式应运而生,并逐渐取代了国家行政。当然,这种历史性转变的出现,使我们不再囿于公共事务管理的国家专属性或权力专属性,也使得公共利益从政策选择的背景转变为公共行政的直接目标,开始从行政法的幕后走上前台,成为行政法研究的直接对象。这样,我们就应当正面讨论并确立公共行政的两个范式指标:一是行政主体多样化问题。自从国家专属的行政观念向多中心的民主行政观念转变后,这就已经成为行政法研究的常规课题。过去,人们把所谓的"准行政组织"、"第三种组织"或第三领域统统置于行政法研究的边缘,有的甚至将之放逐出境,根本无视它们在社会生活中越来越重要的地位。现在,由于需要与公共行政改革相适应,因而在明确国家机关作为行政主体的同时,也明确认定了适格行政主体也包括其他非国家机关的公共组织,如公共社团(律师协会、注册会计师协会等)、公共企事业单位(国有企业、公立医院、公立学校、科研院所等)。二是行政方式的权力色彩淡化的问题。行政主体的变化也带来了行政行为方式方法的变化,因非国家机关的公共组织往往需要更多的非强制性手段来实现其行政目标。如城市交通劝导员,他们是以个人身份参与公共交通管理,因而并不具备所谓的"行政执法权"。但是,他们可以凭借耐心细致的说服、劝导和引导,帮助大家共同维护交通秩序。由此可见,把公共交通管理仅仅视为交通警察职权行为的做法,是一种僵死的教条和不恰当的限制。更为重要的问题是,公共行政并不仅仅局限在城市街道的交通秩序维护,在更为广泛的领域都可以通过这种模式,在完善相关法律规范建设的基础上,实现权威行政向民主行政、管制行政向服务行政相结合的机制。在这种情形之下,就可以真正形成"人民的城市人民管"的良性机制。

3. 从失衡到平衡:行政法范式转换的内在动力

如果将前面概括的这两组行政法基本范式进行穷尽性组合,就可以得到下列方阵图,我们把它称作"行政法范式方阵图"(Administrative law paradigm phalanx Figure)

表2—1

	国家行政	公共行政
秩序行政	适宜于"警察国家"时代	适宜于工业化时代
服务行政	适宜于计划经济时代	适宜于信息化时代

如图所示,我们无法从抽象的角度对任意一组行政法范式的优劣进行评价,因为,只有适合其社会经济条件,这些行政法范式所固有的合理因素才能充分发挥。而一旦发生社会变迁,原来曾与之相

适应的行政法及其范式就可能表现出种种不相适应的征兆,人们就会根据新的社会需要而对行政法及其范式作相应的调整。如果不及时进行这种必要的调整,其原有的行政法律规范就可能成为落后、反动的东西,成为制约生产力发展的障碍。由此可见,我们研究行政法范式转换及其规律,具有深刻的理论和现实意义。

所谓行政法范式转换,是指因社会经济条件的变化,迫使人们对已有的行政法基本理念、价值目标、权力(利)配置和行为方式作出相应的调整,即通过不断调整而使行政法范式能够与外部环境保持相互适应的平衡关系。换言之,行政法范式转换是行政法发展变化的重要表现形式,是以相关法律理念和核心制度之间平衡与不平衡的对立统一。毫无疑问,人类社会发展变化最根本的原因在于生产力的革命性。如果社会生产力已经发生了彻底变化,而大家仍旧按照传统的行政法范式思考问题,就可能出现问题。显然,只能以辩证思维置换知性思维、以运动发展的视角取代僵化静止的视角,才能充分理解行政法的范式转换,才能借此把握行政法理论基础的不断重构。诚如路德维希·维特根斯坦所言:洞见或透识隐藏于深处的棘手问题是很难的,因为如果只是把握这一棘手问题的表层,它就会维持现状,仍然得不到解决。因此,必须把它"连根拔起",使它彻底地暴露出来;这就要求我们开始以一种新的方式来思考。这一变化具有决定意义,打个比方说,这就像从炼金术的思维方式过渡到化学的思维方式一样,难以确立的正是这种新的思维方式。一旦新范式得以确立,原有的结论、定律及其制度安排都会失去意义,人们也很难再用这些旧框条来分析和思考问题,甚至连原来大家最熟悉的问题都不复存在。因为,"问题"不仅与我们的表达方式相伴随,而且更主要是与现实环境相联系。一旦我们进入新时代,就会用一种新的形式来表达自己的观点,因此,旧的问题就会连同旧的语言外套一起被抛弃。①

当然,我们关于行政法范式转换的研究,并不是出于单纯的理

---

① 参见转引自皮埃尔·布迪厄、华康德著,李猛、李康译:《实践与反思——反思社会学导引》,中央编译出版社,1998年版,第1~2页。

论好奇,而是试图以此揭示行政法发展进步的基本规律。那么,为了更好地把握行政法在平衡与不平衡之间的运动本质规律,我们需要给出关于行政法平衡的判定标准——如果基于给定的行政法体系,其行政主体的权力与行政相对人权利的配置能够保持基本平衡,那么,行政主体的职权行为就能够得到相对人的理解与配合,并且,行政相对人的合法利益也能够得到行政机关的充分保护。也就是说,行政法的平衡是指依照行政法律制度的规定,行政权与相对方权力(利)义务配置格局达到了程序性均衡和稳定。尽管这种行政法平衡的判定标准主要表现为权力(利)格局的静态均势,但是,这种静态均衡是多方利益博弈的结果,因而反映了行政法范式与其社会经济基础的对立统一关系。众所周知,由于行政法律关系的当事方都具有能依法行使或维护自己合法权益的资格或能力,因而可以从行政法的权力(利)供给与社会的权力(利)需求之间能否实现供求均衡,来判定相关制度建设是否达到社会利益最大化;并由此判定行政资源以及依行政法所配置的其他社会资源,能否实现制度上的最优配置。当然,由于在行政法平衡的境况下,行政资源以及依据行政法所配置的其他社会资源能达到最优化,同时也能相应地实现公共利益与私人利益达到最大化,这时人们就不会产生推进行政法制度变迁的意愿,也不会有凝结重构既定利益格局的动力。这就是说,行政法范式转换总是与行政法失衡相边,并且,这种范式转换总是企图恢复行政法所需要的平衡性或者实现新的行政法平衡,并借此恢复利益博弈均衡或实现新型公共利益的最大化。尽管行政法失衡的表现形式千差万别,但我们可以根据行政关系双方权力(利)配置状况将行政法失衡分成两种类型。

类型一:行政权过于强大,相对方权利过于弱小。如果行政法被视为统治之法或治民之法,那就必然会出现行政权过于强大,行政相对人的权利过于弱小的情况。这种行政法失衡必然会出现两种结果:一方面,由于行政权过大过强,行政主体就会不断扩张自己的管辖范围,不仅会出现运作领域过大的现象,还会进入许多不该管、管不好的社会领域;或者行政主体过多行使强制性权力,将一般性社会矛盾激化为抗性矛盾;或者行政主体随心所欲地使用实体性授权,根本无视行政程序制度的约束。另一方面,由于行政相对人权利过小、过弱,不仅会出现依法享有的权利无法正常行使的情况,而且愈来愈明显地呈现出其权利范围不当被缩小的趋势;而且,行政相对人合法权益被不合理地剥夺或侵害之后,其维护权利的成本愈来愈高;或者本应属于行政相对人自治、自主的权利,也因行政机关的原因而被不合理地剥夺。从历史经验的角度看,在经济上奉行自由放任政策,就必然导致行政主体消极无为;在政治上不恰当地强调民族自治或社会自治,就必然导致行政权威缺失。概而言之,此种类型的行政法失衡会呈现三个层次的表现:一是行政法片面地制约行政相对人,缺乏对行政主体的有效制约;二是行政法欠缺激励行政相对人积极参与公共行政,致使行政管理成为官方的特权;三是行政法制度结构不协调,重实体授权而轻程序制约,重行政效率而轻公平保护,重行政管理而轻监督行政。

类型二:行政权过于弱小,相对方权利过于强大。与前一种行政法失衡类型截然相反,如果行政法仅仅被视做制约行政权或制约行政官员之法,又会产生另一种行政法失衡——其主要表现是行政权被过分制约,相对方权利过分膨胀。此种行政法失衡的基本形态有两种:一方面,行政权范围过小、强制性不够,致使行政主体在其管理范围与行政行为方式等方面,不仅受到相关法律规范和司法审查的严格钳制,而且还会受制于某些社会强权势力的各种干扰;由于政府软弱无力、缺乏活力,不仅缺乏纠正市场失灵与社会无序的必要手段,而且也难以满足公共管理与公共服务的需要,因而会产生管理危机或信任危机。另一方面,相对方权利过大、实力过强,这就会迫使政府不恰当地妥协于利益集团的压力,或者为了寻租、自保或机械移植他国行政法律制度,从而赋予相对方——尤其是市场主体与行业组织——过多的权利,却没有赋予行政主体拥有相应的行政监督制裁权。由此可见,控权法的失衡也主要表现为三个层次:一是法律过于苛刻地制约行政,却疏于对社会强权势力的监管;二是在制度安排上缺失激励公务人员积极行政的功能,让行政机关成为摆设;三是行政实体制度与行政程序制度不协调,导致了行政权力(利)义务关系失衡。

显然,我们以上是从纯粹理性的角度分析行政法范式类型及其失衡的状态,在现实生活中符合这种理论状态的情形少之又少。而且,我们还必须看到,一旦行政法及其范式形成之后,都会按照自身的逻辑向前运动,直到出现迫不得已的情形才会改弦易辙。这就是说,尽管行政法在形式上属于观念形态的产物,但其本质却源于现实生活,它们必须与自己所反映、代表的客观世界相适应。因此,尽管行政法及其范式都有相对独立性,一旦形成就会按照自身规律运动而不会轻易改变其发展轨迹,可是,当社会生活发生实质性变化之后,或迟或早,必定会发生某种具有强制性的社会变革,就会再次以外部干预的方式将此二者重新统一起来。换言之,尽管行政法范式属于有关社会生活的派生物,但它们一旦形成就有相对独立性,从足够长的历史空间看,它们与自己的社会经济基础始终处于既相适应又不适应的情形。当然,任何行政法范式的生成或演变,在观念形态方面,都会受制于人们的知识积累与价值判断,故行政法范式只可能具有相对合理性。对此,库恩早就有这样的论断:在科学的意义上,一个范式就是关于现实的一套较为系统的假设,这一套假设主要包括用以阐释和说明某一类现实的规则,而这些规则表现为人们观察现实世界的观点、理念和基本的价值判断标准。范式的存在是多种多样的,好的范式的作用就在于其假设可以更全面、更准确地反映现实世界。① 如果将库恩的这种见解套用于关于行政法范式转换的论题,我们不仅可以合理地解释行政法的失衡现象,并且还会为解决行政法失衡与平衡的辩证关系而作出科学的预见。毋庸置疑,作为具有相对独立性的法律规范体系,行政法应当具有内部平

---

① See, Thomas S. Kuhn the Structure of Scientific Revolutions, Chicago: *University of Chicago Press*, 1962, Chapter one.

衡机制,而且,行政法的这种内部平衡机制——如制约与激励——也都应当具有相对的独立性,这种内部平衡机制又往往是利益集团博弈均衡的表现形式。社会生产力的不断进步会带来新的利益博弈机制,这就是从国家行政走向公共行政的本质原因,也是从秩序行政走向服务行政的内在原因。

二、从秩序行政法到服务行政法

1. 两种行政法范式的眼界

依照前文所确立的逻辑理念,秩序行政与服务行政同样都是行政法的基本范式,其两者之间的区别既包括行政目标、价值取向和行为模式的不同,也包括理论基础和经济基础的不同。现在,我们需要进一步分析两者在相关制度体系的设计上所存在的差别。

一般而言,秩序是指有条理地、有组织地安排各构成部分以求达到正常的运转或良好的外观状态。因此,所谓秩序行政,就是以致力于创设良好的公共秩序为目的的行政。在学理上,秩序行政又称规制行政,其范围包含警察行政、税务行政以及其他直接或间接的指导、规划、管制的行政,等等。由于秩序行政以创设和维护良好社会公共秩序为目标,故以限制性手段居多,具有单向性意志表达、强制性色彩浓和禁止性规范多等特色。例如,维护公共安全是秩序行政中最具典型性的部分。在这里,维护公共安全,既是秩序行政的主要目的之一,也是实现秩序行政的必要保障。显然,对于确保公共安全的需要,无疑是人类社会最基本的构成条件。所以,人们基于避免相互间的矛盾冲突导致自我毁灭而产生的秩序行政,无疑是人类在特定历史条件下的理智选择。而就秩序行政与公共安全之关系而言,前者是目的,因为没有秩序行政就没有公共安全的需求与必要;同时,公共安全又反过来决定着秩序行政的范围和权限,如果不是基于公共安全的某种需要,秩序行政所需要获得的某种权限就可能得不到主流社会的支持。例如,警局和警察不能向企业或个人收取"保护费"。因为,如果普通社会成员面临财产侵害的威胁或者面临着人身安全、财产安全的威胁,警局和警察应当义不容辞地提供保护。这时,警局和警察所提供的保护并不仅仅是针对个别企业或个别自然人的,而在本质上是保护一种被主流社会所认可的秩序。概而言之,社会秩序本身就是公共利益、公共安全的最重要的部分之一,如果事涉公共利益和公共安全,警局和警察所提供的服务就属于职责行为,就不应当向这些受益企业或个人收取额外的费用。反过来说,如果对公共安全直接受益者收取"保护费",就意味着警局和警察只保护那些交费者。显然,这就与私人雇用来看家护院的保镖无异。这就说明,一旦收取"保护费",这就不再是公共安全领域的问题,而是假借了公共利益之名行谋取私利之实。在这种范式的作用下,行政法表现出以下属性:

一是行政等级性。过去,人们总是批评儒家所崇尚的"君君臣臣父父子子",认为这是封建主义的等级制度。其实,这是以中国传统自然法思想所表述和构建的社会秩序理想标准,在秩序行政的论域内具有典型性与合理性。由于依照这种维护等级秩序的行政目标能演绎出市场竞争秩序等价值观念,因而能通过构建、拓展和维护市场机制来配置资源,进而激发社会成员自发行使自身权利的欲望来提高社会效率。所以,人们曾在不同历史条件下认同这种结论——维护等级秩序是提高社会效率的基础,也是最终实现社会正义的必要条件。承认与维护这种行政等级性,有两个重要含义:一方面,需要承认权威,即肯定并竭力维护行政主体所拥有的权威性,使得国家行政可以与秩序行政天衣无缝地相互结合。另一方面,这种行政等级性是对市场竞争结果的确认和维护,不仅将那些在自由竞争中落伍而致使其生活无着或相对贫困的社会现象归因于某些社会成员个人能力的不足或其先天条件低下,还认为这种情况的出现是社会能力等级排序的必然现象而与社会制度或政府职能毫无关系。在这种理念和行政法制框架下,社会经济生活中出现"马太效应",那是完全正常的；关于对弱者的帮助或救助，主要应依靠自发的社会慈善或商业保险，政府的作用只限于道义上的引导或舆论上的支持。一句话，在这种等级社会中，科技进步和经济红利的分配都呈现出等级化的趋势，社会进步的实现往往是以整个社会道德退化为代价，且在其既有制度安排的框架内对此束手无策，难以矫正。

二是行政工具性。许多传统观念认为，法律只是维护社会秩序的独立工具，不应当受制于其他因素的干扰。这就是说，法律的制定以及适用都应当独立于各种社会势力，单一地反映主流社会关于权力（利）配置、利益分配的意志，无论是谁，只要能够处于权力金字塔的顶峰，他都有权力用行政法律规范来调整政治、经济、文化、宗教以及其他各种社会秩序。从法的确定性来看，行政法律规范的内容应当是基本确定的，人们对某一条规则的理解大致可以达到共识，即使法律语言具有一些灰色地带，也不得影响法律整体的确定性和工具性。但是，后现代主义者则认为，法律基本上都是不确定的，因而会严重影响其工具效用。因为法律是以语言来表述的，而语言往往可以有截然不同的解释。人们对同一条规则的理解由于受到各种因素的影响，会大不相同，从而导致对它的应用上的不同。况且，法律并不是一个天衣无缝的逻辑系统，法律规则之间经常充满了这样那样的矛盾。这些矛盾也会导致法律的不确定性，从而制约其工具效力的发挥。从法律的统一性来看，现代法学基本上都是一元论者，一般主张法律制度的统一性，把法律制度看成一个金字塔结构，从下往上可以溯源到一个最终权威。该权威赋予了某一法律制度的合法性及其规则系统的有效性，从而使得其工具效力可以及于该法条所能适用的整个领域。与此相对照，后现代主义者则主张法律制度的多元化，强调探讨各种非西方传统或多元传统的选择。显然，现代法学研究应该更加关注法律工具性的法域和基本体系的内部结构等技术性问题，而不应该一味强调整个法律系统的大结构及其统一行和完整性。这时存在两个时代的不同眼界：现代法学较注重研究法律制度自身和法学自身的问题，志在利用法律而建立一个规则取

121

向的社会;后现代主义者则更注重法律制度和各种社会现象之间的关联和相互作用,主张通过运用法律所形成的互动关系来完善秩序与法律规范本身。

三是行政强制性。由于秩序行政所存在的不平等性,其行政关系之中至少有一方主体属于国家机关,这种特殊主体在维护社会秩序之时往往采用依照法定职权发出命令或决定的方式,不仅要求相对人无条件地按照行政命令而采用相应的配合行为,而且,一旦行政决定做出之后非依法定程序不得撤销。因此,这种秩序行政所形成的法律关系仅仅取决于行政机关单方意志,这种意志内容实质是国家意志,因而行政法律关系的权利义务具有法定性,行政机关的管理权利不允许放弃,否则即为失职、渎职。因此,秩序行政所形成的法律关系的当事人之间的权利义务并不具有任意性,强制性是这种行政法的重要特色。正是基于这种特点,判断秩序行政所需的行政职权的范围,至少有两个标准:一是不可延迟性,二是强制力。仍以公共安全为例,当某种危害秩序的情形发生且具备一定的危急性,即已经达到必须采用强制手段介入才能予以制止时,则把这种职能赋予警察机关,反之则视危急程度或可由其他机关承担,或可赋予私人寻求法律救济的权利。从实践上看,所谓对秩序的"危害"一般限于具体危害,即若不加以阻止可能造成损害的一种状态,或者说,在顺利进行下,因物的状况或人的行为,极有可能对公共安全与公共秩序造成损害的一种情况。"危害"不能是假想的危害或非现实的危害,也不能只是对危害秩序的一种忧虑或担心。因为如果允许仅仅在有危害秩序"之虞"的情形时就可以采取强制性行为,那么,不仅可能出现大量的错案、冤案或假案,而且,还为执法者徇私枉法留下了宽广的余地。

然而,与此相对的另一类行政法范式——服务行政,则使行政法的基本属性开始发生重要的变化。如前所述,服务是指为他人提供便利的行为,具有利他性、功能性和兼容性。而服务行政则是以指导、规范有关社会主体提供和保障公共服务为目的的行政。相对于秩序行政,这种行政法范式在行为主体、价值目标和行为方式等方面,都有明显的区别。以下,我们进一步分析服务行政的这些特殊性。

一是行政公正性。按照服务行政的价值观,需要建设一个公平正义的社会,不仅应当给人们提供平等竞争的机会,并应竭力维护这种竞争秩序,而且,行政主体的核心责任在于生产和分配社会正义——使每一个社会成员享有基本相当的社会保障和其他公共服务,以便能够有尊严地工作、学习和生活。这就是说,维护市场竞争的秩序固然是政府和社会的责任,但对市场竞争负面作用的纠正则是更重要的任务。因此,在这种新型行政法看来,在市场竞争中出现社会弱势群体,并非只是个人问题,同时也是公共行政的基本社会责任问题。可见,服务行政的基本职能已经不再是简单地保障市场竞争的效率与安全,而是要承担起保障全体社会成员的基本生存条件,提供普遍性公共服务,提供社会存在和发展所必需的基础设施以及其他有关职责。这样,行政主体并不是要通过简单地组织社会生产以便从中分得一定比例的行政管理经费,而是为社会化大生产能够持续、科学地发展努力控制或降低交易成本,并通过强制性的再分配机制为公共财政筹集必要的经费,让政府有能力建立社会保障体系以保障和实现公民的生存权,举办公益性学校以实现公民的受教育权,等等。而且,随着社会的全面发展和人们生活幸福指数的变化,维护社会公正的具体内容还将逐步丰富和扩大。

二是行政公开性。一般认为,行政公开性是指政府行政机关及其工作人员依照法律、法规、规章的规定,通过各种媒介和手段向社会公开自己的行政职责范围、行政内容、行政标准、行政程序、行政时限和结果、奖惩办法、监督手段以及工作纪律等,以自觉接受别的行政机关或者社会各界的监督,从而达到公正、廉洁、法治、民主的目的。从法理上讲,行政公开性主要属于行政程序法的基本原则,也是行政程序法区别于行政实体法的根本标志。但随着行政合法性原则的确立,人们不仅要求政府实施行政行为要具有实体规范的合法性,而且还要求必须做到程序规范的合法性,否则,其行政行为将不产生相应的法律效力。也就是说,每个行政行为在实际上都存在程序合法的要素,因而成为行政行为的基本原则。这些年来,理论界和实践界逐渐达成了这样的共识:行政活动公开不仅是机关工作方式、方法的调整或者改变,而且是加强廉政建设、民主建设、法治建设的基础。

三是行政民主性。如前所述,民主与法制是一对孪生姊妹,而且,法制愈发展,民主就愈重要。所谓民主,就其本意讲,就是指"多数人的统治"、"人民的权力"。当然,作为行政法领域所说的民主,与宪法所讨论的民主还有一定的差异。因为,宪法是国家的根本大法,是实现和维护人民当家做主各项权利的基本制度。而在行政法领域,是在已经确认了民主制度的基础上进一步贯彻执行国家意志,因此,所谓的行政民主具体表现形式主要是保障行政相对人的"知政"、"参政"和"议政"等环节。由于广大人民群众参政议政的前提是知政,即公民的知情权的运用,所以,行政民主的基础是保障公民的知情权。对此,行政机关应该推行行政听政制、社会服务承诺制、行政公示制等先进的管理方法和信访、调研、测评等工作制度来实现公民的知情权。就是要在充分相信人民群众的基础上,全心全意地依靠人民群众,创造一切条件和机会,最广泛地调动群众的积极性,使其参加对国家事务、对经济和文化事业、对社会事务的管理。

毋庸讳言,从秩序行政转变为服务行政具有深刻的历史意义,将带来人们思维模式和行为模式的转变。例如,在一个行政区域内需要设置几个传染病医院? 按照秩序行政的模式,这是政府可以自己"拍拍脑袋"就能决定的事,最多让自己"豢养"的技术官僚做一些文字游戏来对付权力机关和上级部门。而在服务行政的框架下,这是需要依照法定程序形成全体社会成员"共识",并在此基础上进行科学决策。按照法理学的观点,法律所关心和要规制的社会行为机制,主要包括意思形成、意思表达,在该意志支配下的行动以及这种行为结果的收益和责任归属。按照这种法理机制,服务行政所要规

制的对象,最核心的环节就是因政府生产和供应公共产品而出现的
公共决策问题。这不仅要规范"公共利益"的形成或确认机制,同时
也要建立"在达成共识的基础上采取共同行动"的执行机制。这就是
说,随着政府职能从秩序行政向服务行政转变,其行政法的重心应
当从提供事后法律救济转向规范政府事前的公共决策,即以规范公
共决策为中心的行政程序法应当成为服务行政法的核心范畴。

　　2. 关注民生:服务行政法与秩序行政法的根本性区别

　　一般而言,规范、调整秩序行政的法律制度体系是秩序行政法,
而规范、调整服务行政的法律制度体系则是服务行政法。按照现有
理论的通说,行政法之所以区别于其他部门法,就在于它直接以实
现和维护公共利益为己任。可是,保障社会秩序是否也属于"公共利
益"的范畴呢? 如果属于公共利益的范畴,那么,规范秩序行政的法
律制度与规制服务行政的法律制度又处于什么样的关系?

　　毫无疑问,维护社会秩序也是公共利益,只不过这仅仅是社会
公共利益中最基本、最简单的一个特例。如果政府仅仅只想充当社
会秩序的守护神, 那当然符合亚当·斯密当年对政府的期望——政
府在社会化大生产的社会分工中就是"忠实的守夜人"。但对于当代
政府而言,如果仅仅局限于当好"守夜人",那就难以适应社会生活
已经出现的历史性变化,就会与不断发展变化的社会生活严重脱
节。从逻辑的角度讲,"公共利益"是划分公权与私权的界限,也是衡
量政府合法性的基本准则,但是,现代社会生活的复杂性往往会导
致"公共利益"始终处于不断发展变化的状态,总是表现为平衡社会
各方面利益关系所形成的结果。因此,要在社会实践中形成关于"公
共利益"的共识,往往需要采用听证、辩论和协商等方式以听取各方
意见,需要赋予各方利益代表者享有依法、有序地参与公共决策的
程序性权利。从历史的角度看,在工业革命之初,人们要求建立规范
"警察政府"的秩序行政法, 是当时建立机器大工业对社会分工和
"公共利益"所形成的共识,具有深刻的历史进步性。但时至今日,信
息化社会已经开始降临,机器大工业已经在网络和人工智能的基础

上重归个性化生产,这种经济基础更需要政府保护社会成员对于公共服务的受益权。所以,需要从秩序行政法步入服务行政法,让政府脱掉那双"夹脚的鞋",让它能够更好地应对新的历史条件下的挑战。我们尤其应当注意的是,作为当代最先进的行政法治观念——"行政并非仅系国家实践法律与权力目的之手段,而是应作为国家福利目的之工具,来满足社会之需求"①。在这种更趋成熟的国家理论的基础上,我们可以更好地认识到两种行政法律规范体系类型的根本性区别:服务行政法的核心理念是保障民生,秩序行政法的基本目标则是追求效率。

首先,服务型政府为了有效实现以改善民生为重点的任务,其行政活动已经不再局限于行政处分等传统手段,行政契约、行政指导、行政计划以及类似诱因激励、信息披露、技术标准、总量控制、给付助成、自我管制等更多的行政措施或手段,纷纷登场。

按照学界通行的说法,行政法在总体上经历了管理法、控权法和平衡法等历史类型的演变。如果按这种通行的理解,秩序行政时代无疑处于管理法到控权法的语境之中,其基本任务仍然停留在"秩序与安全的维护"和"防止行政权异化"等方面。在此基础上建立理论研究和制度建设,其历史使命就在于通过法律保留、法律优位等原则来确立并防止行政权的行使逾越既定的边界,并通过行政诉讼制度的建立确保民众权利在遭受行政权的不法侵害时获得公力救济。为了达此目标,具体行政行为(行政处分)成为行政法学总论中"阿基米德支点"般的核心概念。这时,关于行政行为的研究总是基于法定条件下的操作性技术,就行政机关为达成一定行政目的而实施的各种活动,选定某一特定时点的行为作为控制行政权适法范围或界限的审查单元,以达到对行政机关进行适法性控制的目的。②故在很长一段时间,行政处罚、行政强制、行政审批和行政征收等能

---

① 陈新民著:《公法学札记》,中国政法大学出版社,2001版,第105页。
② 赖恒盈著:《行政法律关系论之研究——行政法学方法论评析》,台北元照出版公司,2003版,第53页。

够形式化的行政行为,都是大家关注的重心。然而,伴随着民生关怀而兴起的服务行政却对传统理论构成了尖锐的挑战,其行政法理知识体系随之也产生了历史性的嬗变,并大力拓展相关法学知识体系的传统疆域,超越了原有的行政物质帮助的狭窄研究空间。因此,在行政内涵不断扩张的背景下,人们可以遵循供给行政、社会保障行政和资助行政等分类方法,来深入研究不同类型的行政行为及其所需要的法律规范。

其次,我们应当从新的角度进一步探索和总结行政法的基本原则,形成支持服务行政的法学原理。

行政法基本原则是指贯彻于行政法律规范之中并约束、指导行政活动的根本准则,也是行政权运行过程中的指导思想,同时还是行政法区别于其他部门法的主要标志。传统的以规范秩序行政的行政法,其基本原则强调行政活动的合法性、合理性,旨在约束行政主体的行为并保障行政相对人的个人权利,很少涉及公共决策和公共产品供应模式的选择机制等问题。然而,随着改善民生问题上升成为国家理论的主要环节,由此必然带来行政法基本原则的重构。以我国当下为基础,广为大家所关注的民生问题为例:一个人口众多、道路拥堵的大城市究竟应当设计什么样的交通制度才能够满足普通市民的出行要求?禁止电动自行车上路、对私车牌照进行拍卖是不是良好的行政手段?大力改善公共交通、大幅降低公交车票价是否超出了政府有限的财力范围?正是基于这种时代背景,行政主体在制定相关政策,选择公共服务供应机制时,除了要遵守传统的基本原则,似乎还应当接受程序公正、信息公开和信赖利益保护等基本原则的规制。又如,基于秩序行政之上而形成的法律保留原则在构建服务行政法时是否还适用?如何保留?这也是需要加以研究的。另外从比较行政法的角度看,源自德国、日本等国的社会福利原则、辅助性原则、平等对待原则、及时给付原则等,似乎都值得引入并使之成为规范我国政府服务行政的基本原则。

此外,以改善民生为重点的服务行政一旦成为行政法的主要规制对象,那么,现行行政组织法、行政行为法及行政救济法必然会产生进一步完善与更新的需求。

诚如学者所言:"以公权力的优越性为中心的警察行政法形成了警察国家行政法的主要架构的话,法治国家中行政法的重点由警察行政领域转到个人的权利保护,社会国家则强调扩大行政机能的给付行政与民生建设行政领域的重要性。"①

3. 服务行政与服务行政法

毫无疑问,服务行政是以行政任务或行政目的为标准进行分类所得到的结论,属于与秩序行政相并列的范畴。但是,这种分类只是知性思维的认识结论,其所概括和表达的思想成果并不能很好地反映具体和不断发展的社会生活。因此,我们还需要从辩证思维的角度来深化对相关问题的认识。

所谓辩证思维,就是根据认识的对象自身所固有的、不断运动的内在属性来认识事物。如果按照这种思维方式来看待现代行政法的调整范围,我们就会得出另外一种结论:无论是秩序行政还是服务行政,它们都是现代行政法不可缺少的基本内容;只不过在不同的社会发展阶段,行政法的重点会根据实践需要而有所变化。如在工业化发展初期,政府必须强制性地推行机器大工业所需要的社会秩序,因此,确立和维护这种社会秩序是它的根本任务,并由此带来了诸如机构、人员、行为方式和保障机制等一系列配套制度的建立。同样,在信息化发展阶段,由于生产力的进步带来了新的社会分工,政府已经不再需要直接参与微观经济活动,而是需要把自己工作的侧重点放在搞好宏观调控、降低交易成本等方面,以抗衡或补偿市场机制所带来的负面作用,让全体社会成员都能够分享科技进步所带来的改革红利。按照这种历史逻辑,服务行政成为现代政府的主要职能,这并不是要简单地否定秩序行政,而只是更客观地审视问题——提供良好的社会秩序只是公共产品的一个具体项目。这样,

---

① Joseph.P.Tomain,Sidney.A.Shapiro,Analyzing Government Regulation,*Administrative Law Review*,Vol.49,1997,p.240.

我们就可以明确无误地告诉大家,政府应当及时、充分供应的公共产品是一个不断发展的范畴——在历史的昨天,表现为公共安全和社会秩序;在历史的今天,主要表现为纠正过度竞争所带来的社会不公并让全国人民能够共享改革成果;而在历史的明天,又将会因出现新的社会需求并由此出现政府职能的新的历史性转变。

如果把服务行政与秩序行政都视为行政法律制度规制对象的拓展与特例,我们就能更好地理解这样的关系——有服务行政,未必有健全的服务行政法;只有建立健全服务行政法,我们才能获得更加良好的服务行政。也就是说,在秩序行政法时代也可能有服务行政,但这只是自发的、零星的服务行政,只有当人们建立完善的服务行政法,即实现了从秩序行政法到服务行政法的历史性演变,才可能有系统的、高质量的服务行政。换而言之,目前学界关于服务行政法的理解有广、狭两义,其实就是对这种历史性变化的反映。

狭义的服务行政法是调整政府对公民提供物质帮助职能活动所形成的法律关系的制度规范,属于寄生于秩序行政法体系之中又具有一定相对独立性的子系统。例如,我国现行宪法第四十五条的规定,就属于这种情形。该宪法规范的规定是:"中华人民共和国公民在年老、疾病或者丧失劳动能力的情况下,有从国家和社会获得物质帮助的权利。国家发展为公民享受这些权利所需要的社会保障、社会救济和医疗卫生事业……"其实,这是1919年德国魏玛宪法最先创设,并为许多国家所采用过的规定。这就是说,这种宪法规范所反映的是,即使是在秩序行政法的基本框架下,政府也负有维护社会公平正义的基础性职能。但是,这种只在特定条件下对政府课以行政给付义务的制度,远远不能适应社会对政府公共服务职能不断发展的需要。因此,当代德国在建立的具有服务行政法性质的规范体系时,就大大地突破了魏玛宪法的水准。二战后,德国重建行政法时就确立了政府负有对人民的"生存照顾"义务,尽管当时所谓的"生存照顾"主要是日常生活的照顾,即仅意味着那些涉及生存所需要的公共服务事项,如社会保险、工业事业以及交通运输服务,等等。但在20世纪末出版的德国行政法教科书中,则将这个概念扩张至所有直接由行政提供给个人利益的服务,使行政能够符合现代社会的法治国家应满足民生所需的原则。①

而广义的行政服务法,是指调整政府为维护社会公平正义而提供各种公共服务的职权行为的制度体系。政府一旦将维护社会公正作为己任,其核心职能职权就将出现相应的变化,国家应当为政府积极履行这些行政职能提供必要而又充分的制度供应。对此,法国公共服务行政法的倡导者狄骥曾率先使用了广义概念的方法。他不对政府公共服务职能进行列举,而是利用所谓的"社会团结"的理念来描述这种行政法的一般特征。他说:公共服务就是指那些政府有义务实施的行为。公共服务的内容始终是多种多样并处于不断流变的状态之中,故关于政府职责之性质与范围的问题,难以获得一个具有普遍意义的答案。可以明确的一点是,国家的公共政策必须由它所处的整个环境来加以决定。因此,对任何一项公共服务都应当满足这样的基本要求:任何因其与社会团结的实现与促进不可分割、而必须由政府加以规范和控制的活动都是一项公共服务,只要它具有除非通过政府干预,否则便不能得到保障的特征。② 笔者以为,尽管狄骥用"社会团结"作为一般特征来描述服务行政法显得有些生硬,但是,这种以社会实践效果而不是从法律规范自身来理解行政法,具有方法论的意义。借用这种逻辑表述结构来阐述服务行政法,我们可以使用"社会公正"、"社会和谐"等范畴来进一步揭示其一般特征,其规制范围则可表述为:凡与维护社会公平、正义紧密相关且能增进社会和谐的活动,都应当是服务行政法所规范、调整的对象,有关行政主体都应当在这种行政法的规范下开展其职权活动。

---

① 〔德〕彼德·巴杜拉著,陈新民译:《自由法治国与社会法治国中的行政法》,载《公法学杂记》,中国政法大学出版社,2001年版,第104~105页。

② 〔法〕狄骥著,郑戈、冷静译:《公法的变迁》,辽海出版社和春风文艺出版社,1999年版,第53页。

三、关于我国行政法转型的可能性与必要性

我国行政法的转型,必须同时满足两个方面的要求——就是从国家行政转变为公共行政,从秩序行政转变为服务行政。那么,我国行政法是否能够顺利地实现这种转型呢?我们可以借助于对其发展历程的回顾,来把握其可能性与必要性。

1. 关于我国行政法发展的简要回顾

毋庸讳言,我国行政法也是处于持续不断的变化之中——不仅表现为规制对象本身的急剧变化,同时也表现为相关法制规范体系自身也处于不断变化的过程之中。应当说,从人民政权建立之时,我们就开始积极地进行行政法制建设,并初步建立了适应社会主义建设的行政法制体系。例如,在这个时期,国家制定和颁布了大量的行政组织方面的法律法规,规定了各级国家行政机关的组织、职权、工作方式和责任,同时还制定和颁布了大量的有关行政管理方面的法律、法规,规定了国家机关对经济、政治、文化等各方面事务,以及人、财、物等各个领域管理的权限及管理方式。据资料显示,1949年10月至1956年12月,国家共颁布行政管理方面的法律、法规829项,而且,还建立了行政监察制度和公民控告国家机关及其工作人员违法失职行为的制度。然而,到了1957—1978年,由于受到当时社会大环境的影响,这是中国行政法制发展缓慢、徘徊、停滞和倒退的时期。其中"文化大革命"十年,行政法制更是历经磨难和备受摧残。

第一阶段是从1979—1988 年,以重建行政权的立法为重点。改革开放之初,为了使在"文化大革命"中被破坏的各级国家行政机关尽快恢复运转,使混乱的社会秩序尽快恢复稳定,国家在立法方面需要优先考虑的是制定出一系列有关国家政权组织和维护社会秩序方面急需的法律,而首要任务是根据新的形势制定一部适应新时期需要的新宪法。因此,在这一时期,对行政法发展具有重要意义

的立法有：一是1982年新宪法的颁布实施，二是制定了国务院组织法和地方组织法。同时，也制定了一批有关行政管理方面的法律。在这一阶段，我国的行政立法主要是有关行政机关组织和行政管理方面的法律，侧重于行政机关的重建和对行政机关权力以及相对人权利的确认与维护。这一阶段行政法发展的主要成果是：自1978年中共十一届三中全会至1989年《中华人民共和国行政诉讼法》通过，是中国行政法制重建和走向发展的新时期。这期间，最主要的工作有五项：一是恢复原有法制，解决行政领域无法可依的问题；二是制定新宪法，确定行政法制的宗旨和发展方向；三是改革政府机构，转变政府职能；四是确立行政立法制度，健全行政法制；五是建立行政司法制度，保障公正行政。

　　第二阶段是从1989—1996年，以加强行政监督立法为重点。行政权是一把双刃剑，它既可以为维护公民权利和利益服务，又可能侵害公民的权利和利益。因此，为了保护公民权利和利益，对行政权既要提供法律保障，又要加强监督制约。所以，当行政权重建工作基本完成后，全国人大及其常委会立即着手研究制定有关监督制约行政权的法律。经过几年的努力，1989年4月4日，第七届全国人大第二次会议通过了行政诉讼法，这标志着我国行政法治建设的重心已经从重建行政权向规范、监督行政权转变。行政诉讼法由于以下两点重要贡献而被载入我国法治建设的史册：第一个贡献是确立了"民可以告官"制度。这一法律制度的确立，一反我国过去只能"官管民"而"民不能告官"的历史传统，表明我国法治建设开始转向以人为本，为法治建设注入了一股鲜活的人文精神。允许"民告官"，对于培养公民的主体意识、权利意识、法治意识，具有极其重要的意义。实践证明，法律规定只有成为公民的自觉行动，成为公民的一种生活习惯，法治才有牢固的基础和可靠的保证。因此，有人认为行政诉讼法的颁布实施，从某种意义上讲，标志着我国民主法治建设的真正开始。第二个贡献是确立了程序违法无效原则。行政诉讼法不仅对行政诉讼程序作出了系统、完整的规定，而且明确规定：行政机关作出的具体行政行为违反法定程序的,人民法院可以判决撤销该具体行政行为。这就在立法上第一次将程序违法提到了与实体违法同等重要的位置,促使人们从更高的层面上审视行政程序法的价值,改变了过去我国重目的轻手段、重实体轻程序的历史传统,从而有力地推动了我国行政程序立法的发展。在这个阶段,除行政诉讼法的颁布实施外,全国人大常委会还制定了审计法,国务院颁布了行政复议条例等一批监督行政行为的法律、法规。这一阶段行政法发展的主要成果是:建立了行政诉讼制度、国家赔偿制度、行政复议制度、公务员制度,等等。并明确提出了依法行政原则,使之成为我国行政法和行政机关行使职权的一个基本原则。

第三阶段是从1996年至今,以加强关于行政程序的立法为重点。行政诉讼法的颁布,对行政机关提出了更高的要求,特别是程序违法无效原则的确立,使行政程序立法显得更加迫切。为此,全国人大常委会从1990年开始着手研究制定规范行政程序方面的法律。经过几年努力,1996年3月,第八届全国人大四次会议审议通过了行政处罚法。这部法律的颁布实施,标志着我国行政法治建设又进入了一个新的阶段,即从对行政权进行事后监督到进行程序控制阶段。之后,又陆续制定颁布了行政复议法、行政监察法、立法法、治安管理处罚法、行政许可法、行政强制法等大批规范行政程序的法律,国务院也先后颁布了许多规范行政程序的法规。这一阶段行政法发展的主要成果是:建立了行政听证制度、告知和申辩制度、公正公开原则、政府采购制度,完善了程序违法无效原则,强化了行政监察权威,改革完善了行政许可制度,等等。从上述历程可以看出,改革开放以来我国行政法发展走的是一条循序渐进、两头夹击的发展路线。所谓循序渐进,就是我国行政法是随着改革开放和法治建设的不断深入而逐步建立发展起来的。在改革开放和法治建设恢复之初,优先致力于基本制度建设,先把行政法基本框架建立起来,然后再逐渐加以完善,避免因细枝末节的意见分歧而延缓法律的出台。所以,最初的一些行政法律大多比较保守,对公民权利的保障比较粗放。比如,国务院组织法只有十几条,几百字,非常原则,行政诉讼法确立的法院受案范围比较窄,国家赔偿法确定的赔偿标准比较低,现在有学者对此提出了许多批评。但总的看来,这一策略是成功的,其积极作用远远大于消极作用。否则,行政诉讼制度、国家赔偿制度也许到现在也建立不起来。而有些改革不到位的,则不急于立法,让国务院或地方先搞,避免因仓促制定法律而影响改革。

改革开放以来,我国法制建设的一条非常重要的经验,就是立法决策必须与改革决策相一致。这里包含两层意思:一是如果改革已经到位,立法必须及时跟上,用法律保证改革的顺利推进,引导改革向正确方向发展;二是如果改革不到位,立法就不能太超前。凡改革不到位,不立法就是对改革的最大支持和促进。当然,这只是法治建设起步阶段的一种立法策略选择,随着法治建设的不断发展,制定更加周全、细密、完善的法律,是今后立法策略的必然选择。实际上,我国从20世纪90年代开始,就已经在朝着这个方向转变。所谓两头夹击,就是把行政权的确立(组织法)和对行政权的控制(行政诉讼法和国家赔偿法)这两头的法律优先制定出来,然后再制定规范行政行为的法律(行政程序法)。实践证明,两头夹击策略是一个成功的策略,大大地加快了行政法制建设的步伐。如果没有两头夹击策略,而是按照"组织——程序——诉讼、赔偿"这样一种先后顺序按部就班地进行,恐怕我国的行政法制不可能取得今天这样的成就。两头夹击,就把行政程序立法逼到了墙角,迫使我们必须加快行政程序立法步伐,而行政机关也会更加积极主动地配合、支持和推进行政程序的立法工作。

2. 我国行政法制建设的主要成就

经过多年努力,我国行政法从无到有,再到基本完备,成绩有目共睹。概括起来,主要有以下几个方面的成就。

(1)行政法律规范体系基本形成

所谓行政法律规范,是指由各种国家机关所制定的,由国家强制力保证实施的有关行政管理的各种法律规范的总称。由于行政法律规范具有制定主体的特定性,因而只能由国家机关制定或认可的,或者是由国家权力机关依照其职权范围,并按一定的立法与决策程序制定出来的,具体表现为不同法律规范形式的成文性规范文件;或者是虽然未经国家制定,但已经实际存在并为人们所遵守的行为规则,经过特定国家机关予以认可后也可成为具有法律效力的规范,如习惯法、司法判例等。简而言之,行政法律规范必须是具有相应职权的各种国家机关,经过特定的决策与立法程序予以制定或确认之后才能形成;没有国家机关的合法制定或确认,就不能成为行政法律规范。依照立法的规定,我国行政法律规范体系由下列渊源所构成。

一是宪法。宪法是国家的根本大法,也是一切公共权力行为的最基本依据。宪法中的部分内容涉及行政权力及其运行规范,例如,关于国家行政权力及其运行基本原则的规范,关于国家行政机构组成和职权的基本规范,关于公民在有关行政法律关系中享受的权利和应尽的义务的相关规范,等等。

二是法律。在这里,法律是特指由国家立法机关制定的有关行政管理的各种法律规范的总和。在当代中国,这包括全国人民代表大会制定的相关基本法律和全国人民代表大会常务委员会制定的相关法律。其中,有些法律全部属于行政法律规范,如《国务院组织法》、《地方各级人民代表大会和地方各级人民政府组织法》、《中华人民共和国治安管理处罚法》等;有些法律则不仅包括行政法律规范,还包括其他部门法规范,如《中华人民共和国人民警察法》中有关人民警察职务犯罪和有关这种犯罪管辖的规范就分别属于刑法与刑事诉讼法范畴。当然,在主要是属于其他部门法规范的一些法律中,也有可能包含有行政法律规范,如《中华人民共和国婚姻法》中有关结婚登记的规范,就属于行政法律规范。

三是行政法规与行政规章。在我国,宪法授予国务院制定行政法规的权力,并授予国务院各部、委、署、办制定行政规章的权力。而在其他国家,行政机关或者依据宪法拥有直接立法权,或者经立法机关特别授权拥有委任立法权。在这里,所谓行政法规是从狭义意义上来界定的,就是指中央行政机关制定的法律规范;而行政规章则指中央政府各职能部门制定的法律规范。在当今世界各国,行政立法在行政法律规范体系中占有越来越重要的地位。事实上,在我国,由行政部门制定的行政法律规范在数量上远远超过其他部门立法。

四是地方性法规、规章、自治条例和单行条例。这包括根据宪法和相关法律,拥有立法权的地方权力机关与行政机关制定的各种关于行政管理的法律规范。在我国,根据宪法与地方各级人民代表大会和各级人民政府组织法的规定,省(自治区、直辖市)人民代表大会及其常务委员会、省(自治区)人民政府所在地的市和经国务院批准的较大的市的人民代表大会及其常务委员会有权制定地方性法规;省(自治区、直辖市)、省(自治区)人民政府所在地的市和经国务院批准的较大的市的人民政府可以制定地方性规章;民族自治地方的人民代表大会有权制定自治条例和单行条例。所有这些地方性立法中,相当大的一部分涉及地方性行政权力及其运行方面的规范,属于行政法律规范的范畴。

五是法律解释。法律解释是指对上述行政法律规范具有法定解释权的有关国家机关对有关法律作出的、有法律约束力的立法性解释和说明。法律解释通常可以分为立法解释、司法解释与行政解释等几种,其权限范围、运用方式各有不同。但是,这些解释往往具有与所解释的法律规范同样的约束力,因此也是行政法律规范不可忽视的组成部分。

六是国际条约。凡政府依法签订、加入或承认的国际条约,其中许多涉及国家行政权力及其运行,如各种关税管理协定、有关行政管辖权以及行政公共关系的国际公约等,这些在该国国境之内同样具有法律规范功能,因而也成为一国行政法律规范的组成部分。

这里需要强调的是,除了上述属于法律范畴因而可以直接称为行政法律规范的制度安排之外,还有一些行政规范并不属于这种正式法律制度的范畴,但却具有与上述行政法律规范同样的功能与运行机理。例如,一些由不具有立法权的国家机关制定的各种规定、纪律、办法、实施细则等所谓的"文件"。毫无疑问,这种现象是我国现行立法体制所特有的产物。显然,这些常被称为"红头文件"的政策规定大部分与地方行政管理活动有关,把这些所谓的"红头文件"纳入行政法律规范的范畴既符合我国的现实,也是实现行政法制的规范化。

(2)行政法基本原则基本定型

行政法基本原则是指各种行政法规范所体现和遵循的基本原理和精神,是行政法的灵魂和生命,对行政法具体规则的创制和实施具有重要的指导、评价和补充作用。随着我国行政法律规范体系的基本形成,行政法基本原则也渐趋成熟,为行政法的实施和发展奠定了一些基础性的共识。总体而言,我国行政法基本原则主要有以下八项。

一是依法行政原则。这是依法治国这一宪法原则在行政法上的具体体现。依法治国的实质是依法治权、依法治官,而其中最主要的是依法治行政权和行政官员。因为行政权是各种国家权力中最活跃、最具强制力的一种,与公民的权利和利益联系最经常、最直接、最广泛,因而也最容易出现损害公民权利和利益的情况。所以,各国都十分强调依法行政,并把它列为法治国家的一项重要原则。依法行政作为一项行政法基本原则,主要包括三项内容:一是宪法和法律优先原则,即必须优先执行宪法和法律的规定,其他规定与宪法和法律相抵触的一律无效,行政机关不得执行;二是职权法定原则,即必须严格在法定权限范围内行使职权,失职违法,越权无效;三是程序法定原则,即必须严格依照法定程序行使职权,违反法定程序的行政行为无效。

二是正当程序原则。这是对依法行政原则的扩展和深化。其主要内容有四项:一是自己不得做自己的法官,或称利害关系回避原则,即行政机关及其工作人员处理涉及与本机关或者工作人员自己及其近亲属有利益关系的事项时，应当主动回避或者应当根据当事人的申请回避；二是行政机关作出任何行政行为，特别是作出对相对人不利的行为时，必须说明理由；三是行政机关作出任何行政行为，特别是对相对人不利的行为时，必须听取相对人的陈述和申辩；四是行政机关作出涉及社会重大公共利益或者涉及相对人重大利益的行政行为时，除说明理由和听取陈述和申辩外，还应当公开举行听证会，听取社会公众和利害关系人的意见。

三是民主参与原则。这是政治民主在行政法上的具体体现，是对依法行政和正当程序原则的进一步扩展和深化。一方面，民主参与原则要求依法行政所依的法不仅是良好的，充分体现人民群众意愿的，而且是按照民主程序由广大人民群众充分参与制定的，是经过充分发扬民主、走群众路线的；另一方面，民主参与原则还要求在行政法规范的实施过程中，必须充分发扬民主，走群众路线，给相对人和社会公众充分参与的机会。

四是公开透明原则。该原则的基本含义是，行政机关所实施的行为除依法应当保密外，应当一律公开。其具体内容主要包括三项：一是所有影响公民、法人和其他组织的权利义务的行政法律规范，都应当向社会公布。二是涉及公民、法人和其他组织的权利义务的行政行为——包括制定法规、规章等规范性文件的行为和作出具体行政决定的行为——都必须公开进行。三是行政机关所产生、搜集的信息，在原则上都应当公开；只有涉及国家主权、国家安全或者其他公共安全、商业秘密或个人隐私等事项，才可以作为例外而加以保密。

五是公正公平原则。该原则的基本含义主要包括三项：一是不得单方接触，即行政机关在作出涉及两个以上相对人的行政裁决或者法院在审理行政案件过程中，不得在一方当事人不在场的情况下单独与另一方当事人接触（包括任何因公因私接触）和听取其陈述意见，接受其证据；二是对相关因素应当给予善良的考虑和足够的注意，即行政机关制定行政法规、规章、政策和处理涉及相对人利益的各种事务时,必须以善良的愿望并尽足够的注意,充分考虑各种意见及其各种有利或不利的因素;三是平等对待,即行政机关必须平等地对待各方相对人,无论是组织还是个人,无论政治、经济地位的高低,其法律地位一律平等,机会一律平等,权利义务一律相一致。

六是平衡和比例原则。平衡原则的基本含义有四项:一是平衡地保障和规范行政权力与公民权利;二是平衡地设定行政权力的制约和责任;三是平衡地设定公民的权利与义务;四是平衡地保障公民之间的权利和利益。与平衡原则紧密联系的是比例原则,也称为最小损害原则。比例原则的基本含义有两项:一是行政机关在实施行政行为时,必须以最大的收益、最少的成本、最小的损害来实现行政目标,即必须符合效益最大化原则;二是行政机关所实施的行政行为必须符合妥当、必要、相称的要求。

七是信赖保护原则。法律的一个重要属性是可预知性,即可以使人们通过法律来预知自己实施什么样的行为会得到什么样的结果。这样,人们只要按照法律规定去做,就一定会受到法律保护,不会被追究违法责任,从而使人们具有安全感。信赖保护原则的基本含义是,公民、法人和其他组织因对法律或国家机关所实施的某项行为的正当信赖,并基于这种信赖安排自己的生产生活,从而做出了一定的行为,国家有义务对公民、法人和其他组织的这种信赖提供一定形式和程度的保护。信赖保护原则旨在保护公民、法人和其他组织的既得利益,并维护法律的安定性以及公民对国家和法律的信心。当然,得到法律保护的信赖必须具有正当性。所谓正当,是指公民、法人和其他组织对国家的法律和行政机关的行为或其创造的法律状态深信不疑,并且是善意的、没有过错的;如果信赖是因公民、法人和其他组织自己的错误理解或恶意所致,则此信赖不具有正当性,将不受保护。

八是有效救济原则。这是指公民、法人和其他组织的权益受到行政机关的行政行为侵害时,国家必须为其提供及时、有效的补救。

没有救济就没有行政——这是当今世界各国普遍遵循的一项基本原则。但因各国政治制度、法律制度和法律传统有所不同,其救济制度也不尽相同。在我国,获得这种救济的途径主要包括申诉、行政复议、行政诉讼、国家赔偿等。

(3)行政法观念实现重大转变

经过改革开放和市场经济的洗礼,我国行政法观念有了重大转变。其中,最具有社会影响的内容主要包括以下五个方面。

首先,从维护静态稳定向追求动态和谐转变。胡锦涛总书记曾深刻指出:"发展是硬道理,稳定是硬任务;没有稳定,什么事情也办不成,已经取得的成果也会失去。"这是总结国内外正反两方面经验教训而得出的重要结论。根据历史经验,稳定可以分为两类:静态的稳定和动态的稳定。静态的稳定,只是暂时的稳定,而不是真正的稳定。我们所需要的稳定应当是动态的、可持续的。过去,我们往往比较注重静态稳定,而对动态稳定不够重视。这种思想倾向反映在行政法制建设方面,就是过分强调严管、重罚,甚至出现以罚代管、以罚代教的现象。按照这种思想逻辑,似乎管得越多越严就越能实现稳定,罚得越重越频繁也就越有效,根本不需要什么说服、教育、疏导、激励等行政手段。但实践证明,这种做法只能收一时之效,并不能长久,而且可能积累、激化矛盾,引起更大的不稳定。当然,随着我党确立了构建社会主义和谐社会的目标,实现了治国理念的重大转变,也实现了行政法基本观念的重大转变。

其次,从单向命令型管制向双向合作型治理转变。传统观点认为,民法调整平等主体之间的横向社会关系,行政法是调整不平等主体之间的纵向社会关系,因此,行政法不同于民法,应当主要采用自上而下的命令,主要依赖强制手段来实现行政管理。随着市场经济体制改革的不断深入,民主法治建设的不断发展,特别是建设和谐社会思想的提出,那种认为行政主体与相对人地位不平等的观念正在改变,平等观念获得越来越广泛认同和接受,单向命令型管理观念逐渐被双向合作善治观念所代替,公众参与、行政指导、行政合同、行政激励等非强制性行政方式随之兴起。尤其重要的是,双向合作理念的出现,要求行政法实现从管理到治理的转变。这里,治理与管理存在着重大的区别:管理主要着眼于秩序行政,为了维护秩序可以不计成本,甚至可以忽视个人自由和社会活力;而治理则要求行政行为必须进行效益分析,要求以最小的成本来实现行政目标,要求社会不仅是有秩序的,而且是自由、有活力的。

第三,从重实体轻程序向实体与程序并重转变。程序制度是实体制度得以实现的保障。不论是民主也好,还是法治也好,归根结底都必须体现为一套健全而有效的程序。过去,我们普遍存在程序观念淡薄的倾向,以为实体规范直接包含了权利义务的规定,所以,只要遵守了实体法就可以了,违反程序性规定不算违法,只是工作方法方面的小节问题。随着市场经济体制的确立和民主法治建设的深入,程序的重要性已经被越来越多的人认识,不仅在我国行政法规范中得到越来越多的体现,还体现在实施行政行为的过程中,行政机关及其工作人员能够自觉坚持严格依照程序办事的观念。

第四,从重强制轻激励向强制与激励并重转变。传统行政法调整社会关系的方法,主要是采取命令和强制的办法,通过迫使相对人服从和配合,来达到行政目标。但是,实践证明,这种行政调整方法不仅成本高、后遗症大,而且还不利于充分调动人民群众的积极性、主动性和创造性,不利于人民群众树立当家做主的意识,不能适应全球化和市场经济的客观需要。因此,20世纪90年代以来,我国这方面的行政法观念开始转变,不再片面地依赖命令与强制等方法,而是逐渐向综合运用多种调整方法转变,对行政激励方法也越来越重视。

第五,行政法治的基础理论取得重大突破。随着行政法治建设的不断发展,我国行政法的基础理论也不断得到发展。与我国行政法发展三段式阶段大体相一致,我国行政法基础理论也经历了一个从"管理论"到"控权论"再到"平衡论"的发展过程。"管理论"认为,行政法是关于行政机关管理的法,重点强调确认和维护行政机关的管理权威,以保障行政效率。"管理论"的思想根源来自资本原始积累时期的"警察国家",其目的在于尽管实现资本原始积累。我国20世纪80年代初出现这种观点,与当时改革开放处于困难重重的境地有关,而后因经济体制成功地实现转轨变形,故已没有人公开主张这一观点了。"控权论"认为,行政法是控制行政权的法,重点强调对行政权的限制和监督,以避免行政权被滥用。"控权论"的思想来源是西方,特别是英美的行政法学思想,其经济基础是自由市场经济。这种思想在20世纪80年代后期开始在我国兴起,一度成为主流思想,至今仍有相当影响。"平衡论"认为,行政法是规范行政权力和保障公民权利的法,重点强调兼顾公权与私权、公平与效率之间的关系。"平衡论"是20世纪90年代初由我国学者罗豪才等人提出的,其背景是建设中国特色社会主义市场经济的伟大实践。目前,"平衡论"已经逐渐被我国行政法学界和实务界接受,对我国的行政法治实践产生了重要影响。

3. 我国行政法演变的内在逻辑及其特点

一般而言,行政法集中反映了主流社会的共同意志,而当主流社会的共同意志发生变化之后,其行政法及其运行机制也必将发生变化。行政法的变化总会大致遵循着这样的逻辑结构:一方面,由于制度建设总要基于一定的人性假定,因此,作为行政法演变的逻辑基础也需要有相应的关于人性的假定。如果其制度变迁的逻辑结构出现了断裂,或者相关人性假定未能发挥一以贯之的统率作用,那么,行政法制体系内部将不具备修正其制度失衡的内在机制,反而有可能加剧这种结构性断裂。另一方面,由于法律制度总是建立在一定社会经济基础之上,因此,社会生活的变迁必然会促使法律规范体系的发展。具体而言,我们可以将行政法演变的逻辑结构归结为这样的程式:社会变迁→行政法制新需求→确立行政法制建设新目标→建立行政法制创新机制→制定行政法制的具体规范→具体行政法律规范的实施。

毫无疑问,我国行政法也有自己的人性假定作为其逻辑基础,只不过我们在确立这种假定的过程中,对其基本内涵的概括缺乏能够保持一以贯之的共识,而是处于不断修正的情形。过去,我们主要是从阶级性的角度来认识人的本质属性,以革命理性取代关于现实的、活生生的人性分析,因此,在这个时期建立的行政法制主要是作为阶级斗争的工具。即便是到了改革开放初期,我们对于是否将"大写的人字"刻在行政法律制度体系中,曾存在着不同的见解。当时,我们有的领导干部就不同意,他们认为世界上没有抽象的、超阶级的"人性"。他们举例说,鲁迅先生早就给出过这样的论断——"焦大是不会爱上林妹妹的"。可是,随着改革开放的深入发展,人们开始逐渐地突破禁区,就有人对这个例子提出反驳——"焦大未必不会爱上林妹妹"。这时,《人民日报》发表了毛泽东致陈毅的一封讨论诗词创作的信,文中提出了所谓"共同美感"具有存在性的命题。这样,官方以文论的形式正式承认了所谓"超阶级"的人性。自此之后,人们才以"解放思想、更新观念、突破禁区"的方式,重新发现和表述人性假定,并使之成为行政法制建设的起点,并最终确立了"以人为本"的基本理念。

与此同时,我国行政法制建设开始沿着其应有的逻辑结构向前推进,并在其服务于社会生活的同时实现自身的完善的发展。在这个方面,值得大家认真总结的环节主要包括以下三个方面。

一是我国行政法制建设具有一定的内生性。由于行政法制度变迁直接改变了科技创新的框架、政府与市场之间的关系、政府职能及其行为方式,并推动着人们行政法观念的更新,因此,行政法制度是作为社会结构的一个重要变量因素而存在的,并与社会结构其他层次的组成因素保持着一种互动关系。从总体上说,我国行政法制建设的路径基本与经济体制改革相合拍,并由此促成了宪法的多次修正。我国行政法制建设的这种内生性,大体可以分为三个表现层次。第一个层次,行政法制建设内生于已有的行政法律规范,即通过部分或局部改革、修正而牵动一系列相关行政法制的变迁。换言之,行政法制本身在其形式结构上应当是一个相对完整的有机体,一项重要的制度变迁必然要拉动与之相关的一系列的制度变迁,以维持整个体系的统一性。这就可以解释,为什么我国行政诉讼法的出台,会引起行政实体法与相关行政程序法的大规模修正——这是在建立司法审查机制的条件下,要保证行政主体"依法行政"必不可少的修正。第二个层次,行政法制建设内生于既定的法律体系,即通过行政法领域的制度创新直接推动着我国整个法律体系的变迁。毋庸讳言,我国行政法与私法之间存在着一定的形式张力,故私法关于公民人身权与财产权的规定会顽固地抵制行政法相关内容及其运作方式的变迁,使得行政法制的创新必须照顾到对私法的影响。例如,我国关于准公共产品生产增加了行政合同的使用几率,这种机制会导致行政法出现私法化的倾向,这也就意味着私法符号系统对行政法符号系统的有力改造,同时也意味着行政法符号系统给私法符号系统赋予了新的含义。显然,行政法制的创新需要结合相关制度建设而予以必要的平衡或对冲。第三个层次,我国行政法制建设内生于既定的社会结构,直接反映并受制于相关政治、经济、技术与观念的时代变迁。这就是说,我国行政法制的建设尽管吸收了境外相关制度变迁的经验和教训,但是,其本质仍旧植根于本土,尤其是反映了当代中国社会急剧变化的实际需要。这既是我国行政法制建设的优点,即能够有针对性地与时俱进;同时也是这个领域存在先天不足的根源,即完全萌芽于贫瘠的社会土壤之上,其制度建设自然难以做到"站高一线"看问题。

二是我国行政法制建设具有一定的历史局限性。尽管孤立地自我比较,我国行政法制建设已有长足的进步,但是,相对于发达国家所创建的先进制度而言,却存在明显的相对落后性。从其指导思想来说,我国行政法制建设充分体现了"摸着石头过河"的精神。这种实用主义的制度变迁当然有着自己的历史合理性,但从长远看,这种完全被实际工作部门所绑架的制度建设,却难以发挥法律制度所应有的指导性和预见性。就如同前文所提到的那样,在改革开放之初,大家都没有成竹在胸之时,摸着"河里"的"石头"可以知道水深水浅——这是当时不得已的做法。可是,当改革开放已经基本形成自己的规模和体系时,"河里"不仅"有船","路上"也有"桥","空中"还有"飞行器",大家为何还要采用原始的"摸石头"的办法呢?显然,要么是有关人员"脑袋里面有包块",要么就是这些人想浑水摸鱼。例如,关于城市房屋拆迁的制度规范和农村土地征收补偿的制度规范,始终未能交出让人民满意的答卷,这是为什么呢? 显然,依照宪法和我党的宗旨,人民政府没有自己的特殊利益,只能是以维护或实现人民利益为己任。那么,这种涉及利益关系的行政法制建设应当不存在什么难度,更不会出现"你死我活"的争斗。可是,在现实生活中看到的这些不应有的现象最后还是纷纷出现了。如果这种"令亲者痛仇者快"的事件屡禁不止,频频发生,就会充分暴露出我们相关制度安排存在着系统性缺陷,使得我党的执政基础在这些利益冲突之中日渐消耗。究其根本而言,行政法制建设是可以从既有的法律规范体系和既定的政治、经济、技术、观念结构中找到与时俱进的推动力的,而且,行政法制建设本身就是一种推动社会变迁的动力。但是,行政法制推动社会发展的力量与作用,往往取决于其制度建设的合理性与科学性。这就是说,理性的、旨在回应社会制度需求的行政法制建设并非仅仅是立法者率性而为。立法者的智慧并不在于思考社会结构的变迁、假想的制度需求,而是应当基于公共选择去应对行政法律关系与监督行政关系中实际存在的问题,并正确反映人民群众关于制度变迁的愿望和意志。这就是说,我们不能将行政法制建设视为自然进化的产物,更不是所谓的"知识积累"。尽管行政法制建设总要留下"人为的痕迹",但是,其"人为"的范围和影响应当是非常有限的,即应当以满足社会需求为主,逐渐降低意识形态的不当制约。

　　三是我国行政法制建设还存在一定的时滞性。所谓行政法制建设的"时滞",是指从社会变迁到制度需求再到行政法制创新,总是要经历一个长短不等的期间。西方制度经济学家将这种制度变迁所存在的时滞分成四个部分:①"认知与组织"时滞,即从辨识外部利润到组织初级行动团体所需要的时间。②发明时滞,如果不知道制度安排可使外部利润内部化,那么,需要一段时间来发明一种新"技术"。③"菜单选择"时滞,即通过搜寻已知和可替换的各种单个方案并将它们汇集为一个完全的备选集,再从中选定一个能满足初级行动团体利润最大化的安排,这是需要一定时间的。④"启动"时滞。从选定某个所谓的最佳安排到组织实施这种旨在获取外部利润的实际经营,需要一定的时间。因为,从理论上讲,各种安排方案之中,至少包括个人安排、自愿合作安排(如行业组织)、政府性安排等三种类型,需要人们逐一给予必要的检验、预测和评价。当然,究其一般规律而言,个人安排的总时滞小于自愿合作安排的总时滞,这两种安排的总时滞又要小于政府性安排的时滞。① 就我国行政法制建设的时滞而言,不仅具有这种一般性时滞的表现,而且还存在着两个特殊的时代性表现:一方面,由于我国经济体制改革存在一定"良性违宪"的情况,由此带来了格外的信息时滞,甚至出现政治、经济、技术、观念的领域的"乱码",从而不当增加了"认知与组织"时滞和发明时滞;另一方面,由于我国相关制度建设滞后和理论研究比较薄弱,其立法信息传递和消化机制都欠发达,因而存在"菜单选择"时滞和"启动"时滞。特别是对于利益关系复杂的领域,其利益集团的压力越大,政府性安排所需要的时滞就越多。表面上看,似乎立法程序越公开、公众参与越广泛,制度创设的时间就越长。但是,实际经验告诉我们,立法效率的低下几乎是一种常态。立法机关不得不从各种角度来考虑一项制度变迁到底会有多少人支持,多少人反对,如果立法公开程度不够,那么,立法者的这种"揣摩"将是一个令人难以容忍的漫长时期;如果立法机关因公众的广泛参与而经济地、便捷地获悉制度变迁的支持与反对力量,那么,立法机关更有可能较快地决策,而且,公众的关注也会让立法者不能对一项制度变迁迟迟不表态——无论同意与否。因此,提高制度创新"及时性",即把行政法创制的回应时滞限定在合理的范围之内,是我国行政法制建

① 参见戴维斯、诺斯著,邱继成译:《制度创新的理论:描述、类推与说明》,载《财产权利与制度变迁》,上海三联书店,1994年版,第316~320页。

设的重中之重。

显然,对于我们要创建新型的服务行政法而言,这种"社会→目标→机制→制度→实践"的逻辑分析程式是有益的,不仅可以避免形成武断式的结论,还可以降低相关制度建设的成本。

四、建设有中国特色的服务行政法

1. 服务型政府理论对行政法提出的新要求

(1)确立新型的行政法价值目标

我们知道,服务型政府通过调整自己核心职能,进一步改善了政府与社会、政府与公民之间的关系,因而应当彻底摒弃官本位、政府本位和权力本位的价值取向,从而转向对公民本位、社会本位和权利本位理念的认同。[①] 将这种思想落实到服务行政法创建领域,实际上就是要求相关法律规范和实施机制的建设都应当以追求为公民提供更好的服务和对公共事务的有效管理作为出发点和落脚点。具体而言,按照服务型政府理念,我们需要对现行行政法的价值目标作必要的调整。

一是调整关于行政权正当性的认定标准。过去,行政法制的建立往往是以形式法治为基础,行政机关及其工作人员的主要任务就在于维护形式化的法律制度,其法律责任也以是否遵循法律程式和上级机关的命令为准,并不是以实现人民幸福为目标,因而存在正当性判定标准不当的情形。显然,如果我们仍旧停留在秩序行政阶段,以这种形式主义的标准来界定行政权的正当性,那是具有历史合理性和社会意义的。可是,一旦我们迈入服务行政阶段,这种形式法治的依据就将失去固有的社会意义。例如,从权利本位的角度来看行政机关及其工作人员的责任来源以及评价标准,就应当以其所

[①] 参见刘熙瑞、段龙飞著:《服务型政府:本质及其理论基础》,载《国家行政学院学报》,2004年第5期。

提供服务内容、服务质量和服务对象的感受为标准,至于形式合法性的问题,则是一个可以忽略不计的细节问题。这就是说,我们必须在建立行政法相关制度框架之时,就应当充分考虑并设计关于考核行政权正当性的具体指标。这也就意味着,行政法制建设将要从维护形式法治转向维护实质法治,即如何有效地促进行政机关为公民提供更好的服务以及促进其公共事务管理的绩效——凡是有效维护公民权利和公共利益的行政行为都具有正当性。

二是充实行政法效能价值目标的实质内容。在传统的秩序行政法时期,政府主要是通过维护官僚型体制的统一性来实现其对效能价值目标的追求。而当我们要构建服务行政法之时,就需要进行重构政府的组织形式和行为方式,并以此作为评价其效能价值指标的内容,既要扬弃传统的绩效目标,还要在此之上增加其效能价值目标的具体内容。这就是说,我们在进行服务行政法建设之时,就需要对关于行政效能的实质内容和实现方式,作根本性的调整:一方面,需要将服务型政府基本理念逐一分解,建立与之相应的价值目标,使得相关制度建设与实践相一致;另一方面,必须在行政法制建设中明确服务型政府是承担公共产品供应的责任人,而不仅仅是局限于维护自身权力的官方机构。这就是说,服务行政法所规范的政府,不仅是责任政府,还应当是一种回应型政府①,也是一个能够让人民群众放心的政府。而且,与此相应的问题也出现了——由于行政主体的多元化,除了政府之外的各种社会主体以及一般民众,都被广泛地吸收在服务行政领域,那么,这些新型行政主体是否也需要确定其效能价值目标呢?回答是肯定的,即参与公共事务管理的各种社会主体都应有同样的价值目标和绩效考核指标。

三是重新诠释行政法制的基本精神。服务行政法需要彻底摒弃官本位思想而确立公民本位的价值原则,但这种基本精神的转换需要一个配套的诠释系统。例如,就社会管理的权力(利)配置而言,放

---

① 参见陈国权、陈杰著:《论责任政府的回应性》,载《浙江社会科学》,2008年第11期。

弃官本位制就需要在现实生活中否定行政机关对公共事务管理的独占权。而且,这还意味着两个方面的配套诠释:对于公民而言,应当恢复他们在公共事务管理领域的主体地位;对于行政法来说,不仅要求彻底否定行政机关作为公共利益天然代表的特权,而且还要据此重新规定公共事务管理的组织形式、组织过程及其价值目标。这样,伴随着公民主体地位的确立,保证各种主体共同参与社会管理事务,将成为行政法的基本任务。这就是说,即便是对传统行政制度保留其形式不变,其基本精神也将会随其所承担任务的转变而发生变化。这时,行政法将不能再被简单地理解为控制或规范国家权力的制度形式,而应当被理解为促进包括民众在内的多方主体共同参与公共事务管理的基本原则和程序规范。

（2）拓展行政法调整范围

从理论上讲,服务型政府的制度模式不同于传统类型的政府,尤其表现在公共事务的具体内容和实现公共事务的行为方式,因而需要大力拓展行政法调整的范围。[①]

一是转变政府在公共事务管理领域的角色定位。尽管我国行政法研究仍处于相对落后的状况,但是,在现实生活中却创造了一个富有特色的词汇——"行政执法"。按理,依照世界各国通行的各种分权制衡理论与制度模式,行政当局都只能属于"执行"系统,即执行立法或权力机关的决定,以便把国家意志变成社会现实。可是,依照行政执法的理念,行政机关变成了社会生活的"裁判官",即把人民法院的"饭"抢走了。也就是说,我们的人民政府存在着明显的角色定位欠准确的问题,把自己当成包打天下的全能选手。这种情形是与服务型政府所应担当的社会角色相背离的,应当尽快回到自己的"岗位",即应主动承担其应当承担的任务,主动放弃那些不该管或者是无法实现有效管理的事务。[②]一方面,重新理顺政府与公民

---

① 参见井敏著:《论服务型政府的特征——行政理念、行为方式、组织结构和决策模式的分析》,载《湖北行政学院学报》,2006年第3期。

② 参见刘雪华著:《论服务型政府建设与政府职能转变》,载《政治学研究》,2008年第4期。

的关系,不仅要积极保护、维护公民的各项合法权益,而且还要承担起帮助公民实现人格全面发展的责任。目前,我国已经进一步恢复和巩固其应有的国际地位,我国公民就应当为尽快成为所谓的世界公民而积极参与各种有益的国际交往。对此,人民政府应当发挥更加积极的作用,不仅推动各个友好国家的建设性合作,还应当转变与本国公民的关系——公民不再是被政府管理的对象,而是政府的"老板"或"顾客"。另一方面,重新界定治理者与被治理者之间的关系,把调整各类公共产品的供应机制纳入行政法调整对象。按照公共产品的属性,纯公共产品由政府负责生产和供应,而准公共产品则需要混合机制和混合主体采用合作的方式来生产和供应。这样一来,治理者与被治理者、公共产品生产者与消费者之间的那种非此即彼的截然区别消失了,如果人民政府仍旧停留在自己喜欢的"吹哨子"、"当裁判"领域,就可能失去其应有的合理性、正当性。因此,我们的服务型政府需要与自己的职权职能相一致的管理手段和服务方式,这些管理手段和行为方式都应当依法公开和透明,以便建立自治、合作、精简和便民的组织结构。

二是将公民权利和公共利益明确化和具体化。服务型政府以全心全意为人民服务为宗旨,落实到公共行政领域,实际上就是要求行政机关应当为公民提供更好、更丰富的服务。这对于行政法来说,不仅要求其应当以有效保护公民权利和公共利益作为价值目标,而且应当将以之作为所有行政法律制度建构的逻辑起点。因此,现行行政法以行政权,尤其是国家行政权为逻辑起点的制度体系设计就显得不合时宜。[1] 因为,这种制度设计不仅虚化了社会主体和一般民众在公共事务管理中的法律主体地位,而且模糊了行政权的管理对象和管理任务。根据以上分析,将公民权利和公共利益的明确化和具体化纳入行政法制的内容,也将是应然之意。因为,从有效管理公共事务的角度考虑,也只有明确了具体事务的范围和具体任务,

----

[1] 陈峰、杨俊著:《行政权:行政法逻辑起点的科学界定》,载《社会科学论坛》,2006年第7期。

才有可能和必要进一步决定如何选择管理者和管理形式问题。对于保护公民权利来说，只有明确了需要保护的权利范围，建立权利保障机制才具有明确的方向，进而才有可能建立更加有效的权利保护机制。对于公共利益的保护也应当如此。尽管公民本位思想在实际上已经否定了行政机关在公共行政领域的独占地位，但是，从公共行政有效性的角度出发，无论是管理主体还是管理方式，均应当依据管理任务的需要而定。由此，行政法必须考虑在保障有效管理公共事务的前提下，确定行政机关与其他公共行政主体甚至是个人对于公共事务领域的分担问题。因此，应当将各种公共行政主体的职能分工问题，其中包括国家、社会组织以及一般民众之间的职能分工问题纳入行政法调整范围。

三是逐步从建立基本行政救济制度向建立更加完善的行政救济制度努力。经过多年的努力，目前我国已经初步形成了行政诉讼、行政复议、国家赔偿等行政救济制度。但是，由于受到历史条件的制约，我国的这些制度还存在着许多缺陷，其实际实施效果也因受各种干扰而难以达到预期目标，需要进一步地加以完善。目前，通过对国家赔偿法的修改，将其赔偿范围、标准和简化赔偿程序做了进一步完善，为进一步完善行政救济制度提供了良好的范例。行政诉讼法的修改也将大大推动行政法制建设的进程，其受案范围、公益诉讼等问题，将进一步加快服务型政府建设的步伐，为我国行政法制的完善奠定基础。

(3)完善行政法制体系

当前，我国的社会主义现代化建设和改革开放正进入科学发展的转折时期，这对于以服务型政府建设为契机的行政法制建设，既是一个良好的机遇，也意味着大家又面临着新的挑战。对此，我们可以从以下四个方面来把握我国行政法制建设的发展趋势。

一是加快从形式法治向实质法治的跨越。由于我国历史上缺乏法治传统和习惯，法律制度很不完善，因此，改革开放以来，我国法治建设的任务主要是致力于形式法治的实现，侧重于法律制度的建构和保证现行法律规范得到确实有效的贯彻实施。应当说,在法治建设的初期阶段,这是完全正确的。但随着法制建设的不断深入,仅停留于形式法治是远远不够的,还应向法治的更高层次,即实质法治发展。所谓实质法治,就是要求法治不仅必须具有必要的形式要求,还要按照符合时代的价值追求而实现"良法而治":①符合时代对民主、人权、自由、公平、正义等价值的普遍共识;②不仅要重视秩序和效率,还要重视自由和活力;③不仅要求整体公正、形式公正,还要求个体公正、实质公正;④不仅要求最后公正,还要求及时公正;等等。

二是积极推动从国家行政法向公共行政法转变。众所周知,我国现行的行政法主要是调整国家行政机关的行政行为,这是与我国长期以来处于"行政国家"、"全能政府"紧密相连的。随着市场经济体制的建立,需要从行政国家向法治国家转变,全能政府让位于有限政府。这时,许多由政府管理的公共事务正逐渐转由各类社会主体(如行业协会、事业单位、非营利组织等)依法管理。这些行业协会、事业单位、非营利组织等管理公共事务的活动,与一般民事活动不同,而与行政活动具有更多的相似性,因而不应由民法调整,而应由行政法调整。比如,律师协会对律师、学校对学生、医院对医生的惩戒行为,如果由民法调整,起诉到法院采用民事诉讼程序,根据民法中谁主张权利谁举证的原则,显然不利于对律师、学生、医生权利的保护。因此,把这些纳入行政法调整范围,将是今后行政法发展的一个重要趋势。大力吸收公民参与公共事务管理,实际上是要求行政机关与其他公共行政主体对公共领域事务管理职能的重新分配。由此,行政法将随之面临新的问题——是固守规范国家权力行为还是扩展至规范一般公共主体甚至一般民众参与公共事务的管理行为。如果将行政法的范围扩展至规范公共领域所有主体,这将意味着行政法与国家权力之间关系的相对剥离;如果将行政法固守在规范国家权力的领域,也仍将存在是否规范所有国家行为的难题。在服务型政府理论的影响下,不仅政府需要大量采用受私法规范的行为形式,而且,原本受私法规范的社会主体和公民行为也大量采用政府管理行为的形式。如果私人也广泛参与到政府管理的每一个环节,那么,他们也将成为接受行政法授权的主体。正如有学者观察到的,第三部门执行公共政策过程中,"也日益习惯接受政府的委托或补助,使得政府资金成了许多非营利组织重要的收入来源,此时,原本相互独立的政府和非营利部门,已发展成相互依赖的新关系,也就是所谓的公私协力关系,然而,公私之间的界限也随之变得模糊不清,从而衍生出一些诸多争议性议题,也就理所当然"①。这些情形不仅对传统的公私法划分理论提出了挑战,而且对受此直接支配的被管理者的权益也带来影响。显然,如果不对传统的公私法划分制度加以改造,就有可能引发对公共利益和公民权利保护不周的现象的发生。据此,促进现行行政法转型,势在必行。

三是大力推行行政方式多样化——从单一依赖强制性行政到强制性行政与非强制性行政并重。根据前文分析,服务型政府以有效保护公民权利和公共利益为价值目标,因而要求其实施行政行为的方式方法也应作出适当调整。首先,服务型政府属于回应性政府,需要放弃传统的秩序行政观念。在服务行政领域,行政机关不仅应当及时发现民意和保护公民权益,还应根据民意而及时提供相关公共产品,使得人民的相关权益能够得以实现。这时,行政机关不再拥有天然代表公共利益的特权,公共利益的确认和实现主要是通过"公共选择"的机制上升成为全体社会成员共同意志的。也就是说,就公共利益和公共价值而言,政府虽有维护、保障的责任,但是,它必须甘当民意的仆人,而不是一心只想"处罚"人民,并从罚款之中收取高额返还用于发奖金。因此,服务型政府的责任以及评价标准,都应当以回应民意而提供的服务内容、质量来决定,而不仅仅凭借法条上的形式主义规定,更不是以罚款数量指标为准。其次,服务型政府应当是亲民性政府,需要回归社会主义行政法的基本原则。尽

---

① 余凌云著:《第三部门的勃兴对行政法意味着什么?》,载《浙江学刊》,2007年第2期。

管社会主义行政法也需要行政强制,但是,这是在穷尽了其他各种行政手段之后,才不得已而为之的。也就是说,强制性行政方式属于一种次要的、辅助性的手段,不能把它等同于"行政执法",更不能形成"执法是老子,守法是儿子"的理念。从这个角度看,我们就需要将坚持说服教育、热心服务作为政府及其工作人员的基本工作方式,并将这种行政行为的要求法制化,以便能够保证落到实处,也能够便于广大民众广泛监督。把行政方式进行亲民化改进,并将之纳入行政法调整范围,可以充分体现服务行政法的效能价值目标,彻底实现工作方式的转变,这对于促进政府服务水平和服务质量的提高,将产生积极的推动作用。另外,服务型政府是人民性政府,能够给社会各界成员提供公平、均等、有效的帮助。虽然在改革开放以后,我们就彻底放弃了阶级分析的思维模式,但是,随着社会经济的发展,我国社会出现了比较严重的贫富悬殊和相互抱团的利益集团,因而出现了比较明显的利益博弈。这时,人民政府应当"站高一线",应当以确保各类社会主体都能够通过有效参与公共事务而实现其合法权益。根据服务型政府理论,公民应当享有平等参与公共事务的权利,而不是按照其经济、文化或出生区域来给予其参与机会和权利。目前,我国宪政法律制度没有赋予公民"用脚投票"的权利,这就需要在服务行政法的创制过程中尽可能地弥补这种缺陷。例如,经济学家所概括的"农民工"一词,现已被媒体热炒。但这个问题从法学的角度看,属于伪命题。因为,按照"法律面前人人平等"的宪法原则,农民工与城镇工在法律上的人格是完全一样的,只要依法办事,他们之间并不存在利益冲突或矛盾,根本无需政府强行介入。如果政府及其工作人员借此"说事",只能说明这种政府雇员的法治知识不合格。不过,从这个非常简单的事例可以看到,我们要保证政府在行使其权力之时,真正做到"一碗水端平",还有非常漫长的路要走。

四是继续推进从初步放松管制向深化放松规制发展。管制,主要指国家采取许可、审批等一系列措施控制社会、经济发展,防止出现无序现象的一种制度。这种理念和制度安排的出现,是西方国家在自由市场失灵的情况下提出的,也是政府介入市场的理论根据。这一理论认为,市场经济只能解决私人物品的生产和交换,而公共物品则必须由国家组织生产或者必须在国家监管下生产。所以,仅仅只有关于私人物品生产交易的市场机制是不完全的。事实上,随着生产力的不断发展,仅仅提供私人物品的市场体制会随时失灵,这就迫使政府不得不出手干预。而且,生产力愈是发达,市场失灵的情况就愈多,需要政府干预的领域和频率也就愈多。可是,政府每次干预的结果都是在抚平市场缺陷的同时,又带来了更多的市场扭曲,甚至还会对政府干预产生依赖性。这样,政府干预在开始转变为一种常态的时候,又成为制约社会、经济发展的瓶颈。事实上,随着西方国家的政府大肆介入市场,人们很快就发现,政府也会失灵——政府管制过多,会造成成本过高、腐败严重等问题。因此,人们又开始思考:政府必须放松管制。由于我国曾长期实行计划经济,这种体制将我国政府练就成为一个"全能型选手"——直接管理各个方面的社会、经济事务,非经政府事先审批、许可,公民、法人或其他组织什么事也办不成。尽管经过改革开放,这种状况已经有了很大改变,但是,这些问题仍旧没有从根本上得到解决。例如,经过三轮行政审批改革和行政许可法的颁布实施,国务院及其各部门和各地方废止了一大批审批事项,但过度管制的问题只是得到了一定程度的缓解,如果按照发达市场经济的要求,我们的差距仍然很大。因此,我们在构建服务行政法之时,应当继续推进行政审批改革,进一步放松管制,创造更利于自由竞争的外部环境。

2. 理念更新:构建服务行政法的前置条件

我们知道,行政法在整个法制体系中能够确立其相对独立的地位,有赖于公私法二元论。而这种理论的存在又是以这样两项前提预设为基础:一是存在相互排斥的公益与私益领域,并且默认公益优先为原则;二是存在代表公益与私益各自领域的两种人格主体——国家与私人,而且,默认这两种主体互不渗透。如果要建设服务行政法,就需要对这两种理论预设进行批判,实现理念更新。

(1)规范观更新:从行为规范到裁判规范

早在19世纪古典自由主义理念的影响下,行政法与民法的功能就被严格地区分开来——行政法属于行为规范,目的在于维护公益;民法属于裁判规范,目的在于维护私益。并且,如果要维护社会秩序,就需要在法理和法条两个领域都保持二者的各自独立,互不介入,互不影响。但是,这种理念只能适应于秩序行政时代,而与服务行政格格不入,应当予以排除。其实,对于这种关系,经济学家已经有了比较清晰的分析。在他们看来,划分政府与市场、管制与自治,除了要维护已有的社会经济秩序之外,还要让私人自治有更大的发挥空间。

一般而言,与民法的私益保护目的相比较,行政法虽然以维护"公共利益"为己任,但是,所谓的"公共利益"只不过是诸多最小单元的私益及其相互关系的复合结构。因此,从功能层面上看,行政法与民法并没有本质差别——二者都是对私人间利益冲突进行调整和分配的法律手段,而二者之间的差别仅仅体现在调控手段和受法律约束的程度不同。从笔者所能搜集到的现有资料看,各国公法学者大都承认,对于平等主体之间的利益关系的调整,既可以由市民依据私法自发实施,也可以通过行政法干预来达到目的。这里的关键问题在于,当人们所面对的社会问题具有足够的复杂性时,就存在着究竟应该如何选择具有不同控制功能的行政法规范与民法规范的问题。例如,日本民法学者山本敬三认为,行政法与民法是一种"相互依存、相互支援的补强关系"。而著名行政法学者大桥洋一则将行政法与民法的关系归结为三个阶段:第一阶段是"相互排斥"关系,即民法与行政法各自独立,互不介入;第二阶段是"相互参照"关系,即承认若干私法原则,条文可以适用于行政法律关系;第三阶段是"相互补充"关系,即行政法与民法是相互支撑的多元合作系统。[1]

---

[1] 参见大桥洋一著:《行政法——现代行政过程论》,日本有斐阁,2001年版,第76页。

　　显然,这里还存在这样一个问题:同样作为社会利益关系的调控机制,行政法与民法究竟应当如何协调配合呢?从民法与行政法的基本构造来看,民法更适合对私人利益关系作微观和灵活的规制,而行政法则适合承担整体性、持续性的规制任务。以民法机制补充行政法的不足的情况,属于当今各国行政法理论关注的重点课题,诸如"行政组织的民间化"、"行政任务的民营化"、"行政活动的契约化"等所谓的观念创新,都是在吸收和借鉴民法的运行原理。这就是说,针对社会生活的具体问题领域,应当详细检讨行政法与民法规制的对象、范围、手段和效果,只有将行政法手段与民法手段合理地搭配组合,才能发挥法律制度作为社会调控机制的最大效益。① 从历史的角度看,人类已经建立了一个与民法体系相异且相并立的行政法体系,这对于社会经济的发展具有重大的意义。但是,过去的成功并不能一直沿用到今天,因为,社会生产力已经有了全新的进步。这时,我们所面临的任务是构建支持服务型政府依法发挥其职能的行政法体系,这就需要重新研究行政法与民法的牵连关系与组合结构。这就是说,法律观念绝非什么自然定律,它仅仅代表着某种时代所特有的声音,不能用僵化、抽象的眼光看问题。尤其是对于我国当今行政法改革的问题,一方面,我们不必拘泥于对现行行政管制领域及其管制方法的探讨,而应将法律规范视为社会利益关系的重要调控工具,在国家整体法律秩序乃至全球背景下,展开行政法与民法的任务与功能的一体化研究。另一方面,我们应当学习和借鉴德国、日本等国家对这一课题的研究成果,不要被现行学术权威的理解所蒙蔽。一个显而易见的道理是,在秩序行政时代将行政法视为行为规范,可以帮助各级行政机关及其工作人员理解"管理",从而更好地维护社会秩序;然而,在服务行政时代,随着公共服务领域的扩张和公共主体的多元化,如果继续按照"行为规范"观念来理解行政法,就可能束缚思想,留下不应当出现的服务死角。

① 参见许宗力著:《行政法对民、刑法的规范效应》,载葛克昌、林明锵主编:《行政法实务与理论》,元照出版有限公司,2003年版。

由此可以反证,如果不采用"裁判规范"观念,我们所要进行的制度创新就将无法起步。①

(2)主体观更新:从双边法律关系到多边法律关系

在现行观念的影响下,行政法律关系被定义为行政主体与直接相对人之间的双边关系。其基本逻辑推导结构为:行政法以维护和促进公益为核心目标,由于公益所具有的特殊性和重要性,故需在法律的框架内赋予行政主体排除私人干涉的意思形成自由与行动自由(裁量权),行政主体履行职务主要是对法律和权力机关负责,而不是对任何形式的私人负责。所以,在行政主体与一般性私人之间,不能直接形成以权力(利)义务为内容的法律关系。而且,如果考虑到行政行为对其行为对象存在着危害的可能性,则在一般意义上,应当承认并给予行政行为的直接相对人拥有救济请求权,以防止国家以公益之名对其过度侵害。换言之,按照现行观念的理解,行政法律关系仅为行政主体与直接相对人之间的双边关系,至于第三人(或称利害关系人、非直接相对人)的利益主张,则完全作为"公益考虑的事项"(亦即被公益所吸收)而排除私人独立请求的可能性。由此可见,现行行政法律关系的理论模型,完全是从"公益本位"的价值观出发,通过对复杂社会利益关系的概括性描述与简化处理,从而突出行政法的公益指向。受到这种理念的影响,行政行为的合法性标准也完全是以行政直接相对人的立场为理论出发点。由此不难理解,与行政规范相衔接的行政诉讼制度与国家赔偿制度,仅将重心落在直接相对人的权利保护方面,至于第三人的权利救济问题则被忽视和冷落。

不过,由于行政法制本身所具有的回应性,其在秩序行政时代形成的这种"简约性格",也并非是一成不变的,完全可以做到与时俱进。我们知道,在20世纪中后期,德国公法学界为打破公益"一统天下"的格局,就开始强调应当还原行政法律关系的本来面貌——

① 参见雷虹、张弘著:《当代行政法与民法的冲突与和谐——渐趋私法的行政法比较研究》,辽宁大学出版社,2010年版,第89页。

"复合性格"。他们以为,行政活动从来都是覆盖并渗透到包括私益领域在内的各种社会生活,至于所谓的行政法律关系,也不过是行政介入(或主导)私人之间利益关系的一种复合关系形态。换言之,行政法律关系本身就可能涵盖一个或多个民事法律关系,只不过通常在行政机关介入时将这些私人关系暂时隐蔽。例如,警察处罚醉驾司机,表面上看仅为行政主体与违法者之间的双边关系,但如果警察对这种醉驾行为置之不理,则可以想象到这里将出现道路上车祸不断、私人之间的纷争四起的混乱状况。显然,人们关于这些私益之间的纷争始终需要政府出面帮助解决。又如,有关行政主管部门对开发商颁发建设许可证,而建设用地的附近居民因为通行权、采光权受到影响而坚决反对颁发该行政许可。这时,行政法律关系与民事法律关系紧密地咬合在一起,而且,行政法律关系的成立是民事法律关系成立的前置条件。那么,如果我们继续坚持行政法与民法"老死不相往来"的做法,不仅不能有效解决这种越来越多的社会问题,而且有悖于服务行政法的宗旨。

显然,对于行政主体所出现的"多元化"变化,需要行政法具有更多的"包容性"。事实上,一些发达国家自从开始由自由法治国演进至社会福利法治国,就伴随着行政职能的不断扩张,公共行政主体承担了对国民普遍的"生存照顾"义务,而普通市民对公共行政的依赖和参与也不断增强。这时,公共行政活动的影响范围不再局限于某些个别的直接相对人,而是辐射着一定范围的全体社会成员。例如,对于某个大型基础设施建设的行政许可。当然,对于这个基础设施的使用人或潜在使用人,当然会产生直接影响;但是,这个行政许可产生的社会影响还可能远不止这些,因为这种行政许可有可能改变该社区的通讯、交通和景观,甚至可能带来不特定数量社会成员作为受益者或者受害者之间的复杂利益纷争。那么,作为服务行政法又该如何面对这种情形呢?笔者曾就某大型钢铁生产企业面对的类似情况参加过讨论。该钢铁公司因重型车辆要通过一座大桥,地方政府对该桥梁的安全性非常担忧,准备再修一座桥,采用有偿通过的形式调整这种社会关系。对此,钢铁公司担心,如果政府建设这座收费桥之后,仅仅通行费就增加了公司上千万元的成本,就可能削弱公司的市场竞争能力。笔者在座谈会上曾建言,如果政府一定要修这座桥,公司就应当积极同政府协商——如果政府能够同意公司作为新桥的投资主体,那么,公司还可能获得一项新的投资收益机会:虽然自己的车辆会增加通行费用,但也可以向社会车辆征收通行费,这就可能成为公司的一个赢利点。从这个例子可见,在服务行政法领域,公共主体是个相对概念,只要符合全体社会成员的共同利益,且通过法定程序达成共识,那么,各类适格社会成员都有可能成为这种公共主体,依法行使相关公共服务的权能。

(3)利益观更新:从抽象公益到具体公益

如前所述,在公私法二元论视角下,公共利益是划分公权与私权的分水岭。其行政法的制定、执行皆以公共利益的实现为核心目标——不仅以此构建公法领域的核心理念,同时也是行政法具有强行性特征的理论依据。然而,公共利益的内涵及其判定机制非常复杂,完全可能被有关利益集团所利用。

毋庸讳言,相对于私益而言,公共利益的最特别之处就在于"利益内容的不确定性"和"受益对象的不确定性",并且,公共利益的内涵往往会随时代的变迁而变迁。这样,究竟何为公益,至今无人能给出一个精确的、普适性的定义。而且,现代行政制度绝对不是立法机关所期待和设想的那种"客观中立地位"与"立法传送带角色",伴随代议民主制的空洞化与行政裁量权的不断扩张,在行政权的意思优越性原理与行政干预强化的合力作用下,现代行政主体在制定和实施相关政策时,常常会假借公共利益之名,行保护少数利益集团或特权阶层利益之实。这里有一个最为大家熟悉的例子,就是前面我们已经提到过的农村土地征收征用补偿和城市房屋拆迁,已经逐渐成为影响社会和谐的重大隐患。实际上,西方国家的管制俘获理论早已充分印证了这一点。这就是说,在传统行政法的理念的影响下,公共利益往往成为不具有任何实质内涵的空洞概念,而所谓"公益优先"原则也可能沦为行政机关肆意践踏私人权益的"护身符"。因此，关于公共利益判定和公共利益优先原则的深入研究和完善,已经成为我国行政法学界所面临的一个重要研究课题。

值得我们注意的是,日本行政法学界已经开始放弃对公共利益内涵的描述和讨论,转而致力于"行政的公共性分析"。日本行政法学者原野翘认为,现代行政具有"公共性"与"阶级性"的双重特征。所谓行政公共性,是指行政主体拥有担当公共事务的资格和责任,应当妥当地、合理地、公平地行使公共权力,而所谓的公共利益只不过是作为行政行为的结果而被实现的利益。从理论的角度看,基于实体法基准或程序法基准,行政公共性可以分为市民性的与特权性的两种情况。前者同实现不特定市民的生存权和发展权紧密相关,后者则是一种虚伪的、在本质上反映阶级关系的公共性。显然,如果不对行政公共性进行深入讨论,而是把它当成不证自明的理论前提,就会导致所谓的"资产阶级法权"的出现,即在表面上维护理论上的平等,而在实际上却承认行政特权和事实上的不平等地位。

笔者以为,我们一直沿用抽象公共利益界定的研究方法,始终走不出这种理论怪圈:有能力界定或确认公共利益的社会成员,往往会借此将自己的利益附加在这里面;如果让没有能力的人来确认公共利益,往往会形成制度性漏洞,如同目前舆论界所称的那样——房地产的暴利源于政府无能,因为没有合理界定和维护公共利益,致使大量的制度性漏洞出现,让所谓有能力的利益集团捡了"便宜"。显然,借鉴日本学者所谓的行政公共性分析,是可以摆脱以往那种缺乏论证的、以抽象性为前提的公益认识方法,转而将被保护的利益与被侵害的利益相互对照。但是,这种分析理念仍然存在理论高度不够的问题,需要进一步提高。对此,笔者以为,我们可以将现行的抽象公共利益观转变为具体公共利益观,即从这样几个方面来判定公共利益的具体性:①坚持实体法和程序法的双重判断标准,并以保障公共行政"具体内容公开且客观化"为终极目标。②具体公共利益的判定需要直接依据宪法原理,从其效率性、民主性和公平性等角度进行全方位的研究,形成综合性的判定结论。③判定具体公共利益的目标是实现全体公民的共同发展,因而应当形成相应的行政民主机制和纠纷消除机制。④具体公共利益的判定和维护涉及整个行政过程,包括意识形成、规划通过、执行手段和程序合法以及救济制度等各方面都符合人民群众的愿望,而不是仅仅局限在行政机关的范围之内。

3. 我国构建服务行政法的重点环节

(1)进一步强化行政民主

按照传统的分权制衡理念,政府只是执行机构,无需套用政治理念上的民主。也许,这种观点对于秩序行政而言并无不当,但对于服务行政就显然不合时宜。显然,由于服务型政府是新型法治政府,因而需要不同于传统类型政府的理论基础、制度理念以及制度设计。一个显而易见的实例是:服务行政关于公共产品的选择、确认与生产,无疑应当以社会民众的需求为准,可是,民众的这种需求又该怎样表达、集中并最后成为共同意志呢?由此可见,行政民主对于服务型政府而言,具有核心机制的意义。

所谓民主,就其本意而言,就是指"多数人的统治"、"人民的权力"。所谓行政民主,就是要求政府在行政过程中,要充分尊重主流民意,并切实保障多数公民的权利。在现代社会,民主型、开放型的政府已经成为公众的普遍要求。行政民主的本质要求是吸纳民智、体现民意。这是民主的生命。它要求一切行政活动都必须充分听取公民的意见,体现公民的意志,尊重公民利益,满足公民的需求。行政民主的核心内容是行政参与——"如果说行政分权与制衡是行政民主的必要形式的话,那么行政参与则是行政民主的真正内容。"[①]可见,学界对行政参与给予了足够高的评价!因为,这意味着每个公民都可以通过各种合法的方式与途径参与行政活动,这在利益多元化的现代社会具有非常重要的意义。众所周知,随着现代社会的高

---

① 王锡锌著:《公众参与和行政过程——一个理念和制度分析的框架》,中国民主法制出版社,2007年版,第6页。

速发展,传统的完全依赖自由竞争的资源配置方式已经开始暴露出明显的局限性,其有效交易的范围愈来愈依赖政府的公共服务。如果公民不能够有效地参与公共事务,就意味着他们丧失了表达自己对公共利益的看法,也就丧失了表达、维护或实现自身合法利益的机会。

当然,作为行政领域的民主,与作为政治制度的民主存在着一定的联系和区别。首先,两者之间存在着一定的联系。一方面,行政民主是政治民主的延伸,只有在政治民主的基础框架之下,才能有效开展。从这个角度,我们不难理解,为何在发达国家推行行政民主比较容易收到成效,而在专制主义国家开展行政民主往往都比较困难。另一方面,行政民主有助于政治民主的发展。人们很难想象,一个没有公民广泛参与而仅仅让官方独揽行政事务的国家能够成为真正的法治国家。因为,如果大多数公民都能够自觉自愿地行使自己的行政参与权,那么,他们就能够在日常事务中充分表达自己的利益要求,就能够与行政机关平等地进行沟通和交流,也就能够清楚地了解执政团队的活动意图与目的,进而有效地行使自己的政治民主权利。其次,我们也要看到两者之间还存在一些明显的区别。一方面,行政民主往往难以通过“票决”的形式达成共识,故迄今为止,人们尚未发现对单项“公共利益”进行全民公投。这既是事务性公益发现机制的悲哀,也是公众难以承受过多的公共成本的缘故。例如,我们不难想象,如果城市政府要对本市环境监测站的选址进行全民公投,这无异于放弃了行政当局的组织领导的职权活动,成为所谓的“群众尾巴”。另一方面,行政民主往往通过行政程序制度来调整。这与政治民主主要通过宪政制度来规范的情形有明显的不同。故行政民主以行政公开为基础、行政协商为主要途径、群众监督为基本形式。这些行政民主的方式方法的落脚点,在于建立官民互动的合作机制。

据此,我们可以根据行政民主的这些属性和需求,归纳总结出当前我国建立行政民主机制的侧重点。

一是转变政府及其工作人员的心态，要彻底放下"官本位"意识，甘当人民群众的"孺子牛"。改革开放以来，我国的党风、政风问题成为广大群众至为关注的焦点。少数党员干部在封建主义思想的驱使下，逐渐退化成为"骑在人民头上的官老爷"，由于长期脱离群众，逐渐滋生了以权谋私、收受贿赂、设租寻租、买官卖官等腐化堕落现象，严重地败坏了党风和政风，使社会运行规则受到破坏，令老百姓极为不满和反感。尽管这些问题不是我国社会发展的主流，但它却严重损害了党和政府的形象和领导威信，制约了社会经济的发展。其实，腐败问题长期不能根治，其根源就在于改革开放之初，我们在批判"文化大革命"的无政府主义的时候，将人民群众监督政府及其工作人员的权利也废弃了。依笔者年轻时的记忆，当时上级领导到基层检查工作，原则上供应"三菜一汤"的工作餐，如果莅临检查的领导足够重要，才可以格外加菜。有意思的事情发生了：一天，地区主要领导来一个小单位检查工作，这个单位感到格外荣幸，于是在例行的工作餐之外提高了接待标准。可是，由于这笔钱没有合适的出处，只好用本单位卖给农业社厕所粪便的那笔钱来冲销。消息传出，第二天就有"大字报"贴在街上——"某某某领导吃屎"！对此，笔者深感人民群众的监督对于遏止行政机关及其工作人员官僚习气最具有效力。因此，如果我们要建设服务行政法，就必须充分发展行政民主，而要实现这个目标，就应当将人民群众的批评监督权还给他们。只有这样，我们才能有效遏制腐败，才能有效维护党的执政地位。

二是转变行政关系的重心，从行政主体为中心转变为相对人为中心，并实现行政主体多元化——国家行政主体与社会行政主体并存。如前所述，我们需要从国家行政变为包括国家行政和社会行政的公共行政。国家行政理念主张：管理公共事务的最优选择，是由国家机关直接运用行政权力实现行政目标。公共行政理念则转变为：管理公共事务的最优选择，是多主体参与，合理的配置国家与社会之间的公共事务管理范畴，以实现公共利益最大化。这种理念的转变,主要包括三个层次的变化,即行政目标、行政主体和行政方式的变化。行政目标的变化,预示着从以国家行政管理为中心的目标,扩大为管理和服务并重,以最大限度地实现公共利益为行政的直接目的。行政主体的变化,表明公共管理和公共服务不再简单地由政府全部包揽,而要以能够最优地实现公共目标为标准,确定公共管理和公共服务的主体,非营利组织、地方团体等非政府组织,只要有利于公共目标的实现,应该都能够通过法定渠道进入公共事务管理领域。行政方式的变化表明,行政并不仅仅是行政行为和行政强制执行,而是使用各种各样的手段来实现其目的。既然行政的目的不再仅仅是单纯的管理,而是最优地实现公共利益,那么,基于公开、平等、合意原则之上的非强制性行为方式实现行政目标的行为,将得到倡导和推广,因为这些行为方式更有利于调动相对方的积极主动参与,有利于公共目标的实现。正如美国学者所说的那样,公共行政的中心问题被看做是提供公共利益和服务时,除了扩充和完善官僚机构外,其他的组织形式也可以提供这些功能。这种思路有助于其他组织介入行政,使我们对于公共事务的解决有更多的选择,可以更好地实现公共利益。

三是坚持诚信行政,取信于民。诚信是民主与法治政府必备的品质,法治政府必须是诚信政府。一个诚实守信的政府是社会信用体系的基石,没有政府的诚信就没有社会的诚信。政府是社会的管理者,也是社会公共权力的行使者。政府的失信,社会公众对政府的不信任,会使政府丧失公信力,甚至导致整个社会的不稳定以及大量政府侵权行为的发生,行政相对人的合法权益便得不到保障。因此,必须确立政府守信和公民对政府的信赖保护原则。该原则要求行政机关发布的信息应当全面、准确、真实,行政机关制定的政策和发布的决定应当具有连续性和稳定性。行政行为一经做出,即应具有确定性,不得随意改变;政府应当对公众怀有真诚、善良的动机,信守诺言,做到言必行,行必果,以维护法律秩序的安定性和保护行政相对人的正当权益和合理预期。非因法定事由并经法定程序,行政机关不得撤销、变更已经生效的行政决定;因国家利益、公共利益或者其他法定事由需要撤回或者变更行政决定的,应当依照法定权限和程序进行,并对行政相对人因此受到的财产损失予以公平补偿。

四是开放行政决策——让广大行政相对人能够积极有序地参与政府决策。首先,行政机关应该大力推广行政听政制、社会服务承诺制、行政公示制等先进的行政方法以及信访、调研、测评等工作制度,充分保障和实现公民的知情权。行政公开制度是保障公民有序参与行政决策的前置条件,否则,行政民主将成为无源之水,无本之木。其次,充分相信人民群众的智慧和首创精神。只有相信群众、依靠群众,才能与人民结成休戚与共的有机体。按照历史唯物主义的观点,人民群众是社会历史的主人和创造者,杰出人物只有同工农群众相结合,才能充分发挥自己的聪明才智,否则就将一事无成。同样,政府如果脱离群众,事事都"拍脑袋"决策,就必然会被历史所抛弃。另外,努力创造一切条件和机会,广泛调动人民群众参与行政决策的积极性,使其自觉自愿地参加关于国家事务、经济和文化事务的相关活动,成为社会事务管理的行家里手。总之,对于我国现阶段来说,发扬社会主义民主是非常重要的一项历史任务,政府及其工作人员应当站在本职岗位上对此作出应有的贡献。当前,随着我国行政治理模式的不断革新,公众参与式行政决策已经悄然兴起。在这个方面,我国许多地方或部门,已经做了大量、有益的探索,为进一步完善相关制度奠定了基础。例如,2007年厦门市PX项目的争议,最终作出了符合民意的行政决定。这对于全国人民来说,是一个具有里程碑式意义的事件。北京大学法学院教授王锡锌高度评价这个结果,他就此发表意见:该事件代表了一种行政决策方式的转向——从行政机关与专家的封闭式决策,转向对社会公众开放的决策。更为重要的是,厦门市PX项目的行政争议的这种结果还给了广大人民群众这样的信心:事实证明,人民政府与人民群众之间没有那种非此即彼的利益冲突,如果出现行政争议,完全可以通过平等性的对话、协商等行政民主机制来消除误解,达成共识。

(2)加快行政程序法典化的步伐

制定一部统一的行政程序法,是我国行政法学界和立法工作者的共同愿望,也是完善的行政法制体系必不可少的内容。早在20世纪80年代中期,我国正在着手起草制定行政诉讼法之时,世界上就曾掀起所谓的"行政程序法典化浪潮",即揭开了从"分权制衡"到"分权与程序双重控权"的新阶段。这时,我国也曾研究过是否应直接制定统一的行政程序法,但考虑到当时的实践经验不足,再加上经济体制改革和行政管理体制改革正在紧锣密鼓地推行之中,制定统一的行政程序法的条件尚不成熟,因而决定改"批发"为"零售"。按照这种思路,我们已经陆续制定出台了行政处罚法、行政复议法、行政许可法、行政强制法等单行行政程序法。目前,从全国的角度看,全国人大常委会法制工作委员会早就委托行政立法研究组着手研究起草行政程序法,并且,行政立法研究组已将草案送交法制工作委员会,全国人大常委会也将行政程序法列入了立法规划,但适合我国的行政程序法典至今尚未出台。就地方而言,湖南省于2008年推出的《行政程序规定》,填补了我国这方面的立法空白,在维护公众权利、推进政府法治化进程等方面,无疑具有极大的价值和意义。

那么,行政程序法典化为何备受社会各界的关注呢?笔者认为,其原因主要有以下三个。

其一,行政程序法典化可以更好地完善民主宪政制度。行政程序法典化的主要目的,在于更好地"治官治权",即通过所谓的让政府及其官员"作茧自缚"来实现依法治权。这种立法企图,不仅符合社会发展的实际需求,同时也具有无可争辩的理论必然性。以美国为例,美国是全球最早制定行政程序法典的国家之一,也是诱发当代所谓"行政程序法典化浪潮"的重要源头。美国制定所谓的联邦行政程序法富有戏剧性——由于20世纪30年代美国遇到了严重的经济危机,罗斯福总统为此推出了以政府干预而著称的"新政",并在

"二战"时期进一步扩大了这种行政干预的力度和范围,导致了行政权的迅速扩张。为了捍卫分权制衡的宪政体制,美国国会依据宪法修正案的规定——"联邦和州政府未经正当的法律程序,不得剥夺任何人的生命、自由和财产",于1946年制定了行政程序法典,希望通过"程序正义"来制约行政权。后来,正是基于这种公平、公开、公正的法律机制,使美国政府能够积极、有效和健康地参与社会经济活动,取得了连续数十年的经济稳定增长的业绩,让世界各国人民看到了这种程序制度的特殊魅力。由此可见,行政程序法的重要特点是,让政府积极依法行使职权,并赋予行政相对人了解政府运作机制的权利,以便有效参与、批评和监督。因此,在行政程序法的规制下,不仅政府部门及其工作人员是行政法的实施主体,而且,人民群众也不再是被动的行政相对人,而是成为具有一定平等性,能够主动参与国家事务、社会事务的公共主体。这样,各国关于行政程序制度的建设以及行政当局和人民群众对此的认同度和行为内化度,成为其行政法治和宪政法治成熟与否的重要标志。我国现行的宪政法治是在马克思主义"民主集中制"和"议行合一"原则之上建立的。尽管我们将"人民代表会议"制度作为社会主义民主的基础,但又依照列宁的要求,"把国家的立法工作和行政工作结合起来,把管理和立法合而为一"[1],使得这种民主制度还没有真正体现更优于资本主义的理想。对此,全国人大法制工作委员会前副主任张春生同志曾有一个非常精辟的看法:"在现代社会,衡量一个国家的政治是不是民主政治,不能只看它的宣言和标榜,而必须观察它是否具有一套能够保障人民当家做主并在实际上有效运行的程序。正是在这个意义上,可以说民主政治是程序政治,没有一套可以操作的程序的保证,任何民主理想都只是一句空话。"[2]可见,人民的民主权利主要表现为程序权利,在政治领域是如此,在行政领域也是如此。而且,

① 《列宁全集》第27卷,人民出版社,1985年版,第141页。
② 张春生著:《中国行政程序法的发展与展望》,1998年上海东亚行政法第三届年会暨国际行政程序法研讨会论文。

这两者之间是紧密联系,相辅相成的。这即是说,人民群众和政府部门都将是程序正义的受益者、维护者和受约束者,这种机制不仅会增强行政程序制度的可操作性,也可以增强政治民主和行政民主的可操作性。

其二,行政程序法典化是现代市场经济发展的必然产物。众所周知,当代市场经济已经步入所谓的"主体性导向"的时代,这种时代特点呈现出三个发展趋势:一是市场主体不仅是生产经营活动的主体,同时也是市场创新的主体。这样,一个国家或地区的核心竞争力,主要取决于市场主体具有并释放这些自由自觉的创新能力,故要求政府对社会经济的调控和管理必须进行必要的调整——从行政干预为主转变为对市场主体创新能力扶持和服务为主。二是日益激烈的市场竞争使得市场主体对政府行为更为关注,不愿意继续处于消极、被动的地位来接受政府的干预和管制。由于政府及其工作人员都受到任期界别的限制,其行为短期化、任期化趋势有增无减,这就与市场主体追求利益最大化、长期化、稳定化的价值目标相去甚远。因此,市场主体纷纷形成日益强烈的参政议政意识,希望通过自己的努力来营造对自己更加有利的外部环境,从而改变信赖利益不断被剥夺的无奈局面。三是由于行为科学的长足进步,人们更加清楚地看到政府及其工作人员自身所具有的"经济人"倾向。对此,往往需要市场主体在国家所构建的一种社会化纠正机制上依法行使批评监督权,才能保证公共秩序的公平性。这样,现代行政程序制度就成为行政主体与市场主体之间形成契合的制度平台。凡是出现行政程序混乱的状态,不仅会给市场带来麻烦,而且也会使行政权力陷入困境。这种关系就如同驾车和交通管理的过程——在一条缺少方向指示和限速标志的道路上,车辆很容易出现误入歧途和超速飙车之类的问题;但是,交通管理部门也正是基于已经掌握的迷路车辆或违章驾驶的情况,有针对性地设置方向指示和限速标志。可以设想,这种双向互动的过程越是有章可循,最终得到的结果就越符合理想标准。

其三,行政程序法典化可在公平、公正和公开的条件下提高行政效率。一般而言,行政程序法的核心价值有两个:一是公正,二是效率。当今世界许多发达国家,在长期历史积累的基础上形成了"程序优先"的价值追求,一方面可以更加有效地保护公众权利,另一方面也可以大大提高行政效率,使这两者处于相辅相成、不偏不废的和谐状态。如果单纯地强调这部法规对于公众的好处,而不提及它对于政府部门和公务员的好处,显然不符合本质上的真实。何况,即便只着眼于扩大公众权利,也不可避免地将对行政权力的高效行使带来益处。时至今日,公众权利与公共权力已经是一对难以分割的概念,权利的张扬必然带来权力的规约,这对于具有天然扩张倾向的权力而言,当然是一种有益的牵制。而且,以权利介入权力并非全部表现为制约,如果建立具备上述"三公"性质的程序制度,完全可以同时实现这两者所期望的价值目标。比如,行政程序制度规定公众有权利参与决策的过程,这固然有利于减少行政决策的随意性,但其更大的意义恐怕还在于提高行政决策的科学性。可见,公众权利不仅是牵制性的力量,同时也是建设性的力量。因此,行政程序制度对于政府及其工作人员来说,不妨看做一部依法行政的行车指南。有了这样的指南,自然可以减少违章受罚的概率。同时,受到程序制度限制的实体权力行使过程,也将为这些行政权提供免责的依据。根据权责对等原则,以有限权力承担有限责任,这对于政府部门及其公务员来说,当然属于一种极大的保护。

显然,如果我们能够建立符合我国国情的行政程序法典,将政府行为穷尽地纳入法律规范的领域,这就会让广大老百姓感到权利回归的喜悦,政府部门和公务员同样也可以从中找到依法行政的准绳。可见,这是一个让各类社会主体都能够感到振奋的制度安排。根据湖南地方立法实践经验和有关学者的研究结论,这部能够实现多赢的法律制度至少应当包含这样一些内容:①明确规定立法目的、适用范围和基本原则;②分别规定行政主体与行政相对人各自的行政程序权利(力)和义务,并明确界定各自违反程序规范所应承担的法律后果;③分别就各类行政行为确立特殊程序规范,如行政立法程序、行政计划程序、行政调查程序、行政征收程序、行政合同程序、行政指导程序、行政强制程序、行政补偿程序,等等;④附则,其他应当由行政程序制度规范的内容及其必要的说明。①

(3)完善关于非政府组织的立法

在学理上,我国关于非政府组织的界定存在两种意见。第一种意见认为,可以采用剩余法来定义所谓的非政府组织,即把它看成除政府机构和营利机构以外的一切社会组织的总和。这就是说,我国所谓的非政府组织,就是指政府以外的其他公共组织,包括非营利性事业单位、社会团体和群团、各类非营利性社会中介组织和各种民办非企业单位。第二种意见认为,从现有的正式规定来看,我国非政府组织的定义与国际上的非政府组织定义在内涵上是基本一致的,比如非政府性、非营利性、非政治性和非宗教性。因此,我国关于非政府组织的概念,主要包括社会团体和民办非企业单位两种形式。由于在现实生活中,官方统计口径往往采用后一种意见,故本书也从这个角度来理解非政府组织这个概念。

如前所述,由于在建设服务型政府的过程中,需要从双边行政法律关系转变为多边关系,即通过"还权与民"而放弃行政机关对公共事务的专属管理权。这就提出了一个历史性的要求——即要求公共主体多元化,将政府难以管理或者政府管理成本过高的领域向全体社会成员开放,并积极引导、指导和帮助各类非政府组织能够较好地扮演公共主体的角色。显然,按照我国当前市民社会飞速发展的状况,如果不能尽快建立健全相关法律制度,这个历史任务就难以实现。

由于我们赞同将非政府组织分为社会团体和民办非企业单位的观点,现在需要进一步剖析它们存在现状和有关性质。所谓社会团体,主要为实现会员共同意愿,按照其章程开展活动的非政府自治组织。而所谓的民办非企业单位,主要是利用非国有资产,从事相

---

① 参见杨海坤、黄学贤著:《中国行政程序法典化——从比较法角度研究》,法律出版社,1999年版,第203页。

关社会服务活动的非政府组织。我国非政府组织的产生,主要源于两个方面的社会需求:一是基于其成员的需要,履行为成员谋取利益的服务职能;二是基于政府的需要,履行服从国家利益的管理需求。也就是说,我国非政府组织所提供的产品比较复杂,既可以是对其内部事务而言,也可以是对社会公共事务而言。例如,工商领域协会作为行业性社会团体,其职能主要由当时的国家经贸委于1999年5月发布《关于加快培育和发展工商领域协会的若干意见(试行)》予以规定,后来根据实际情况又有所发展,但始终局限在三个方面:一是为企业服务,二是自律、协调、监督和维护企业合法权益,三是协助政府部门加强行业管理。又如,学术性社会团体的职能,主要是组织学术交流活动,提出对策和建议,研究本学科新问题,进行信息的交流和传播,参与有关咨询、论证和反映会员意见等。至于我国非政府组织的法律地位,一般认为,它们可能都具有行政相对人、准行政主体和民事主体等三种法律身份。从其接受登记管理机关登记管理和业务主管单位业务指导、日常管理和监督检查而言,它们可以作为行政相对人,具有法人或其他组织的地位。对一部分具有依法管理公共事务的非政府组织而言,如果它们经法律、法规授权或行政机关委托或经批准的章程的规定而进行某些社会事务管理活动,则具有公共主体的法律人格。至于它们所从事的各种民事活动,则有不同的法律性质。社会团体根据《民法通则》第五十条的规定,经依法核准登记,取得社会团体法人资格;民办非企业单位有的具有法人资格,有的具有合伙或个体性质,依法承担不同的民事责任。

尽管从法律的角度看,我国非政府组织具有重要意义——不仅是公民结社自由的需要,也是维护社会稳定、提供社会公共产品的重要渠道。但是,我国的这些非政府组织存在着许多问题,它们几乎都处于夹缝之中求生存的状态。例如,一些非政府组织独立性很差,带有明显的官办色彩。它们有的是由政府某一职能部门改建而来,有的是由政府部门组建而来。因此,这些社会组织虽然名为“非政府”或“民间草根组织”,但在实际上是官办或半官半民的“二政府”。

例如,各种行业协会、商会或学术团体,它们在登记注册时,都必须由某个党政机关作为业务主管单位负责对其审查,这个业务主管单位在其成立后还负有监督、指导的责任,但同时也成了分流党政官员的重要渠道,甚至还有打着公益旗号从事营利的活动的现象。又如,我国这些非政府组织的职能不到位:在计划经济时期,这些非政府组织根本没有发挥其职能作用的机会;而在市场经济体制的建立、完善时期,虽然有些政府部门向非政府组织下放了一些服务和管理职能,但由于经济体制和政治、行政体制改革还未完全到位,受部门利益的驱使或保守观念的影响,一些政府部门及其工作人员不愿意放权,或仍然习惯于大包大揽,使非政府组织难以发挥其应有的职能。另外,相对于我国社会、经济的发展进程,非政府组织无论在规模上或是在结构上,都还不能满足需要。不仅存在登记数量明显不足,有些急需的非政府组织根本尚未建立的情形,而且,从结构上看,我国非政府组织还存在着布局不科学、结构不合理、特色不明确、不符合产业升级要求等情况。因此,如果要按照服务行政制度建设的要求,从国家行政转变为公共行政,就必须尽快建立健全相关制度建设,使我国非政府组织能够满足日渐成熟的市民社会的需要。为此,我们需要加快以下三个方面的工作进程。

首先,依法明晰和规范政府与非政府组织之间的关系,实现政社分离。目前,政府与非政府组织两者关系尚未理顺,相互错位,已经成为影响非政府组织发挥其正常职能的重要因素。一方面,要使非政府组织充满活力和发挥作用,就要明晰和规范政府和非政府组织的职能,尽快促使非政府组织由官办向民办转化,成为真正的民间组织。除了少数官办的社会团体外,大多数非政府组织都不应该由政府组建或变相改建,也不提倡挂靠政府部门。对于由原政府部门转制而来的非政府组织,应逐步实行与政府组织脱钩和分离,加速政府职能与非政府组织职能的归位,使非政府组织独立于政府。同时,要重新确认非政府组织所拥有的职能,对于仍旧承担部分政府职能的社会团体,应当尽快实行职能分离;对于难以分开的应逐步向政府组织归位。另一方面,要把发展非政府组织与转变政府职能结合起来,加快培育和扶持非政府组织的步伐,引导和支持非政府组织自主办会,充分尊重其法人或其他组织的地位。关于政府对非政府组织的监管责任,应当以法律的形式明确三个框架性内容:一是制定适合于各类非政府组织的法规、规章和政策,并监督其执行;二是对非政府组织及其组成人员的资格进行审核和确认等。一般情况下,政府不得干预非政府组织在法律范围内的事务,政府应主要从大包大揽唱主角转到为非政府组织的合理定位和独立运作创造良好的社会环境上来。三是鼓励非政府组织充分发挥其自律性管理作用,不仅要以服务社会成员为宗旨,依照章程和有关规定建立健全自律性运行机制,还要以社会需要为取向,强化非政府组织的社会职能作用。

其次,依法规划和促进非政府组织的成长,使之能够适应市民社会发展的需要。非政府组织的形成和发展离不开经济发展和社会进步,因而要根据社会、经济的进步,对非政府组织进行科学规划,依法制定其科学发展的目标。一方面,要对现有的非政府组织进行改造和优化,调整布局,优化结构,对行业覆盖面过大和行业特点不明确的非政府组织,要梳理和细化,对日趋萎缩的社团要进行归并和重组,对重复设置的要重新调整,逐步使非政府组织在数量、种类、层次、布局等方面适应形势发展的需要。另一方面,要实行改造与新建相结合的方针,优先、重点发展一批与市场经济发展和社会进步相适应的非政府组织,鼓励和支持优势行业、重点领域的非政府组织,逐步建立起分类科学、规模适度、布局合理和运作规范的非政府组织结构体系,基本形成符合经济发展和社会进步要求,与国际通行规则相衔接的非政府组织生成、发展和运作机制。

另外,根据现阶段非政府组织的实际情况,并借鉴国外有益经验,逐步制定和完善相互配套、不同层次的非政府组织的法律、法规和规章,用法律的形式明确各类非政府组织的性质、地位、宗旨、组织形式、管理体制、经费来源、财产关系、内部制度、人员保障、登记管理、权利义务及其与社会成员和政府的关系等,使非政府组织制度化、规范化和法治化。当前,应当加紧制定结社法、行业协会法、商会法、社会团体管理法、民办事业单位管理法、基金会法等,并注意克服以往立法层次低、侧重登记管理、片面强调对非政府组织的严厉管理而忽视对其培育、支持和代表其成员合法利益等倾向。要依法对非政府组织进行规范、监督和管理,逐步改变用行政方法对非政府组织搞清理整顿的办法,建立和完善对非政府组织依法监督、管理的长效机制,为非政府组织的快速、持续、健康发展提供法律保障。

第三章

扁平化：服务型政府体制建设方向

一、扁平化组织结构与行政体制扁平化

1. 扁平化组织结构

作为一种崭新的理念，扁平化（Flat）主要体现了当代人对世界发展新态势的一种感受。托马斯·弗里德曼在《世界是平的（21世纪简史）》一书中，概述了人们对此感受到的两个主要内容。首先，经济上出现了扁平化分布态势——后冷战时代出现了世界开放、互联网交易数量不断攀升、差旅费用越来越低等现象，使得许多发展中国家能够迅速地实现工业化——过去少数西方国家遥遥领先，多数国家经济不发达或欠发达所呈现的金字塔式分布态势已经不复存在。由于世界各国经济差异越来越小，人们可以将此归纳为略有差异的扁平化结构态势。其次，各国社会组织为适应经济扁平化也出现了

相应的形式结构方面的变化：一方面，各类跨国性社会组织越来越多，其组织结构需要充分保证总部与各分支机构之间的双向信息交流，尤其是它们的分支机构——无论在发达地区还是在发展中地区，其组织形式既要能够与总部相对接，又要适应不同国度的具体环境；另一方面，组织内部不再仅仅由少数精英人士所掌控，而是由组织内部全体人员共同协作、共同管理。换言之，因组织内部信息交流的方式出现了革命性的变化，人际交流不再是主导，电子网络交流成为主流。这就是说，当代经济生活和社会组织，已经在形式结构和运行理念等方面发生了深刻的变化，开始向扁平化的方向发展。[①]

一般而言，所谓扁平化组织结构（Flat Organizational Structure），又简称扁平化组织，是指为了适应复杂性和竞争性日益增强的外部环境，社会组织主动地通过减少内部管理层级、压缩职能部门、裁减冗员等手段，来减少决策层与操作层之间的中间环节，使组织系统内部关系紧凑、信息畅通、反应敏捷、动作灵活，形成既有效率又有弹性的结构模式。

与传统组织结构相比较，扁平化组织主要具有五个方面的特点。一是组织结构设计的依据不同。传统组织设计的依据是社会分工理论，因而往往出现不顾实际需要的"大而全、小而全"组织形式及其习惯性心理定式，直接导致了"组织病"的蔓延。扁平化组织则以任务需要和工作流程需要作为组织机构设置的依据，努力做到因事设人，因任务设置机构，从而避免人浮于事、机构臃肿等毛病，能够更好地适应外部需求。二是通过削减中间层、增大管理幅度等方法来简化管理层次。扁平化组织的要求是：最高决策层能够直接与基层第一线人员相联系，使其内部信息传递链条和指挥链条尽可能缩短。由于避免了层层汇报、层层决策，使得处理具体问题的第一线人员能够直接拍板，有效地避免了管理失误的出现。三是将组织资

---

① 参见苏珊·布洛赫等著，张猛译：《管理也是平的》，中国市场出版社，2008版，第4页。

源和权力尽可能地下放到基层。扁平化组织以满足外部(顾客)需求为驱动力,让能够与外部直接接触的基层组织及其成员拥有处理相关问题的资源和能力, 从而使组织结构能够真正做到与时俱进,不断地按照社会需求来改善和提高服务质量, 真正做到"让顾客满意"。四是充分利用现代信息技术把全体成员和组织机构有机地联系在一起。随着网络技术和办公自动化系统、管理信息系统等现代信息工具的成熟,社会组织可以在高度信息化的基础上将每一个内设机构和每一名员工都有机地组织起来。正是通过这种现代信息技术,组织内部能够更好地进行信息沟通,实现信息共享,有效提高管理效率。五是给基层员工下放权力的同时实行目标管理,让每个员工都能够根据自己的工作目标作出相应的决策,并能够为自己的决策承担责任,从而把每一个员工都变成组织的主人。

从形式结构的角度看,扁平化组织常见类型主要有三种。一是矩阵型组织。这是为了改进传统的直线职能制组织结构横向联系差、缺乏弹性的缺点,在这种直线垂直体制的基础上增加一种横向管理机制而形成的新型组织结构。其主要特点是:广泛采用围绕某项特定任务而成立跨职能部门的专门机构,打破原组织结构的凝固性、僵硬性。尽管原组织系统因职能分工而具有某些僵化的色彩,但如果在此基础上加载某种具有横向沟通性质的工作机制,那就可以让那种直线垂直体制产生质的变化,使其人员配置和指挥关系获得某些灵活性和科学性。这种在垂直管理体制中加载横向配合的机制,其基本做法是根据实际任务的需要,无论谁都可以跨部门、跨机构地工作,且在该项任务完成之后,他又可以离开那些专门机构回到原工作部门,那么,这种组织结构不仅可以处理事前确定的常规业务,还可以顺利实施横向协作、攻关项目或其他涉及面广、具有临时性或复杂系数非常高的重大工程项目或管理改革任务,即成为矩阵型的组织体系。二是团队型组织。这是以自我管理团队 (Self-managed Team)为基础而构成的组织体系。所谓自我管理团队,是以响应组织外部需求为目的, 在组织提供必要资源和平台的基础上,实施自我管理和自主发展。采用这种工作团队的组织结构形式可使组织内部的相互依赖性降低到最低程度,团队可以根据自己的实际情况直接作出大部分决策。这种组织结构形式的特点是自我管理团队容纳了组织的基本资源和能力,从而淡化了部门划分和职权配置的边界,使得"一站式"服务成为可能。三是网络型组织。这是建立在网络技术之上由多个独立的个人、部门或组织为了共同的任务而组成的联合体,这种组织结构的运行机制不再依赖传统的层级控制,而是在定义各个成员角色和各自任务的基础上通过利用现代信息技术构建具有多边联系性、互利性和互动性的合作,从不同的角度共同来促进组织目标的实现。在这种组织结构形式中,组织成员或各个内部单位、部门都是网络上的一个节点,每个部门都可以直接与其他部门进行信息或知识的交流与共享,各个成员或各个部门在信息沟通平台上都处于平行对等的关系,而不是以往通过等级权威才能凝聚组织要素的结构形式。因此,密集的多边联系和充分的合作是网络型组织最主要的机制,而联系的平等性、多重性和多样性则是这种组织结构形式的主要特点。根据组织成员的身份特征以及相互关系的不同,这种网络型组织还可以进一步划分为内部网络、垂直网络、市场间网络和机会网络等。

总之,扁平化组织不仅是一种新型的管理模式,同时也是管理科学不断发展而出现的新理念。而且,这种新模式、新理念的出现广泛地赢得了大家的认同,具有深刻的历史必然性,是伴随科技进步而带来的新生事物。

2. 行政体制扁平化

我们知道,行政体制是一个含义比较模糊的概念,至少具有广、狭两义。广义的行政体制包括行政组织的机构设置、职权职责配置、运行规则和法律保障等四个方面。而狭义的行政体制,则主要指行政组织的结构形式与机构设置。当然,在现实生活中要严格区分广义与狭义的行政体制有些困难。因为,讨论行政组织的结构形式与结构设置,必然涉及它们的职权职能和运行规则等问题。如果要强行地把它们分开,就犹如割裂了形式与内容的辩证关系,很难品出其中固有的滋味。不过,为了讨论问题时更具有针对性,本章主要从狭义的角度使用行政体制这个概念。

大体而言,所谓行政体制扁平化,是指当社会生产力发展到较高的阶段,行政机关为了适应社会生活日趋复杂的外部环境,充分利用现代信息技术和管理科学新理念来改进和调整自身的组织结构,打破传统的机械式职能分工和直线式垂直管理的模式,按照现实生活的客观需要或各类专项任务来设计管理体制和职能部门,尽可能地减少管理层级,缩短决策指挥距离,实现工作流程再造,成为直接面向社会、面向群众的公共服务中心。同传统的科层式行政体制相比较,扁平化行政体制具有以下五个方面的优势。

一是行政集约化水平得到明显提升。由于传统行政体制是按照"大而全"、"小而全"的模式设置机构,往往基于攀比或习惯性思维等主观因素,将责任、权力和组织结构进行机械性划分,因而出现盲目分权、主观定位等现象,使得行政机构与其服务的对象之间存在着诸多不相适应的情形——对于某种社会生活而言,似乎各个行政部门都可以出面加以管制,可当他们一旦实际介入并行使其职权之时,又会发现自己以分工而拥有的行政职权往往是不自足的——仅凭那些人为划定的部门职权,对于实际生活上的许多事件而言,总是存在管不了、管不好的问题,因而总是会不断地出现管理死角和管理混乱等现象。例如,第二次世界大战后,许多国家或地区在其城市化进程中都出现交通拥堵与小摊小贩沿街为市的问题。开始,大家都沿用分权管制的传统办法,让各个行政部门各自为政地实施管理活动。可是,由于现实生活所具有的复杂性和具体性,往往出现两种不良现象:一方面,如果与此相关的行政部门都来参与管理,那么,就会给大家留下"大盖帽满天飞"的印象;另一方面,如果有关部门已经意识到自己部门所拥有的特殊利益,那么,他们在参与管理时就往往会采取这样的态度,对自己有利的就管,与自己利益无关的就少管或者不管,甚至还会出现为实现部门利益而相互争斗的情形。如果采用扁平化的行政体制,那么,处在第一线的行政部门及其工作人员,无论来自哪个部门、哪个管理层级,只要发现问题就都有依法管理的责任和职权,否则就是行政不作为,将被问责。由此可见,采用扁平化的行政体制,以行政部门的工作对象和所承担的社会责任而设置机构,可以将行政职权和有关公共资源进行必要的集成与整合。

二是资源配置更趋于优化。一般而言,传统行政资源的配置往往是与固定的职权分工相联系的。由于这种行政资源的配置往往是在预算阶段就已经建立基本框架,因而难以与实际工作需要相匹配。由于在实践中产生的客观需要往往具有随机的性质,因此,行政部门之间往往出现苦乐不均、事权与财权不匹配等问题,容易影响或挫伤有关行政组织和人员的工作积极性。例如,1988年以前,新西兰中央政府是按照科层制的模式组建的,其相关职能部门不仅不能直接进入公共服务领域,而且还因直接管理大量的国有企业使得资源配置混乱。而当工党执政之后,针对这种情况制定了促进机构扁平化的改革方案。首先,改变传统职能主义的组织理论,采用决策与执行相分离的行政体制。除了部长拥有政策制定权和行政监督权之外,其余每个职能都从部长的控制下分离出来。这样,部长身边仅保留很少的工作人员,以保证各部部长能有效行使决策权为限,其余人员统统充实到第一线。其次,按照社会需求重新设计了中央政府机构,首相、内阁和两个综合性委员会主要负责政策制定,其余28个部门具体提供各类公共服务。这种改革使决策机构数量减少,而执行机构数量有所扩大。另外,重构政府各部门的职责。新西兰工党政府按照合并相同职能、避免利益冲突、拆散难以管理的大型机构为目标,对国家机器进行了必要的重构。改革后的新西兰中央政府,打破了传统的固定职权职能,按照实际任务和工作流程来配置行政资源,使得行政机构的资源配置得到优化:一方面,实现体制性资源优化,即按照实际任务和工作流程配置行政资源,可以形成按照实际运行情况占有和使用行政资源的机制;另一方面,实现程序化资源配置,即一旦形成按照实际任务设置机构和人员的机制,那么,这种机构和人员之间以及他们与工作对象之间的相互依赖性就会不断增强,他们会在实际工作过程中共同发现资源使用的规律,从而充分发挥有限资源的作用。尤其是后一种机制,使得行政部门能够借助于扁平化组织和运行机制实现资源共享,因而能够将初始资源配置所存在的不合理性,在实际工作流程中加以消化、弥补和纠正。

三是行政效率能够大幅提高。采用行政扁平化的组织结构,可以尽量减少管理的中间层次和环节,因而可以改变传统科层式体制存在的政出多门、层次复杂等弊病,从而杜绝互相推诿、效率低下等现象,建立目标明确、上下联动、运作规范、高效灵活的决策与执行机制,从而大大提高工作效率。此处仍以新西兰为例。新西兰的交通部曾是其最大的集团型部门,拥有政策制定、行政管理和规制公共服务供应等多方面的权力,但由于机构复杂,雇员多达4000余人,因而出现了行政效率十分低下的问题。1993年,新西兰交通部的改革方案是:根据实际工作需要进行必要的分拆和分权,以达到提高行政效率的目的。经过这种体制改革,该国交通部的职能得到了科学的梳理和配置:原有交通服务由新成立的商业性公司承担,交通警察与一般警察合并,交通部只保留了两项职能:协调有关部门与提出政策建议。经过这种脱胎换骨式的改革,新西兰交通部只保留了60个人员的编制,其职员的任务是全身心地进行交通管理的研究,提出具有建设性的政策和指导意见,并随时参与第一线事件处理和利益协调。由于实行了这种扁平化的管理模式和运行机制,其交通管理行政效率大大提高,成为新西兰行政改革的典范。

四是行政机关工作作风更加灵活和民主。实现行政扁平化的重要载体是现代信息技术,它不仅可以使各个部门和各个岗位有机地联系起来并组成相应的网络,还能够更加广泛地吸收民众参与行政管理。由于依托网络,使得信息传输更加流畅,行政机关不再独享相关的资料而闭门办公,而是主动地借助于互联网,将自己与人民群众紧紧地联系在一起。这样,行政机关可以随时依实际工作需要而进行权变式整合,可以将公共政策制定和实施的机制进行必要的调整,以便能够针对复杂多变的外部情况与行政相对人进行充分而又必要的沟通。这种行政模式的出现,可以大大改变和减少单方行政所带来的副作用,使行政机关在广泛获得民意支持的基础上采取行动。即便是对于那些具有特殊要求的专项行政任务而言,也因广泛吸收民意而使行政行为拥有双重效益:既实现了行政行为所追求的目标,又使行政相对人在参与过程中受到相应的法治教育,从而更有效地提升了行政合法性和有效性。

五是行政成本逐步降低。由于采用扁平化理念组建行政体制需要抛弃传统的社会分工理论,因而可以大大减少管理层级,降低行政成本。传统的社会分工理论是按照固定的模式来理解社会生活的,因而难免会出现机械模仿的毛病。而扁平化组织结构是按照实际任务的需要来设置机构和配置人员,就会出现机关人员、后勤人员明显减少的情形。由于冗官冗员得到了有效控制,所以可以实现精兵简政,而且,由于一线基层人员和机构得到了大大的充实的,所以绝大多数问题都能够在第一时间、第一现场得到解决,而且还能够有效降低行政成本。这就是说,如果以组织结构扁平化作为行政组织设计的依据,那么,机构的设置可以相对灵活,只有当客观需要具有充分性、必要性之时,才依实际需要建立相应的工作班子;而当该项任务完成之后,则可以让这些工作人员回到原来的部门。这样,就可以有效地控制机构、人员无序增长的问题,从而杜绝"办公桌制造办公桌"的机构病。

二、扁平化——服务型政府建设的必由之路

随着社会生产力的发展和公民素质的全面提高,各国纷纷根据这种历史潮流推动政府职能转变,即由政治—经济管制型政府转变为服务型政府。由于服务型政府是将提供公共服务作为自己的核心

职能,因而需要通过建立与之相适应的组织机构和运行体制,才能保证其新型的核心职能能够充分发挥。事实上,20世纪70年代西方发达国家在转变和扩大政府的服务职能之时,就是通过所谓的"行政改革"而大力推行扁平化的组织结构改造。这种社会实践活动表明,服务型政府不能简单地沿用政治型、经济型政府的传统组织形式,只有通过扁平化组织结构的改造才能与其新型的核心职能相适应。

1. 扁平化:官僚制政府的克星

以提供公共服务为核心职能的新型政府,需要面对和适应更为复杂的社会生活,传统的科层式行政组织结构这时会成为阻碍其发挥职权作用的瓶颈,只有采用扁平化组织形式和运行理念,才能形成与之相应的保障能力和执行能力。

毋庸讳言,各国行政机关大都曾经广泛地采用韦伯式科层制组织结构。显然,这是为了适应大工业时代的社会生产力的需要。由于这种行政体制在组织结构上具有垂直整合、部门众多、功能复杂、分工明确等特性,因而能够与当时金字塔式的社会分层结构相匹配。在这种"金字塔式"的社会分层结构中,数量不多的精英人士处于社会组织结构的高端,更多的一般人士则处于中下层,形成一种头小脚大的分布态势。这种社会分层结构突出了社会精英的核心作用,因而成为"精英政治"最为理想的社会结构模式。这种由少数社会精英掌控的行政体制基于法律所赋予的权能,可以给政府部门带来了前所未有的效率,并在实践中屡试不爽,因而声名鹊起,不断扩张。可是,当社会生产力进一步发展之时,这种行政体制的弊病就开始显现出来。因为,社会生产力的进步必然会使普通社会成员的能力不断增强,使得他们愈来愈有信心和机会来挑战那些社会精英。事实上,早在20世纪初叶,即当这种科层式行政体制的建立之初,就受到马列主义经典作家的批评。列宁在1917年出版的《国家与革命》中明确宣称:旧的国家机器必须予以打碎,代之以由工农兵代表所组成的"苏维埃政权"。尽管新生政权同样也有官员,但由于他们全部经选举而产生，并随时可以撤换——他们因而都不可能成为"官僚"。当时,与列宁主义这些论述相对立的是法西斯主义的观点。以墨索里尼为代表的法西斯主义者,不仅把国家学说置于其信条的核心,还力求通过宣扬行政效率来解决个人、社会与政府的关系。墨索里尼宣称:官僚制足以防止意大利的混乱,只有不断宣扬权威、等级制、忠顺服从,才能将人民与行政机关密切地联系起来。① 尽管希特勒开始并不看好科层式官僚制,可是,当他大权在握时,便立即要求按照科层式官僚制来重新组建文官队伍,让这些专业人士成为纳粹党人直接干预国民生活的工具。② 从这些历史事实中可以看出,科层式官僚组织在促进机器大工业发展的同时,也曾沦为将人类引入战争灾难的重要推手。

那么,为什么科层式行政组织及其管理理念在二战时期曾沦为法西斯主义的帮凶呢? 从思想根源看,当时甚嚣尘上的唯意志论,将精英政治与极端民族主义结合起来,要求由个别精英来严密掌控国家机器并借助国家暴力来重新分割世界市场和自然资源。在这种思想的指导下,科层式行政组织得到不断强化,不仅有效地提升了执政团队的执行力,而且也很快地开始形成能够体现那些偏执性理念的社会秩序。从运行机制看,文官制度是行政中立化的重要成果,但这种中立仅仅表现在选举过程中的克制和容忍,一旦某些政治野心家成为执政者,他们就会处心积虑地利用文官制度所固有的科层式因素,即凭借管理垂直化、信息处理权威化等机制,将这种社会力量玩弄于掌股之中。对于这种悲剧,后人曾有一个非常令人深思的评价:如果为了实现某种狭隘的理念而牺牲了活生生的人民大众,那么,这种精英政治无疑是一种致命的错误,会给人们带来无穷的烦恼和灾祸。

如果说,在机器大工业发展过程中,个别具有个人野心的所谓

---

① 〔美〕马丁·阿尔布罗著,阎步克译:《官僚制》,知识出版社,1990年版,第71页。
② 〔美〕马丁·阿尔布罗著,阎步克译:《官僚制》,知识出版社,1990年版,第72页。

"精英人士"基于狭隘理念而凭借科层式官僚组织的帮助酿成弥天大祸,那么,当社会生产力进一步发展之后,我们应当怎样构建新型的、以服务于平民为己任的行政机关呢? 其实,20世纪80年代英国"铁娘子"撒切尔夫人在推行"行政改革"之时,就已经对此作出过深刻的总结:"愈来愈激烈的全球竞争导致了两类不同性质的公益组织创新,一类是以降低行政管理的成本为目的,另一类则是以提高政府服务能力为目的。两者共同的要求是要使行政体制更加扁平化、更具柔性和创造性。"① 因为,当时英国政府已经开始步入信息化时代,人们已经不再需要精英们控制的政治型或经管型政府,而是需要行政机关根据不断发展变化的社会需求提供各种有效的公共服务。如果以此为核心职能的政府继续采用科层式官僚体制,把提供公共产品视为精英政治家反馈给选民的恩赐,那么,不仅在运行机制上会显得笨重、迟缓而缺乏灵活性和人情味,而且也往往因角色错位而破坏公共服务供应所必须遵循的客观机制。这时,撒切尔夫人及其执政团队选择推行行政体制扁平化来解决这种矛盾,不仅是当时英国的社会矛盾所使然,而且也充分反映了深刻的历史必然性——公共服务的生产与供应,需要更加广泛地吸收和沟通信息,不仅要充分了解行政相对人的社会需求,还要了解自己生产和供应公共产品的主客观条件。试想,如果采用官僚主义的态度,认为政府提供的公共产品是"皇帝女儿不愁嫁",那就会时常出现背离选民意志的事件,就会导致行政合法性的缺失,从而大大降低政府的公信力。

2. 体制扁平化:服务型政府的组织机构创新

随着现代社会生活节奏不断加快,公共服务的内涵和表现形式都在不断发展变化,采用传统的分工理论来构建守株待兔式的政府将无法适应这种社会需要,因而需要通过行政扁平化来实现资源管理集约化和决策机制前置化。

---

① 参见陈振明主编:《政府再造——西方"新公共管理运动"述评》,中国人民大学出版社,2003年版,第48页。

　　一般而言,科技创新是市场经济富有效率的源泉,而且,当代社会生产力的发展还使得科技创新的速度不断加快。可是,由于科技因素社会贡献率的提高直接表现为产业结构和产品结构升级换代的频率不断加快,因而要求资源配置和市场机制的整合与优化也不断加快。当这种历史局面出现之后,传统的以职权分工为基础的行政管理体制不可避免地面临着诸多困惑:一是职权管理所存在的行政等级使得沟通成本、协调成本和控制监督成本不断攀升,难以降低公共产品的制造与供应费用,最终结果往往是公共服务的供应始终不能与社会需求相匹配;二是部门或个人的职权分工总是基于历史经验,这种将具体、完整的社会生活人为分割的方式,使公益组织被片面地分割成"马赛克式"的机械装置,无法形成整体效益,因而总是难以满足人民群众的社会的要求;三是各行政机关以固定不变的目光和方法看外界,形成"守株待兔"式的行政执法和公共服务理念,难以对不断变化的社会需求作出快速、准确的反应,也造成或加重了公共产品短缺的态势。因此,只有进行脱胎换骨式的改造,让行政机关真正拥有扁平化的组织机构,才能打破原有的部门界限,绕过原来的中间管理层次,增加管理幅度。当管理层次减少而管理者幅度增加时,就是金字塔状的组织形式"压缩"成扁平化的状态。

　　需要指出的是,西方学者如戴维所主张的——"用企业家精神来改造政府",其基本论点中隐含了一个非常重要的历史事实,即西方发达国家处在所谓的"信息革命"时代,已经出现了"企业再造"运动——按照信息化的要求重新构建经济组织,即用扁平化组织形式取代金字塔式的组织结构。由于这种经过改造的经济组织能够更加广泛地吸收和运用信息时代的最新科技成果,因而成就了长时间的社会和经济繁荣。对于这种新的社会发展趋势,学者们做了两个方面的工作:一是从理论上重新审视了企业制度的核心原则,得到了企业乃"一系列合约的联结"的命题,因而从理性认识的高度形成了新的定律——企业等经济组织并非必然是等级分明的科层组织,完全可以抛弃已有的经验而选择更加适用的组织模式和运行理念。二

187

是将经济组织新的管理理念进行拓展，提出了具有革命性意义的"组织再造"理论。这种理论在对信息化时代经济组织经营管理新情况、新经验总结的基础上，形成更具有一般意义的管理理论，使得包括政府在内的所有社会组织都能够借此与信息革命相对接。"组织再造"论者认为，信息技术的成熟已经为各类社会组织的流程、形式结构、文化观念等提供了彻底变革的历史机遇，这种彻底性的"组织再造"就是从根本上打破传统的、建立在纵向劳动分工和横向职能分工上的运作体系。美国麻省理工学院教授维斯特尼和马林等人进一步总结到，经再造后的"新组织"应当具有网络化、扁平化、灵活化、多元化、全球化等特点，否则就将被历史潮流所抛弃。这种观点最终被有关政要所认同，并成为其施政理念的重要成分。

那么，人们又该怎样实现"政府再造"呢？我们可以从当年英国"行政改革"的实践中，感受其端倪。1979年，撒切尔夫人领导的保守党重新执政，开始了被称之为"新公共管理"的改革。其间，曾发生过一个带有方法论意义的案例。在所谓的"雷纳评审"阶段，需要对当时关乎数十万人生计的失业救济金管理体制进行全面、细致的分析和评价。当时，英国政府每年要向失业者发放救济金的总额为14亿英镑，而救济金管理涉及就业与社会保障两个部门3.5万名公务员以及全国各地职介中心1万名工作人员。这三个机构和4.5万工作人员共计需要行政经费约1.4亿英镑，占该项救济金总额的10%。可是，由于这三个官方机构分别管理和行使自己的法定职权，因此，失业救济申请者需要分别得到这三个机构的审查批准，才能够取得救济金。然而，这三个机构及其工作人员在长期的职业生涯中形成了愈来愈严重的官僚习气，出现"门难进、脸难看、话难听、事难办"等现象，因而导致66%的申请者难以及时获得救济。对此，根据"雷纳评审"所设计的程序，评审人员及其相关群众提出了三个尖锐的问题：①为什么要设置这三个机构？②为什么这些官方机构会按照目前的方式从事自己的工作？③怎样才能提高失业申请金发放的效率并降低管理成本？撒切尔夫人政府经过4年的调研，共搜集到81条改革建议,于是决定:通过建立政府部门联网信息系统,让有关部门联网办公,并且,申请者只需同一个部门打交道,即由最先承办的机构负责文件按法定期间传递、跟踪并将审批结果告知当事人;如果当事人对办事结果感到满意,则对承办机构给予表彰和奖励。在这种新机制面前,行政部门之间的分工只是政府内部的事务,对于行政相对人并不产生必然的约束力;各个行政部门都是政府提供公共服务的窗口,对外都代表政府,都有义务向行政相对人提供优质服务。① 这种新机制使得政府部门的内部分工不再成为争夺部门利益、逃避行政责任的借口,因而提高了公共服务的效率,也大大节约了社会成本。

3. 机制扁平化:服务型政府的运行方式创新

现代信息技术的日趋成熟和广泛应用,为建立扁平化行政体制提供了充分有效的工具, 也从深层次上改变了政府的行政理念,可以借此吸收和促进行政相对人广泛参与各类公共事务,从而增强政府公共服务的有效性。

我们知道,韦伯在创建科层制管理体制及其理念时,曾进行过大量的科学实验,因而被归纳到科学管理理论的体系之中。尤其有意思的是,韦伯在其研究过程之中,曾发现人的注意力、观察力和归纳能力往往都是非常有限的,因而不能同时处理过多的信息。对于一般智力的普通人而言,通过感官直接进行观察和沟通的能力虽存在着明显的个体差异,但对于智力正常的人而言,他如果能够同时指挥和管理好3~5名下属,那就已经是非常了不起的事情了;如果要强行增加其管理的下属,那么,他在实际工作中就会出现注意力分配障碍,在信息沟通方面就会出现困难,出现诸如判断失误、决策失误等处置错误的概率就会大大增加。对此,韦伯提出,他非常赞同中国古代哲人孙子的"将众如将寡,分数是也"的观点。这样,人们在构建实际的管理体系时,就只能根据自然人有效注意和有效沟通的生

---

① 参见周志忍著:《当代国外行政改革比较研究》,国家行政学院出版社,1999年版,第78页。

理能力来设置相应的管理幅度和指挥链条,即将其管理领域分成若干个横断面,按照自然人能够凭其生理能力所具有的信息接受和处理的能力,来进行职能部门设置和分权管理,即将这些横断面穷尽地设置相应的管理岗位,构建成为金字塔式的科层制组织结构。这样一来,人们就可以大大降低管理的复杂系数,从而有效驾驭大机器工业这种极具活力的社会生产力。

由此可见,在韦伯心目中,行政机关采用金字塔式的科层制管理体制,乃是一种无奈的选择。可是,当信息技术成熟之后,由于人的沟通能力得到极大的拓展,我们还需要停留在科层制组织层面上故步自封吗?显然,随着信息技术的不断提高和广泛应用,人的生理素质和能力已经得到了全新的拓展,使得新型的以激发人的潜能为目标的管理理念和组织体系能够脱颖而出。由于信息时代提高了人的沟通能力,打破传统科层制组织"分兵设卡"和"纵向一体化"的组织模式和管理理念,不再是遥不可及的梦想。强调专业技术人员和专项资源的集中管理,只能适应外部环境相对稳定、系统功能相对单一的情况。由于这种集中控制和资产专业化所形成的直线职能制组织不容易适应系统功能和外部环境都日渐复杂化的新局面,因而逐渐被事业部制组织体系所取代。而当人类开始步入信息化时代之后,社会条件再次发生了深刻的变化,数字化信息交流技术和互联网的广泛应用,要求国家与国家之间、组织与组织之间、组织内的部门与部门之间、个人与个人之间的信息流动快速准确;要求不同层级与不同部门之间的信息交流更加自由和通畅。这时,由于扁平化信息交流所固有的自由性、灵活性与等级森严的科层式组织形成巨大的反差,以扁平化取代科层制组织结构的呼声日益高涨。而且,随着信息技术的不断发展,扁平化组织日渐得到强有力的技术支撑。于是,各类社会组织模式开始面临一种生死攸关的决策:要么关张停业,要么进行根本性改变——即通过减少管理层次、压缩职能机构、裁减冗余人员,使其纵向和横向的管理渠道都更为快捷、紧凑。正是通过这种扁平化的组织结构改造,让组织系统变得更加灵活、敏捷、快速、高效,这才让一些社会组织能够在变化莫测的社会竞争中立于不败之地。正如科特所评价的那样:"一个有更多代理即有一个平坦层次结构的组织,比一个在结构中层有臃肿结构的组织处于更有利的竞争地位。"①

　　毫无疑问,服务型政府以满足普通平民的公共产品需求为己任,因而需要尽可能地与人民大众相对接,而不是仅仅听命于少数社会精英人士,因此,它不需要金字塔式的结构模式,也不需要为精英政治卖命,它需要可以利用更为精简、更为灵活、更为人民群众所接受的组织结构。我们仍旧以英国20世纪末的行政改革为例。由于保守党政府已经将自己的核心职能定位为"提供充分的公共服务产品",那么,在这种构想之中,地方政府将要发挥前所未有的作用。可是,怎样调整地方政府结构而令其成功地扮演自己的新角色呢?撒切尔夫人及其保守党政府早在1972年就着手调查和讨论这项工作,并在1985年颁布的"地方政府法令"中明确宣布,地方政府当局必须消除"多余的组织",从"提高效率"、"节约开支"和"向公众提供一目了然的制度"出发,将等级制视为"制造冲突与紧张的根源",让市场和网络尽可能地取代原有的官僚机构。经这种改革之后,公共产品的供应者与消费者之间的关系逐渐趋于自然、协调,公共选择的机制逐渐扩大并渗透到行政领域的各个环节。而且,由于地方政府当局通过信息化改革而大大瘦身,对于体制外的行政合作因素的依赖性大大增强,使之更加热衷于研究和发现相关的市场机制和自愿者,从战略的高度来处理同这些"江湖势力"的关系,从而使"贵族政府"能够充分地"平民化"。可见,在充分利用高新技术的基础上重新整合的地方政府,充分体现了扁平化组织结构的活力。这就犹如一剂仙丹灵药,不仅大大消除了我们在社会进步中遇到的信息爆炸的困惑,也极大地保证了行政权高效、廉洁与和谐运转,因而能够更好

---

① 转引自〔英〕苏珊·布洛赫、菲利普·威特立著,张猛译:《管理也是平的》,中国市场出版社,2008年版,第11页。

地适应激烈的市场竞争和快速变化的环境要求。

三、我国行政体制变革的历程与反思

1. 关于我国行政体制变革的回顾

1949年人民政府在其成立之时,主要是根据新民主主义革命的实践经验和前苏联的示范模式,建立了以生产资料公有制为基础的新型行政体制。这种行政体制真正代表全社会绝大多数人的根本利益,具有以往任何类型行政体制都无法比拟的进步性。但由于种种历史原因,这种行政体制也存在比较明显的缺陷,如权力过于集中、以适应阶级斗争的需要为其基本目标,等等。当然,从历史的观点看,当时建立这种高度集权的专政型行政体制,具有深刻的历史必然性,不仅与新社会所面临的激烈斗争相适应,同时也与新政权建立之初所面临的巨大困难有关。显然,由于这种行政体制能够迅速集中全国的人力、物力和财力,对于医治战争创伤、恢复经济、改善民生、巩固政权,都起到了不容忽视的作用。

然而,当我国社会主义改造基本完成之后,国内主要矛盾发生了根本性的变化,国家开始步入全面经济文化建设时期。这时,我国已有的这种高度集权的行政体制逐渐暴露出机构臃肿、人浮于事、官僚主义严重、行政效率低下等问题,明显地影响了我国社会生产力的提高。对此,我们曾多次进行具有规模性的行政体制调整,其内容涉及机构设置、权责关系、人事制度等各个领域。大体而言,在改革开放前,具有广泛社会影响力的行政体制大调整主要有四次。第一次大调整在1956—1958年,主要内容是中央政府向地方放权,将"条条管理"改为"块块管理"。第二次大调整在1960—1965年,主要是依"调整、巩固、充实、提高"的方针,由中央政府向地方政府收权。第三次大调整在1970—1974年,主要是由中央政府向地方和企业放权,共有2400多个中央直属企事业单位交由地方政府管理。第四次大调整在1975—1977年，主要是由中央政府向地方政府上收部分经济管理权，同时进行了精简机构、划清部门职能等项工作。这样，通过种种努力，我国在计划经济的基础上建立了具有所谓"斯大林模式"风格的管制型行政体制：政府采用计划管理、高度集权、部门行政等方式大包大揽各项社会事务，对人民内部是全能的无限政府，对敌对阶级是专政工具；且因受"极左"思想的干扰，其行政职能时常错位，极大地助长了阶级斗争扩大化的时弊，出现了"大锅饭"、"短缺经济"和"反复运动"等社会问题。

1978年12月召开的党的十一届三中全会明确地指出："现在我国经济管理体制的一个严重缺点是权力过于集中，应该有领导地大胆下放，让地方和企业在国家统一计划的指导下有更多的经营管理自主权；应当认真解决党政企不分，以党代政、以政代企的现象。"①1982年9月，胡耀邦在党的十二大政治报告中再次强调："党和国家领导体制的改革，主要是消除权力过于集中、党政不分等种种弊端。"从此，我们开始了为促进和适应经济体制改革而深入开展的行政体制改革。大体而言，在这个历史时期，我国曾进行了六次大规模的行政体制改革，其改革要旨及其实效如下。

1982年开始的行政体制变革是按照"政企职责分开、简政放权"的原则进行的，达到了精简机构、提高行政效率和干部年轻化的实效。

1988年开始的行政体制变革是按照"转变职能、精干机构、提高行政效率、克服官僚主义、增强机构活力"的要求进行的，对重点部门进行以"定职能、定机构、定人员"为基础的机构改革，按照经济体制改革的要求转变政府职能。

1993年开始的行政体制变革以"政企分开、机构精简、统一效能"为原则，以适应设社会主义市场经济为战略目标，在组织机构、管理权限和人事制度等方面进行了深刻的改革，在转变行政职能、

①《三中全会以来重要文献选编》，人民出版社，1982年版，第7页。

理顺关系、精兵简政、提高效率等方面卓有成效:一是加强宏观调控和监督部门,强化社会管理职能部门;二是让部分专业经济部门转变为行业管理机构或经济实体;三是大力精简某些关系国计民生的基础行业部门的内设机构,不再直接干预微观经济管理。尽管这时已提出了强化社会管理职能部门的设想,但实际上社会管理部门总体格局基本未变。

1998年以来的行政体制变革,按照发展社会主义市场经济,转变政府职能,实现政企分开等原则进行,使政府经济管理职能转变有了实质性突破,其突出表现是撤销了几乎所有的工业专业经济部门,共计10个:电力工业部、煤炭工业部、冶金工业部、机械工业部、电子工业部、化学工业部、地质矿产部、林业部、中国轻工业总会、中国纺织总会。这样,政企不分的组织基础在很大程度上得以消除。在社会事务管理方面,较前三次机构改革迈出了开创性的步伐:一是新组建劳动和社会保障部,二是新成立药品监督管理局,三是国家环保局升格为总局,四是教育、体育等部门职能下放有新的进展。但从总体上看,政府在社会管理职能方面的转变步伐仍落后于经济和社会发展的要求。

2003年在加入世界贸易组织的大背景之下进行的行政机构变革,其目的是,进一步转变政府职能,改进管理方式,推进电子政务,提高行政效率,降低行政成本;其目标是,逐步形成行为规范、运转协调、公正透明、廉洁高效的行政管理体制;其重点是,深化国有资产管理体制改革,完善宏观调控体系,健全金融监管体制,继续推进流通体制改革,加强食品安全和安全生产监管体制建设。这次改革抓住了当时社会发展的突出问题,比如,建立国资委,深化国有资产管理体制改革;建立银监会,建立监管体制;组建商务部,推进流通体制改革;组建国家食品药品监督管理局,调整国家安全生产监督管理局为国家直属机构,加强食品药品安全与安全生产监管。这次改革是抗击"非典"以后的政府机构改革是一个转折点,之后的政府机构改革开始实质性重视以建设服务型政府为目的,以全面促进经济建设、政治建设、文化建设、社会建设为目标，以全面履行政府的社会经济职能为基本途径。

2008年开始的行政机构变革，根据党的科学发展观，按照精简统一效能的原则和决策权、执行权、监督权既相互制约又相互协调的要求，着力优化组织结构，规范机构设置，完善运行机制，为全面建设小康社会提供组织保障。这次行政体制改革的主要任务是：围绕转变政府职能和理顺部门职责关系，探索实行职能有机统一的大部门体制，合理配置宏观调控部门职能，加强能源环境管理机构，整合完善工业和信息化、交通运输行业管理体制，以改善民生为重点加强与整合社会管理和公共服务部门。但从改革效果看，仍以经济管理为中心，社会公共服务功能仍然相对滞后，且具有更加集权和挑战人民代表大会决策权、监督权的倾向。

综上可见，我国行政体制的建设和变革基本都是以适应生产力的发展和经济体制改革的需要为宗旨。尤其是1978年以来，我们成功地进行由计划经济体制向社会主义市场经济体制的变革，我国政府为促进和适应这种改革而主动地进行了自上而下的行政体制变革，成功地实现了政府职能转变和政企分开，有力地促进了社会经济的不断发展。但由于社会生产力是在不断发展变化的，我国行政体制建设的步伐也不能停滞不前，只有真正做到与时俱进，才能充分发挥其应有的社会作用。

2. 关于我国行政体制变革的总体评价

大体而言，国人所称的行政体制改革或行政体制变革，主要包含行政机关的职能定位、权力配置和运行机制等内容。其中，职能定位是基础，主要是依法解决行政机关的基本职能和履职方式；权力配置是核心，主要解决中央与地方政府的纵向权力关系、同级政府各个部门之间的职权关系以及机构设置和人员编制；运行机制是关键，主要是建立相应的法律法规来规范各级政府及其工作部门的行政行为，真正体现党和人民政府"全心全意为人民服务"的宗旨，不断地促进社会生产力的进步。

按照这种理念,我国历次行政体制变革都是根据特定形势来重新界定政府的社会功能,都是根据当时的社会生产力发展水平和经济体制改革而对政府及其工作部门进行必要的适应性调整,其核心内容主要是正确处理和理顺党和政府、政府与企业、中央与地方关系以及政府与市场、社会和人民群众的关系。从实践效果看,尤其是从最近30多年社会经济发展情况看,我国政府的体制变革取得了举世瞩目的成效。首先,随着经济体制的转轨变型,市场经济逐渐取代了传统的计划经济,政府通过自身的改革率先实现行政职能和行政方式的转变,比较成功地实现了与新型的经济管理体制的对接。在宏观上,政府已经能够比较熟练地运用经济和法律手段,有效地调节国民经济的运行,促进产业结构和产品结构的调整,实现经济的可持续发展;在微观上,政府改变了对企业和市场的管理模式:通过政企分开而奠定了经济体制改革的基础,政府的市场监管也逐渐从直接定价转变为市场定价、反垄断、反欺诈、反不当竞争等方面。其次,随着多元化社会结构的出现,政府开始放弃无限职能的传统模式,承认和尊重利益多元化,努力保障人民群众追求和实现各类合法利益的权利。一方面,积极引导地区利益、行业利益的协调、竞争与合作,保证在维护社会和谐的基础上提高社会活力;另一方面,通过改善国有资产管理模式、收入分配方式和社会管理方式,确保社会转型过程能够充分体现理性、公平、效率和稳定等精神,使各类利益主体在体制转型和经济发展中都能够充分实现其价值,同时确保社会各阶层都能及时分享改革开放所带来的红利。另外,随着市民社会的逐渐成熟和发展,政府的职权模式开始从控制本位向服务本位转变。在此过程之中,行政机关已不再是唯一的社会管理和提供公共产品的机构,越来越多的社会人士和非政府组织参与到社会公共事务的管理和服务活动中来。对此,不仅自觉地按照现代行政权的运行要求进行必要的调整,还积极引入公共行政的理念和运行机制。例如,在公共基础设施的建设和管理领域,许多部门和地方开始尝试将市场机制与政府机制有机结合,形成了多方共赢的局面。

然而,尽管我国行政体制改革已经取得了重大成效,但从总体上看,我国行政体制仍旧带有强烈的计划经济色彩,与市场经济和现代社会的需求还有一段距离。而且,随着社会生产力的飞速发展和社会生活的进一步转型,我国行政体制的这种滞后性还会进一步暴露,并逐渐成为制约经济增长方式转型、构建社会主义和谐社会的瓶颈。我国行政体制的这种不适应性,主要表现在以下四个方面。

其一,我国行政体制建设存在明显的制度性缺失。这是我国现行行政体制建设和改革领域中最为严重的问题,使得其相关组织建设和权力运行缺乏应有的稳定性、规范性和权威性。首先,各级政府的职责和权限都缺乏明晰的法律规定。凡是中央政府认为适宜于自己决定的事情,往往都可以自行处理而无需考虑法律的规制;凡是地方上级政府认为对自己有利的事,往往也可以凭借行政权力而随意收权或放权,即把有"利益"的权力上收,把有"责任"的权力下放。这样一来,往往会人为地造成或加剧区域性差别,甚至出现利益矛盾或机制冲突。其次,无论是行政组织过程还是行政组织结果,都缺乏必要的法律程序规范,在很大程度上受到首长主观意志的左右。例如,作为我国最高行政机关的国务院,其机构和职权职责主要在《国务院职能配置、内设机构和人员编制规定》中规定。尽管该"规定"比原先的"三定"方案有明显的进步,但是,该"规定"既不是法律法规,也未包含关于违反规定所应承担的法律责任,使得其效力和权威严重不足,导致某些行政机构职权交叉、职能重叠,引起了一些不必要的冲突和争议。又如,《地组法》第六十四、六十五条规定:"各厅、局、委员会、科分别设厅长、局长、主任、科长,在必要的时候可设副职";"办公厅、办公室设主任,在必要的时候可以设副主任"。由于没有明确规定什么是"必要的时候"以及副职的数量,因而出现了各级政府及其部门副职越来越多的现象。另外,现行法律对滥设行政机构和随意扩充行政编制缺乏法律责任的规定,致使各地都出现大量的随意增设机构的现象。如某省省级机关内设机构多达1036个,平均每个部门有12个处室,其中有26个部门的43个处室属于未经报批而自行设置的。① 更为严重的是,随着利益多元化的出现,各级政府之间的权限纠纷和责任纠纷不断出现,而至今却尚未建立必要的行政系统内部权限纠纷的解决制度,导致无序竞争不断涌现。

其二,现行行政体制与社会需求不相匹配。由于我国现行行政体制脱胎于计划经济体制,且至今尚未彻底摆脱传统理念和做法,因而在许多方面都存在着滞后性,与社会的客观需求相脱节,缺乏及时回应社会需求的能力。首先,我国现行行政体制在设计上比较粗糙,许多行政部门仍旧习惯于依靠"行政指挥"的模式来管理经济和社会事务。我国原有的行政体制最大的弊病和特点是权力高度集中,在战争时期或应对突发事件方面,往往可以发挥积极的作用,但对于和平建设的市场经济而言,就存在明显的制约或抵消作用。例如,我国许多地方的经济发展,主要依赖于政府招商引资活动。从企业项目的合资合作方案到举办展销或经贸洽谈会,都往往是由政府"搭台唱戏",甚至是唱"独角戏"。这种通过行政手段来建设地方经济王国的做法,迫使企业依赖政府而不是依赖市场。于是,重复建设、重复投资和盲目引进等现象比比皆是,层出不穷,不仅导致经济结构失衡,还导致地方利益矛盾。其次,尽管经过多次行政体制调整,但我国所存在的"大政府、小社会"的基本格局,并没有在实质上得到改变。在国民经济分配方面,不仅继续沿用计划经济时期的理念——"国家得大头、企业得零头",政府的财政收入所占比例远远高出GDP增速,而且,政府大部分财力用于行政事务和经济发展,社会事业和公共服务的支出严重不足,因而出现公共产品供应滞后的问题。例如,2006年我国公共财政支出中,社会事务和公共服务方面的支出仅占16.1%,经济建设方面的支出达24%,行政与公务支出占17%。② 另外,政府仍然习惯于包揽一切公共事务,漠视社会中介组

---

① 参见薛刚凌主编:《行政体制改革研究》,北京大学出版社,2006年版,第82页。

② 参见丁元竹、江汛清著:《我国社会公共服务供给不足原因分析》,载《中国经济时报》,2006年5月23日。

织的培养和发挥其作用。按理，现代社会应当积极发挥非政府组织的作用，让它们能够独立地承担相应的公共管理和公共服务的责任。可是，由于立法滞后和有关政府部门的习惯性思维，我国社会组织的发展严重不足。据民政部统计，截至2004年底，全国注册登记的社会团体为14万个，民办非企业单位为12万个。① 而且，这些为数不多的非政府组织因存在资金、信息和人才的瓶颈，往往都自觉或不自觉地依附于行政机关及其下属单位，缺乏应有的民间性、自治性、自愿性和自主性。

其三，现行行政体制缺乏应有的科学性。长期以来，我们对行政体制的研究不足，习惯于照抄照搬经典作家的论述和发达国家的现成经验，相关体制建设缺乏科学论证和系统性、整体性考虑。首先，组织结构设置不合理，各类行政机构比例失调。一方面，纵向部门结构设置不科学，一味强调上下之间的对口，却不管各地实际情况。只要上面设置一个机构，下面必定相对应地设置"对口部门"，导致机构臃肿，部门繁多，人浮于事，效率低下。另一方面，横向部门结构不合理，一般对于决策和执行部门都配置得比较强，而对于监督、反馈、咨询等部门则比较弱；在执行部门中，专业主管部门往往配置得比较强，综合协调部门比较弱；在专业主管部门之中，直接管理经济事务的部门往往配置的比较强，管理文化、教育、卫生等公共服务事务的部门比较弱；在各个部门内部，业务科室一般必须严格地按照相关法律法规配置编制、人员和经费，而非业务科室在配置上往往比较随意。例如，目前许多地方政府都同时设置了经济发展局、中小企业局、商业贸易局、招商服务局等职能近似或雷同的机构，使得经济组织被迫周旋于诸多行政部门之间，成本极高。其次，行政部门的权力配置不够科学。从行政机关上下级关系看，地方上级政府往往集中了下级政府的许多权力。例如，县级政府往往大量地将乡镇政府的权力上收，使得直接面向人民群众的基层政府往往处于有责无

① 参见丁元竹、江汛清著：《我国社会公共服务供给不足原因分析》，载《中国经济时报》，2006年5月23日。

权的状况。从政府内部权力关系看,各工作部门往往存在职能交叉、责权不清、权力过分集中等现象。另外,行政机关运行机制不合理,存在指挥机关权力过大、执行机关过于分散、监督机关地位不独立、咨询论证机构不发达等问题,严重地违反行政管理科学的基本规律。例如,一些领导好大喜功,利用这种机制性缺陷大搞"形象工程"、"政绩工程"、"首长工程",成为所谓的"三拍干部":拍脑袋创意、拍胸脯保证、拍屁股走人。而且这种不合理的权力运行机制带来的资源损失和浪费,令人触目惊心。

其四,现行行政体制与人民群众希望积极参与公共事务的要求不相适应。改革开放以来,行政机关为了提高行政效率而积极学习西方国家的"行政管理"理念和运作模式,将公共事务的管理视为政府的特权,拒绝行政相对人的参与和合作,使得行政机关往往采取关起门来自我调整的方式,来应对或应付人民群众的批评。首先,各级行政机关所进行的体制改革,都是在拒绝行政相对人社会参与的条件下实施的。从改革开放以来五次较大规模的行政体制改革看,每次都是在相对封闭的情况下进行的,不仅对外严格控制信息传播,就是圈子外的行政人员往往都没有参与的条件和机会。何种唯恐行政权力和行政事务为人民群众所了解、所参与的机制,使得这些行政体制改革往往成为一次政府内部的利益分配或职业官僚的内部关系调整,与现代社会所要求的行政民主、理性改革的参与机制大相径庭。其次,上级机关的体制改革和权力运行往往也是在拒绝下级机关参与的条件下进行的。由于传统思维对"民主集中制"作了狭隘的理解,往往把"下级服从上级"作为刚性的纪律和原则,要求下级机关和人员无条件服从上级安排。这就使得中央政府与地方政府之间、上级行政机关与下级行政机关的关系日渐复杂,日益出现和加剧了权力上收、利益垄断等现象,严重忽视或侵害了下级机关和地方利益,使得社会矛盾更趋于紧张。另外,行政机关垄断公共决策,不仅时常出现专横武断的决策,还往往把民意表达视为洪水猛兽,在实践上形成利益集团操纵决策的不良机制,严重背离了人民政府自身宗旨和社会属性。例如,有的地方政府为了追求GDP增长,不惜将"商业利益"偷换为"公共利益",甚至动用军警等国家专政工具来实施"强制拆迁",给党和政府带来极大的负面影响。

3. 关于我国行政体制存在不适应性的理论反思

综上可见,尽管我国现行行政体制对于促进社会经济的发展发挥了重要而又积极的作用,但在许多方面仍旧存在着一些不适应性,需要进一步地改革和完善。那么,我国现行行政体制所存在的这些不适应性是基于什么原因而形成的呢? 笔者以为,最主要的根源在于以下三个方面。

（1）思想原因

由于我国经历了数千年的封建社会，形成了中央集权、"官本位"和科举制三位一体的传统文化。其中,"官本位"思想既是中央集权的载体,也是科举制度深入人心的基础。由于这种理念及其价值观深深地包裹在民族文化之中,至今仍旧顽固地影响着大家,因而导致我国民主与法治精神长期缺失,无法建立适应现代社会的政府治理理念,也就无从建立科学、合理的行政体制。

首先,关于政府与人民群众的关系始终存在认识误区。尽管我们的基本理念是执政为民,但在具体的机构改革中仍然非常注重政府的自身利益,所以,布坎南关于政府仍属"经济人"的观点,在中国也不例外。例如,关于行政审批方式的改革,始终无法取得应有的实效。我们知道,审批是计划统经济体制条件下政府管理社会经济的基本手段和方式。自1998年国务院机构改革通过"三定",取消了一大批行政审批事项以来,不少省、市政府也着手清理行政审批事项,改革审批制度。如广东省政府于1999年7月制定《广东省政府审批制度改革工作方案》,对省直机关68个部门和单位的审批事项逐一进行重新论证。通过清理,广东省政府各部门原有审批、核准事项1972项减少为1205项,减幅39%,其中审批事项由1392项减少为514项,减幅63%。这种改革有利于将政府从繁忙的审批事务中解脱出来,使政府由微观管理、直接管理、各部门的分割管理转变到宏观管理、间接管理、大行业管理上来。对此,国家曾希望通过制定《行政许可法》来将上述改革成果法制化,向"小政府、大社会"模式积极推进。可是,该法颁布实施的结果却适得其反——许多地方政府以"行政许可"为幌子来取代"行政审批"。这样一来,出现了"事事许可"、"层层核准"、"处处备案"的现象,不仅"奇迹般地"收复了政府的控制权,还复活和强化了旧有的行政管制模式,使得原来已经归还社会和市场的经营自由和选择权,又重新收回到行政机关。出现这种现代版的"借尸还魂"的核心根源之一,就是在于在许多人的心目中,政府就是要"管人民"、"管市场"、"管社会"的。显然,如果始终走不出官本位的阴影,就不可能建立适宜的行政体制。

其次,关于政府职能转变的实现方式存在认识误区。一方面,我们曾把政府职能转变视为政府内部"条、块"之间的权力转移或配置问题。这种思想的出现,源于政府是高高在上的"父母官"意识。因为,对于不懂事的孩子而言,父母们要进行职能转变根本就无需给他们商量。另一方面,我们又曾将政府职能转变视为政府自身管理方式的转变或改善。这种思想也与传统文化不无相关。因为,只要把政府视为凌驾于社会、市场与人民之上的"老爷",就容易将它与行政相对人的关系看成是由政府主导、控制或导演的单边意思表达过程。其中,管理者不仅处于矛盾的主要方面,其自身的转变或完善也主要根据自己的需要来进行;而且,由于这种管理活动所具有的专业性,外行人往往看不懂、说不清。正是基于这些思想,我国历次行政体制改革都是闭门造车式地进行,导致人民群众与行政机关的关系愈来愈疏远,政府部门的"官气"也愈来愈大。例如,过去行政机关在大门处所设置的传达室,其基本作用在于方便人民群众与领导干部联系。可是,经过多次行政体制改革之后,许多行政机关的大门变得更加戒备森严,不仅有武警人员荷枪实弹地把守,而且,传达室的主要任务也转变为依赖警察的帮助来阻挡群众上访。按理,行政机关职能方式转变的根本目的,就是要进一步理顺人民群众与行政部门的关系,让政府成为实现人民群众当家做主的重要工具。可是,我们多次行政体制改革不仅未能实现这种目标,反而进一步造成干部和群众关系的疏远,就需要进一步作严格的反思——全心全意为人民服务的宗旨为何不能落到实处?显然,如果心中没有人民,那么,什么样的行政职能转变都可能演变为管理者内部的利益再分配——那就完全失去了改革开放所应有的意义。

另外,关于政府社会作用的理论定位存在认识误区。按理,行政机关之所以能够成为独立的社会机构而存在,是要它们能够充分理解自己的社会作用和法律责任,而不是要让它们凌驾于社会之上。我们知道,政府不仅拥有为数众多的公共资源,而且还是现代社会唯一可以合法拥有和使用暴力的机构。因此,西方国家的社会治理理念往往以规制政府为主,不让它凭借自身权能作恶。可是,我国儒家文化传统则以政府上承天意为基本假定,因而形成了政府崇拜的文化基因。这种传统文化往往令行政机关及其工作人员逐渐固化出一种狐假虎威的错觉,以为自己奉天承运,可以包办一切——不仅可以随意支配公共财政,还可以借此多吃多占,实现部门利益最大化。在这种理念的作用下,人们还会把行政服务理解为政府包办一切。这就难免会引起这样的担心——强化政府服务职能会不会重新走上"平均主义"、"大锅饭"老路?如果为了避免行政体制改革落入窠臼,仅仅将政府职能转变视为政府管理方式的转变,仅仅将相关"庙子"拆了重建,仅仅将相关"菩萨"换个位子,是行不通的。这种逻辑似乎反映了我们近年来政府机构改革的思路,而结果仅仅是把政府职能的转变等同于政府权力的转移,尽管在实现政企分开上表现出明显的时代特色。但是,随着"国资"管理体系的强化,行政部门的触角又逐渐伸向市场。例如,所谓的央企近年的无限扩张,已经严重地对消了经济体制改革的历史成就,不仅严重影响了中央与地方政府的经济秩序,而且还带来了严重的社会不公。这就是说,以往的政府职能转变实践也反映出我们在理论上的准备和反思不足。对于政府职能转变的一系列重大理论问题,如政府职能转变的内涵、政府职能转变的目标和价值取向、政府职能转变的内容和条件、政府职能转变的途径与方式、政府与市场的关系、政府与企业的关系、政府与社会的关系、中央与地方的关系等,都缺乏系统的理论认知。政府职能转变理论的滞后,制约着改革战略和政策的选择,影响着政府职能转变的实践。

(2)体制原因

不可否认,从逻辑关系上讲,相对独立地进行行政体制改革是可以成立的,但并不意味着这种具有重大意义的体制改革可以完全由行政部门内部人员在不受民主与法治的制约下进行。事实上,除了"文化大革命"十年的群众运动对我国政府曾形成过巨大的外部冲击外,人民政府迄今为止的历次体制改革,几乎都是在"关起门"的条件下进行的。这种历史事实的存在,难免会令人产生这样一种疑虑:我们的相关体制似乎存在着巨大的缺陷和隐患,可以对行政部门作自我修炼式的"改革"而听之任之。因为,行政体制建设和改革都是涉及面广、复杂系数大的社会活动,其中不仅涉及权力关系和权力格局的重新配置,还大量涉及利益关系和利益格局的重新调整,因而与人民群众切身利益紧密相关。毫无疑问,如果听任这种具有根本意义的体制性变革在民众参与缺失的条件下进行,那么,这就必然存在混淆行政权的归属主体与授权主体关系的问题。我们应当注意到的是,从宪政法学的角度理解,用成文法条明确规定行政权的归属性,应当属于现代国家制度的基础性内容,必须得到全体人民的承认和尊重。如果这种核心体制不能建立,就可能影响其社会经济的正常发展——稍有社会风波就会酿成全局性的灾难。我们还需要加以注意的是,在改革开放之前,党和国家的领导人曾多次明确指出,发动群众进行自下而上的运动,是我们实现自我更新的必要机制。可是,即便是在这种历史条件下,我国政府的自身改革都是"关起门来"进行的,这就使人感到十分困惑和遗憾。事实上,这种将行政体制改革视为"寡人家事"的做法,必然会增强行政部门在实施改革时所持的随意性态度,使得改革出现所谓的"手电筒"效果——可以照出别人的问题,而自身却始终处于"灯下黑"。显然,要克服这些问题,把行政体制改革推向深入,就需要从深层次上思考和研究,至少需要从以下三方面理清思路。

首先,我们往往习惯于用"人治"的方式方法来推进行政体制改革,因而难以走出"改革怪圈"。众所周知,我们在行政体制改革过程中存在一个难以解决、至今仍在困扰大家的问题:就是始终存在所谓的"行政体制改革怪圈"。这种"怪圈"是指我国历次行政体制改革都或迟或早地呈现出,并最终会陷入这样的恶性循环:精减——膨胀——再精减——再膨胀,或者一放就乱、一乱就收、一收就死、一死就再放、一放就再乱。当然,出现这种所谓的改革怪圈,无疑是多种原因造成的,但更主要是与我们所习惯的"人治"模式紧密相关。一般认为,我国出现行政体制"改革怪圈"主要受这五个方面的影响:一是意识形态的局限性,即经典作家关于社会主义政府体制的理论构想和基本原则过于简单化和理想化;二是囿于前苏联政府体制改革经验的影响,即因某些杰出的国家领导人所产生的高度凝聚力而迷信这种政治魅力会必然地、持续地带领大家获得成功;三是我国当代社会变革属于政府推动型,相关体制改革的成功增加了政府的权威,致使有关行政负责人有些飘飘然;四是囿于我党革命斗争总结的经验,习惯于通过高度集权来推动事业发展,却严重忽视监督和制约;五是发展的目标定位和战略选择都带有短期化倾向,使得所谓的行政体制改革成为行政首长树立业绩的一张牌。显然,这五个方面的影响都是导致"改革怪圈"出现的重要因素,但这些因素的存在和发挥作用的深层次原因,仍旧可以归结到"人治"体制在作祟。因为,我们的各种改革之所以能够获得相应的成果,是以不触动人治式体制为条件的。于是乎,就形成了这样一种逻辑:"我改你,可以;你改我,不行!"当然,其中最核心的问题莫过于行政领导对能否稳定自身权力和地位充满忧虑,而这正是特殊利益之所在。因此,我们所看到的历次行政体制改革,大都是站在行政首长的角度来处理政府机构与权力配置,即把体制改革视为一种内部关系的调整,因而拒不愿意将相关改革与保护和促进人民利益相联系。所以,我们的行政体制改革在处理党和政府关系、政府和企业关系以及中央与地方关系时，往往可以形成具有针对性的改革措施；可是，在处理政府与公民、政府与市场的关系时，普遍存在方法简单、态度粗暴、效果欠佳等问题。在这种情况下，行政机关在其所谓的体制改革之时，当然不愿意接受民意和法律的约束，其改革措施只是为了应付上级检查和考核，过关之后当然就会竭尽全力地"收复失地"。这就是说，当年顾炎武批评明朝国破君亡的重要社会根源之一——"吏胥作祟"，已经在当今社会慢慢地形成，并有逐渐强化的趋势。对此，如果听之任之，不用相应的法制来加以约束，那么，无论机构改革的力度有多大，其成果最终都可能付之东流，伴随而来的是更大规模的反弹。显然，我们对此应当给予高度警惕，切莫因小失大。

其次，政府的自利倾向日渐增强。在经典作家的描述中，社会主义国家的行政机关及其工作人员都没有自己的特殊利益，一切都以人民利益为准。可是，在现实生活中，我们却看到许多与此大相径庭的现象，这使人们更倾向于西方学者的观点——政府同样也是"经济人"，也知道自己的利益并积极地通过自己的努力而实现这些利益。与此不同的是，西方国家的法制理论是竭力规制政府，防止其作恶；而我们的基础理论则是放纵政府。可见，我们要消除行政部门在职权行为中出现的种种"公共权力私利化"的现象，单靠行政部门自律是无济于事的。事实上，要堵塞行政体制中存在的"公共权力私利化"的种种漏洞，需要在深层次上狠下工夫，才能达到治本的目的。当然，我国的行政体制改革不仅存在与西方国家类似困难和阻力，如政治与社会支持的波动性，重塑行政文化、观念和能力的艰巨性，改革必然伴随利益再分配从而招致某些团体的反对和抵制，等等。而且，还存在着一些非常特殊的问题，如民主与法制不够健全，党内山头主义阴魂不散，权力高度集中于个别领导之手，等等。而这些具有特殊性的问题，有的与我们改革的特殊性质密切联系，有的则属于我们认识上存在误区。因为，从我们所进行改革的实施过程看，基本是在没有明确目标和理论指导的背景下开始的，这使大家在一定时期内难以找到比较准确的理性定位。对此，甚至有人比喻道：突然的社会经济体制转轨变型，约束大家多年的框框一下子没有了，这就好像从原始公社突然来到阶级社会，那些聪明而又有能力的人似乎可以为所欲为，跑步抢占山头。显然，政府及其工作人员似乎都是这种既有能力又聪明懂事的人，所以，在开放市场之始，往往就是这些有社会背景的人，靠倒卖计划指标而大发横财。尽管这种历史时刻只是昙花一现，然而，这段公案却令许多执掌公权的人记忆犹新，扼腕称叹。当然，西方国家的行政部门也存在自利倾向，但是，他们所面临社会现实却悬有两把利刃：一是选民投票机制的约束，二是比较健全的法制约束，所以，即便他们有"贼心"也没有"贼胆"。这就是说，如果我们不建立类似的制度，而是只靠说教和自我修炼，是解决不了根本性问题的。

第三，需要加快相关核心体制的配套改革。按照一般规律，要消除行政体制的内在矛盾，应当从四个方面进行改革：政府与社会的关系、政府与市场（企业）的关系、政府与人民的关系以及政府的内部关系。遗憾的是，除了类似"小政府、大社会"，"精干、廉洁、高效、充满活力"等笼统描述外，我国法学与行政学界对于政府改革的目标、路径和模式从来就未进行过深入的探讨，其结果只能是将行政体制改革的目标淹没在经济改革的目标之中，即用局部目标代替了整体目标。这里仅以"职能转变"的提法为例。应当说，我们能够从局限于政府规模的调整转到政府职能的重新定位，这无疑是巨大的进步。但是，这一进步的取得却主要应当归功于经济学界的努力。因为，众多经济学家从推进社会生产力发展的角度，即从社会需求的角度提出了政府职能转变的命题，这无异于给了法学与行政学界一计当头棒喝。而且，当法学与行政学界接受行政体制改革的核心和关键是"转变职能"之时，它们也只是以拿来主义的态度，人云亦云地接受了所谓政府职能转变应包括的主要内容——"从计划调节到市场调节的转变，从微观管理到宏观管理的转变，从直接管理到间接管理的转变"。如果说，经济学界能够这样论述问题是一种创新，那么,法学与行政学界这样看问题就是一种无知。因为,我们从常识就可以看到,上述所谓的"政府职能转变的主要内容"仅仅涉及政府的经济职能,根本涵盖不了行政改革中政府职能变化所应当涵盖的内容。此外,行政职能的重新定位并不是政府部门职权职责由此到彼的转变,而是政府核心职能在总体性设置层面上的进化,因而属于政府职能与时俱进的范畴。因此,从法学和行政学的角度看,政府职能转变的提法应当改为"行政职能结构"的调整或合理化,具体应当包括强化社会职能和弱化经济职能,以及强化服务职能和弱化管制职能,等等。从这个例子的讨论可以说明,我国法学与行政学界应对行政体制改革的目标、模式和主要内容进行独立、系统的研究,简单地采用拿来主义是不可取的。笔者以为,我国行政体制改革的最终目标应当是建立这样一种体制——政府及其工作部门应依法界定自己的社会角色和行为规范,建立职能范围适度、职能结构合理、权力范围有限但富有效力的运行机制,在权责平衡和权能保障的基础上保持精干、廉洁、高效并充满活力。其中,前面几条内容主要属于行政体制在整个社会的定位,其改革的重点主要涉及政府与社会的关系、政府与市场(企业)的关系以及政府与人民的关系。后面几点则主要属于行政体制自我完善的性质,需要靠行政体制自身改革和相关政治体制改革来实现。当然,我们关于这些目标的描述主要出于一种理论思维的概括,也许还缺乏相关可操作性的考虑,但从这种目标可以集中看出行政体制改革所应包含的内容。这里还需进一步强调的是,鉴于我国传统行政体制的特点和内在矛盾,仅仅把行政体制改革局限在政府本身的改革范围内是难以奏效的。从实践的角度看,我国的行政体制改革似乎都是在现有政治和法律体制内进行的,但是,立法的滞后性与政治体制改革的复杂性无疑影响到行政体制改革所应当取得的成果。例如,因政治体制领域内存在公共责任保障机制的不完善而时常出现违法乱纪的腐败行为,一方面,造成了行政体制改革存在变形或走样;另一方面,也造成了维护政治和社会稳定的难度在不断增加。所以,要加强社会主义法治建设,建立规范性服务型政府,离开政治体制改革和完善是不可想象的。严格地讲,在政党政治的条件下,行政机关的职能选择、定位、运行只是一种表面文章。问题是,我们怎样在新的历史条件下找到理想的突破口?当然,关于行政体制改革的文章,我们还要继续认真地研究,但也要不失时机地推动相关政治体制改革,以便能够真正做到"以权制权"、"以法制权"和"以民治权"。

(3)历史原因

众所周知,计划经济体制在我国实行了几十年,其相关管理制度和运行机制已经渗透到社会经济生活的各个方面,成为当前行政体制建设难以摆脱的阴影。按照历史唯物主义的观点,经济体制与行政体制之间具有作用与反作用的辩证关系。新型经济体制的建立必然会促进包括行政体制在内的上层建筑产生相应的变革,但由于上层建筑具有相对独立性,因此往往会在许多领域继续沿用传统的习惯和机制,需要足够长的时间和力量才能完全摆脱这些旧模式的影响。当前,我国存在的这种新旧体制摩擦,主要集中在以下三个方面。

首先,目标多元性与手段单一性的矛盾。所谓目标多元性,即在市场经济体制下,政府所追求的目标已经涉及政治、经济、教育、文化、社会和公共服务等各个领域。而所谓手段单一性,则是指政府仍旧习惯于在计划经济时期形成的对行政手段过分依赖的传统做法。在计划经济条件下,政府对经济生活的管理手段是以行政权力为基础,通过层级节制、行政命令和行政强制等手段来保证资源集中和单向性分配,完全忽视或排斥经济杠杆和法律手段。而且,在长期的计划经济条件下,我国的行政体制已经同经济体制紧密联系,融为一体。这样,行政部门习惯于事事管理、处处唱戏,习惯于将所有的社会资源都纳入自己的掌控之中,并将自己视为国家利益、民众利益的天然代表,将所有社会问题统统纳入自己的施政目标。但是,政府职能优化是社会主义市场经济形成的必要条件,而职能优化本身又依赖市场经济的成熟与完善,两者互为前提,相互制约。这样一来，传统的行政目标多元化与根据市场需求进行智能优化之间，就存在着严重的体制性摩擦。另外，随着市场经济体系的形成和逐渐完善，资源的配置方式发生了本质性的变化，这里除了政府必须放权、还权之外，其行政资源的筹集也受到很大的限制。可以说，财力资源不足是当代市场经济条件下各国政府所遇到的共同问题。只不过对于我国这种转型期的政府来说，这个问题显得尤为突出。一方面，转型期的政府面临更多的资源需求。这是因为，政府不可能一下子抛弃过去的所有职能和责任，同时还要承担更多的新职责，如需承担缔造、培育、规范和服务市场等的新型责任。其中，关于完善基础设施、建立社会保障制度、保证市场规范得到遵守等领域，都是以巨大的投入作为条件的。另一方面，由于我国属于发展中国家，有关资源本身就非常有限，且经过纵向分权、完善激励机制、利税改革等措施，进一步削弱了政府获取资源的能力。在这种情形下，许多地方政府都可怜巴巴地处于所谓的"吃饭财政"的境况。正是基于这种情形，如果要让它们全面承担实施各类目标的责任，那么，它们最终只能退守到"以不变应万变"的一招——用传统的行政手段来解决问题。这是我国许多地方政府在其体制改革中出现短期化倾向，习惯于单一地采用行政手段来解决各类问题的症结所在。尤其需要注意的是，我们这种行政手段万能的传统思维模式，在新的历史条件下又有新变化——由于学习了西方国家的行政法律制度，许多地方政府将行政处罚作为强化行政手段的工具，使得这种传统习惯得到了进一步的强化。

其次，政府的角色冲突和角色错位。在计划经济体制中，无论全民所有制还是集体所有制，其实质就是政府所有制，而且这种政府所有制又是以部门所有制为基本形式得以实现的。故在这种制度安排下，本应由企业追求的东西实际上亦为政府部门所追求，从而导致角色冲突：一方面，作为企业的所有者，各政府部门要追求经济收益和利润；另一方面，作为公共权力的拥有者，需要极力促进公益并保护公众作为公民和消费者的合法权益。如果当所有者的角色压倒了公共权力拥有者的角色,政府就会自发地追求经济效益,并以牺牲社会效益和消费者的权益为代价。一旦出现这种现象,我们就将其称为政府角色出现错位。目前,尽管我国的经济体制已经比较成功地实现了转轨变型,开始确立了以市场机制为资源配置的基本手段,可是,由于我们实行这种经济体制改革的主要手段和推动力量都源于政府,因此,在建设这种有中国特色社会主义市场经济的过程中,各级政府均有意无意地将自己的工作习惯融入其中。例如,在计划经济时期形成的"大政府"模式中,政府不仅扮演了全社会的资源配置者的角色,还努力保护公有经济获得法外权利。这样的传统习惯又得到了相关意识形态的支持——在许多人心目中,政府优先保护公有制企业的权益,是天经地义之事。这种做法在市场经济条件下继续沿用,必然会出现人们所谓的"玻璃门"现象。在这种"玻璃门"的掩盖下,国有企业(尤其是央企)得到了来自政府的各种关爱和保护,可以随心所欲地占有各类资源,并据此直接囊括各类垄断性经营项目,出现了许多腐败现象。对社会管理事务和权力的处理、使用,因而习惯于"包揽一切"、"无限权能"的操作模式。可是,将这种传统沿用到市场经济时代,就出现了政府不愿放权、不愿还权于民的倾向。为了表现自己的无所不能,政府部门林立、机构庞大的现象愈演愈烈,认为只要能够与事权相联系就能够发挥管制效用。然而,事实却表明,这些部门机构之间的权力、责任,往往都砍不断、理不清。于是,就出现了角色混乱、相互推诿、相互争利等现象。在种情形表明,当初我们在构建与市场经济相对接的行政体制之时,仍旧是基于计划经济的思想认识,犯了经验主义的错误。

第三,全能型政府和利益居间协调之间存在巨大矛盾。在计划经济时期,我国形成了全能主义的行政体制,其基本特征表现为:一是政府万能而社会萎缩。由于完全依赖政府部门处理一切公共事务,因而无法培育成熟的市民社会,出现了社会中介组织官僚化,社会自我约束力下降,社会对政府的约束力严重不足等倾向。二是政府职能过度膨胀。政府的触角深入到社会生活的各个领域,甚至管了很多不该管也管不好、管不了的事情。三是政府职能结构不合理。政府的经济职能过强,社会职能过弱;而在其经济职能中,微观管理功能过强,宏观管理功能过弱;社会管制功能过强,社会服务功能过弱。四是政府的机构臃肿,部门林立,部门之间缺乏有效的协调。五是行政机关工作人员队伍庞大,素质低下,且存在权力过分集中于个别领导干部手中的问题。尤其严重的是,这种全能型政府根据计划所赋予的特权,努力而又不加区别地追求"大一统"的行政目标,强制性地要求全体社会成员要根据国家计划而统一意志、统一行动。而且,这种"大一统"又以各级政府、各个政府部门的高度集中和统一为前提。但是,由于市场经济是以合理和充分竞争为基本表现形式,即使要实现国内、国际市场的统一,也只能靠利益协调来促成。可是,我们则往往习惯于依靠政府发文的行政方式,把复杂的社会事务简单化。因此,不仅存在地区内部协调困难、国内市场协调困难的问题,而且还存在国际市场协调困难的问题。如20世纪末,我们利用政府调控的手段主动将人民币贬值,将可能爆发在我国的经济危机抵挡在国门之外。应当说,从民族主义的角度看,这是值得重笔特写的大事。但是,如果从更长远的历史角度看,其中有许多地方是值得大家深思的。例如,我们一般人总是批评英国人发动鸦片战争,对华进行罪恶的贸易。但是,如果读一读当时的历史,我们就会看到英国人曾为实现对华贸易的外汇平衡而做过种种善意的努力。当时,由于英国在长期对华贸易中始终处于巨额逆差,故派出特使马噶尔尼来华见乾隆皇帝,希望能够在"贸易自由、关税协商"的条件下,建立公平竞争的中英贸易机制。可是,乾隆皇帝以英国使臣不懂礼数为由,拒绝签约,从而致使中华民族丧失了和平进入资本主义时代的历史机遇。可见,当时中国政府的无知、自利、傲慢和不思进取,是酿成鸦片战争的内因,应当进行严格的自我反省。当然,以乾隆皇帝的政治英明,不可能仅仅基于"礼数"而直接酿成战略性失误,其中存在一个深刻的体制性原因。正如孟德斯鸠所说的那样,专制主义往往适宜于版图大的国家,而且,这些国家还竭力阻止本国民众与其他国家民众交往,最好能够利用大海、沙漠和崇山峻岭,将国民国际交往的路径统统堵死。所以,史籍上记载的乾隆皇帝拒绝马嘎尔尼的理由,只是表面文章,他的实质根据是企图对传统利益和机制给予自发性的保护。当然,我们是用马克思主义思想武装起来的政党,可以在很大程度上克服自身的历史局限性。但是,我们也时常因为市场经济的颜色和民族特色而自觉或不自觉地回头寻根,似乎在计划体制的条件下有以不变应对万变的招数,这就有可能使我们陷入"前摄抑制"而难以自拔。

四、我国行政体制扁平化的重难点分析

1. 行政流程再造——政府运行机制扁平化的可能性与必要性
（1）一般理论描述

在我国,随着市场经济的不断成熟,行政体制与经济基础的摩擦也逐渐成为世人关注的焦点。对此,尽管我们已经进行了多次行政体制改革,但由于我国宪政法律制度框架及其理论基础都是在计划经济时期确立的,所以,这些改革措施都是在固有体制的基本框架内进行,始终存在与经济基础不相适应的矛盾。一个显而易见的情形是,尽管历次行政体制变革能够帮助政府比较顺利地完成党的"中心任务",可是,这种行政机制在本质上仍然停留在政治管制型模式的层面上,仍然难以与服务型政府所应有的机制相对接。而且,从实践的角度看,我国各级政府已经患上了严重的"大组织病":在纵向组织结构上,呈现为叠床架屋,盘根错节;在横向职能配置方面,存在着分工过于精细,协调成本过大等问题。我们知道,组织规模与组织效率成反比:行政组织的规模越是庞大,其行政效益就越低,陷入财政危机的风险也就越严重。

那么,当我们需要建设服务型政府之时,又该怎样来扭转这种"组织病"呢? 实施行政流程改造! 这应该是一个比较容易被大家都

能接受的办法。从理论上讲,改造行政流程主要包括以下四个方面。

其一,行政流程的定位化。这是理清政府到底应该拥有哪些工作流程,即了解这样一个问题:每个行政流程的起始、终结及其空间范围的边界到底是什么? 从总体来看,我们所要把握的行政流程主要是公共行政流程,其流程的起点应该是关于公共利益的确认,终点是公共利益得到比较完善的维护,其空间边界应该涵盖公法领域内为实现公共利益的各种职权活动。这里还有五个方面的问题需要进一步明确:一是作为非公共行政的作业流程应当从政府行为中排除,转移给其他社会组织,如企业组织、事业单位、群众组织、社会中介或各种社会团体等。二是通过明确行政流程的边界可以有效防止政府越界操作,既可避免有限的行政资源被浪费,也可避免侵犯社会其他组织的合法权益。三是可以有效防止行政权力被滥用。因为,一旦明确了行政流程的边界,那些越界的行政行为就不会产生法律效力,实施这种越界操作的行政人员就会受到惩罚,从而防止滥用职权行为的发生。四是如果能够妥善地实现行政流程的定位化,如像英国当年的行政改革"雷纳评审"那样,就可以将那些因非行政流程而设置的组织机构全部拆除,多余的装备、人员和编制都可以裁掉,可以大大节省行政经费。

其二,行政流程的合理化。一般而言,这种行政流程合理化具有两重含义:一方面,按照客观标准来衡量行政流程是否合理,即以服务对象的要求进行行政流程改进;另一方面,按照理论标准来衡量,即以某种具有社会共识的理念来看待行政流程是否需要进一步改进。应当说,前一种含义具有实质性价值,因而被人们所广泛采用。对于这种客观标准的合理化,最为重要的是根据政府核心职能转变后的行政流程再造。因为,秩序行政所认定的流程合理与服务行政所需要的流程合理之间,存在着明显的区别。因此,我们需要站在服务行政的高度来重新审视现存的行政流程,根据公共服务的要求对其性质、目标、活动方式进行重新评价和组合,该合并的应当合并,该删减的应当删减,从而达到功能整合、整体优化、高效精干。在以扁平化组织结构为导向的流程再造之中,在重新组合行政作业流程时,不要受固有的分工理论的束缚,分工过细必然会加大协调成本,降低工作效率。事实上,任何一个管理问题都是综合性的,传统的政府职能分工把处理管理问题的作业流程分割成若干个不同的作业线,不仅增加了问题解决路径的行政距离,而且由于各个职能部门的不同理解,往往会人为地中断某一作业线,延缓整个管理问题的解决。分工,本来是为了提高效率,可人为的分割却会降低效率。在传统的行政体制下,为了弥补分工过细的缺陷,有时不得不在常设的职能部门之外又设立临时的综合办公机构,或在正常的行政流程边界之外进行所谓的现场办公。这种做法就某一单项管理问题的解决效率来看,确实是提高了,但从政府的总体运行成本来看,由于大大增加了政府的额外投入,效率反而降低了。

其三,行政流程的科技化。在各种组织结构中,扁平化是最富有科技含量的,它是信息革命的产物。因此,在我们以建设服务型政府为目标的行政流程再造中,必须充分利用科技进步带来的红利——要想组合成高效、便捷、精干的行政流程,必须要有充分、足够的科技含量。随着当代信息技术、网络技术的长足发展,大量涌现的科技产品可以将若干管理环节、作业环节和监管流程加以重新整合,不仅可以减少管理体制的中间层次,从而降低行政成本,而且可以通过决策、指挥前置化而提高行政效率。这种通过广泛采用新技术、新装备的方式,可以使行政流程达到集约化、综合化、高效化,不仅会提高行政流程信息传输内容的品质,还将大大提高行政流程的规范程度,有利于排除人为的干扰因素,提高行政控制的水平。

其四,行政流程的法制化。重新整合的行政流程必须要用相应的法律法规加以规范,其中包括实体法上的权利和义务的规定,同时也包括程序法上的严格规范。这不仅是因为政府要依法行政,政府行为必须要有严格的实体法上的依据和严密的程序法上的操作程序,而且是因为经过重新组合的行政流程,由于职能的综合性提高,大大加强了每个工作单位的权力和责任,尤其是自主决策的自由裁量权力的强化,不借助严格的法律法规的约束,便会出现滥用职权的现象。

(2)行政服务中心:办事只进一个"门"

目前,我国各地所实施的行政流程再造,最流行的做法就是建立统一的"行政服务中心"(以下简称"政务中心"),即打破行政部门各自为政的传统做法,实现行政流程的集约化、综合化和高效化。

从笔者所搜集到的资料看,"政务中心"在全国范围内被广泛地推行,主要得益于三个层面的机制。第一个层面:由中央到省市自上而下发布文件、颁发法规或法律,具有一定程度或完全的强制性。通过学习文件、法规,特别是上级政府召开的会议,高层领导视察谈话,能极大地改变潜在采纳制度创新的地市级政府更新其正确的主观信念,能很快推动他们作出采纳创新的决策。相关配套文件法规的频繁出台也明显地推进了这一学习过程。第二个层面:一种形式是地方政府之间的考察学习,主要表现为潜在制度创新采纳者对先进制度的模仿学习。先期建成的"政务中心"对我国各级政府政务服务中心的建设都有很大的示范作用。潜在制度创新采纳者通过实地调研、面对面的交流,是模仿学习的主要方式,"示范作用"也正在于此。另一种形式是若干已设立"政务中心"的地方政府参与设立论坛或者联席会议,交流经验,旨在完善创新制度。这属于创新性学习。第三个层面:地方政府内部学习,主要表现为主要党政领导对本地实际情况的调研、各职能部门的研讨、工作人员的业务培训等方面。这些学习活动有助于降低采纳制度创新的协调成本和学习成本,有助于决策者理性地评估预期净收益,进而为寻求最佳投入成本提供决策依据。各地"政务中心"名称各异,进驻部门、审批项目、内部规章制度等方面的差别,主要在于该层面的学习过程所具有的地方化特征。行政组织的机构将根据行政流程的需要而设置,行政人员的数量和素质将根据行政流程的要求而配置,行政权力体制将是集权与分权相结合的灵活体系。依照新的行政流程建构起来的行政体制,将会使金字塔形的行政组织趋于扁平化,层级节制灵活化,职能分工综合化,行政人员高素质化。以下,我们以海南省政府的政务服务中心建设为例,来把握其运行监管的主要规律。

为加快建设服务型政府,强化政府公共服务职能,提高行政执行效能和行政监察效能,改善社会、经济发展的政务服务环境,海南省政府第七十八次和第一百一十一次常务会议决定,搞好海南省政府政务服务中心的建设,打造现代化政务服务平台,创新政务服务运行方式,切实做到服务优质、高效便民。笔者以为,从行政体制扁平化的角度看,海南省政务中心的建设、运行和监管,具有典型意义。

首先,海南省政务中心确立"一切为了群众、一切方便群众"为根本宗旨,按照"高起点建设、高效率运行、高质量服务、高水平管理"的总体要求,着力抓好海南省政务中心软硬件设施建设,打造现代化的海南省政务服务平台;着力推进政务服务形式创新,实现行政许可和行政审批(以下合并简称"许可审批")由海南省政府部门和机构(以下简称"省直部门")分头分散办理向在省政务中心集中公开透明办理转变;着力推进政务服务方式创新,实现许可审批由群众上门办理向现场提速办理与网上办理并行转变;着力推进行政监察手段创新,实现许可审批和政府投资、政府采购的招投标活动由分散的部门自我监督向集中、实时和可追溯的电子监察转变,提高反腐败斗争水平,为群众、企业和基层提供优质快捷的政务服务,促进海南经济、社会又好又快发展。其工作目标主要是:整合省直部门的力量和资源,统一部署,分工协作,扎实推进省政务中心的各项筹建工作,确保省政务中心与省政府新建办公楼同步投入使用,并于同日正式开业对外办公。因此,海南省政务中心确立了以下三个基本原则。

一是项目应进必进、一个中心对外原则。省政务中心是省直部门提供政务服务的最集中场所。从省政务中心正式开业之日起,除有关行政机关对其他机关或者对其直接管理的事业单位的人事、财务、外事等事项的审批外,省直部门面向公民、法人和其他社会组织实施的行政许可项目、行政审批项目及相关的收费项目(以下合并简称"政务服务项目"),必须全部进入省政务中心办理,省直部门过去分散设立的政务(行政)审批大厅相应地一并撤销,并不得擅自在其他场所再行受理政务服务事项。因涉及国家机密、宗教、意识形态等原因不宜进入省政务中心办理的政务服务项目,需上报经省政府批准;对经省政府批准不进入省政务中心办理的政务服务项目,其承办机构必须与省政务中心联网,共享政务服务信息和网络资源,接受统一管理和监督。

二是简化办事程序、窗口充分授权原则。以组织政务服务项目进入省政务中心为重要契机,对省直部门的政务服务项目进行一次全面彻底的清理登记,按照精简优化的要求,再造并实施新的许可审批流程,切实解决传统管理体制下形成的许可审批环节过多、周期过长、要求申报材料过多、行政效率过低的问题。在不改变省直部门对政务服务项目的法定许可审批职权、许可审批主体资格的前提下,以省直部门在省政务中心设立窗口为重要契机,由省编制委员会办公室牵头,制定并实施《全面推行许可审批权相对集中改革工作方案》;在不增加人员编制的前提下,对许可审批业务量较大的若干相关部门各增设一个许可审批处室,对业务量较小的可在现有的法规处或办公室加挂许可审批处室牌子,处室主要负责人任部门的窗口"首席代表",由部门行政首长对"首席代表"依法委托授权、交授行政审批专用章,进而做到"三个集中",即各部门内部许可审批事项向其许可审批处室集中;许可审批权力向"首席代表"集中,"首席代表"按照"谁批准谁负责"的原则即审即办;各部门的许可审批处室及"首席代表"向省政务大厅集中。不断提高许可审批事项的窗口现场办结率,坚决避免把窗口办成政务服务事项的"中转站"和"收发室"。

三是服务公开公正、管理统一规范原则。把省政务中心作为省政府政务公开的重要载体和示范工程来建设,对所有进入省政务中心的政务服务项目,都要通过新闻媒体、政府网站、文本示范、办事指南等途径或形式向社会公示，做到"十公开"。即公开项目名称、法律政策依据、办理程序、申请条件、申报材料、承诺时限、许可审批进度、收费项目、收费标准、收费依据，切实保障人民群众对政务服务事项的知情权、接受服务权、监督权，切实解决许可审批中暗箱操作、权力寻租和滋生腐败等问题。按依法行政、规范管理的要求，省政府授予省政务中心对进出省政务大厅的政务服务项目的组织登记清理和初步审核权，对全体窗口工作人员的教育培训和管理考核权，对许可审批和政府招投标活动的服务、协调、监察权，授权其对省政务大厅进行统一的业务管理、政治管理、纪律管理、信息管理、安全管理、物业管理，真正把省政务中心建设成为行为规范、运作协调、公正透明、廉洁高效的政务服务实体。

其次，海南省政务中心以现代高科技的技术为支撑，通过建设"一厅三网两系统"，打造现代化的政务服务平台。

所谓"一厅"，是指省政府的政务大厅。按照《海南省政府政务信息中心初步设计》方案，建设省政府政务信息中心基建项目一、二期工程（建成后大楼称"省政务大厅"），第一期工程与省政府新办公大楼同步完工，第二期工程于2009年12月底前建成，建筑总面积22674平方米。全部工程完工后，实现"行政许可审批大厅、招投标大厅、产权交易大厅、多功能听证厅、政府中心信息机房"等功能布局。按照便民高效的要求，省政务大厅配备公示许可审批进展的大屏幕显示器、等离子显示器、查询触摸屏以及排号机、考勤机等电子设施设备。

所谓"三网"，是指海南省政务中心公众网、省政务中心办公网和链接省政府电子政务外网。把省政务中心公众网建设成为面向社会的政务服务信息系统，承担政策法规和服务信息网上公告、办事查询、表格下载、递交有关许可审批申请、网上投诉受理等功能，为人民群众提供"一站式"在线政务服务，显著提高网上审批水平。把省政务中心办公网建设成为全省许可审批内部管理信息系统的核心，承担省政务大厅局域办公功能，承担链接经批准保留的省直部门政务服务机构和市县政务服务中心办公网等功能,为全省纵向和横向传递相关许可审批手续和管理信息提供无障碍的内部网络通道。链接省政府电子政务外网,实现省直相关部门与其在省政务大厅设立的窗口之间许可审批业务的网上传输和办理。

所谓"两系统",是指海南省网上联合许可审批服务系统、许可审批和招投标活动电子监察系统。依托省政务外网平台建设"省政府网上联合许可审批服务系统",在全面清理许可审批项目、再造许可审批流程的基础上进行软件系统开发,特别是抓好"网上一表式申报多部门并联审批"的软件开发,力争网上联合许可审批系统达到国内先进水平,以形成"窗口受理办理、省政务中心协调督办、网上运行反馈、信息平台转换"的机制。省政务中心所依托的政务外网是电子政务建设的基础组成部分。统一的外网平台是电子政务全局中联结各部门业务系统的桥梁和纽带,为各业务部门提供网络传输服务,是未来政务工作的"高速公路"。外网提供的是高度集成化、一体化、规范化的服务,其本质是为各业务系统的安全、顺畅、高效运行和数据的传输、交换、存储等构造网络基础环境,它是未来实现各业务系统互联、互通、互操作,促进资源共享的基础性工作。

显然,互联互通是信息共享、协同政务的基础,也是扁平化体制赖以存在的基础。海南省采用高起点的技术平台来构筑这种应用系统,才有可能充分达到便民高效的目的。

其三,海南政务中心建设充分体现了扁平化管理理念。为了创新政务服务运行方式,切实做到服务优质、高效便民,海南省政务中心建立了全新的人事管理制度。这些人事管理制度的核心在于,确保政务服务工作的顺利展开。其制度建设的主要环节包括:一是选拔配强窗口工作人员。相关省直部门按照"素质高、能力强、业务精、服务优、熟练电脑操作"的要求,根据窗口业务量选派窗口工作人员,征求省政务中心意见并备案。窗口工作人员应有明确的岗位责任和执法责任,在窗口工作周期应在一年以上。二是选拔配强窗口首席代表。省直相关部门应委任一名政治素质高、业务能力强、有审批工作经验的中层以上干部担任窗口首席代表,代表本部门行使许可审批职权,负责协助配合省政务中心做好管理工作。三是窗口工作人员和首席代表实行双重管理。业务工作由其所在部门管理,行政隶属关系在原单位不变,工资福利由原单位发放;日常工作接受中心的管理,其党团组织关系临时迁入省政务中心,窗口工作人员年终考核由省政务中心负责,优秀指标由省人事劳动部门单列,不占选派单位指标,并适当高于其他单位比例;晋升职务以及入党入团应考察其在省政务大厅工作的现实表现,并征求省政务中心的意见。窗口工作人员因不能胜任工作或有违纪行为,省政务中心提出处理意见或换人要求时,派出部门应密切配合,及时更换工作人员;部门提出调换工作人员或临时顶岗换人时,应征得省政务中心的同意。

(3)关于政务中心制度的评价

在我国所推行渐进改革的背景下,政务中心制度的出现具有重大的理论意义:在投入相对较少的情况下,改变了原有的金字塔式的层级管理,实现了行政流程的再造。

首先,政务中心制度诱导地方政府自主进行制度创新,降低了行政流程再造的复杂性。

作为一项自下而上的改革,"政务中心"制度是地方政府自发改革的产物,是巩固和推进行政审批制度改革、政府机构改革,实现政府职能科学定位、机构优化配置的一个有益探索。由于这种制度创新既可照顾到原有体制的历史合理性,又充分体现了扁平化结构的时代意义,因而被有识之士称作一场"自我革命"。

那么,这种作为主要由地方政府自发改革而兴起的制度安排,为何能够不断发展、完善并迅速地在全国扩散呢?这是一个非常值得大家深入探讨问题,可以为培育和拓展行政民主"自下向上"扩散机制提供借鉴。更为重要的是,政务中心制度的建设改变了地方政府的责任意识。过去,我们对地方干部考评的主要手段是用政绩评价与职务或行政级别擢升联动的机制,这在一定程度上扭转了完全听命上级领导的"奴才政府"的不良倾向,使得地方党政领导对制度创新的预期政治收益开始树立了信心,从而提高了地方政府进行改革实践的积极性,使得这种由下往上、渐进改造成为一种可能。但是,进行政府行政流程改造,是一项复杂的系统工程,其成功与否将会对社会产生重大影响。因此,大家都曾对这种改革持慎重态度。由于行政服务中心建设所具有的便民性、快捷性和公正性,使得大家能够在高科技设备的基础上感受到现代化带来的各种便利,因而才出现了彼此学习、相互借鉴、逐渐从局部实验到全面推广的局面。另外,这种以构建行政服务中心的方式实现行政流程再造,可以由下到上、由局部到全局渐进推广。大家可以在条件比较成熟的单位进行试点,如先对基层乡镇行政组织的行政流程进行定位化的处理,然后引进适宜的科技手段,进行合理化组合,并在此基础上重新设置组织机构和人员,制定相应的管理制度;待取得经验和实效之后,再对政府某一类工作流程进行系统性的改造,厘清流程的各个环节,运用科技手段重新进行组合,压缩工作流程,理顺管理体制。这样历经数年,便可实现政府整体流程的改造了。

当然,以政务中心为载体的行政流程改造,其模式与程序并非是一成不变的,随着社会形势的变化和管理问题的不同,其行政流程也将随之不断地变动。但以这种方式进行行政体制改革,由于始终突出了"便民高效"、"公正廉洁"等主旨,故可以得到广大人民群众的支持和配合。

其次,行政服务中心的建设以便民、高效、廉洁、规范为宗旨,推行"一站式办公、一条龙服务、并联式审批、阳光下作业、规范化管理"的运行模式,因而具有明显的比较优势。这些优势主要表现为以下五个方面。

一是集中办事,方便群众。具有行政审批职能的部门在政务中心设立窗口集中办公,将行政相对人需要跑多个部门才能办成的事,变为只跑政务中心一处就能办成,极大地方便了办事群众。"变群众跑为干部跑","变外部跑为内部跑",真正体现了人民政府以民为本的思想和为民服务的宗旨。

二是加强监督,提高效率。在政务中心的统一要求、组织、监管和协调下,对进入政务中心的所有事项都必须公开承诺——限时办结。特别是通过并联审批,切实简化了办事程序,有效提高了办事效率。同时,通过各单位之间、窗口工作人员之间的相互监督,中心管理人员和社会公众相结合的监督,使监督工作更好地落到实处。

三是阳光作业,防止腐败。建立公开、透明的告知制度,服务项目、受理条件、办事程序、办结时限、收费项目、收费标准、办事结果、行为规范、管理规章等全面公开,实行阳光作业,保障了行政相对人的知情权,保证了行政审批的公正与规范,有效地预防和减少了暗箱操作、权力寻租、"吃拿卡要"等腐败现象的发生,改善了政府及其部门的形象。

四是规范收费,有利财政。严格按规定标准收费,减少了部门自由裁量收费数额的随意性,全部收费直接进入财政统一账户,透明了各部门的资金状况,方便了财政对各部门资金的有效监管,防止了资金流失,保证了财政收入。同时,扩大了财政资金的调度空间,并为减小部门收入差距提供了方便。

五是重塑形象,改善关系。过去,公民申请行政审批遇到的推诿、扯皮、刁难等现象屡有发生,"衙门作风"、"官僚习气"、"门难进、脸难看、话难听,事难办"、"不给好处不办事,给了好处乱办事"的行政作风公众最反感,也是公众对政府产生不满情绪的重要原因之一。行政审批服务中心的建立较大程度地改善了这一问题。公众得到的不仅仅是方便和少跑路,更重要的是塑造了高效、廉洁、亲民、为民的政府形象,改善了政府及其部门与社会公众的关系,减少了冲突与矛盾,实现了和谐有序。

另外,行政服务中心作为"窗口",有助于行政机关树立以服务人民为荣的思想。

在政务中心建设中,各地政府都坚持大力弘扬求真务实精神,做到"五到位",即领导到位、思想到位、组织到位、宣传到位、责任到位。由于采取了这些强有力的措施,保证了政务中心各项工作的顺利开展，有关机关及其工作人员的服务意识都进一步得到了加强。仍以海南省政务中心为例。由于海南省政务中心确立了"执政为民"理念来推进政务中心的建设，通过扎扎实实的"为民、便民"的行动来增强全体工作人员的服务意识，从而大大地提高了政府的服务质量，提升了群众的信任度、满意度。最近该中心推出了预约服务等便民措施，在下班时间和休息日照常可以办理证件，为群众提供了更加全面、优质的服务。通过电话回访和征求意见，群众满意率达100%。取得了这样的实践效果，更加坚定了海南省各级政府职能转变和行政管理体制改革的决心。长期以来，我国各级政府及其工作部门多存在管理范围上的越位、缺位、错位并存的现象，在行政方式上存在重管理、轻服务，重事前审批、轻事后监管等现象。而且，在其所实施行政活动之中，往往还带有明显的趋利特征。这种权与责脱节、权与利挂钩的情况，同当时的"衙门式"体制不无关系。而当行政服务中心建立之后，从组织体制、服务机制和服务环境等方面，使上述问题得到有效的改善。更为重要的是，政务中心制度已成为深化行政管理体制改革、推进扁平化体制改革的试验场、检验台和突破口。

2."省带县"——纵向行政体制扁平化的重要举措

(1)"市带县"与"省带县"

从20世纪80年代初期开始，我们就在全国范围内推行"市领导县"体制。目前，全国现有333个地级行政区(市、自治州、地区和盟)中，已有283个地级市实行了所谓的"市管县"体制，占地级政区的84.98%，共领导县(市、自治县等)1449个，占全国1910个县级行政区(未含地级市、直辖市的市辖区)的75.86%。可见，"市管县"体制目前已经成为我国地方政区管理的主要形式。

当时，推行这种体制的初衷，是希望以经济相对发达的城市为核心，带动周边县域农村地区的发展，形成城乡一体化的区域经济发展格局。毫无疑问，这种设想在当时的政治、经济条件下，对于促进省内行政区和经济区的协调，推动区域经济和社会发展起到了积极的作用。故可以说,推行这种"市管县"体制是基于当时特殊的社会时空环境,即体现了人们在计划经济模式下企图加快城市化进程的主观愿望。可是,随着市场替代计划而逐步成为资源配置的基本机制,"市管县"体制的整个制度环境发生了根本性变化。在这一深刻的社会制度变迁过程中,"市管县"体制不仅逐步丧失了其最重要的社会生产力的支撑,而且其制度安排本身所固有的一些局限性也因时代变迁而暴露。这时,"市领导县"体制不仅没有展示出当初所期望的功效,反而成为束缚县域经济发展的体制性因素。

首先,实行"市管县"体制,其相关部分行政权力必然集中在300个所谓的"地级"市手中,这就可能出现上级政府为了本级财政的利益而强制要求下级政府作出让步的现象。由于当前各级政府的首要任务都是发展经济,因此,"市管县"的体制会自然而然地产生这样的逻辑:市政府要做大做强本级财政,就会想方设法地缩小县级政府的自主权,以扩大市级政府对资源的支配能力。可是,这种利用行政权将大量资源集中在市级政府的结果必然是县级政府的财权减少,事权却无法推卸,从而导致县级财政困难,基层公共服务日渐落后。其实,这种盘剥基层利益的城市化模式,在西方发展过程中就曾实施过,并曾因此而引发过长期的社会动荡。这里涉及一个深层次的问题,即我国城市化究竟应该采用什么样的方式。对于这个问题,目前还存在学术争论。有人认为,应当采取小城镇为主的城市化模式。但是,由于小城镇的建筑容积率低,会浪费土地资源,而我国的土地资源又十分稀缺,难以广泛采用这种城市化模式。所以,有人据此提出,我们只能采取以大中城市为主的城市化模式。显然,如果人力、资源大量地涌向大城市,即将产业、资金和交通基础设施都向大城市集中,当然可以产生更高的社会、经济效益,却可能以牺牲周边城市和农村为代价。

其次,市管县模式的另一个不良后果是人为地加剧了"三农"矛盾。一般而言,地级市都是比较大的城市,其经济发展主要靠工业与服务业,有很强的忽视农业的倾向。尽管农业在国民经济中扮演着十分重要的角色,但中央政府本身是无法直接干预农业生产的。由于我国是个农业大国,且各地农业生产条件差别很大,因此,真正了解农村、农民与农业具体情况的是基层政府。事实上,长期以来,中央农业政策的具体执行者,主要是县级政府。中央政府的职能主要是提供市场信息、制定原则性的农业政策,如提高粮食最低收购价、提供种粮补贴等。至于中央政策如何执行,则主要由县级政府根据本地农村的实际情况来决定。正因为如此,中央政府和主管农业生产的县级政府之间的联系应当非常紧密,不宜在中间设置过多的管理层级。以农业补贴为例,这种补贴一般都是通过中央的财政转移支付来实现的。可是,中央毕竟不知道哪些农民需要补贴,也不可能直接将补贴发给农民。事实上,需要补贴的农民人数和补贴钱数都是由乡镇政府提供,通过县、市、省级政府一级一级地报上去。中央的补贴也是通过各级财政,从省里到市里、从市里到县里、从县里到乡镇一级一级地发下来。由于增加了"市"这个层次,这就无异于增加了一道信息过滤器——凡是对市级政府不利的信息,往往都会在这里被人为地抹掉。这就必然导致信息失真、政策失灵,上级政府对农业发展的促进作用也就会明显减弱。由此可见,近年来出现的所谓"三农问题",与现行行政体制不无关系。

另外,增加了"市"的层级,也就增加了办事的关口,无形中使得不正之风更趋严重。由于市政府要"吃"、"卡"、"压"县级政府,必然会引起相应的博弈或其他应对措施。这样一来,不仅市县关系矛盾重重,而且,兄弟县也成了竞争对手。如此一来,地方与地方之间的经济矛盾十分突出,竞争有余、合作乏力,甚至会不择手段地"拉关系"、"争项目"。而在这种矛盾日渐加深的过程中,给回扣、走后门、请客送礼就成为"必修课",腐败与不正之风就会越来越严重。这就是说,有些不正之风是被体制失当而"人为"地制造出来的,只有通过进行相应的体制改革,才能收到釜底抽薪的效果。

(2)层级扁平化:一剂比较对症的良药

虽然我国行政体制之中历来包含有一定的扁平化因素,但是,

226

从整体上看仍旧以金字塔式的科层管理模式为主。而且,由于采用"市带县"的纵向行政权力配置模式,更容易强化这种科层式垂直管理机制。在当年大力推行"市管县"的行政体制之时,也有少数省份因为幅员较小而没有彻底实行这种行政体制。例如,浙江就在当时的改革中保留了一定的"省管县"的机制。而在以后的实践中证明,这种体制对于发展农业似乎更为有利。于是,浙江的经验越来越被看重,中央反复强调,有条件的地方都要搞省直管县。就在大家学习和推广浙江经验的时候,人们又作了大量的调查研究,形成了两个相辅相成的思路。

第一,减少财政层级,通过"省管县"和"乡财县管"等改革,争取把五级财政扁平化为中央、省、市县三级。依照宪法,我国纵向行政层级有四个,但实施"市带县"模式之后就变成了五个,因而造成行政资源的严重浪费。通过"省管县"和"乡财县管"等体制改革,即通过增加扁平化结构和机制的引入,将纵向权力分配的难题一下子解决了,给人一种柳暗花明的感觉。自从20世纪90年代推行分税制改革之后,我国财政体制具有相对的独立性,可以在事权划分清晰化、合理化的基础上,构建与事权相匹配的分级财政体制,从而降低行政系统的运行成本,更好地促进各地社会经济的发展。这就是说,在财政体制领域,推进层级扁平化改革已经具备比较成熟的条件,中央明确指出:"具备条件的地方,可以推进'省直管县'的试点。"当然,这里的"乡财县管"具有一定过渡性的意义。因为,乡镇是具有宪法地位的行政层级,而且,也是具有独立意义的民主选举的区域,一旦实行"乡财县管"之后,就有可能削弱其应有的宪政地位。从长远来看,这是需要进一步深入研究的领域;而从短期来看,仅将乡镇财权交由县级政府统管,并不会从根本上影响乡镇独立的预算管理权能。

第二,把市县放到一个级次平台上,成为扁平化的基层政府。如果按照宪法的权力配置和民主集中制原则,我国纵向行政体制具有金字塔式的倾向。也正是这两种机制的缘故,使得市县关系难分难解。由于我国省级行政区划往往都比较大,在传统的单纯依靠生理机能而构建的交流信息平台上,省级政府是无法管好自己所辖的各个县(市)的,因而采用了"地区"作为省政府的派出机构,将数量众多的县(市)分而治之。应当说,这是当时通讯技术落后的条件而不得已为之的办法,如果回到当今这种信息化时代,这种方式无疑显得非常可笑。不过,我们对此不能采用一百步笑九十步的态度,而是应当实事求是地对待。所以,我们不难理解,为何海南、浙江这种小区划省份,一直对"市管县"持否定或观望态度。但是,对于行政区划足够大的省份,如四川这种有184个县级行政区划的大国土面积的省份,所有县(市)全部都由省政府来直接管理,显然也是不太现实的。对此,一个可以选择的方案就是——把市县放在一个级次平台来对待。对于城市建成区面积足够大的地级市,可以通过下设若干个区(县级)的办法,令其成为独立承担公共服务职能的区划。通过这样的分类组织之后,由省政府直接管理的下级政府可以在总量上控制在40~60个。在这种行政体制的条件下,可以由省政府直接规划和组织实施围绕省会城市建设所谓的"城市群",一改我国目前城市化进程中各自为政的做法。一般而言,省会城市大都属于特大型城市,都经历了"千年立城"的历史故事,其文化内涵是无法复制的。如果能够在统一规划的条件下,通过现代交通、通讯技术等基础设施的打造,不仅可以解决纵向管理体制的难题,还可以找到新的经济增长点。

目前,我国部分地区已经开展了"省管县"和"乡财县管"等改革试验,其基本导向是力求实现省以下财政层级的减少,即扁平化,其目标是实现中央、省、市县三级架构,即将乡镇政权组织变为县级政府的派出机构,地级行政机构原则上不设,对于特殊情况确有必要设立的可考虑作为省级政府的派出机构。显然,实施这种纵向行政体制扁平化的改革是有必要的。如果通过这种扁平化体制改革,让目前五级政府减少到三级,即让中央管省、省管县(市),砍掉市级和乡级两层机构,就可以减少目前五分之三的机构和官员。如果真的做到,那将是我国现代化建设里程碑式的改革,将极大地促进我国社会、经济的发展。

（3）"强县扩权"：行政层级扁平化的重点环节

所谓"强县扩权"，是指在暂时不涉及行政区划层级的情况下，将一部分归属于省级政府和地级市政府的经济管理权、社会管理权直接赋予经济实力较强县（市），来推进县域经济的发展。从20世纪90年代开始，浙江、湖北、河南、安徽、湖南等省份就先后根据本地的具体情况，实行了强县扩权的社会实验，引起了各界的广泛关注。

首先，"强县扩权"是省级政府在处理市县关系时的客观选择。自从推行"市管县"体制以来，市、县利益关系日趋复杂，尽管中心城市的发展较快，但往往是以牺牲周边小城镇的利益而实现的。而且，地级市做大做强之后，出现了各种"城市病"，并因为这种体制是按照金字塔式官僚组织的心理来设计的，各个地级市在取到一定程度的成绩之后总是希望向特大城市看齐——挑战省会城市的社会、经济中心地位，企图独立建立自己的"经济王国"。这样一来，国内统一的大市场被人为地分割，甚至在"招商引资"中大打地方"土政策"，要求商家只能在本市参与经济建设，否则将收回所谓的"优惠政策"。显然，这种情形的存在是与市场经济客观规律格格不入的。这时，随着一些地区县域经济的异军突起，要求打破"行政篱笆"，建立平等公正竞争秩序的呼声日益高涨，从而使得市县利益冲突日渐加剧。这样，省级政府为了处理好市县关系，促进省域经济的整体发展，就必须借助于行政管理机制的创新——"强县扩权"就成为一个恰当的、过渡性的选择。毫无疑问，"强县扩权"在体制也有两面性：一方面，县（市）权限的扩大，对于推进县域经济发展有很大帮助，但同时也可能出现滥用职权、盲目发展等现象，这就有可能带来新的一轮重复建设等问题。另一方面，地级市的权限缩小，不可避免地会导致大中城市发展受到负面影响。对此，只能借助于"经济功能区"划分和规划围绕特大型城市的"城市群"建设，来冲抵其负面影响。例如，湖北省一些地区就出现过"强县扩权"受阻情况。这既是思想认识问题，也是利益关系问题，同时也说明"强县扩权"制度自身可能也存在一些缺陷。所以，我们在给县（市）放权、推进县域经济发展的同时，也需要从制度上保证中心城市的正常发展。

其次，"扩权强县"可以帮助我们保持县制的基本稳定。众所周知，县制是我国重要的行政传统。自秦在全国全面推行郡县制以来，县制就一直是我国行政体制的重要组成部分。县制在我国行政区划体制中的地位是非常突出的。县的基层性决定了其工作所直接面对的是广大农村和农民，因而对于维持全国范围的社会稳定是很有意义的。由此不难解释，尽管我国历代行政区划建制变更很大，但是基本都能保持社会稳定——其重要原因就在于"县"作为基层政区，始终能够保持相对的稳定。从历史经验与现实情况两个方面的证明，我们可以得到这样的结论：县的稳定是中国社会稳定的重要基石。更为重要的是，在长期的历史进程中，县制已经通过稳定的文化联系转变成为完整的自然、经济和社会单元，被广大人民群众所接受。例如，已故社会学家费孝通先生所作的"江村调查"，就引入了一个重要的概念："乡足"——老百姓天亮起床，带着自己的劳动产品到集市上交换所需生产、生活用品，天黑时分就能回到自己的家。如果满足这种社会地理条件，那么，这个老乡所住的地方就是他赶集的那个小城镇的"乡足"。事实上，老百姓赶集的小城市往往就是县政府所在地，即在自然经济条件下，人们通过步行或畜力能够在一天之内往返的社会地理关系。当然，随着交通与通讯条件的发展，"乡足"这种靠自然力形成的社会地理单元有可能改变，但是，中心城镇与广大农村地区的关系，在本质上仍旧是不会变的。这就意味着，我国的行政区划与城市化应当保持相对一致，否则就会出现不必要的麻烦。因此，我们对于这种具有悠久历史传统、最为稳定并为大众广为认同的基层行政区，不仅不宜变史，而且史应保护。但是，20世纪80年代中期以来，我们曾持续近10余年地推行过"撤县设市"的模式，使"县"的数量显著减少，直到1997年，国家明令"冻结"县改市，这种情形才有所好转。显然，这是我们在推行"扩权强县"过程中，应当认真加以总结的问题。

另外,"扩权强县"可以帮助我们稳定公共产品的供需关系。一般而言,公共产品具有宏观与微观两种类型,因而也存在两种供应机制。例如,国防、外交等领域的公共产品,属于全国整体的需求,主要应当由中央政府生产、维护和供应。而对于医疗卫生、环境保护、基础教育等领域的公共产品,往往与特定社会紧密相关,应当主要由基层政府承担责任。从这个角度看,市县应当处于基本的地位。对此,如果采用地级市管理县的办法,就可能存在公共产品供应不均衡的问题——城市居民享受到的福利在事实上高于农村居民。由此可见,通过"扩权强县",在做强做大县域经济的同时,把公共服务的责任同步挂钩,就可以在体制上加快基本公共服务均等化的步伐。

3. 关于"大部委制"视野下公共服务管理机构设置的理性思考

(1)"大部委制"带来的新理念

所谓"大部委制"是指,从2008年开始,围绕转变政府职能、理顺部门关系等主题,根据我国当代社会生活的实际需要,将一些职能相近的政府部门在组织结构上进行整合,即通过对行政部门的宏观职能进行亚职能解析,将亚职能视为一种可以分散诱导行政资源配置的变量,根据职能行使的效率原则对亚职能进行组合以形成宏观职能,再根据宏观职能优化组合而形成"大部门",以便更好地实现政府绩效[①]。按照这种思路进行改革,国务院的组织机构由以下六类部门组成。

一是国务院组成部门,共计27个:外交部、国防部、发展和改革委员会、教育部、科学技术部、工业和信息化部、国家民族事务委员会、公安部、国家安全部、★监察部、民政部、司法部、财政部、人力资源和社会保障部、国土资源部、环境保护部、住房和城乡建设部、交通运输部、铁道部、水利部、农业部、商务部、文化部、卫生部、国家人口和计划生育委员会、中国人民银行、国家审计署(★监察部与中共中央纪律检查委员会机关合署办公,机构列入国务院序列,编制列

---

① 倪星著:《英法大部门政府体制的实践与启示》,载《中国行政管理》,2008年第2期。

入中共中央直属机构）。

二是国务院直属特设机构1个：国有资产监督管理委员会。

三是国务院直属机构，共计16个：海关总署、税务总局、工商行政管理总局、质量监督检验检疫总局、广播电影电视总局、新闻出版总署(国家版权局)、体育总局、安全生产监督管理总局、统计局、林业局、知识产权局、旅游局、宗教事务局、国务院参事室、国务院机关事务管理局、★国家预防腐败局（★国家预防腐败局列入国务院直属机构序列，在监察部加挂牌子）。

三是国务院办事机构，共计4个：国务院侨务办公室、国务院港澳事务办公室、国务院法制办公室、国务院研究室。

五是国务院直属事业单位，共计17个：新华通讯社、中国科学院、中国社会科学院、中国工程院、国务院发展研究中心、国家行政学院、中国地震局、中国气象局、银监会、证监会、保监会、电监会、全国社会保障基金理事会、国家自然科学基金委员会、★国务院台湾事务办公室、★国务院新闻办公室、★国家档案局（★国务院台湾事务办公室与中共中央台湾工作办公室、国务院新闻办公室与中共中央对外宣传办公室，一个机构两块牌子，列入中共中央直属机构序列。国家档案局与中央档案馆，一个机构两块牌子，列入中共中央直属机关的下属机构）。

六是国务院部委管理的国家局，共计22个：信访局，粮食局，能源局，国防科技工业局，烟草专卖局，外国专家局，公务员局，海洋局，测绘局，民用航空局，邮政局，文物局，食品药品监督管理局，中医药管理局，外汇管理局，煤矿安全监察局，★保密局，★密码管理局，★航天局，★原子能机构，★语言文字工作委员会，★核安全局(★国家保密局与中央保密委员会办公室，国家密码管理局与中央密码工作领导小组办公室，一个机构两块牌子，列入中共中央直属机关的下属机构，工业和信息化部对外保留国家航天局、国家原子能机构牌子，教育部对外保留国家语言文字工作委员会牌子，环境保护部对外保留国家核安全局牌子）。

当中央政府此次改革完成之后,地方各级人民政府也按照中央的部署,根据本地的实际情况,积极开展这种改革。实行"大部委制"的最大优点在于：一是通过将相关事务集中交给一个部门行使,可以使相关行政事务得到有效协调；二是将事权相对集中,可以大大减少互相推诿、相互争利的现象；三是可以精简机构,即在保留必要的业务人员之时大量减少辅助人员,将人力资源侧重地配置到一线业务部门。可见,"大部委制"作为一种政府政务综合管理组织体制,其特征是"大职能、宽领域、少机构"。这种行政体制已经带有从金字塔式垂直管理体制向扁平化式网络管理模式转变的倾向,因而为我们建设服务型政府带来了新思路、新要求。

(2)关于公共服务管理机构改革的两个设想

由于公共服务的各个具体行业之间存在差异明显,因而各地的相关管理机构设置五花八门。尽管基于各地差异而难以建立统一的模式,但大家可以在"大部委制"系统性集中理念的基础上,结合本地实际情况进行职能整合与重构,这是未来发展的一个方向。所谓"大部委制"的系统性集中,主要包括四个方面的内容：一是整合职能,有机合并相近职能,避免职能交叉、相互推诿；二是整合权责,健全政府权责体系,形成部门间和层级间合理的权责构成；三是整合机构,减少管理环节和层次,优化结构；四是整合机制,整合大部门内部的运行机制,降低协调成本,提高行政效能[①]。笔者以为,这种理念是我们在新的历史条件下科学设计公共服务管理机构的原则,也是我们走出传统机构模式的方向。

按理,政府的组织机构是实现其职能的载体,其合理与否直接影响政府提供公共产品的质量和绩效,如果我们真正要转变政府职能,就应当进一步理顺这种体制性安排。然而,就当前各地实施"大部委制"改革的情况看,许多地方对于其公共服务管理机构的设置仍旧不着要领,仍旧停留在传统机构模式的层面,不仅造成机构复

杂、协调困难,还成为阻碍公共服务均等化的制度性屏障。对此,我们对36个大型城市(包括直辖市、省会城市和副部级城市)的公共服务管理机构设置情况进行统计分析,以期对当前我国城市政府公共服务管理机构设置状况有全面的把握。我们的统计分析思路是,先将政府所承担的公共服务分为两种类型,再分析其相关机构设置形式。那么,我们所称的公共服务可以分为哪两种类型呢? 显然,按照这些公共服务所提供产品的社会性质,可以将其分为纯公共服务与准公共服务两大类型。所谓纯公共服务,是指其提供的产品具有非排他性和非竞争性,因而无法按照市场机制来生产和供应,只能由政府负责其相关责任。而所谓准公共服务,是指其提供的产品具有不完全的排他性和竞争性,且因具有规模性、外部性和成本弱增性,因而需要由政府出面组织、协调相关社会主体,参照市场机制来生产和供应,即在政府机制与市场机制相结合的条件下,才能形成有效的供求关系。因此,尽管这两类公共服务活动都需要政府发挥其职能作用,但对于行政权力和行政资源的依赖却存在着重要差异,应当分别研究。有了上述的理论区分,我们现在就可以在此基础上选择几种典型的公共服务产品,并以此来说明政府相关管理机构设置情况及其优劣,以便让读者能够形成更为清晰的结论。

首先,对于纯公共服务而言,需要在部门分割、垂直管理的条件下,建立必要的横向沟通机制,使之实现扁平化,从而提高行政效率。

如前所述,人们为了改进传统直线职能制组织结构,可以在此基础上加载一种横向管理机制而形成一种新型组织结构——矩阵型组织。由于这种组织结构具有扁平化的主要特点,因而能够打破原组织结构的凝固性、僵硬性,使得原体制的人员配置和指挥关系获得一定灵活性、协调性和科学性。笔者以为,采用这种思路组建关于纯公共服务领域的管理结构,可以达到事半功倍的效果。

从当代主要发达国家均有明确规定的内容看,关于这种纯公共服务的主要领域,涉及到政府必须保障每个公民都充分享有的经济、社会和文化权利,以保证国人都能够全面发展。具体而言,这种纯公共服务之中,最基本的内容包括教育、文化、医疗、体育、劳动和社会保障等方面。对此,我国最近几年在推行"大部委制"改革中,已经明确由有关行政部门依法承担其责任。例如,公民受教育权的实现,需要各类学校及其相关机构,这些事务均有教育部依法行使管理权。又如公民劳动权的实现,由人力资源和社会保障部依法创造相应的社会条件,给予充分而又必要的保障。因为,尽管公民所拥有的这些权利是宪法与法律所明确赋予的,但在现实生活中,这些权利的实现仍旧需要以相关行政部门依法履行职权作为其前置条件。然而,由于我国社会事务日渐复杂和社会分工的日趋细化,故我们所采用的大陆法系的分权行政模式,在实践中愈来愈难以适应社会生活。特别是随着我国社会分工日渐加快的发展趋势,行政部门便不断设置新兴机构,以图能够一一对应式地与相关社会事务相对。可是,由于社会生活所固有的具体性,要想采用形而上学的抽象方法来对口规定行政部门的权责,是一种非常可笑的办法。例如,有一则著名的笑话——一位先生要求理发师将他的头发对等分,理发师讥笑地回答:"对不起,先生! 您的头发数是奇数。"这就是嘲笑那些自以为是的人,以为自己有那一丁点儿的智慧,就想要为所欲为。事实上,政府所拥有的智慧也是有限的,它所要采用这种分兵把口的职权主义模式,需要对社会生活科学地划分、抽象和归类,否则就会出现事权不清、责任不明、资源配置不当等问题。而且,这些行政部门一旦产生之后,就会逐渐形成特殊的利益集团,在实践中往往会表现出以邻为壑、各行其是的倾向,从而造成资源浪费,行政成本居高不下。

　　显然,要改变这种"条条专政"的局面,可以考虑通过建立由政府主要首长牵头,包含上述行政部门以及财政、公安、民政等有关部门共同参加的"纯公共服务管理委员会",即通过建立横向沟通机制,将垂直管理型体制转变为扁平化组织结构。在这种体制安排中,政府首长可以直接了解和处理公共服务最前沿的问题,各分工负责部门可以将自己的事权与财权安排及其使用情况随意通报相关部门,从而得到理解和配合;综合管理部门可以及时了解公共产品生产和供应情况,从而及时就新情况、新问题作出更为准确的反应。

其次,对于准公共服务领域而言,这是现代社会发展变化最大的领域,因而需要采用建立统筹型议事机构的形式,形成"统分结合"的机制,来统领和组织实施有关事务。

由于历史缘故,我国通常将这类公共服务称为社会公共事业,主要包括为社会公众生活和社会生产提供基础设施和服务的行业,如供排水、燃气、公交、市政设施、园林绿化、供热,等等[①]。由于这类准公共服务往往具有明显的地域性,兼有为整个社区的生产和生活提供基础性服务,因而在供给方式上存在许多特殊性,如有关行业需要有关行政权的鼎力帮助,才能建立专用管线网络等基础设施,且一旦建立这种服务关系,往往会形成自然垄断而屏蔽其他竞争者的产生。这就是说,这种准公共产品的供需关系必须依赖各地政府才能有效建立,但同样也需要政府部门的监管才能保障这种供求关系的合理性。由于政府对此的管理需要以公共利益为本和行政权威

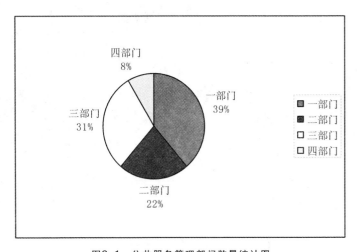

图3-1　公共服务管理部门数量统计图

---

① 汪永成著:《公用事业市场化政策潜在的公共风险及其控制》,载《江海学刊》,2005年第1期。

为基础,因此,在这个领域中职权部门需要在科学认识的基础上发挥其作用。根据统计资料,我们可以将有关城市政府的相关机构设置情况做出如图3-1所示的统计。图中,以公用事业管理机构下的业务部门数目作为变量,36个样本城市下设从一部门到四部门不等。如表所示,实行一部门统管制的有14个城市,占39%;实行二部门制的有8个城市,占22%;实行三部门制的有11个城市,占31%;实行四部门制的有3个城市,占8%。

通过对图3-1的统计分析,当前我国大城市在准公共产品管理机构的设置上呈现如下特点:一是从整体看,多部门(非一部门)分管形式占多数。即在统计数据表上,这种多部门管理要比一部门统管多出22%。二是从具体部门数量看,一部门统管形式以39%的比例成为首选模式。对于这种情况,一方面反映了统管和分管各自有优缺点,都有城市政府根据自己的实际情况选用;另一方面,在分管的模式下具体设置多少部门最有利于城市公用事业管理,尚无统一规范的标准,部门数目与所选择的城市数之间不存在相关关系。出现这种情形的原因,可能是我国对公用事业管理体制没有严格限制,各个政府所沿袭的旧有管理模式差异较大,当代改革进程也不尽相同,从而形成了地区之间不相统一的现状。

笔者以为,对于这种准公共服务领域的管理机构设置,仍旧可以考虑通过建立具有横向统筹功能的委员会体制,在统分结合的基础上,进一步优化其管理机构的设置形式。一方面,将各类准公共服务的管理权统统交由一个委员会行使,既可以防止规模比较小的城市陷入机构膨胀的情形,同时也可以避免大城市、特大城市相关管理部门职权分工日趋细化的情形。因为,"大部委制"给了我们一个明确的思路,在宏观上设置行政部门宜粗不宜细,以避免出现不必要的内耗。而且,在"大部委制"之下成立相应的分支部门,既可以相对孤立地运作,又可以在统一的平台上形成资源共享的局面。因此,这种模式可以作为当前我们关于公用事业管理机构设置的思路。另一方面,我们一直把供水、排水、燃气、公交、园林绿化、供热等行业一同划归于公用事业,但是,其相关管理部门在有些地方是相互独立的。出现这种局面,往往是有关领导从政治和人事关系的角度考虑问题的结果。如以济南为例,供水、排水、燃气、公交、园林绿化等统归市政公用事业局管理,在公用事业局下又分别设供水管理处、排水管理处、燃气管理处、市政设施养护管理处、客运交通管理处等,各自进行职能管理,相互之间的业务联系极少。这些下设机构在职能执行时却常常遇到与其他部门协调上的众多问题,扯皮导致的监管不力严重影响了政府公用事业的绩效。供水与排水之间牵涉到对水的共同利用,而水资源的统一规划又归水务局管理,从而形成了公用事业局与水务局之间的不协调关系。客运交通管理处对全市城市客运行业实施统一管理,具体负责制定行业发展规划,客运资质审核,参与核定运价,客运证件制作和发放、市场监督、客运违章查处等,但是面临公交需求增长,道路、场站扩建时就要建设局出面,在具体监管时又要与交通局权力交叉。市政设施养护管理处负责实施市政设施行业管理、养护考核、市管市政设施养护招投标以及市政设施综合养护管理工作,而道路使用收费却归属交通局,市政养护中出现的资金不足以及道路建设等矛盾比比皆是。

事实上,许多城市已经意识到了公用事业管理体制方面所存在的问题,开始出现了多种统分结合的管理模式。如广州、北京、成都、深圳等大城市,都纷纷针对城市交通拥堵日益严重的情况而成立了交通委员会,将规划、城管、路政、公交和运管等部门的相关职能统统置于一个议事机构来加以整合。由于准公共服务牵涉到政府机制与市场机制的统筹结合,因此,这种具有统分结合性质的管理机构具有更大的包容性。可见,根据"大部委制"的思路进行职能整合,势必会为公用事业的发展带来新的机遇。当然,"大部委制"改革的步伐和思路对公用事业管理机构整合的影响,并不是行政体制改革的最终结果,只是人们在社会生产力不断进步的基础上不断总结组织结构形式科学化的阶段性成果。也许,这才是实施"大部委制"改革的核心内涵。

第四章
公共服务均等化及其制度保障

一、公共服务与公共服务均等化

1. 公共服务

公共服务(Public Service)是21世纪人类社会发展和政府改革的核心理念。一般认为,公共服务是指建立在一定社会共识的基础之上,为维护或增进社会公共利益,如实现本国或本地区社会经济的稳定和发展,维护社会正义,保护社会成员最基本的生存权和发展权等,根据社会生产力发展的总体水平,由政府及其工作机构依法利用公共资源生产和供应相关物品或劳务,让人民群众充分消费和享用的活动。公共服务具有三个基本特点:一是以实现社会公共利益为目标,使社会得以稳固并保持必要的凝聚力。二是由政府依法承担供应公共服务的主要责任,政府的这种法定责任与社会生产力发展水平呈正相关关系。三是公共产品(包括相关的物品和劳务)是凝结公共服务具体内容的物质性载体,政府对这些产品的生产制造是利用公共资源进行的。

一般而言,公共服务总是以相应的公共产品为载体,因此,现代经济学关于社会产品的分类理论可以帮助我们加深对有关问题的理解。这种理论认为,社会产品可以按照市场属性进行分类。这种所谓的市场属性,是指消费的排他性(Excludablity)和竞争性(Rivalness)。前者是指某人消费某产品时,可以排斥他人对该产品的消费。与此相反的是非排他性,指这种产品一旦被提供,就不可能排除任何人对它进行消费,或者因排斥成本过高而难以实现或维持这种排斥。后者是指这种产品供人消费后即无法再让其他人消费,即如果增加消费者,就必须增加产品数量,从而增加生产成本。与此相反的是非竞争性,指某产品供某人消费的同时并不会减少其他任何消费者的效用,也不会增加社会成本。以这种市场属性为标准,可将社会产品分为四类:具有排他性和竞争性的是私人产品,具有非排他性和非竞争性的是纯公共产品,处于两者之间的是准公共产品和俱乐部产品。

由于纯公共产品具有非排他性和非竞争性,不能由私人部门自发地通过市场机制来生产和供应,因而只能由政府承担提供这种服务的社会责任。这种纯公共产品主要包括三大类:一是满足社会成员实现基本的社会生存权和发展权的需要,这就要求政府及社会为每个人都提供就业与再就业的基本保障、基本社会保障、公共安全保障等;二是满足社会成员保持基本尊严和发展基本能力的需要,这就要求政府及社会为每个人都提供基础性的教育和文化、体育服务;三是满足社会成员维持基本健康的需要,这就要求政府及社会为每个人提供基本的医疗、卫生和环境保障。正是由于这些纯公共产品具有非常重要的社会作用,故各国都以法律的形式确定,公民享有依法获得相应纯公共产品的权利,政府应当根据社会经济的发展而承担依法供应的责任,并不断提高其质量。

这里需要加以说明的是,出于尊重惯性用语的考虑,本章以下将这种"纯公共产品"称作"基本公共产品",或简称为"公共产品";将生产、供应和消费这种产品的活动称为"基本公共服务",或简称为"公共服务"。至于与此紧密相关的"准公共产品",由于具有非排他性和弱竞争性,其生产供应的机制和责任又有所不同,我们将在下面一章进行专门讨论。

2. 公共服务均等化及其含义

所谓公共服务均等化,是指政府要为社会公众提供基本的、在不同阶段具有不同标准的、最终大致均等的公共产品,尽可能地让全国各地居民享有大致相当的社会基本福利。

根据《现代汉语词典》的解释,"均等"包含有平均、相等的意思。按照一般意义的理解,平均就是把总数按份分配,且分配给每个单位的数值都应当保持一致,没有轻重、大小或多少的区别。而所谓的相等,应当理解为两个或两个以上的事物在相比较的意义上具有同等性,即大体相当,而非绝对等同。至于"均等化",则应当是一个动态的运动过程,即根据总量进行分配或调节,使特定论域内所有单位个体之间因历史原因所形成的某种差别,能够由此而消亡,实现并保持一种动态的平衡。按照这种理解,公共服务均等化的内容至少应当包含两个方面:一是全国居民应当拥有享受公共服务的均等机会,如公民都有平等地接受义务教育的权利;二是居民享受公共服务的结果应当基本均等,无论这位公民住在什么地方,城市或是乡村、东部或者中西部,其应当享受到义务教育、医疗救助等公共服务,且在数量和质量上都应大体相等。

当然,如果把"均等化"理解为一个动态的过程,那么,在特定的语境中必定具有某种针对性。或者说,正是基于现实生活中存在着某些不均等、不公平的现象,才需要利用某种特定的手段或力量来加以消除,使之达到并保持符合某种标准的动态平衡。由此便可以推定,在推行均等化的过程中,需要确定相应的判定标准:凡是达到这种标准的,需要继续保持这种状态;凡是没有达到这种标准的,需要采用特定的方法或手段,削峰填谷,使其能够在一定期限内达到这种标准所规定的状态。由此可见,关于公共服务均等化的概念体系之中,应当包含相关判定标准的内容。例如,目前我国学界关于公共服务均等化的标准,就有三种理解:一是最低标准,即保底标准。这是指对于任何一个公民而言,无论他居于何处、所操何业、所信何教,都有平等地拥有享受国家最低标准的基本公共服务的权利。显然,这种保底标准应当是实现和维护国家统一、民族团结、社会安安所必须构建的一个底线。二是平均标准,即政府提供的基本公共服务,应达到相对于世界各国的中等平均水平。或者说,应当按照世界通行的理解,达到不低于国内经济发展的总体水平。三是相等的标准,即所有居民都能够享受到结果基本相等的公共服务。从表面上看,关于这三种判定标准的理解,似乎存在价值目标上的矛盾。其实,三者之间具有内在统一性,是公共服务均等化动态平衡的运动性的表现。只要承认公共服务均等化是社会生活动态平衡的发展趋势,就应当看到各国在不同历史阶段,其实现这种社会生活动态平衡的历史任务必然有所不同。最初,在经济发展水平和财力水平还不够高的情况下,往往确定低水平的保底标准。然后,随着社会生产力的逐步提高,其均等化的标准也应当随之提高,达到中等水平。最后,当有关条件逐步成熟之后,其均等化的任务就应当是实现结果均等,即达到终极目标——使地区之间、城乡之间的基本公共服务能够大体相当。

3. 公共服务均等化:维护社会公正的基本手段

其实,早在19世纪末期,西方发达国家就已经发现了自由资本主义所固有的弊端。为了防止由此产生社会畸形,他们开始强化政府对公共经济领域的垄断地位,通过建立和完善公共财政体制等手段来推行公共服务均等化或均质化。西方发达国家的这些积极努力,为推动政治文明和社会经济进步发挥了重要作用,也积累了许多可供借鉴的经验。

(1)公共服务均等化是保障公民基本权利的重要途径

当代主要发达国家均有明确规定,每个公民都享有教育、劳动、医疗、社会保障等基本权利,政府应当充分保障公民的这些基本权利能够得以实现。

美国在这个领域的探索与实践最具有典型意义。我们知道,20世纪30年代初期,美国经济开始步入大萧条时期,为数众多的中下阶层民众纷纷陷入生活困境。对此,罗斯福总统开始确立"公平施政"的理念,并敦促国会出台了一系列保障人民群众基本生活和社会福利的相关法律。之后,在1944年的国情咨文中,罗斯福总统总结了这段时期政府的有关措施及其社会作用,明确提出了一个划时代的理念:每个美国公民,除了享有宪法规定的政治权利之外,还应当享有包括就业权、合理报酬和收益权、公平竞争权、健康医疗权和受教育权等一系列社会经济权利。对此,美国宪法学者给予了高度的评价,认为这是对公民基本权利的重大完善,并把与此相关的立法称为"第二次权利法案"。罗斯福总统开创的这种施政理念得到之后历届美国政府的继承和发展。例如,1965年1月,约翰逊总统在此基础上进一步提出了"伟大社会"的施政纲领。并且,他还在此后的6个星期内,向国会提交了83个特别咨文,要求国会在教育、医疗、环境保护、住房、反贫困和民权等领域,采取广泛的立法行动,促进公民社会经济权利的实现。由于约翰逊总统在其任内,敦促国会通过了60多项教育法案,促成国会通过了医疗照顾法案和医疗援助法案,因而自诩为"教育医疗总统"。

随着西方发达国家对公民基本权利的认识和立法成果的不断深化,国际社会逐渐在这种新的思想高度下形成了一系列的共识。1948年12月10日通过的《世界人权宣言》,其第二十二条规定:"每个人,作为社会的一员,有权享受社会保障。"第二十五条规定:"人人有权享受为维护本人和家属的健康和福利所需要的生活水准,包括食物、衣着、住房、医疗和必要的社会服务;在遭受失业、疾病、残废、守寡、衰老或在其他不能控制的情形下丧失谋生能力时,有权享受保障。""承认人人有权为他自己和家庭获得相当的生活水准,包括足够的食物、衣着和住房,并能不断改善生活条件","确认人人有免于饥饿的基本权利"。1976年1月3 日生效的、作为联合国人权公约之一的《经济、社会及文化权利国际公约》,在其序言中明确宣布:"按照世界人权宣言,只有创造了使人可以享有其经济、社会及其文化权利,正如享有其公民和政治权利一样的条件的情况下,才能实现自由人类享有免于恐慌和匮乏的自由的理想。"为此,该公约全面阐述了这类权利的具体内容,即人人享有工作权、组织和参加工会权、社会保障权、获得适当生活水准权、受教育权和参加文化活动权等。之后,联合国开发计划署编撰的《2000年人类发展报告》,以"人权与发展"为主题,进行了全面性的归纳:"体面的生活水平、足够的营养、医疗以及其他社会和经济进步不仅仅是发展的目标。他们是与人的自由和尊严紧急相连的人权。"时任联合国秘书长的安南先生,在2003年3月21日向联大提交的《更大自由:为人人共享发展、安全和人权而奋斗》报告中指出:"没有安全,我们就不能享受发展的成果;没有发展,我们也不能感受到安全的存在;而如果不尊重人权,这二者我们都无法拥有。"由此可见,在全世界范围内,人们已经广泛地认同,获得教育、医疗、就业、社会保障等方面的公共服务,属于人的社会经济权利,与传统的政治权利一样,都是每个人的基本权利,应当得到社会,尤其是行政当局的尊重和保障。

那么,公民的这些社会经济权利为何需要政府的保障才能得以实现呢?其实,这是一个简单的法学的常识:各国所制定的宪政法律制度大都包含一个重要的惯例,凡是赋予公民拥有基本权利,同时也就规定政府必须履行两个相应的义务, 一是尊重公民的基本权利,不得利用公权加以非法限制;二是采取各种积极措施,充分保证公民的这些基本权利能够得以实现。我们知道,公民的"基本权利是人们在国家政治、经济、文化生活中所拥有的根本利益法律化的体现,它直接关系到人们在社会生活中的地位"①。从理论上讲,公民的这些基本权利脱胎于前政府状态下的自然权利,属于与生俱来的神

---

① 孙笑侠主编:《法理学》,中国政法大学出版社,1996年版,第91页。

圣权利,具有固有性、不可转让性与不可剥夺性,包括生命、自由、财产、安全、平等以及反抗压迫等权利。尽管这些自然权利是人民所固有的、神圣的、不可剥夺的,但是,这并不影响人民借助社会契约所形成的合意来组建政府,将部分权利转让给政府,以便更好地组织社会生活和进行社会管理;同时也保留一部分权利,即公民基本权利由人民自己行使。由此可见,政府存在的唯一正当目的,"只是为了人民的和平、安全和公众福利",或仅仅在于"为人民谋福利"。①

目前,我国有些学者喜欢将公民基本权利视做抵抗或防御国家公权的基本途径,并将这些基本权利的实现单一地归结为宪法救济机制的形成和完善。②笔者以为,这种提法是值得商榷的。笔者注意到,他们承认"基本权利是整个法律秩序中居最高位阶的价值",我国至今尚未建立宪法诉讼制度和宪法救济的司法机构,致使公民基本权利保护不力。③但笔者以为,由于现代社会已经用"福利国家"取代了"政治国家",公民基本权利与国家权力之间已经不再处于对抗性矛盾,而是处于对立统一的辩证关系。在这种情况下,公民基本权利的实现固然依赖宪法救济,但在日常生活中更主要依赖政府依法行政,尤其是通过提供日益丰富的公共服务,让人民群众得以更加平等、更有尊严地生活和发展。这就是说,在"福利国家"的大背景下,政府职能发生了重要的转变,依法提供公共服务已经成为其核心职能。当然,如果这种所谓的"福利国家"还没有建立健全宪法诉讼机制,人民的基本权利的实现途径无疑会受到影响,但是,我们不能由此断定,在这种情况下,"公民基本权利的实现皆是一种空中楼阁式的幻景"④。

(2)公共服务均等化是"公平施政"的必然要求

如前所述,具有现代意义的"公平施政"理念,源于美国总统罗

---

① 〔英〕洛克著,叶启芳、瞿菊农译:《政府论》,商务印书馆,1964年版,第80页、第139页。
② 范进学著:《论公民基本权利的功能与实现》,载《山东社会科学》,2008年第4期。
③ 范进学著:《论公民基本权利的功能与实现》,载《山东社会科学》,2008年第4期。
④ 范进学著:《论公民基本权利的功能与实现》,载《山东社会科学》,2008年第4期。

斯福当时提出的竞选纲领。由于这种施政理念将美国人民团结起来,迅速地摆脱了前所未有的经济危机,战胜了"武装到牙齿"的法西斯主义,因而这种理念得到世界各国人民的普遍认同。

大体而言,现代社会所谓的"公平施政",是指在社会经济发展到一定阶段后,政府的政治职能应当逐渐淡化,并将为社会全体成员提供"一视同仁"的公共服务作为其主要职能,成为社会公平正义的守护者。按照这种"公平施政"的理念,一方面,通过维护和提供社会公正来减少市场竞争对社会生活的冲击,让更多的普通民众能够分享科技进步所带来的经济红利,从而防止过度竞争引发周期性经济危机而最终出现社会解体。另一方面,开始确立"以人为本"的施政方针而防止政府沦为政治偏见和族群迫害的工具。我们知道,政府作为一种历史现象,是在社会矛盾达到不可调和的阶段而出现的。这样,从它诞生之日起,就是唯一可以合法拥有和依法使用暴力的社会存在体。由于政府拥有这些特殊的权能,如果施政理念出现偏差,就可能成为少数强势社会团体奴役其他社会成员的工具。具体而言,20世纪30年代出现的经济危机并非美国一家,德国、日本、意大利等国也同样陷入了严重的经济困境。但是,这些国家在法西斯主义的指导下,企图通过强权政治来剥夺人民和其他国家的财富,在满足垄断资产阶级获得暴利的条件下,度过这场前所未有的经济危机。例如,德国在希特勒纳粹党的主导下通过了"强制卡塔尔法",要求中小企业在政府的主导下进行"横向联合"或"纵向联合",组织成为所谓的"大兵团"去争夺原材料和国际市场;如果这些"大兵团"穷尽了市场手段而未能争夺到这些"阳光下的土地",那么,德国政府将采取包括军事手段在内的一切方法,帮助这种企业实现经济掠夺的目的。之后的历史证明,纳粹德国这种为了实现狭隘政治利益而不惜挑起世界大战的做法,最终给德国人民带来了深重的灾难。对此,若进一步从政府职能定位的角度看,如果将政府职能仅仅界定为"政治工具",那么,就有可能被希特勒式的野心家所利用,将政府的政治职能无限扩大,把这个本应处在中立地位的政府绑架在他的法西斯主义的战车上。这个历史教训是非常深刻的,也是很多人对"二战"反思的另一种结论。

所幸的是,"历史是人民写的"。第二次世界大战最终以全世界人民用"拳头"投票的形式,否定了法西斯主义通过强权政治将少数利益集团的意志强加给普通民众的做法。这不仅意味着传统的"政治国家"已经走到了尽头,而且,世界人民又将"公平施政"理念进一步发展,形成了"福利国家"的概念。

我们知道,"福利国家"的核心理念是"国家管理人民福利"。这种理念通过英国的率先试验,之后为世界各国所效仿。1941年,英国成立社会保险和相关服务部际协调委员会,着手制定社会保障计划。经济学家贝弗里奇爵士受英国战时内阁部长、英国战后重建委员会主席阿瑟·格林伍德先生委托,出任社会保险和相关服务部际协调委员会主席,负责对现行的社会保险方案及相关服务(包括工伤赔偿)进行调查,并就战后重建社会保障计划提出了具体方案和建议。第二年,贝弗里奇爵士提交了题为《社会保险和相关服务》的报告,这就是著名的贝弗里奇报告。报告分析了英国社会保障制度现状、问题,对以往的各种社会福利进行了反思,并系统勾画了战后社会保障计划的宏伟蓝图。报告共分六个部分。第一部分概要介绍了社会保险和相关服务部际协调委员会的工作过程和整个报告的主要内容。第二部分审视了英国当时保障制度所存在的诸多问题,详细论述了报告所建议的二十三项改革的理由及具体建议。第三部分重点讨论待遇标准和房租问题、老年问题以及关于伤残赔偿的途径等热点问题。第四部分主要是讨论社会保障预算问题,提出了由财政、雇主、参保人三方共同缴费的缴费方案,且就各方应承担的比例作了具体划分;同时,还专门论述了工伤保险费的筹资问题,明确了事故和职业病高发的行业应承担额外的工伤附加费的原则和比例。第五部分为社会保障计划,提出通过社会保险、国民救助和自愿保险三个层次,来保障人们不同的需要;同时,在明确养老金、保险金、补助金及补贴等基本概念的基础上,将全部国民分为雇员、从事有酬工作的人员、家庭妇女、其他有酬工作的人群、退出工作的老年人、低于工作年龄的子女等六个群体,分析了各群体的不同保障需求,并就其参保的待遇、缴费等有关问题进行了系统阐述。第六部分为社会保障和社会政策。在该部分,作者详细讨论了子女补贴、全方位医疗康复服务和维持就业等问题,提出把消除贫困作为战后的基本目标,即社会保障计划的目标是:确保每个公民只要尽其所能,在任何时候都有足够的收入尽自己的抚养责任,满足基本的生活需要。

在贝弗里奇所勾画的福利国家的基础上,英国政府于1944年发布了社会保险白皮书,明确表示应当由政府统一管理社会保障工作,并提出了通过社会保障实现国民收入再分配的实施方案,由此设计了一整套"从摇篮到坟墓"的社会福利制度,明确了国家应当为每个公民提供全方位的社会保险、医疗和康复服务,并根据本人经济状况提供国民救助。不久,制定了国民保险法、国民卫生保健服务法、家庭津贴法、国民救济法等一系列法律。如1946年颁布的国民保险法基本采取了贝弗里奇报告的建议,规定参保人必须按照年龄、性别和婚姻及就业状况的不同缴费,在业人员待遇按照同等比例确定,失业、生育、疾病、丧偶和退休等各项福利待遇都应基本均等。1948年,英国首相艾德礼正式宣布:英国要率先建成福利国家。贝弗里奇也因此获得了"福利国家之父"的称号。继英国之后,整个欧洲,如瑞典、芬兰、挪威、法国、意大利等国,也纷纷效仿,致力于建设福利国家。

尽管这段历史公案已经过去了半个多世纪,但由此引起的关于政府职能定位的争议仍在持续。在一些落后地区,一些政治强人依旧热衷于通过建立强势政府来奴役弱小族群。对此,我们所要从中总结的历史教训应当是:政府只能是人民的,必须超脱于那些不同利益集团、不同经济成分和不同社会阶层;只能通过为全国各地居民提供均等化的公共服务,来维系必要的社会凝聚力。那种以政治口号为诱饵,煽动民众集聚,以暴力推行政治信念的做法,最终只能是害人害己,成为千古罪人。

(3)公共服务均等化是促进"人类发展"的主要途径

作为当代人论述公共服务均等化的第三个主要理由,就是"人类发展"的新理念。因为,越来越多的国家已经承认,社会发展应当从"以物为中心"转变为"以人为中心"。这种理念的确立与世界各国社会生产力的进步有关,同时也与有关国际组织坚持不懈地倡导"人权"和"人类发展观"有关。

我们知道,"人类发展"的概念是联合国开发计划署(UNDP)积极倡导的,最早出现在该机构1990年编制的《人类发展报告》中。人类发展的基本理念是:社会发展的根本目的在于为全体社会成员创造一个能够充分发挥自身潜力,使之能够过上符合自身需要和利益的生活,并构建有作为、有创造性的环境,使他们对于自己认为有价值的生活方式有更多的选择空间。由此形成了一种新的价值观——人是任何一个国家的真正的财富,各国社会发展的根本目标就是要提高全体居民的生活质量。显然,人类发展所包括的内容远远超过经济增长,或者说,经济增长只是扩大人们选择机会的一种手段,而不是唯一的终极目标。扩大这种选择机会无疑是政府的责任,但是,政府更重要的责任在于将经济增长的红利转变为更加丰富的公共产品,让居民借此提高自身素质,拥有过体面生活所必需的资源,并能够更广泛地参与社区生活。如果没有这些,而是听任经济增长变成为部分人选择生活的专有权利,那么,这个政府就是在践踏人权,就已经失去了其存在所必需的合理性、合法性。为了进一步说明这种新的发展观,联合国开发计划署研发了一套综合指数,即人类发展指数(HDI)及其相关统计指标。根据联合国开发署界定的衡量标准,凡高于0.80的属于高人类发展水平,在0.50~0.79之间属于中等人类发展水平,低于0.5属于低人类发展水平。从1990年开始,联合国开发计划署每年都利用这些数据编制并发布《人类发展报告》,用以对各国、各地区社会发展和社会公平程度进行评估、监测。从此,人类发展指数便成为衡量各国政府施政理念和社会作用的评价标准和相互比较的简洁手段,为各国政府所广泛采纳。

显然,要在这个新的政绩评价体系中得高分,并以此赢得本国人民的支持和世界各国人民的尊重,仅仅依靠市场机制创造物质财富是不够的,必要大力发展公共服务,并在不断提高其质量和数量的基础上实现均等化。那么,公共服务与人类发展考核指标具有什么样的关系呢?

其实,无论是联合国开发计划署的官员,还是研发该指数体系的学者,都有一个默契,即所要评价、监测的核心内容,就是各国的公共服务政策及其执行状况。我们知道,人类发展指数是由预期寿命指数、教育指数和GDP指数综合而成。也就是说,直接反映经济增长的GDP只是其中一个指数,而更多的指数是反映各国政府提供的公共服务的实际水平。例如,预期寿命指数,即人口出生时期预期寿命,是指同时一批人出生后平均一生可存活的年数,它能综合性地反映人们的生活水平和医疗水平及其变化情况。按照人类发展指数主要研发者阿马蒂亚·森的解释:"享有长寿(而不是壮年就过早死亡),以及在活着的时候享受好日子(而不是过一种痛苦的、不自由的生活)的可行能力,是我们每个人都珍视而且向往的";"良好的健康状况既是人类发展最根本的目标,又是加快发展的手段。"[1] 那么,各国政府要提高该项指数,就必须做好五个方面的工作:一是加强医疗卫生方面的公共服务。Anand于2004年利用世界卫生组织(WHO)当年的数据,对卫生人力资源与健康结果之间的联系进行了跨国分析。其研究结果显示,医疗人员数量对母亲生产死亡率、婴儿死亡率和5岁以下儿童死亡率的解释力度非常显著。在乡村内部,每增加一所妇产科诊所,婴儿死亡风险减少15%;每增加一名医生,婴儿死亡风险下降1.7%。毋庸讳言,对乡村医疗机构和医务人员的配备,应当是有关政府公共服务的主要内容。二是加强普及和提高教育水准的公共服务。教育可以通过传授卫生健康知识,提高劳动

---

[1] 转引自中国(海南)改革发展研究院编:《基本公共服务与中国人类发展》,中国经济出版社,2008年版,第16页。

者自我保护意识和自我防范能力，从而保证居民所必需的健康素质。这是中国人民大学人口研究所对北京地区人口所做的关于教育程度与死亡率关系研究的相关结论。Vega及其同事对智利经济改革的研究表明，如果没有在这个时期对教育进行双倍的投入，那么，该国民众健康不公平的情况要比之后的情形严重得多。同样，来自俄罗斯的数据表明，教育程度较高的人，尤其是妇女，受到死亡危机的影响要比教育程度低的人更小。南非的数据表明，教育的健康效益不局限于某个年龄，可以跨越整个生命——如母亲受教育程度越高，婴儿死亡率就越低。三是加强就业与再就业的政策保障。就业与健康之间的联系，在于人们能否获得足够的收入以维持良好的生活状况。来自俄罗斯的研究结果表明，成年失业者的死亡率最高，职业的稳定性对预期寿命有明显的影响，高端职业更换率与低期望寿命之间存在强相关的性质。四是强化反贫困的相关工作。根据世界银行的定义："贫困不仅仅指收入低微和人力发展不足，它还包括人对外部冲击的脆弱性，包括缺少发言权、权利和被社会排斥在外。"因此，各国政府所提供的公共服务对反贫困具有决定性的作用。一方面，通过加强社会保障，减少穷人在遭遇特殊困难时所表现的脆弱性；另一方面，政府应当加大人力资源开发，提高劳动人口的职业技能。五是加强对社会公正的维护。公平和谐的社会可以极大地改善居民的精神生活状况，从而大大提高其预期寿命。可是，社会公正是一种稀缺的公共产品，尽管可以部分地通过市场而实现，但仍然需要政府发挥其主要责任。而且，社会也是一种政策目标，政府应当通过一系列的制度安排具体体现这种公平性。公共服务及其相关的制度体系，就是实现这种社会公正的主要载体，例如，恰当地处理公权与私权的关系、甘当社会公仆、保持物价水平，等等，都是政府应当承诺并竭尽全力予以兑现的。

由此可见，尽管包括预期寿命指数在内的人类发展综合指数只反映了社会生活的某些侧面，但是，由于这些数据承载着非常厚重、深沉的希望，并代表着人类社会发展的未来，因此，以此作为评价标准和检测各国政府的政策导向和公共资源的投向,可以从外部来规制各国政府切实搞好自己的公共服务。

二、提供均等化公共服务历来是我国政府的重要职责

1. 关于我国政府公共服务职能定位的历史回顾

我国政府在公共服务供应的职能定位方面,经历了一条从"单位、集体为主"到一度"角色缺位",再到逐步"角色回归"的演变过程。

（1）计划经济时代的"单位、集体"供应模式

人民政权成立之初,我们曾依照苏联模式建立了以公有制为基础的计划经济体制,并形成了与此相适应的公共服务供应机制。由于当时城镇居民普遍以"单位人"的形式存在,农村居民则隶属于各种集体劳动组织,即以"集体人"的形式存在,因此,这时的各种社会福利,如医疗、养老保险、住房、教育等,大部分是通过"单位福利"、"集体福利"的形式体现出来的。

所谓"单位",是从20世纪50年代开始,在我国城镇中普遍存在的社会组织形式。当时,几乎所有的城镇成年人口都隶属于某个"单位",甚至有的人终生不变其隶属关系。因为,当时的单位,不仅仅是给其成员提供劳动就业的经济组织,同时还部分地代替政府给职工提供有关的公共服务。例如,各单位在国家统一政策框架的条件下,给职工提供基本医疗、住房、退休金等社会福利。甚至一些规模比较大的单位,还有自己的学校、医院、广播台站等公益性基础设施,因而成为一个"五脏俱全"的小社会。根据王玉凯先生的资料,山西省太原市到2000年,其国有企业公办中小学还有191所,教职工10823人,在校全日制学生120320人,分别占该市城区公办中小学相关总数的57.2%、49.2%和46.9%。[1] 正是通过建立这种公共服务供应体制

---

① 王玉凯等:《基本公共服务均等化与政府责任》,载中国(海南)改革发展研究院编《基本公共服务与中国人类发展》,中国经济出版社,2008年版,第299~323页。

来满足城镇居民基本生活需求,国家所确立的重工业发展导向的高积累、低消费、低工资政策,才得以顺利实施。

所谓"集体",是我国农业合作化运动所形成的产物。人民政权成立之后不久,曾在农村进行过一场旷日持久的社会运动,将农民所有的土地改变为集体所有,并将农户个体经营转变为集体经营。到1956年底,全国农户有96%加入了农业合作社。[1] 1958年,农村集体经济组织开始由农业合作社过渡到"三级所有、队为基础"的人民公社。不久,人民公社完全取代了农业合作社和农民家庭经济组织,不仅成为组织农民生产劳动的经济组织,还成为给农村居民提供社会福利的机构。例如,在20世纪70年代,专门为农村居民提供基本医疗服务的"赤脚医生",全国共有500多万人,远远超过全国公立卫生部门医务人员的总数。[2]

尽管我国在计划经济时期,社会经济发展水平不高,由"单位"和"集体"提供的社会福利也非常有限,但是,由于人民群众获得这些公共服务相对容易,且充分体现了全社会范围内的相对公平,因此,其社会保障的实践效果是值得肯定的。只不过,这种将国家应当提供的"社会福利"转变成"单位福利"或"集体福利",容易沦为阶级斗争的工具,执政团队往往可借此加强对社会成员的政治控制。

(2)改革开放之初政府的"角色缺位"

1978年改革开放以来,我国经济体制开始发生巨大的变化。市场经济逐渐替代了计划经济,开始出现了激烈的市场竞争;公有制一统天下的局面也逐渐被打破,各种形式的非公有制经济迅速成长起来。这时,我国在计划经济时代确立的公共服务供应机制,受到了严峻的挑战。

首先,城镇"单位福利"机制逐渐丧失了原有的社会作用。由于国家通过"体制外循环"的思路进行经济体制改革,使得国有企业面临非常激烈的竞争和挑战,因而对"单位福利"形成了釜底抽薪式的

---

[1] 谭宗宪著:《论中国农村经济组织形式多元化趋势》,载《软科学》,2006年第6期。
[2] 李德成著:《赤脚医生研究述评》,载《中国初级卫生保健》,2007年第1期。

打击。更有甚者,国家通过进行"国企改制"、"减员增效"等措施,试图改善国有企业的经营管理状况,以便逐步扭转国有企业长期亏损的局面。但是,由于这种思路在本质上存在规避自身法定责任的问题,因而在实际操作过程中难以把握尺度,难以抵挡市场经济的牟利性的侵袭,其结果是严重侵蚀了公共服务供应的正常秩序。例如,出现了大量的国有资产流失,使国家承担公共服务的能力大为降低。而且,大量职工被"单位"单方面推向社会,有的甚至失去了养老、医疗等基本的社会保障,因而严重地危及到社会公正,严重损害了党和政府的威信。

其次,农村"集体福利"机制也基本不复存在。1978年以来,家庭联产承包经营责任制开始替代人民公社体制,并在全国普遍推行,逐渐成为我国农村经济生活的基本组织形式。这样,农村生产劳动的方式开始多样化,打破了原来自给自足的状态,逐步提高了生产效率,逐渐融入到市场体制之中。但是,家庭承包使农村居民从"集体人"转变为"个体人",原来国家通过集体经济组织向农民提供的卫生、医疗等福利也随之荡然无存,他们被迫以"裸体"的形式来应对和把握市场化、城市化所提供的机遇和挑战。

毋庸讳言,在公共服务供应领域,我国政府在这个历史时期出现了不应有的"角色缺位"。从法理上讲,在计划经济时代,国家把公共服务供应的责任主要放在"单位"和"集体"的肩膀之上,这可以视为一种授权委托制度。如果其制度安排本身能够充分体现公平性和可操作性,那么,这种体制本身是无可厚非的。因为,当国家把公共服务职责赋予"单位"和"集体"之时,也相应地把承担这种社会职能所需要的公共资源划拨给了它们。因此,从全社会的角度看,人民群众所得到的社会福利与社会经济发展水准是基本相适应的。但是,一旦发生城市经济体制和农村经济体制改革等重大事件时,原有的制度安排体系发生了结构性变化,政府就应当及时调整自己的社会责任及其履行模式,而不能对人民群众面临公共服务缺失的现象,熟视无睹,超然物外。当然,在这个时期,各级政府也开展了诸如"社会帮困"、"送温暖"等活动,企图通过运动的形式提供公共产品,而且,这些活动的成本也不菲。但是,由于这些活动本身并没有通过法律制度来明确各自的权利义务,往往变成各级领导的"政治秀",除了获得一些宣传效应之外,社会作用微乎其微。

（3）政府公共服务职责的"角色回归"

随着社会经济的发展,我国尚有大量人民群众游离在公共服务网之外的现象,引起了强烈的社会反响。党和政府开始认识到,在原有社会福利供应机制破损之后,应当尽快依法建立新的、全社会基本统一的公共服务供应体系,并依法承担其主要供应者的责任。不久,建立这种新机制的改革试点工作正式启动。

首先,建立了新的医疗保险制度。随着我国从计划经济向市场经济的转变和国有企业各项改革的深入,原有的依托"单位"的公费医疗和劳保医疗制度,其弊端也日益突出,不能发挥其应有的作用。从20世纪80年代以来,国家就开始对公费医疗和劳保医疗制度的改革进行了一系列的探索。大体可以分为三个阶段:一是在1992年以前,其主要任务是探索控制医疗费用快速增长和加强医疗服务供应费用控制等两项。二是在1992—1995年间,国务院有关部委遵照党中央的要求,在总结各地改革经验和借鉴国外有益实践的基础上,制定了《关于城镇医疗保险制度改革试点意见》,选择了江苏省镇江市和江西省九江市作为试点城市,并于1995年开始实施新的医疗保险改革试点方案。三是1996年以后,我国逐步建立了面向全体职工的基本医疗保险制度。1998年12月,国务院颁布了《关于建立城镇职工基本医疗保险制度的规定》,在建立适应社会主义市场经济的新型城镇职工基本医疗保险制度方面,提出了"低水平,广覆盖、双方承担、统账结合"的基本原则。2000年,为了解决"医改"过程中的有关体制性障碍,国务院作出了同步推行医疗保险体制、医疗卫生体制和药品流通体制配套改革的决策。同时,全国大部分省、市、自治区相继出台了医疗保险制度改革总体规划,其相关改革取得了积极的成效。

其次,建立了城镇居民最低生活保障制度。随着国有企业改革的全面深入,原城镇职工大量地被分流下岗,成为严重的社会问题。1993年,上海市政府创建了城市居民最低生活保障制度。1994年,在第十次全国民政会议上,民政部高度肯定了上海经验,提出了"对城市社会救助对象逐步实行按当地最低生活保障线标准救济"的改革目标,并决定在东南沿海地区进行试点。到1995年,上海、厦门、青岛、大连、广州等6个沿海城市相继建立了这种居民最低生活保障制度。在各个地方政府自发改革的基础上,国务院于1997年颁发了《关于在各地建立城市居民最低生活保障制度的通知》,要求到1999年底,全国所有的城市以及县政府所在的镇,都要建立这项制度。1999年,国务院颁发了《城市居民最低生活保障条例》,以法规的形式,将这种公共服务机制上升为一项正式制度。

另外,国家还制定了有关政策,将国有企业在其主营业务之外兴办的学校、医院、幼儿园等社会服务机构,原来所承担的离退休人员供养和福利,以及有关公共设施的建设和经授权而行使的一些政府行政管理职能等,统统剥离出来,交由有关地方政府统一接管。这样,既彻底改变了所谓的"企业办社会"的现象,又将公共服务供应的主要责任回归政府。

总之,从20世纪90年代开始,我国政府就开始积极探索建立新的公共服务供应机制。这种新机制的基本特点是,政府将重新作为公共服务的统一供应者。对此,学界把我国政府的这种历史性转变,称作"政府角色回归"。

2. 我国公共服务供应的现状

(1)主要成就

20世纪90年代初,我国政府开始探索建立新型的公共服务供应机制,其主要成就可以从中央政府和地方政府等两个角度来认识。

首先,从全国的角度看,在文化、教育、科技、卫生、国防建设等方面,我国公共服务的质量和数量已经有了大幅度的提高。

随着国家确定"完善公共财政制度,逐步实现基本公共服务均等化"的方针之后,中央政府通过改革财政管理体制,完善公共财政制度,加大财政转移支付力度,调整税收返还和财政补助政策,为逐步实现公共服务均等化奠定了必要的财政基础,使得关系国计民生等重点领域的公共服务已经有了明显提高,其主要成绩表现为五个方面:一是坚持基础教育的公益性质,努力实现教育公平。国家通过加大财政对教育的投入,规范教育收费,扶持贫困地区、民族地区教育,健全学生资助制度,保障经济困难家庭、进城务工人员子女平等接受义务教育。特别是于2007年取消了全国农村义务教育学杂费,2008年秋季开学时取消全国城市义务教育学杂费,使基础教育的公平性、公益性得到进一步加强。二是坚持公共医疗卫生的公益性质,努力构建公共卫生服务体系。其主要做法是坚持预防为主,以农村为重点,强化政府责任和投入,完善国民健康政策,鼓励社会参与,努力建设覆盖城乡居民的公共卫生服务体系、医疗服务体系、医疗保障体系、药品供应保障体系,为群众提供安全、有效、方便、价廉的医疗卫生服务。三是加快建立覆盖城乡居民的社会保障体系,保障人民基本生活。其主要做法是以社会保险、社会救助、社会福利为基础,以基本养老、基本医疗、最低生活保障制度为重点,以慈善事业、商业保险为补充,加快完善社会保障体系;促进企业、机关、事业单位基本养老保险制度改革,探索建立农村养老保险制度;全面推进城镇职工基本医疗保险、城镇居民基本医疗保险、新型农村合作医疗制度建设。四是坚持实施积极的就业政策,健全公共就业服务体系。主要做法是完善市场就业机制,支持自主择业、自谋职业,并加强政府促进就业的责任和政策引导;健全面向全体劳动者的职业教育培训制度,加强农村富余劳动力转移就业培训;建立统一规范的人力资源市场,形成城乡劳动者平等就业的制度;完善面向所有困难群众的就业援助制度,及时帮助零就业家庭解决就业困难;积极做好高校毕业生就业工作;规范和协调劳动关系,完善和落实国家对农民工的政策,依法维护劳动者权益。

其次,从地方的角度看,各地政府积极贯彻落实中央"完善政府公共服务职能"精神,结合本地区的实际情况,大大提高了公共服务的质量和数量。其中,广东省取得的成绩尤为显著,走在全国的前列。

广东省政府高度重视发展公共服务事业,以"十项民心工程"为载体,大幅增加对基础教育、基本医疗、公共卫生、基本社会保障、公共就业服务和基本住房保障等方面的投入,2003—2008年,广东省各级财政在民生领域的投入共7140亿元,占全省财政一半预算,支出比重从43.63%提高到52.65%,比过去提高了9个百分点。从此,全省城乡义务教育经费保障机制、城乡公共卫生和医疗保障体系不断完善,基本社会保障体系逐步健全,基本住房保障投入持续增加,公共文化、公共交通和公共就业服务体系建设取得了重大进展。由于广东省经济社会发展正处于关键的转型期,推进基本公共服务均等化,有利于促进社会公平公正、维护社会和谐稳定,有利于加快政府职能转变。因此,广东省于2008年12月率先颁布了《公共服务均等化实施纲要》。

该纲要以深入贯彻落实科学发展观为契机,坚持改革开放,坚持量力而行,以实现城乡、区域和群体间基本公共服务均等化为目标,以公共教育、公共卫生、公共文化体育、公共交通、生活保障、住房保障、就业保障、医疗保障等工作为重点,加大公共服务投入,创新公共服务体制,完善推进基本公共服务均等化的体制保障和配套措施,加快建成覆盖城乡、功能完善、分布合理、管理有效、水平适度的基本公共服务体系,使基本公共服务全面、平等地惠及全省居民,从根本上保障和改善民生,促进发展方式转变,为广东省争当实践科学发展观的排头兵提供了有力保障。其基本原则有四个:一是公平优先,兼顾效率。坚持公平优先,基本公共服务供给重点向农村、欠发达地区和困难群体倾斜,在覆盖全体居民的基础上逐步提高供给水平,保障每一位公民平等享有基本公共服务,实现"底线公平"。在注重公平的基础上兼顾效率,承认不同地区间、城乡间、群体间存在合理差别,实现公平与效率的有机结合,平等与发展的和谐统一。

二是统筹兼顾,重点突破。在推进均等化过程中既要尽力而为,又要量力而行,区分轻重缓急,确立优先顺序,根据不同阶段制定相应的工作目标,统筹兼顾,重点突破。初级阶段重点实现基本公共服务的广覆盖;中级阶段重点实现城乡基本公共服务均等化;高级阶段实现全体居民基本公共服务均等化。三是政府主导,多方参与。强化政府公共服务职能,不断增加公共服务总量,优化公共服务结构,探索建立基本公共服务多元化的供给机制,促进公共服务领域市场竞争机制的形成,提高基本公共服务供给效率。四是先行先试,完善制度。按照"科学发展、先行先试"的要求,敢于探索,勇于创新,加快推进基本公共服务均等化步伐。同时,针对影响和制约推进基本公共服务均等化过程中的突出问题,善于发挥制度优势,完善基本公共服务法规制度和政策措施体系,实现基本公共服务均等化的制度化、规范化。

(2)我国当前公共服务不均等的主要表现

从总体上看,我国当前存在公共服务总量供应不足和分布不均等两个方面的问题,不仅滞后于人民群众的需求,也在整体上落后于社会经济发展水平。

关于我国公共服务供给总量不足,滞后于人民群众的需求,可以从世界各主要国家通行的人类发展指数(HDI)来分析。

如前所述,人类发展指数是联合国开发计划署编制年度《人类发展报告》的主要依据,用于识别一个国家或地区的发达程度,也可以用来衡量各国政府的公共政策是否有利于提高国民生活质量。21世纪以来,我国逐渐认同和采纳这种方法,用于政策评估、监测社会经济发展状况和评价人民群众实际生活水平。联合国开发计划署曾于1997年、2002年、2005年和2009年分别发布了《中国人类发展报告》,分别对我国各地区人类发展指数进行计算和排序,并对收入指数与人类发展指数的关系进行了回归分析。国内学者,如胡鞍钢、杨永恒、宋洪远、马永良和潘雷池等人,分别就联合国开发计划署的数据进一步撰文分析,以期在人类共识的基础上把握我国社会经济发展的方向。从这些机构和学者公布的数据和研究结论看,大家都承认我国改革开放以来,其社会经济发展速度可喜,人类发展指数也有明显的提升,但由于公共服务总量滞后等原因,我国人类发展状况却仍旧徘徊在中低水平,与所取得的经济成就不太相称。例如,2009年,中国的人类发展指数排名处在182个国家或地区中的第92名,全国平均HDI得分为0.772。其中,地处中西部地区的四川省,得分为0.763,明显低于全国水平。最低的是西藏自治区,得分仅为0.630。由于西藏情况比较特殊,我们可以选择同样属于汉族聚居区的贵州省来分析。该省的得分为0.690,低于一些非洲国家,如果以此数据排名,大约在127名。可见,如果按照国际社会通行的统计数据来分析,尽管我们已经做了大量的工作,但是,我国人类发展指数不能让人满意。

但是,这里有一个非常重要的问题,即联合国开发计划署统计汇编的人类发展指数,是经过相当购买力方法调整之后的"真实人均GDP"来计算的[①],因而存在有关统计口径不相匹配的问题。例如,如果按照2009年世界银行和世界货币基金组织发布的人均GDP排序,中国大陆这年人均GDP为3678美元,排名为第100名。这就是说,由于中国大陆HDI排名为92,高于人均GDP排名8位,那么,中国政府在提供公共服务方面是尽了力的。但是,世界银行和世界货币基金组织提供的这个年度GDP统计数据,是依照"市场汇率"方法而得到的,而非"相当购买力"方法。也就是说,这里面存在明显的统计口径的区别,必须予以正确的说明,否则就会混淆视听。

我们知道,按照中国人民银行2009年11月11日提交的报告,该年度人民币与美元的汇率(中间价)在6.81~6.85的区间中运行。[②] 如果取算术平均值,则为6.83,即1美元等于6.83元人民币,那么,该年度中国大陆人均GDP约为25120.74元人民币。而所谓的相当购买力

---

① 中国(海南)改革发展研究院编:《基本公共服务与中国人类发展》,中国经济出版社,2008年版,第7页。

② 中国时报:http://chinanews.com./winer12。

（Purchasing Power Parity，简称PPP），又称为购买力平价，是根据各国的价格水平计算出来的不同货币之间的等值系数，用来衡量对比国与国之间价格水平的差异。对此，最广为人知的例子就是"巨无霸指数"：如果一个巨无霸汉堡在美国的价格是4美元，而在英国是3英镑，那么，美元与英镑的购买力平价就是4美元=3英镑。也就是说，在两国实际消费中，4美元的购买力相当于3英镑。那么，在这种反映真实货币价值的统计口径中，人民币与美元是什么样的比值关系呢？中国人民大学经济学院副院长刘元春承认，不同机构和专家测算出来的中国购买力平价GDP是有差异的，这与用于测算购买力平价汇率的商品篮子有关。"举例来说，如果在美国花2美元可以买一个麦当劳汉堡，在中国则需要10元人民币，那么美元与人民币的购买力平价汇率就是1:5。然而，在美国要花50美元才能理一次发，而在中国平均只需要20元，那么购买力平价汇率就成了5:2。购买力平价汇率会将这些数字进行加权平均，但选取的比较内容会对平均后的结果产生很大的影响。"[1] 对此，有学者主张，人民币与美元的比值关系应当提升4.7倍，即1美元等于1.76元人民币。如果按这个标准换算，那么，2009年中国内地人均GDP约为14273.15美元，在世界各国的排序情况为：低于第42名沙特的14486美元，高于第43名爱沙尼亚的14267美元，即应当取代爱沙尼亚的排序位置——排在沙特之后，成为第43名。如果这样分析的话，中国内地的公共服务就明显地滞后于经济增长，即滞后于人均GDP排序约50名。当然，这只是学者们的理论分析，也许比较偏激。那么，我们可以选择同时期亚洲开发银行的数据。[2] 该银行于2010年9月的报告，采用购买力平价法得出的结论为，2009年中国内地人均GDP为6914美元。按这个数字排序，应当处于世界各国人均GDP的第68名，即低于哈萨克斯坦的人均GDP7019美元，高于马来西亚的人均GDP6897美元。显然，即使按照

---

[1] 百度百科：http://baike.baidu.com/view/301057.htm。

[2] 亚开行：《09年中国人均GDP为6914美元——直追日韩》，载《法制晚报》，2010年09月03日。

这个比较保守的数据,中国内地的HDI排名也远远落后于经济发展水准,即滞后于人均GDP排序约24名。

需要指出的是,笔者选择人类发展指数及其购买力平价的统计视角,并不是要贬低我们过去几年的工作成就,而是要敲一个警钟——让大家更清楚地意识到必须将社会发展从经济建设为中心转变为以人自身的发展作为中心。可以聊以自慰的是,最近国家统计局已经正式表态,中国将于2011年全面参与世界银行组织的国际比较项目(ICP),使中国的GDP有可能通过购买力平价(PPP)的换算,能够更真实地与世界其他各国相比较,也能够更加清楚地看到中国政府应当承担的公共服务责任。

关于我国当前公共服务供应分布不均,存在结构差距悬殊,致使地区之间、城乡之间和行业之间存在严重差异的问题,我们先从人类发展指数的角度把握其总体态势,然后以典型的基本公共服务产品入手分析其具体表现形式。

从人类发展指数的视角,我们可以从总体上看到我国当前公共服务存在着严重的结构性不均衡的问题。仍以前文所引的2009年人类发展指数为例。在该统计数据中,内地的各省、市、自治区之中,先进地区如上海以0.908的高分居于榜首,北京以0.891的得分据亚军;落后地区如贵州以0.690的分数为倒数第二名,西藏以0.630的分数位居末位。那么,怎样看待它们之间的差异呢?如果按照这些分数所对应的世界各国排座次,那么,上海的对应排名为:略低于世界排名第34位的葡萄牙(0.909),略高于排名第35名、36名的阿联酋、捷克(均为0.903);北京的对应排名情况为:略低于排名第38位的马耳他(0.902),高于排名第39位的巴林(0.895)。而落后地区贵州的对应排名为:略高于排名第127位的塔吉克斯坦(0.90),与上海相差约92个名次;西藏的对应排名为:略高于排名第132位的不丹(0.619),与上海的差距为97个名次。由此可见,我国不同区域之间的公共服务存在着巨大的悬殊。以下,我们选择最典型的三类公共服务产品,即义务教育、公共卫生服务和基本社会保障,来进一步分析这种区域差异性的表现情况。

　　首先,我们来分析我国义务教育领域所存在的不均衡性。依照我国《义务教育法》的规定,我国实行九年制义务教育,使儿童、少年在品德、智力、体质等方面全面发展,为提高全民族的素质,培养有理想、有道德、有文化、有纪律的社会主义建设人才。因此,义务教育在我国应当属于制度性基本公共产品——政府对义务教育提供财政保障,以满足其免费性;学校对所有适龄儿童开放,即具有普及性;所有少年儿童都必须接受义务教育,即具有强制性。可是,对于这个具有非常典型的公益性事业,我们在这个领域取得巨大的成就时,也出现了严重的不均衡现象。以下,我们主要从财政拨款的角度来证明这种差异性的存在及其严重程度。一是在城乡学校所获得的财政经费的差异。据《中国教育经费统计年鉴》2004年的数据,该年度全国普通城镇小学生人均预算公用经费154元,农村只有95元,低于城镇38.3%;普通城镇中学生人均预算公用经费164元,农村只有126元,低于城镇23.2%。二是地区之间的教育经费存在的差异。2005年,全国普通初中生的教育经费平均为2277.32元。但经费排名前三甲的上海市为12255.10元、北京市为9087.89元、浙江省为5642.21元,经费排名最后三名分别是安徽省1398.99元、河南省1317.04元、贵州省1255.59元。最后一名与最前一名几乎达到了1:10,可见其地区差异之大。三是教育类别之间存在的差距。这是一种人为的差异,主要表现为重点学校能够获得各级政府的政策倾斜,所获得的财政拨款比非重点学校高出15%~20%,[①] 而且,重点学校更容易获得政府的专项经费拨款,而这种非正常性的经费往往相当于一个学校全年正常经费的数倍。这样,重点学校教职员工的工资水平和工作条件远远高于非重点学校,获得进修深造的机会、取得特级教师荣誉等方面,也远远优于非重点学校。

　　其次,关于公共卫生服务的不均等性。公共卫生服务是指,公益

---

① 数据来源:《中国教育经费统计年鉴》(2004、2006)。

卫生机构及其技术人员为了实现预防和控制疾病、增进个体和群体健康的目的,运用各种公共卫生资源和技术手段,有计划、有目的地向个人、群体和社会提供必要服务的活动。公共卫生服务的范围、内容与质量关系到人民群众的生、老、病、死等整个生命过程及其由此产生的健康问题,因而是国家应当充分提供的、重要的公共服务产品。以下,我们从四个方面来分析我国公共卫生服务的不均等性。一是在儿童计划免疫方面存在着明显的城乡差别。根据2003年第三次国家卫生服务调查,城市儿童卡介苗免疫接种率为97.7%,农村为95.4%;城市百白破免疫接种率为93.3%,农村为87.0%;城市脊灰免疫接种率为93.9%,农村为88.6%;城市麻疹免疫接种率为96.7%,农村为93.7%;城市乙肝免疫接种率为93.0%,农村为76.7%。另外,城市儿童计划免疫建卡率为94.7%,农村只有87.3%。这些数据表明,尽管城乡差异有所改善,但其差异并没有消灭,且依然非常明显。二是安全饮用水的城乡差别。2003年全国第三次卫生服务调查结果显示,大、中城市自来水普及率几乎达到100%;小城市自来水普及率为87.5%,手压机井水为7.0%,初级形式为2.6%,雨水收集为1.0%,其他不安全方式为1.9%;而全国农村平均自来水普及率仅为34.0%,手压机井水为34.0%,初级形式为8.8%,雨水收集为3.4%,其他不安全方式为19.8%。可见,农村饮水类型存在严重的隐患,是一些地方病难以控制的重要根源。三是住户卫生厕所的差异性。2003年全国第三次卫生服务调查采用国家爱国卫生委员会的标准,将住户厕所划分为完善下水道水冲式、粪尿分集式、三联沼气式、双瓮漏斗式、三格化粪池式和不符合卫生厕所等六种类型。此次调查显示,城市住户使用完善下水道水冲式厕所占79%,其他四种类型所占比例不足8%,且主要在郊区,只有13.4%的住户没有厕所或使用不符合卫生标准的厕所(如马桶、旱厕)。然而,全国农村平均使用完善下水道式水冲厕所的比例仅占5.3%,其他四种类型厕所共占15.5%,使用不卫生厕所的住户占79.2%。四是孕产妇保健服务的城乡差异。2003年全国调查的数据表明,孕妇早期检查率,城市达到69.9%,农村只有

54.7%；产前检查率，城市达到96.4%，农村只有85.6%；产妇住院分娩率，城市达到92.6%，农村只有62.0%。[①] 这些数据表明，在公共卫生服务领域城乡差别仍旧非常大。

第三，关于基本社会保障的不均等性。依照我国《社会保障法》的规定，"国家建立基本养老保险、基本医疗保险、工伤保险、失业保险、生育保险等社会保险制度，保障公民在年老、疾病、工伤、失业、生育等情况下依法从国家和社会获得物质帮助的权利"。在该法即将生效实施之前，我们可以从能够搜集到的现行有关数据，清楚地看到我国在这个领域存在着严重的不均等现象。一是基本养老保险的不均等性。城镇企业职工通过单位与个人共同缴费，形成社会统筹账户与个人账户相结合的管理模式，形成了风险共担的互济性保障体系；而农村主要是以土地保障和家庭保障为主，其社会养老保险主要是个人缴费和个人账户管理，其共济性和保障性都非常小。而且，城镇企业职工基本养老保险也存在着巨大的地区差异性，据2005年的统计数据，浙江的职工参保率最高，为97.0%；云南的参保率最低，仅为43.1%。二是基本医疗保险的不均等性。城镇居民参加基本医疗保险，用人单位与职工个人都有按照工资额比例强制性缴费的义务，实行社会统筹和个人账户相结合的模式管理；而新型农村合作医疗制度则是由个人、集体和国家三方自愿的原则，实行定额缴费，以家庭为单位管理，仅用于大病统筹，即重点帮助农民提高抵御大病的经济能力。这样，城乡居民人均医疗卫生费开支悬殊巨大：2004年城镇居民人均医疗卫生费约1280元，农村居民则只有300元左右，仅仅达到城镇居民的零头。同样，地区之间的城镇职工基本医疗保险的差距也非常大。2005年，全国职工参保率平均为56.8%，最高的地区是上海市，达到73.9%；最低的地区是重庆市，只有41.2%。同年度全国人均基本医疗保险支出为782.7元，最高的地区是上海市，达到人均2009.9元；最低的地区是江西省，只有407.6元。

---

① 数据来源：《中国卫生服务调查研究》。

四是失业保险的不均等性。[①]

3. 关于我国公共服务不均等的主要原因分析

(1)错误地理解了公平与效率的关系

我们作为社会主义国家,其重要特征之一就是要在全国范围内用"社会主义公有制消灭人剥削人的制度",按照"各尽所能、按劳分配"的原则,带领全国人民"共同致富"。因此,实现与维护社会公平,是社会主义制度获得人民群众大力支持的基本原因。但由于在"文化大革命"十年期间,我国社会生产力遭到严重破坏,经济建设长期停滞,科技水平与人民生活水平远远落后于世界许多国家或地区。对于这种情形,有的同志曾作出概括,认为这是社会主义"吃大锅饭"造成的必然结果。他们认为,如果脱离社会生产力的发展状况而超前地维护社会公平,就必然会带来效率低下、物资短缺的社会问题。对此,只能将社会主义建设的目标作根本性的改造——将"共同致富"改变为"让一部分人先富起来",然后"先富带后富",共同告别"短缺经济"。事实上,我们之后的改革开放在很大程度上就是按照这个模式来操作的,但由此却产生了两个新问题。

一是社会贫富悬殊日渐扩大。资料显示,在改革开放之初的1981年,我国居民收入的基尼系数为0.29。可是,到改革开放进行了20年之后的2000年,基尼系数就冲破了0.4的国际警戒线。到2005年,官方统计数据表明,基尼系数已经达到0.47。在之后的年份中,官方统计资料不详,但有学者认为,中国大陆基尼系数在2007年就超过了0.5。按照联合国有关组织的规定:基尼系数通常用来表现一个国家或地区的财富分配状况。基尼系数若低于0.2,表示居民收入绝对平均;基尼系数在0.2~0.3时,表示比较平均;基尼系数在0.3~0.4时,表示相对合理;基尼系数在0.4~0.5时,表示收入差距较大;而当基尼系数在0.5以上时,则表示收入差距悬殊。这就是说,我们在创造经济腾飞的世界纪录之时,也创造了两极分化的世界纪录。

---

① 数据来源:《中国社会统计年鉴(2006)》。

二是地方政府往往采用规避公共服务法定责任的途径来刺激本地区经济的发展。毫无疑问,发展经济需要"钱",提供公共服务也需要钱,那么,有限的公共资源优先投向谁呢?大家似乎陷入了鱼与熊掌不可兼得的境地。当然,地方政府节衣缩食,尽可能地筹集资金发展经济,这种精神是可敬的。但如果是为了发展地方经济而侵占、挪用公共服务的资源,那就是一种不称职的错误行为。事实上,有些地方政府无视自己的法定责任,将本应用于公共服务的财政资金挪用到经济建设,虽然可以促使地方经济的腾飞,但由此却导致或加剧了公共产品"日渐短缺"。显然,这种做法是以牺牲社会公平为代价而追求经济效率,尽管能够在短期内刺激经济发展,但从长远看,这是危害社会安宁、稳定与和谐,最终是有害于社会经济健康发展的。

按理,"天之道,损有余以补不足;人之道,损不足以补有余"。市场经济是按照"人之道"的方式而行事的,即可凭借比别人雄厚的资本,通过所谓规则公平的竞争而合情合理地将消费者口袋中的钱掏走,变成自己的,以便进一步将自己的资本做得比别人更大更强。因此,这种所谓的公平竞争,其结果本身并不公平,或者说,这是在表面平等掩盖下的事实上的不平等。按照西方人的说法,就连市场成功者豢养的宠物,在其所享受的物质待遇方面,往往都会高于失败者的亲生子女。这就是说,市场经济需要社会公平,但其本身并不能生产和创造公平与正义,因而需要政府等社会组织依法提供必要的公共服务来降低两极分化,以此来减少市场机制所产生的事实上的不平等。因此,政府必须按照"天之道"的法则来行事,否则,大家赖以生存的社会就可能随着市场竞争的白热化而土崩瓦解。其实,这个道理早在1900年《德国民法典》中就得到了充分的确认,形成了用"社会本位制"取代"绝对私有制"的立法模式,这才使资本主义国家免于被阶级斗争的烈火所焚毁。可是,我们的许多同志在改革开放初期并不理解这个道理,以为"只有发展才是硬道理",况且"历史不打成功者的屁股",甚至还有领导在大会小会上宣称,只要"不进班房",什么办法都可以用来促进(本地)经济增长。显然,这种浮躁、浅薄和贪婪的习气误导了大家,使得一些地方政府理直气壮地背离自己的法定责任。

(2)政府职能定位偏差

长期以来,我们关于政府职能定位的认识存在着严重的理论偏差。当时通行的教科书都声称,我国政府的基本职能主要有三个:一是政治职能,即保障人民民主专政和维护国家长治久安;二是经济职能,即组织社会主义经济建设;三是文化职能,即组织社会主义文化建设。在这种思想的影响下,许多同志片面地理解了"以经济建设为中心"的考核标准,并把发展经济当做唯一的"硬任务"、"硬指标"。应当说,在计划经济时期,主要通过国家计划来组织和发展社会化大生产,各级政府突出并围绕其经济职能而开展活动,这是无可厚非的。因为,计划经济本身就是政府意志的经济。但在市场经济条件下,政府则应当从具体经济事务中退出,主动承担起提供包括宏观调控在内的公共服务的责任。可是,由于我们在改革开放的具体进程中,通过"财政分灶吃饭"的机制把各级政府都绑上了"自行车经济"的战车,以为只能高速发展经济,否则社会进步之车就会轰然倒下。虽然此举能够充分调动地方政府的经济热情,但也由此强化了地方政府"经济人"意识。它们一方面作为中央政府的代表,必须完成上级布置的各项任务,另一方面,它们又希望通过自己实施的改革举措而实现或增进自身的利益。这样,政府就陷入了一个两难的困境:这种市场化改革的矛头所指的是政府自己所代表的传统经济体制,而推动和深化改革的核心力量也是政府本身。这就形成了所谓的"政府公平悖论"——政府本来应当通过自己的职权行为来维护社会公正,但由于它的行为直接介入了与其经济利益密切相关的社会活动,于是,政府越是努力,其职能偏差的现象就越明显,公共产品短缺的状况就越严重。

首先,如果政府一旦发现了自身利益的存在,就会选择性地行使公共权力,不仅会怠于完善有关公共服务的制度安排,还会在公共服务与经济利益相矛盾时自发地维护地方利益。

我国目前关于公共服务供应方面的立法严重滞后,这是人所共知的事实。在这种情况下,各级政府及其工作部门对于哪些领域属于公共服务,应当按照什么标准生产供应,往往只知道一些原则性的规定,无法按照具体的标准进行操作。更为严重的是,由于法律法规的缺失,各级政府只能根据自己的理念来提供公共服务,一方面,出现了各自为政的供应模式;另一方面,一些政府官员出于维护自身利益的考虑,往往把本应主动提供的基本公共服务作为权力寻租的工具。

例如,针对外来务工人员子女入学难的问题,一些城市曾出现了民间自发兴办的学校。可是,一些地方教育行政主管部门认定这是非法办学,坚决予以取缔。其实,这种现象的本质是个利益问题。因为,按照当时的规定,在义务教育阶段,学龄儿童应当在户籍所在地"就近入学";如果要异地就读,必须缴纳数额不菲的"择校费"、"借读费"。由于外来务工人员往往都处于经济弱势地位,对这种教育管理模式只能望而止步,于是只有自发地组织"民办义务教育学校",解决子女随身就读的困难。当然,这种"民办学校"既没有办学资质,教师、教室、运动场地和图书阅览条件也达不到国家或地方政府的标准,确实存在需要整改的问题。但是,这里暴露出的更大的问题是:其一,地方政府对异地就读的学龄儿童有没有提供义务教育的责任?或者说,教育行政主管部门能不能够以户籍为借口,剥夺公民接受义务教育的权利?显然,这就侵犯了中华人民共和国公民的平等权。其二,地方教育行政主管部门为了保护本地学校收取"择校费"、"借读费"而导致许多外来适龄儿童陷入无学可上的境地,是否属于滥用职权、权力寻租?表面上看,这是行政机关的执法活动,其目的在于保护本地学校正常的收费机制。可是,由于我国绝大多数地方,义务教育学校都是地方政府出资兴办的,它们与当地的教育行政主管部门之间存在着紧密的经济关系、行政管理关系和人事关系,因此,教育行政主管部门保护本地学校的收费秩序,就是保护自己的利益。其三，义务教育学校按理应当充分体现中国自古就形成的"有教无类"的教育思想，它们为何要设定高额的收费门槛让一些适龄儿童无法就读呢？其实，这仍旧是经济利益在作祟。按理，学校实施义务教育是有成本的，政府应当足额保障。按照《义务教育法》的规定："义务教育事业，在国务院统一领导下，实行地方负责，分级管理。"这就是说，地方政府是承担义务教育成本的法定主体，即由地方财政来支付义务教育的对价。在这种利益机制的作用下，往往会出现这样的后果：地方政府向学校定额拨付教育经费，并对学校经费存在的缺口给予政策支持，鼓励通过"创收"来填补或改善经费状况；或者，学校依照政府拨付的定额经费组织、安排教育服务，那么，学校就不可能产生主动扩大招生数量的热情。

显然，如果这种逻辑关系成立，那么，外来务工人员子女入学难的问题便是制度安排缺陷所造成的，这也是政府职能偏差的典型表现。而政府的这种职能偏差具有典型意义，即当公共服务与经济利益相矛盾时，它会自发地维护地方利益。如果地方政府在这种利益关系的刚性需求的作用下，真正成了"地方利益"的"看家狗"，那它们还有存在的意义吗？

其次，地方政府往往是从维护自身利益的角度来看待公共服务与经济增长、财政能力的关系，缺乏主动提高公共服务水平的积极性。

近年以来，我们已经意识到政府应当承担公共服务的法定责任，这无疑是一个重要的历史进步。但是，关于政府承担这种责任的限度和要求应当是什么呢？这里有个具有代表性的观点：人民群众所享受到的公共服务，只能与社会生产力水平相适应，同政府的财政能力相适应。其实，这是一个貌似公允而实际上是推卸法定责任的借口。例如，在实际生活中，我们有时会听到某些基层政府工作人员批评农村居民不识时务："你们要求政府提高社会保障待遇，这本身并没有错。只不过现在是社会主义初级阶段，政府没有能力满足大家的要求。你们要怪，也只能怪自己早出生了几十年。如果你们出生在社会主义高级阶段，你们的这些要求统统可以马上满足。"显然，把关于社会主义初级阶段的提法用来为公共服务短缺辩护，定会让这个理论的创造者倍感惊讶。由此也不难看出，某些基层政府工作人员正是将公共服务与经济发展水准机械联系，为自己逃避法定责任或擅自降低公共服务质量寻找借口。

我们知道，在计划经济时期，尽管我国社会生产效率比较低，物资十分匮乏，社会福利整体水平并不高，但是，由于当时的中国政府提供的社会福利在整体上比较公平，不仅相对于"旧社会"而言有了质的飞跃；而且，相对于当时的经济能力而言，政府确实是倾其所有，竭尽全力。因此，当时中国人民得到的公共服务并不逊色于同时期的西方国家或地区，党和政府在人民群众的心目中享有崇高的威信。据老同志回忆，当时香港与内地之间出现的偷渡现象，主要是境外人士偷渡到内地。按照"人往高处走，水往低处流"的常理，只有内地社会福利好、经济收入高，才会出现偷渡入境的现象。可见，当时内地的情况好于港澳地区。改革开放以来，中央开始采用"分灶吃饭"的办法来调动地方政府的经济热情。可是，当地方政府获得资金支配权之后，经济利益与自己的建设成效的关系更加密切，其"经济人"的嘴脸开始暴露无遗。一些地方政府采用基数定额控制的办法，强制性地将本地区公共服务与经济增长脱钩。于是出现了大家都曾目睹的现象：经济逐年腾飞，公共服务相对萎缩，公共产品短缺的矛盾愈演愈烈。甚至还有人把公共服务均等化斥为"伪命题"，认为这是绝对平均主义的翻版。他们强调，公共服务不能搞"超前消费"，只能与社会生产力相适应，政府也只能承担与自己经济能力相当的公共服务责任。

其实，从世界各国实践经验看，公共服务不能低于经济增长，这是一个最起码的底线，最好尽可能地保持适当领先于经济增长，并随经济增长和政府财政能力的增长而不断提升。显然，这个在西方资本主义国家都能够做得到的，对于我们社会主义国家而言，在理论上不应当存在任何难点。当然，这要取决于我们是否真正定位于服务型政府,如果不能正确认识自己的社会责任和社会作用,只是千方百计地考虑和追求自身利益,那就可能是南辕北辙,适得其反。

另外,我国各级政府之间事权分工,事权与财权的配套关系不太明确,财权过于集中在高层政府,而事权往往由基层地方政府承担,使得公共服务沦为"足球",被大家踢来踢去。

按理,各级政府之间的事权划分及其财政关系,应当科学、合理和具有可操作性,并以法律的形式加以明确和固定。但对于我们这样一个有着五级政府的国家,划分各级政府公共服务职责及其公共资源保障,既非常重要却又非常困难。目前,我们已经形成了一种非对称性的财政结构,即高端财政分配比例越来越大,公共服务责任越来越少;而基层政府,尤其是县市政府,不仅出现了财政分配比例日渐萎缩的态势,而且,公共服务的事权也越来越多。我们知道,改革开放之初实行"财政分灶吃饭"制度时,中央占全国财政总收入的25%,地方各级政府占75%。按照1994年的分税制改革的规定,中央占全国财政总收入的40%,地方各级政府占60%,对于经济不发达地区采用财政转移支付来保证其政府拥有相应的经济能力。可是,随着实践的深化和不断的微调,仅仅经过了10多年的时间,中央财政收入就已经占全国财政收入的近60%,地方各级政府的财政收入所占比例只有40%多一点。而且,随着事权的不断下派,基层地方政府的财力愈发困难,常常捉襟见肘。如果这种情形得不到有效解决,那么,地区之间、城乡之间的差距只会越来越大,提高公共服务水平、实现基本公共服务均等化,都可能只是一句空话。

(3)缺乏公共产品需求意愿的表达和形成机制

由于缺乏人民群众公共产品需求的诉求表达机制,在很大程度上形成了"道义式"、"恩赐式"公共服务供应机制,因而人为地加剧了公共产品的供需矛盾。

由于我们在计划经济时代形成了"大政府"的治理模式,形成了将各种公共资源都集中在政府手中的传统。因此,到了市场经济时代,这种政府垄断公共资源的做法不仅被承袭下来,而且还因市机制而有所放大。毫无疑问,当政府控制了这些公共资源之后,它就必须按照"取之于民,用之于民"的原则,用于相关公共产品的生产和供应。可是,政府又是怎样发现真实的社会需求并据此决定公共产品生产、供应及其有关的具体事宜呢?按理,发现公共服务社会需求和决策,属于公共选择的领域,应当在广泛听取各方当事人意见的基础上形成社会共识,政府只能承担具体贯彻执行的任务。毋庸讳言,按照我们现行的"议行合一"的民主机制,政府是权力机关的执行机关,并不是真正意义的决策机构。然而,由于政府主要成员都是同级人大代表,而且,人大及其常委会开会议事的频率并不是很高,且其决策往往非常原则和空泛,于是就出现了三个问题:一是政府已经控制了有关的公共资源,对有关情况的掌握往往比人大、政协更清楚,在"议行合一"或"民主协商"的场合中,其话语的权重往往比有关机关更大。二是由于我国的权力机关是直接选举与间接选举相结合,其民意发现的作用还比较弱。这样,一些具体的公共服务项目在权力机关进行票决的机会并不多见,往往只停留在原则性宏观决策阶段,留下许多具体的、具有关键性意义的环节,让政府及其工作部门临机处置。这就出现民意机关的宏观决定与行政机关的事实决定存在差距,使得实际生产和供应的公共产品往往出现脱离客观需求的问题。三是由于我们采用的"集体领导,分兵把口"的工作机制,政府全委会在讨论有关问题时,往往是分管领导的意见和"班长"的意见,最容易通过票决机制而获得支持。那么,这些领导是否真正了解社会需求呢?虽然这又是一个非常复杂的问题,但笔者至少可以断定这种情形的存在性,有的领导干部(如新调任或"空降"的领导)并不完全依赖于本社区所提供的公共服务的实际情况,而是依靠听汇报、走马观花地了解情况,因而只能"拍脑袋"式地行使决定权,甚至把公共产品视为一种"恩惠"赐予行政相对人。由此,我们可以清楚地看到,无论是这些情形之中的哪种类型,那些公共产品的真正需求者、消费者往往因为缺乏知情权、话语权和监督权,而成为"被消费"和"被需求"的弱势群体。概而论之,这种缺乏群众参与的公共服务决策机制,往往会陷入这样的怪圈:一方面,依赖公共服务的社会成员没有选择权、建议权,因而有关公共产品的决策难以摆脱官僚化的困境;另一方面,有关行政官员按照自己的意愿生产和供应有关公共产品,使得一般社会成员只能被迫接受这些公共服务,其有关选择权、建议权就显得毫无意义。显然,我们目前还是在这种机制上生产和供应公共产品,这就使得我们有限的公共资源难以真正发挥作用,从而进一步加剧了公共产品的短缺性。

我们可以从一个实例来看看,这种将人民群众排斥在外的公共产品决策机制会带来很大的危害性。2006年8月11日,北京市海淀区城管大队海淀分队查抄一无照经营烤香肠的摊贩崔英杰,副队长李志强被崔英杰挥刀刺死,后崔英杰以故意杀人罪被判处死刑,缓期两年执行。非常值得玩味是,在庭审期间,许多记者和社会人士明确无误地表达了对崔英杰的同情,律师夏峰的辩护词也在网上流行。有人总结了一句玩笑式的顺口溜:"公安抓坏人,工商罚奸商,纪委查贪官,城管整穷人。"对于坏人、奸商和贪官,用国家强制力予以打击或处罚,这是大家都能够理解和支持的。可是,如果让城管使用暴力去断绝"穷人"赖以为生的出路,这就太不近情理了。而且,北京市第一中级人民法院在审理该案的过程中,也似乎表达了对海淀区城管执法的疑问。因为,依照北京市人民检察院第一分院的指控,被告人崔英杰因无照经营被海淀区城管大队查处时,即持刀威胁,阻碍城管人员的正常执法活动,并持刀猛刺海淀城管队副分队长李志强颈部,致其急性失血性休克死亡。可见,公诉机关的起诉书涉及案犯妨害公务和故意杀人两项罪名。而北京一中院的判决书说:"本院认为,被告人崔英杰以暴力方法阻碍城市管理监察人员依法执行职务,并持刀故意非法剥夺他人生命,致人死亡,其行为已构成故意杀人罪,犯罪性质恶劣,后果特别严重,应依法惩处。考虑崔英杰犯罪的具体情节及对于社会的危害程度,对崔英杰判处死刑,可不立即执行。"可见,审判机关确认了案犯具有暴力抗法的行为,但还没有达到可以入罪的程度。据报道,北京市城管部门曾表态,尊重审判机关的判决。这是非常值得肯定的。但是,不知该市城管部门的领导是否认真研究过,为什么审判机关没有认定起诉书"妨碍公务罪"的指控?如果海淀区城管大队所谓"查抄无照商贩"的行为本身就不具有合法性,那么,这种违法行政行为又该承担什么样的法律责任呢?更为重要的是,如果辩护律师向法院提交的关于崔英杰本身是个"良民"的证据属实,那么,我们就应当对《无照经营查处取缔办法》等有关法律制度是否为"良法",进行深入的思考。夏峰律师提交的这类证据有六个:①河北省阜平县各老村村民委员会、阜平县平阳镇人民政府及阜平县公安局平阳派出所出具的证明,证明内容,崔英杰是个守法的好公民,没有干过违法乱纪的事情;②崔英杰曾经就读的河北省阜平县中心小学出具的证明,证明内容,崔英杰是名优秀的学生;③崔英杰曾经就读的河北省阜平县平阳中学出具的证明,证明内容,崔英杰思想品质良好,成绩优良;④崔英杰曾经服役的71799部队给崔英杰家长的来信,证明内容,崔英杰服役期间表现良好,荣获"优秀士兵"称号,平时训练刻苦,成绩突出,多次在军人大会上作为典型被点名表扬;⑤崔英杰所服役部队颁发的优秀士兵证书、中国人民解放军士兵登记表,证明内容:崔英杰服役期间曾荣获"优秀士兵"称号,获嘉奖一次,其所服役的部队是电子干扰部队,其所受专业训练为报务专业;⑥崔英杰在名柜娱乐城工作时的同事黄金杨的调查笔录,证明内容,崔英杰在城市谋生的艰辛,吃苦耐劳,乐于助人的良好品质以及温和的性情;⑦崔英杰在部队的战友给法官的求情信⑧阜平县平阳镇各老村村民委员会和村民出具的求情信。这些证明证实了崔英杰一贯表现良好,无打架斗殴,无前科,在部队还是优秀士兵,确系良民。那么,为什么会被逼到"杀人犯"的困境!

显然,我们应当对此作深刻的反省。笔者以为,这里至少两个问题值得大家深思:一是维护"持证经营"与维护公民的基本生存权,孰轻孰重?一般而言,市场主体应当依法组建并报有关部门登记发照。可是,自然人能否直接以自己的名义进入市场从事经营活动?

对于小摊小贩而言,在中国历史上从来没有这种要求,境外也没有这种强制性的规定。也就是说,对于"引车卖浆者流"实行"持照经营",可谓是"中国特色"。其实,这种"办照"无非就是收费。就是保证某些行政机构所拥有的收费权,能够凭借国家强制力的保障而得以实现,以充分体现其经济价值。所以,这才有了一些大老爷们成天在集市上转悠,甚至对摊贩大打出手、没收财物。这种行径无非就是告诉大家,必须缴费办照,否则不让你活!可是,这是咱们人民政府应该干的事吗?这与社会黑恶势力强制收取保护费有什么区别?所以,这种"城管"和"工商管理",似乎根本就没有存在的价值。二是人民群众需要政府提供这种"查抄无照商贩"、"打击非法占道经营"的公共服务吗?笔者从资料上看到,境外许多城市街道白天车水马龙,晚上变成熙熙攘攘的夜市,让小商小贩自由经营。这难道不好吗?笔者认为,我们完全可以通过民意的征集和表决,对街道使用形成社会共识:哪些街道必须要保持交通畅通,哪些街道可以主要用于集市,哪些街道应当兼顾通行与集市两种公共需求。总之,这些事情不必一定要由政府越俎代庖,完全可以还权于民,真正体现"人民城市人民管"的理念。

其实,许多国家的经验表明,充分发扬民主,赋予人民群众对公共服务的诉求表达权、选择权和监督权,是提高公共服务效率最重要、也是最有效的途径。

三、我国公共服务均等化的法律依据、主要任务和制度保障

1. 我国推行公共服务均等化的法律依据

(1)我国现行法律的有关规定

我国《宪法》明确规定,中华人民共和国公民除享有政治权利之外,还享有充分的社会经济权利。从理论上讲,保证公民实现社会经济权利,主要依赖政府所提供的公共服务。我国《宪法》关于这方面

的规定可以概括为五个方面：一是明确规定了公民有劳动就业的权利,政府要保障公民劳动就业权的实现,就应当"通过各种途径,创造劳动就业条件,加强劳动保护,改善劳动条件,并在发展生产的基础上, 提高劳动报酬","对就业前的公民进行必要的劳动就业训练"。二是明确规定了劳动者有休息的权利,政府要保障公民实现此项权利,就应当"发展劳动者休息和休养的设施,规定职工的工作时间和休假制度"。三是规定了公民有接受教育的权利,政府就有"培养青年、少年、儿童在品德、智力、体质等方面全面发展"的义务。四是规定了公民有从事科研文化艺术活动的自由权, 政府就负有对"有益于人民的创造性工作,给以鼓励和帮助"的义务。五是规定了公民处于特殊困难时期有获得物质帮助的权利,即"在老年、疾病或者丧失劳动能力的条件下,有从国家和社会获得物质帮助的权利",政府为保障公民的此项权利的实现,需要承担三个方面的义务：①发展为公民享受这些权利所需要的社会保险、社会救助和医疗卫生事业；②保障残废军人的生活,抚恤烈士家属,优待军人家属；③帮助安排盲、聋、哑和其他有残疾的公民的劳动、生活和教育。《宪法》的这些规定,为我国不断提高公共服务水准、实现公共服务均等化,提供了有力的制度保障。

此外,我国于1997年10月,由秦华孙为大使全权代表签署了《经济、社会和文化国际公约》,全国人大常委会于2006年批准。该公约与《公民权利和政治权利国际公约》一样,是国际社会为了实施《世界人权宣言》而通过的具有法律约束力的国际条约。与其他国际人权保障文献不同,《经济、社会和文化国际公约》主要涉及所谓的"第二代人权",即经济权利、社会权利和文化权利,这标志着人类社会的人权理论和人权保障制度有了新的发展。该公约共分五个部分三十一条,全面阐明了每个人都应当享有的经济、社会和文化权及其具体内容,并明确规定了各缔约国政府为保障人民的这些权利而应当承担的相应义务。

例如,关于工作权及其保障,该公约第六条规定："本公约缔约各国承认工作权,包括人人应有凭其自由选择和接受的工作来谋生的权利,并将采取适当步骤来保障这一权利。"紧接着,该公约又规定:"本公约缔约各国为充分实现这一权利而采取的步骤应包括技术的和职业的指导和训练,以及在保障个人基本政治和经济自由的条件下达到稳定的经济、社会和文化的发展和充分的生产就业的计划、政策和技术。"为了进一步明确各缔约国当局所应承担的义务,该公约第七条进一步规定:"本公约缔约各国承认人人有关享受公正和良好的工作条件,特别要求,(甲)最低限度给予所有工人以下报酬,①公平的工资和同值工作同酬而没有任何歧视,特别是保证妇女享受不差于男子所享受的工作条件,并享受同工同酬;②保证他们自己和他们的家庭得有符合本公约所规定的过得去的生活;(乙)安全和卫生的工作条件;(丙)人人在其行业中有适当的提级的同等机会,除资历和能力的考虑外,不受其他考虑的限制;(丁)休息、闲暇和工作时间的合理限制,定期给薪休假以及公共假日报酬。"从这些条文可以看到,该公约作为主权国家政府缔结的国际条约,对人民所享有的工作权,不仅明确规定了基本法律含义,还明确规定了国家及其主权代表着的政府所应当承担的一般义务,以及人们所特别关注的特殊义务。

又如,关于社会保障权及其实现,该公约作出了详细的规定。该公约第九条规定:"本公约缔约各国承认人人有权享受社会保障,包括社会保险。"紧接着,该公约第十条也与此项权利有关,需要对三个方面的内容加以保护:"本公约缔约各国承认,一、对作为社会的自然和基本的单元的家庭,特别是对于它的建立和当它负责照顾和教育为独立的儿童时,应给以尽可能的保护和协助。结婚必须经男女双方自由同意。二、对母亲,在产前和产后的合理时间,应给以特别保护,在此期间,对有工作的母亲应给以给薪休假或有适当社会保障福利金的休假。三、应为一切儿童和少年采取特殊的保护和协助措施,不得因出身或其他条件而有任何歧视。儿童和少年应予保护免受经济和社会的剥削。雇佣他们做对他们的道德或健康有害或对生命有危险的工作或做足以妨害他们正常发育的工作,依法应受惩罚。各国亦应规定限定的年龄以下的童工,应予禁止和依法应受处罚。"另外,该公约第十一条进一步规定了缔约国当局对人民的社会保障所应承担的两项特殊义务:"一、本公约缔约各国承认人人有权为他自己和家庭获得相当的生活水平,包括足够食物、衣着和住房,并能不断改进生活条件。各缔约国将采取适当的步骤保证实现这一权利,并承认为此而实行基于自愿同意的国际合作的重要性。二、本公约缔约各国既确认人人享有免于饥饿的基本权利,应为下列目的,个别采取必要的措施或经由国际合作采取必要措施,包括具体的计划在内:(甲)用充分利用科技知识、传播营养原则的知识和发展或改革土地制度以使天然资源得到最有效的开发和利用等方法,改进粮食的生产、保存及分配方法;(乙)在顾到粮食入口国家和粮食出口国家的问题的情况下,保证世界粮食供应,会按照需要,公平分配。"通过这些条文,可见国际社会对社会保障及其相关权利的认识,与当年德国宰相俾斯麦仅仅保障农民离开容克地主之后的社会生存权,已经有了质的进步。这充分说明,现代社会的发展和进步,应当落脚于人民群众自身权益的维护和提高。

我国是人民民主专政的社会主义国家,维护和保障人民的各项权利,是国家最基本的任务之一。为此,我们依照《宪法》的规定和国际条约所应承担的国际义务,已经制定了《教育法》、《义务教育法》、《劳动法》、《劳动合同法》、《就业促进法》、《社会保障法》等一系列专项法律制度。全国人民,无论男女、无论民族、无论地域、无论城乡,都有权获得相应的社会安排,享有相应的公共服务,使其能够充分享有作为人的尊严。

(2)党中央有关战略决策

同世界许多国家或地区一样,我国改革开放以来的社会发展,也曾经历了一个从"经济增长至上"到"以人为本"的演变过程。

事实上,世界上有些国家或地区曾一度单纯地追求GDP的增长,而没有进行必要的经济结构、社会形态和政治体制等方面的配套改进,因而出现了严重的分配不公和政治腐败,继而引发了旷日持久的社会动荡。因此,这种把"发展"等同于"经济增长"的理念和模式,已经被实践证明是一条死胡同。1980年《世界自然资源保护大纲》提出了"可持续发展"理念,这一理念在《内罗毕宣言》、《我们共同的未来》、《21世纪议程》等文件中得到进一步阐述,标志着人类社会已经把观察发展的视角从"物"转到"人",并最终确立了新的发展观——社会发展的本质在于扩展人的自由自觉的能力,使大家都能够通过自己的努力而过上自己认为有价值的生活。

在这种国际共识的影响下,党中央果断地提出要以科学发展观统领经济社会发展的全局,把经济社会发展切实转入全面协调可持续发展的轨道。这时,"公共服务均等化"作为一个新改革共识被大家正式承认。2004年2月,党的十六大明确提出:要"完善政府的经济调节、市场监管、社会管理和公共服务的职能",即正式承认,生产和供应公共服务是人民政府的重要职能。不久,"十一五"规划纲要进一步明确提出,强化公共服务职能已经成为深化政府改革的重要目标,各级政府都应当将自己的职权活动向公共服务领域倾斜,加强城乡公共基础设施建设,发展社会就业、社会保障服务和教育、科技、文化、卫生、体育等公共事业,发布公共信息,为社会公众生活和参与社会经济、政治、文化活动提供保障和创造条件。这一纲要促进了政府干预从控制导向向服务导向转化,从效率导向向公正导向转化;促进了服务个体整体合作和相互信任;促进了政府与社会关系和谐。党的十六届三中全会则从以人为本和全面协调可持续的科学发展观的高度,提出了促进经济、社会、自然、环境和人的全面发展,进一步明确了公共服务均等化的指导思想和基本原则。党的十六大六中全会将这些思想正式载入《决定》,将"基本公共服务体系更加完备,政府管理和服务水平有较大提高"确定为2020年全国构建和谐社会的9大目标和主要任务之一。之后,党的十七大进一步明确概括全党的共识——推进基本公共服务均等化是经济社会又好又快发展的必然要求,是加快城乡统筹步伐和缩小区域发展差距的直接动力,是实现人的全面发展和构建和谐社会的重要支撑。党的十七届五中全会提出:"着力保障和改善民生,必须逐步完善符合国情、比较完整、覆盖城乡、可持续的基本公共服务体系,提高政府保障能力,推进基本公共服务均等化。"这就把关注民生、推进基本公共服务均等化提升到了战略高度。《中华人民共和国国民经济和社会发展第十二个五年规划纲要》将"关注民生"作为社会经济发展的核心理念,因而将公共服务均等化作为未来社会经济发展的基本要求、原则和方向,足以看出我国"十二五"时期公共服务的质量和范围都将出现一个崭新的飞跃。由于我国推动社会生产力不断进步的任务依然非常艰巨,目前所积累的公共资源也非常有限,因此,我们仍然应当在协调经济增长与提升公共服务之间找到一个平衡点。当然,在"十二五"期间,我们应当在继续搞好经济调节、市场监管的同时,更加注重履行社会管理和公共服务职能,更加重视基础教育、公共卫生、环境保护、社会保障和社会救助等方面的工作,更加重视建立健全与社会主义市场经济体制相适应的公共服务体系。

2. 我国公共服务均等化的主要任务

根据国际经验和我国现实状况,我们目前的公共服务均等化应当界定为:国家通过制定相关公共服务的全国性标准,包括设施标准、设备标准、人员配备标准、日常运行费用标准等,保证各级政府均有提供相应公共服务的财政能力,在确保社会、政府和服务机构不存在偏见、歧视与特殊门槛的条件下,使全国每个公民,不分城乡、不分区域地享有获得法定公共产品的机会和权利。从具体操作的层面讲,我国公共服务均等化的具体内容,可以用基础性、广泛性、迫切性和可行性四个属性来加以界定。所谓基础性,是指这些公共服务产品对人的发展有着重要的影响,一旦发生缺失,就将导致人们难以按照通常意义的标准而实现其全面发展。所谓广泛性,是指这些公共服务将惠及全社会的每一个家庭和每一个人,只要他们生活在我们这个国家,就能够充分感受到这种公共产品的存在和影响。所谓迫切性,是指公共服务事关广大社会成员最直接、最现实、最迫切的利益,如果不能及时提供,就可能会造成有关社会成员的直接性困难或困惑。所谓可行性,是指这些公共服务的提供要与一定的经济发展水平和公共财政能力相适应,其规划目标与相应的物质保障同步建立。按照这样的标准,现阶段我国公共服务均等化应当确保以下三个目标的实现。

(1)区域公共服务均等化

从20世纪90年代中期开始,我国就确立了"坚持区域经济协调发展"的原则,并陆续制定和实施了"西部大开发"、"东北振兴"、"中部崛起"等一系列促进区域经济协调发展的政策。但这些政策主要侧重于调节经济总量和增长速度,却忽视了公共服务的平衡,致使各地在教育、卫生、文化、社会保障等方面的公共服务差距不断扩大,引发了许多社会矛盾和问题。针对这种状况,我们应当在承认区域经济分工的条件下,重点抓好以下三个方面工作。

首先,在实施西部大开发战略时,应当更加注重社会事业的全面发展,将缩小西部地区与全国公共服务水平的差异作为主要任务。在西部大开发战略中强调社会事业发展,强化西部地区各级政府社会管理和公共服务职能;在国家统筹和重点扶持的基础之上,通过提高基本公共服务水平而使西部地区人民能够共享改革发展的红利,推动社会主义和谐社会的建设。一是通过中央财政直接支持的方式,优先发展西部地区的基础教育,特别是扩大对贫困家庭学生免费提供教科书的覆盖面,提高寄宿生的生活补助标准;鼓励和支持东中西部地区之间的教育对口支援和联合办学,加强西部地区教师培训,加快西部地区职业教育和培训网络的建设;中央政府有关部委加强指导和帮助西部地区有关政府,大力实施成人继续教育、在职教育和再就业培训工程,提高西部地区劳动人口的就业能力、工作能力、职业转换能力和创业能力。二是加大中央政府的专项经费支持,加强西部地区公共卫生体系的建设,促进医疗卫生资源的整合,建立健全县、乡、村三级卫生服务网络;完善疾病预防控制系统和医疗救治体系,重点支持贫困县、民族自治县和边境县的医疗、卫生、防疫和保健机构的建设;建立健全突发公共卫生事件的应急管理机制,有效控制重大传染病、地方病、职业病和人畜共患疾病。三是加大西部科技能力建设工程的力度,依托重点科研院所、高等院校和国家实验室、国家工程中心和企业技术中心等,增强西部地区的科技支撑能力。特别是依托西部大开发重点工程和重大关键性技术需要,有重点地支持建设重大科技基础设施和产业技术实验设施,提高西部地区科技文化水平和自主创新能力。

其次,更加重视和加强贫困地区的社会发展,将基本公共服务均等化作为我国反贫困工作的重要环节。应当将扶贫资金的使用逐步向公共服务领域倾斜,大力改善贫困地区的生产、生活条件,提高贫困地区吸引经济要素的能力。一是加强贫困地区生产性公共基础设施建设,重点是加强基本农田和农田水利工程、乡村道路、人畜饮水、草场建设、能源建设和小流域治理。二是改善贫困地区生活与生态的公共基础设施建设,重点是加强生态环境治理,帮助生态严重退化、生存条件极其恶劣地区的贫困人口改善生活条件,在群众自愿的基础上,有计划、有组织地实施生态移民。三是通过产业化扶贫和劳动技能培训等方式,扶持贫困地区农副产品的深加工,建立和完善大规模产业化基地和全国联网的信息平台,积极参与全国产业分工和提升利益关联度。为此,中央政府应当在现行的转移支付制度的基础上,进行全面性的改革和完善。关于财政转移支付制度问题,我们在后面将专节讨论,这里从略。

另外,建立东西部基本公共服务的联动机制,通过东部发达地区率先试点和探索,取得成功经验之后应当尽快将这种理念和成果推广到西部地区。

(2)城乡公共服务均等化

我国在公共服务资源的配置方面,除国防、外交等领域具有城乡居民均等的意义之外,其他众多的公共服务产品均存在比较严重的城乡差别。由于农村多种基本公共产品严重缺位,严重制约了农村居民的发展,使得有些地区贫困农民连最基本的生存条件都难以保证。有学者估计,教育、文化、医疗、卫生和社会保障等公共服务因素,在城乡实际收入差距中的比例占30%~40%;如果将这些因素考虑在内,我国城乡差距已达5~6倍。因此,提高农村公共服务数量和质量,对于缩小城乡差别,具有直接的意义。

首先,应当优先提供农民最迫切、最需要的公共产品。由于城乡公共服务的差别是受长期历史原因的影响而积淀下来的,要弥补这种历史欠债,就需要统筹兼顾,分步实施。目前,我们应当集中财力优先安排农村中受益面最广、公益性最强的公共产品。一是加强农村中小型基础设施建设,如中小型水利灌溉设施和文化、体育、娱乐设施。二是将农村义务教育纳入中央统筹的财政保障的范畴,以保证城乡义务教育均衡发展,让农村少年儿童能够享有与城里少年儿童一样的受教育的权利,从而切实保障社会公平的真正实现。三是完善新型农村合作医疗制度,降低农民个人医疗卫生费用的自费负担比例,提高农民化解大病风险的能力。对于经济发展状况较差的地区,中央政府应当给予充分的专项财政补助,用于乡村医疗卫生机构建设、乡村卫生人员的培训和提高"新农合"的经济实力。四是加快农村社会保障安全网的建设,提高政府的责任意识和支持力度,保护农村弱势群体的利益。其重点为:建立和完善农村最低生活保障制度、农民基本养老保险制度和失地农民的社会救助制度。

其次,建立城乡统一的户籍管理制度,完善集体土地使用权流转制度,赋予农民"用脚投票"的权利,使城乡差别能够在人口自然流动的机制下得以化解或减弱。我们知道,导致城乡公共服务配置不均等的原因是多方面的,其中城乡分割的二元户籍制度和土地制度是主要因素。其主要表现为:城市经济以现代化的大工业和服务业为主,经济效率明显高于农业;而农村以典型的小农经济为主,国家通过户籍制度和集体土地制度将农民紧紧地拴在农村。笔者曾于2000年进行过专项调查研究,发现成都地区的农村人口转化为城市居民,人均至少需要6万元。如果赋予农民按市价有偿转让集体经济的权益及其在农村的不动产,那么,他们可以拥有在城市生存和发展的最低经济条件。这样,通过人口城市化而大大减少农业人口,让更多的农民直接进入城市,还可以让留在农村的劳动力拥有更多的土地。因此,我国城乡二元社会结构的存在是由人为因素所致,消除这种制度性"篱笆"具有重要意义。对此,一是应当将农民宅基地"商品化",赋予其拥有与城市房屋一样的土地使用权,以便能够形成城乡统一的不动产市场,使之成为农民脱去"农皮"的经济基础。二是建立城乡统一的户籍管理制度,恢复我国公民的"迁徙自由权",让农村人口可以自由地选择生活和发展的空间,让农民以及欠发达地区的居民能够向城市或经济发达的东部地区转移,即积极地发挥机械人口流动的机制,不断缩小城乡之间、区域之间的基本公共服务差距。三是学习和借鉴亚洲"四小龙"的成功经验,明确地方政府具有无偿帮助失地、离土"农民"获得职业技能培训的责任,让这些离开农村的原住民能够拥有在城市立足谋生的知识和技能。

另外,更新农村治理理念,建立健全村民自主决策的社区公共产品供应机制。由于农村地域宽广,公共产品配置机制更为复杂,使得农村社区往往成为具有相对独立性的公共服务体系。例如,村民集中居住区的环境卫生、交通路道和水电设施,往往需要通过村民自治组织来安排和供应。可是,由于村民自治组织往往没有比较稳定的财政收入保障,导致许多农民集中居住社区存在脏、乱、差和交通不便等情形。对此,如果要完全按照城市市政管理体制来生产供应,可能在目前或未来相当长的一段时间,都难以做到。笔者以为,应当在加强调查研究的基础上,建立政府主导、村民参与、社会帮助的公共产品生产和供应机制。

(3)全民公共服务均等化

改革开放以来,我国社会生产力发展十分迅速,为政府职能由经济管理向社会管理的转变,提供了坚实的经济基础。因此,目前我们在全国范围内实现公共服务均等化,为全国各族人民提供尽可能优良的公共产品的时机已经比较成熟。

笔者以为,我们应当在中央政府的主导下,推广先进地区的经验,按照国际通行的"人类发展"的目标和要求,尽快建成覆盖城乡、功能完善、分布合理、管理有效、水平适度的基本公共服务体系,实现全国各族人民基本公共服务制度的统一、标准的一致和水平的均衡,全国人民平等地享有公共教育、公共卫生、公共文化体育、公共交通、生活保障、住房保障、就业保障、医疗保障等基本公共服务,按照国际通行标准达到中等发达国家水平。为实现这个目标,我们可以分四个阶段推进:第一阶段2012—2014年,大力推进基本公共服务覆盖工作。重点调整财政收支结构,增加对公共教育、公共卫生、公共文化体育、公共交通四项"基础服务"以及对生活保障、住房保障、就业保障、医疗保障等四项"基本保障"方面的投入,坚持投入向农村、基层、欠发达地区和困难群体倾斜,建立健全城乡、不同地区和社会群体间多层次、差别化的基本公共服务体系,使基本公共服务加速覆盖广大居民。第二阶段2015—2017年:重点推动城乡基本公共服务均等化普遍覆盖。将农村居民和农民工纳入城镇基本公共服务体系,实现城乡基本公共服务的制度衔接和统一,建立和完善各级政府的公共财政体制,使城乡基本公共服务均等化普遍覆盖广大居民。第三阶段2018—2020年:基本实现地区性基本公共服务均等化。以完善财政转移支付制度为重点,实现地区性基本公共服务财政能力均等化,基本实现地区性基本公共服务均等化。第四阶段2020—2022年:总体实现全国基本公共服务均等化。在城乡、地区制度差别基本消除的基础上,最终建立相对完善的现代基本公共服务制度体系,在全国范围内总体实现基本公共服务均等化。

　　总之,经过30多年的改革开放,中国经济已经步入现代化的"关键点",在经济飞速发展的同时,一些社会经济的深层矛盾逐渐显现:经济增长方式的落后,经济发展同生态环境、自然资源的矛盾加剧,城乡差距、地区差距、居民收入差距持续扩大,就业和社会保障压力增加,教育、卫生、文化等社会事业发展滞后。因此,在我国现阶段提出构建和谐社会的目标和任务具有深刻的现实意义,是解决这些深层矛盾和问题根本所在。所谓"和谐社会"是指社会结构均衡、社会系统良性运行、相互协调,人与人之间相互友爱、相互帮助,社会成员各尽其能、各得其所,人与自然之间协调发展的社会。它是贯彻全面思考问题的理念,运用法律、经济、行政、政策等多种手段,统筹各种社会资源,将经济、政治、文化等各个方面调整为综合协调状态。和谐社会应该是民主法制、公平正义、诚信友爱、充满活力、安定有序、人与自然和谐发展的社会,所要达到的目标是实现人与人、人与自然、人与社会的和谐发展,这就要遵循公平与公正的核心价值取向,形成一种大体均衡的利益格局。

3. 公共服务均等化的制度保障

(1)理顺政府与市场的关系

在现代社会分条件下,市场的主要作用在于通过供求关系实现资源的优化配置,政府的主要作用在于通过提供公共服务而保证社会、经济的稳定并保持必要的秩序。它们两者各司其职,对立统一,相得益彰。由于本书是关于公共服务的专论,故仅从这个角度提出进一步理顺市场与政府关系的三个建议。

首先,我们应当以积极履行公共服务职责为重点,加强政府自身的改革,实现政府职能的回归。我们知道,虽然从总体上看,现代市场经济是以不断推进科技创新为手段而必然地促进社会生产力的发展,但在实际运行之中,市场机制的这种必然性却是以偶然性开道和盲目性发展为表现形式。因此,从一部市场经济发展史中,我们既可以看到市场充分发挥了优化资源配置的基础性作用,同时也可以看到市场机制存在大量的失灵现象。显然,政府应当承担弥补或纠正市场失灵的责任,即提供公共产品或服务,维持市场有效竞争,防止收入差距过大而出现社群对立。按照公共经济学的观点,市场与政府之间应当科学地进行职能分工——凡是市场所不能提供的产品均由政府负责供应。但由于公共服务难以按照"谁投资,谁所有"的原则由市场主体提供,因而只能按照社会分工的成例,由政府来承担这个社会负责。当初,政府曾以承担这种社会责任而确立自己存在的价值,只是以后为了应对不同群体之间的经济竞争,从而确保本社会的经济能够持续增长,政府才异化为经济型或政治型的运行模式。可是,随着世界经济一体化发展和信息化社会的来临,政府已经具备更强的能力,完全可以在维护本国或本地区经济持续稳定的基本上,同时积极承担公共服务供应的责任。也就是说,当代社会的发展已经成就了政府职能回归的思想、物质和技术基础。从这个角度,我们就不难理解为何西方发达国家曾于20世纪70年代,进行过具有深刻历史意义的"政府再造运动"了。由于我国政府在历史上具有更为明显的政治性和经济性,要将公共服务定位为自己的核心职责,就需要进行深刻的思想观念、组织结构和行为方式的改造。这种转变政府职能的改革,不仅仅是对"经济型政府模式"的扬弃,更是为了更好地实现政府与市场的分工,从更高的层面上促进经济的持续发展。一方面,这种服务型政府为全国各类市场主体提供基本均等的公共服务,有利于公平竞争,促使资源在全国范围内合理流动,实现配置资源效率的极大化。另一方面,公共服务均等化也是政府增进社会公正的基本途径,以保证不同社会的群体能够比较平等地享受必要的公共服务,提高和完善自己的社会生存能力和参与市场竞争的能力。

其次,政府应当更加注重处理好分配与再分配的关系,维护社会公正。在现代市场经济体制下,政府是公民与社会的纽带。由于政府具有相应的强制性和公益性,能够通过立法征收和行政征收获得一定的社会资源,因而具有财富再分配的功能。一般而言,市场体制下的各种收入分配可以归结为两个阶段:收入初次分配和收入再分配。西方发达国家依靠市场机制而使科技创新得以实现和不断发展,因而能够维持社会经济持续的发展和进步。那么,公民的社会经济权利能否利用市场机制来维护和发展呢?答案是否定的。因为,市场经济是供求关系平衡自发地调节各个利益主体之间的关系,而这些利益主体的基本行为准则是受自有资产的增值或保值所驱动的。因此,市场经济的核心机制是实现资产的价值,而不是实现人的权利。那么,要保证公民的社会经济权利能够得以实现,就只能依赖政府积极发挥自己的职能作用。一般认为,在市场经济条件下,政府应当采取包括福利政策在内的一系列社会政策来解决收入分配不均的现象。倡导的措施之一是发展公共服务,增加公众的福利,使各阶层之间的收入趋于"均等化"。社会上的每个人都应该享有最基本的权利并均等地享有社会经济发展的成果,为此,政府应在提供一系列的公共服务的基础上,力求公共服务的均等化。在世界范围内的具体实践中,很多国家建立起了现代财政均衡制度,其目标便是保证各级政府在全国范围内提供较均等的基本公共服务。具体到某个国家来说,公共服务均等化目标也被具体化了。

第三,按照公共服务职责和财权相匹配、支出管理责任和财力相匹配的原则完善财政管理体制。事实上,目前理论界和官方对"事权"的理解不甚明确。这里,我们把"事权"理解为两种含义:一是若将"事权"理解成"公共服务职责",则应当实现"财权和事权相匹配";二是若将"事权"理解成"支出管理责任",则应当实现"财力和事权相匹配"。显然,"公共服务职责"是指各级政府承担的由本级政府提供的公共服务供给的职能和责任。而"支出管理责任",则是指对财政资金支出实行具体使用的管理。二者一般是统一的,但在某些情况下二者又是不一致的。例如,由于义务教育的外溢性作用较大,应当由中央、省、市、县和乡镇政府共同承担其责任。但因信息不对称或提高财政支出效率的原因,义务教育的支出管理责任往往由县、乡政府执行更为合适。这就是说,对于义务教育,应当由各级政府共同出钱,而由县和乡镇政府负责办理具体事项。从理论上讲,财权是指在法律允许下各级政府负责筹集和支配收入的财政权力,主要包括征税权、收费权以及发债权。而财力则是指各级政府在一定时期内拥有的以货币表示的财政资源,其来源可以是本级政府的税收、上级政府的转移支付、非税收入以及各种政府债务等。一般而言,拥有财权的政府都拥有相应的财力,但是拥有了财力的政府不一定就有财权。因为,上级政府的财权往往大于其最终支配的财力,因一部分财力转移到下级政府后,这部分财力的实际使用者就不是上级政府,而是下级政府。所以,下级政府的财力可能大于其财权。目前,按照支出责任来处理和分配这种财权、财力关系的制度框架,已经成为经济比较发达的国家组织公共服务供应的法制基础,我们应当借鉴其合理部分来完善我们自己的有关制度。① 一是在构建规范的财政管理体制的过程中必须实现两个匹配,即公共服务职责和财权相匹配,支出管理责任和财力相匹配,才能真正地理顺政府间的财政关系。就前者而言,我国目前在中央和省级财政中,基本实现了公共服务职责和财权相匹配,而地方各级政府基本尚未达到这个标准,应当尽快纠正。就后者而言,我国各级政府之间尚处于模糊不清的状态,因而出现了县乡两级政府运转经费困难,出现义务教育、公共医疗和农村公共产品短缺的现象。二是进一步推进省以下财政体制改革,构建以基本公共服务均等化为导向的财政投入及保障机制。中央政府应当建立公共服务专项基金,用于帮助或激励省以下的各级政府实施财政体制改革,加大对生态优化区域或有关主体功能区域实施公共服务均等化的财力支持,形成统筹兼顾、条块结合的财政保证体制。三是增强欠发达地区基层财政保障能力,促进各地区财政能力均衡。探索建立省级以下政府之间的财政纵向转移支付制度,落实先富帮后富的发展理念。特别是对区域社会经济承担重大义务地区,例如,对长江上游地区因发展和保持生态平衡而降低经济增速,应当由中央政府出面进行必要的利益统筹,从而保证实现区域间基本公共服务供给能力的适度均等。

(2)改革和完善公共服务的绩效考评体系

我们知道,绩效考评体系作为一种重要的激励制度,对考评主体的行为起着约束和引导的作用。从这个意义上讲,构建以公共服务为核心的绩效考评体系,对于建设服务型政府和推进基本公共服务均等化,具有非常重要的作用。

由于从20世纪70年代以来,以公共服务为政府的核心职能已经

---

① 倪红日著:《应该更新"事权与财权统一"的理念》,载《涉外税务》,2006年第5期。

成为世界大多数发达国家共同的理念和运作模式。因此,以公共政策的绩效来考评政府,已经在这些国家广泛流行。大体上看,各国关于政府公共服务的绩效考评,经历了从单一技术标准向多元复合标准的转变。所谓单一技术标准,是指早期建立在逻辑经验主义的基础上,以"投入—产出"为基本分析模型,对政府公共政策的绩效进行实证性测量,其主要方法是定量分析其效果、效率、效能和充分性。由于这种单纯从技术角度考评政府绩效的标准,往往会忽视"为谁服务"、"为何服务"等根本性问题,因而无法传达社会弱势群体的声音,存在着公正性缺失的问题。所以,到了20世纪80年代,出现了用多元复合标准取代单一技术标准的趋势。所谓多元复合标准,这是指在原有的科学测评标准之上,增加可预见性、实体公平性、程序公正性,反应度、公众参与度和执行度等考核标准,以便对政府公共政策作更广泛的政治和价值取向的分析评估。由于这些西方发达国家在其行政改革运动中, 强调公民是公共服务的接受者和消费者,因而也被确定为政府绩效的评价者、监督者。因此,它们所建立的这种新型绩效考评体系,强调以公民为中心,以满意为尺度,包括三个基本原则:一是受益均等原则。即根据罗尔斯第一正义原则(平等自由原则),强调每一成员均应享受大致相等的基本公共服务,并由此引申出基本公共服务均等化的理念, 以期对部分公众受益不均、部分居民明显受歧视等问题,能够激起更多的社会关注。二是主体广泛原则。即根据罗尔斯第二正义原则(机会均等原则),全体社会成员作为社会契约的签订方,在接受(或拒绝)政府提供的某种服务上具有大致均等的机会。该原则保证所有社会成员在基本公共服务的分配上具有公正的起点,无人被排除在外,即保障社会大多数成员能够享受到政府提供的基本公共服务。三是优惠合理原则。即根据罗尔斯第三正义原则(差别原则),享受额外的照顾和优惠必须有合理合法的理由和程序。这就要求政府必须公开特殊优惠的标准和享受范围,同时还要经过有关认可程序得到全社会公认或多数成员的公认,以保证程序公正(即过程公正)。

我国要建立和完善政府绩效考评制度,应当在扬弃已有的单一GDP模式的基础上,加载公共服务的绩效考评指标。前文已经分析到,我们目前以GDP增长率为核心的考评体系,已经形成了扭曲的政绩观:地方政府片面地追求经济增长而忽视应当充分履行的公共服务和社会管理职能,造成了一系列的社会问题和环境问题。为了保证各级政府从经济型向公共服务型转变,我们应当建立以公共服务为基本内容的绩效考评体系,从而强化政府自身的改革,提高政府履行公共服务的积极性和工作效率。2004年10月修订的《国务院工作规则》就已经明确提出,要将认真履行社会管理职能、强化公共服务职能纳入"公共产品和服务的监督和绩效评估制度"。在2005年政府工作报告中,温家宝总理提出了"抓紧研究建立科学的政府绩效评估体系和经济社会发展综合评价体系"的要求。自此,我国政府所要建立的绩效评估新体系,已经迈出了实质性的步伐。经过长达数年的探索,我国政府绩效评估制度已经走上了一条"理论引导、地方先行、科学决策、互动共推"[①]的路子。2006年7月,中央组织部在总结试点经验的基础上,印发了《体现科学发展观要求的地方党政领导班子和领导干部综合考核评价试行办法》,主要通过社会管理、经济发展和公共服务等三个重点来考评领导干部在任期内的工作思路、工作状态和工作成效。由于这个《办法》改变了单一GDP考评的做法,开始注重从公共服务的实效来评价领导干部,因而对干部的选拔和任用产生了重要的影响。

在这些实践成果的基础之上,我们应当吸收国外的先进经验,从三个方面来完善以公共服务为核心的政府绩效考评体系。一是建立先进的公共服务评价体系的基本原则。由于我国公共服务既要让人民群众平等分享改革开放的成果,又要保护人民群众能够不断提升其"基本可行能力",即实现人的全面发展和保障社会公平,因此,我国公共服务绩效考评体系应当建立在四个基本原则之上:①公平

---

① 高小平著:《积极推行绩效评估研究》,载《中国行政管理》网络版,2006年11月8日。

原则;②经济、效率原则;③质量和效果原则;④公众参与原则。二是确立公共服务绩效考评体系的理论模型。这个理论模型的考核要素应当包含基本公共服务均等化的有关各项领域,如教育、医疗卫生、社会保障,等等;其具体指标的选择,除了应当充分体现上述四个基本原则所确立的内容外,还要体现系统性、可操作性、可比性、动态性和简约性等特点;其重点应当突出基本公共服务的财政保障、受益覆盖面和程序公正等方面,其理论模型的构建可以按照层次分析法的思路,将具体考核指标分为三个层级:第一层级应当充分体现国家正式确定的以"民生"为核心的公共服务目标,第二个层级应当按照人类发展的理念确立基本公共服务所包含的具体项目,第三个层级为具体考核指标层,是第二个层级有关项目的进一步具体分解和概括,可以通过群众与专家打分,通过事先确定的权重系数而予以量化。三是通过制定相关法律法规或其他规范性文件,将这种绩效考评理念和操作体系固定化、常态化,成为全国人民的共识。

（3）尽快实现公共服务法制化

通过长期的努力,我们围绕基本公共服务的完善和均等化,已经建立了比较成体系的法律制度框架。有关综合性的法律制度有:《宪法》《立法法》《预算法》《政府采购法》《社会保障法》《过渡期财政转移支付办法》《财政部、国家税务总局关于基本养老保险费、基本医疗保险费、失业保险费、住房公积金有关个人所得税政策的通知》《关于国有企业重组改制和关闭破产中开展维护职工合法权益工作的通知》等。针对有关基本公共服务的专项法律制度,主要有下列立法成果。

关于基础教育,我们已有:《中华人民共和国义务教育法》《中华人民共和国教育法》《义务教育法实施细则》《教育部关于做好落实农村义务教育经费保障新机制若干工作的紧急通知》等。

关于失业保险,我们已有《中华人民共和国劳动法》《失业保险条例》、各省市《实施<中华人民共和国失业保险条例>办法》、《劳动部关于建立国有企业下岗职工基本保障重点监控制度的通知》等。

关于养老保险,我们已有《社会保险条例》、《国务院关于深化企业职工养老保险制度改革的通知》、《国务院关于完善企业职工基本养老保险制度的决定》、《国务院关于建立统一的企业职工基本养老制度的决定》、《关于认真做好当前农村养老保险工作的通知》、《关于印发2002年农村养老保险工作安排的通知》、《关于对农村养老保险基金调节金使用问题的复函》、《关于农村信用社参加基本养老保险社会统筹有关问题的通知》、《转发民政部关于进一步做好农村养老保险工作意见的通知》、《县级农村社会养老保险基本方案(试行)》、《关于切实做好国有企业下岗职工基本生活保障制度向失业保险制度并轨有关工作的通知》等。

关于最低生活保障,我们已有《国务院城市居民最低生活保障条例》、《财政部关于加强国有企业下岗职工基本生活保障、城市居民最低生活保障资金和企业离退休人员基本养老金使用管理问题的补充通知》、《关于加快农村社会保障体系建设的意见》、《农村五保供养工作条例》、《民政部、财政部、国家发展和改革委员会关于进一步做好农村五保供养工作的通知》、《农村敬老院管理暂行办法》等。

关于社会救助,我们已有《城市生活无着的流浪乞讨人员救助管理办法》、《灾情统计、核定、报告暂行办法》、《救灾捐赠管理暂行办法》、《慈善事业促进法(草案)》等。《社会救助法》也在起草中。

关于基础医疗卫生,我们已有《国务院关于建立城镇职工基本医疗保险制度的决定》、各省市《基本医疗保险规定》、《关于推进混合所有制企业和非公有制经济组织从业人员参加医疗保险的意见》、《关于城镇灵活就业人员参加基本医疗保险的指导意见》、《关于进一步做好扩大城镇职工基本医疗保险覆盖范围的通知》、《关于加强医疗保险费用管理的紧急通知》、《关于开展农民工参加医疗保险专项行动的通知》、《关于妥善解决医疗保险制度改革有关问题的指导意见》等。

关于就业与再就业,我们已有《中华人民共和国劳动法》、《中华人民共和国就业促进法》、《关于贯彻落实国务院关于解决农民工问题的若干意见的实施意见》、《国务院办公厅转发劳动保障部关于做好被征地农民就业培训和社会保障》、《中共中央国务院关于切实做好国有企业下岗职工基本生活保障和再就业工作的通知》、《国务院关于进一步加强就业再就业工作的通知》、《中共中央国务院关于进一步做好下岗失业人员再就业工作通知》、《国家工商行政管理总局关于贯彻落实〈中共中央国务院关于进一步做好下岗失业人员再就业工作的通知〉的通知》、《国务院办公厅关于下岗失业人员从事个体经营有关收费优惠政策的通知》,国家经济贸易委员会等8个部门印发《关于国有大中型企业主辅业改制分流安置富余人员的实施办法》的通知、劳动和社会保障部等11个部门《关于贯彻落实中共中央国务院关于进一步做好下岗失业人员再就业工作的通知若干问题的意见》、财政部劳动保障部《关于促进下岗失业人员再就业有关问题的通知》、国家税务总局劳动和社会保障部《关于促进下岗失业人员再就业税收政策具体实施意见的通知》、中国人民银行财政部国家经贸委劳动和社会保障部《关于印发〈下岗失业人员小额担保贷款管理办法〉的通知》、财政部国家税务总局《关于下岗失业人员再就业有关税收政策的通知》、《关于废止〈农村劳动力跨省流动就业管理暂行规定〉》及有关配套文件的通知等。

关于安全用水,我们已有:《中华人民共和国水法》、水电部《关于农村人畜饮水工作的暂行规定》、《农村实施〈生活用水卫生标准〉准则》、《〈生活饮用水卫生标准〉修订稿》等。

客观地说,这些立法成果来之不易,是人民政权充分贯彻"为人民服务"宗旨的具体成就。可是,由于这些立法成果主要是针对实际工作当中出现的具体问题,因而存在立法层级不高、法律规范不严谨、具体权利(力)义务配置不太合理等现象。例如,在以上8个典型的公共服务领域中,只有4个部门有严格意义上的法律,其余4个部门均依赖行政部门自己创建的有关制度,因而有悖现代法治社会的基本原则。笔者以为,要实现公共服务法制化,应当在现行立法成果的基础上,加快法制的建设,尽快实现这些公共服务主要部门都有自己的"基本法",以便在此基础上建立结构完善,有利于操作的制度体系。

四、完善财政转移支付制度
——公共服务均等化的法制基础

1. 财政转移支付制度的概念

(1)财政转移支付的内涵与特点

一般认为,所谓"财政转移支付,是指上级政府为均衡财力状况,协调地区经济发展,实施宏观调控,将所掌握的一部分财力转移给下级政府支配、使用"[1]。

我们知道,在实行分税制的条件下,各级政府的既定职责、支出责任和税收划分均有各自的特殊情况,故在上下级政府或各地同级政府之间,难免存在着财政收入能力与支出责任不相称的情况。这样,为平衡各级或各级政府的财政能力差异,实现各地公共服务水平的均等化,就必须通过财政转移支付来解决这些矛盾。显然,财政转移支付是各级政府之间,特别是中央政府与地方政府之间的一种利益再分配机制。因此,这是在较大范围的实现公共服务均等化的基础,也是为各级政府在财政资金再分配中所形成的一种内部性的财政分配关系。大体而言,财政转移支付包括纵向转移支付和横向转移支付。纵向转移支付是指上下级政府之间的转移支付,主要解决纵向财政失衡的矛盾。横向转移支付指同一级地方政府间的转移支付,主要解决横向财政失衡的矛盾。从各国实践来看,财政转移支付大都以纵向转移支付为主。

大体而言,财政转移支付主要具有五个方面的特征。一是内部

---

[1] 王建敏等著:《市场经济与宏观调控法研究》,经济科学出版社,2005年版,第138页。

性,即财政转移支付的范围仅限于政府之间的财政资金流动,其基本目标是纠正源于分税制而出现的地区间财力差异,实现各级政府的财力均衡及其和财权与事权的平衡,以此提高行政效率。二是公平性,即通过各级政府及其部门之间的转移支付对福利外溢性进行合理补偿,有效调节各地区在客观上存在的社会经济差距,确定并保证在全国范围内实现公共服务的均等化,保证国内市场能够保持协调和统一。三是公开性,即政府间发生转移支付,无论是纵向、横向拨款的依据还是拨款的方法和结果,都应当依法向全社会公开,并接受社会各界的监督。四是规范性,即转移支付拨款额度的确定,要实现公式化、程序化和法制化,调整选定的因素和公式,或者调整、改变转移支付形式等也要按法定程序进行,做到科学、规范,并保持相对的稳定性。五是多样性,即在各国的实践中,财政转移支付大都综合性地采用多种形式,主要包括一般性转移支付和专项转移支付等。

（2）财政转移支付制度及其主要类型

所谓财政转移支付制度,是指实行分税制的国家,为了规范、调整财政转移支付关系,通过法律、法规、规章和政策所构建的规范体系。由于财政转移支付涉及公共权力及其对巨额财政资金的支配,所以各国均主要通过法律的形式来构建相关的制度体系。按照国际通行的分类标准,具有代表性的财政转移支付制度主要有三种类型。

第一类:以美国为代表的补助金转移支付制度。美国国内各级政府间的财政转移支付,主要是以"财政补助"的形式实现的。美国的这种财政补助,可以分为有条件补助和无条件补助两种。无条件补助,又称一般性补助,是指联邦政府给州及地方政府的财政补助资金不附带任何条件,也不要求地方财政拿出一定数量或比例的相应配套资金,不规定具体的用途和使用范围,拨款接受者可按自己的意愿使用拨款。有条件补助,又称专项补助,即上一级政府在把一定数额的财政资金转移给下一级政府的同时,提出该款项的特定用途与使用要求,拨款接受者必须按规定的方向使用拨款资金。从制度建设的角度讲,有条件补助出现得比较早,似乎与这个新生国家与生俱来。而无条件补助出现的时间比较晚,直到1972年美国的《州和地方政府补助法》颁布后,才得以实施。而且,1976年对该法进行修改后,这种财政转移支付项目被控制得更紧了。对于有条件财政补助而言,需要通过事先确定的公式来计算具体金额,还要考虑各州或地方的人口、产业结构和自然环境,因而被视为有效率的财政支出。而对于无条件财政补助,由于完全将资金支配权赋予州或地方政府,因而被视为建立更积极的地方自治,更有效地节约管理费用和实现公共服务均等化的保证。

第二类:以德国为代表的财政平衡制度。这也是联邦制国家在分税制条件下建立的财政转移支付制度,包括联邦与州政府之间的纵向财政平衡制度和州政府之间的横向财政平衡制度。1973年修改后的《德意志联邦共和国基本法》第一百零四条规定:"为避免打乱综合经济的平衡状态,补足联邦境内经济力量的差距或促进经济增长而必须投资时,联邦可以批准对各州进行财政援助,以便各州或镇或联合乡进行特别重要的投资。"[1] 这是关于联邦对各州进行纵向财政转移支付的法律依据。该基本法第一百零七条规定:"联邦立法保证财政上强的和财政上弱的州之间有合理的平衡,同时考虑各镇和联合乡的财政能力和财政需要。"[2] 这是关于地方政府之间横向财政均衡的法律依据。这些规定是通过具有宪法意义的基本法而出台的,由此可见德国人对财政转移支付给予极大的关注。除此之外,德国还颁布有《联邦财政均衡法》,规定联邦政府应当采取相应的方式,在财力不同的州政府之间进行财政收入的再分配,使它们的财力与事权相匹配;规定州政府也有责任在下级政府之间进行财政收入再分配,使得镇和联合乡政府有充分的财力来保证自己依法履行职责。总之,德国人高度重视转移支付制度的建立,将财政转移

---

① 萧榕著:《世界著名法典选编·宪法卷》,中国民主与法制出版社,1997年版,第159页。

② 萧榕著:《世界著名法典选编·宪法卷》,中国民主与法制出版社,1997年版,第160页。

支付的目的、范围、系数等重要内容,悉数写入法律条文,据以计算均等化拨款的税收基础和标准,以便明确有关机关及其工作部门的职权与办事程序。

第三类:以日本为代表的税收返还制度。日本是单一制的国家,主要采用国家让予税、国家下拨税和国库支出金等三种方式,实现中央政府对地方财政的补助,并以不指明用途、不附加条件的财政转移支付为主。日本建立这种转移支付制度的目的,在于平衡地方政府的财力,保证它们能够妥善履行职能,依法提供必要的公共服务。在这个方面,日本的法制化水平较高,对于每一种财政转移支付都制定了相应的法律制度来进行规范。例如,关于中央政府实施转移支付资金的筹集及其所占比例,他们制定有《地方交付税法》来予以规范。该法详细规定了地方交付税的总额、种类、分配比例以及监督检查等内容,充分体现了依法实施财政转移支付的精神。对于中央政府采用国家让予税、国家下拨税和国库支出金等三种形式的财政支出,主要由大藏省负责办理和操作,由会计检察院负责审计,要求严格做到专款专用,充分体现了财政资金所应有的效率。

(3)完善财政转移支付制度的国际经验

各国的理论与实践表明,建立财政转移支付制度是分税制国家的重要的利益对冲机制,对于保证全国政令统一、实现公共服务均等化具有基础性制度的意义。尽管各国具体国情有所不同,但其具有共同性的经验主要包括以下四个方面。

其一,积极建立适合本国国情的财政转移支付法制体系。例如,德国、日本都根据自己的特殊情况,以法律的形式明确规定各级政府的事权和财权,以便建立能够实现财政平衡的制度体系。通过法律法规的形式确保均等化转移支付制度的实现,可以充分体现规则的严肃性,从而缩小人为操纵的空间,保障全国均等化公共服务的政策效果。特别是以立法的形式明确中央和地方的事权和财权划分标准,一方面,可以保证中央政府能够掌握充足的调控财力;另一方面,也可以保障地方各级政府拥有相应、合理的财政自主权。而且,由于在宪法类规范制度中确定了均等化转移支付的基本原则和理念，便可以考虑据此制定有关规范财政转移支付的单行法律法规，对财政转移支付的政策目标、资金来源、分配标准、分配程序等作出具体的规定，使财政转移支付过程有法可依。另外，尤其值得借鉴的是，通过立法的形式对财政转移支付资金的申请、拨付和使用程序作出科学、明确的规定，可以大大改变公共财政滞后于公共服务均等化的状况。

其二，应当在明确划分各级政府的事权范围的基础上合理确定它们的财政支出能力。例如，加拿大就是在明确划分各级政府事权与财权的基础上建立财政转移支付制度的。科学、明确地界定各级政府的事权也就能够比较准确地掌握它们所需要的财政支撑系数，而各级政府的财政收入能力与履行职责所需存在着一定的缺口，这就可以比较科学地计算出转移支付的具体金额和项目。公共财政理论表明，公共产品受益范围是全体国民，则支出责任应属于中央财政；受益范围是区域公民，则支出责任应属于地方财政。对具有跨地区"外部效应"的公共项目和工程，上级政府应在一定程度上介入和参与，并以法律的形式确定各级政府的事权范围。因此，政府事权范围与财政支出责任密不可分，如果政府之间没有明确的事权范围，就难以得出"标准财政支出"的概念，公共服务均等化转移支付所依据的标准就难以形成。政府之间财权的划分，应在坚持中央财政主导地位的同时，使地方各级政府拥有一个与其事权相适应的税源体系，并赋予地方一定的调节经济和平衡财政的权力。

其三，依法规范财政转移支付的形式。从实践来看，各国的财政转移支付均未采用单一的形式，而是建立一个以公式化为基础，包括一般性转移支付为主、专项转移支付为辅的制度体系，以便实现区域财力的均等化。一般性转移支付资金主要用于满足地方政府行使社会公共服务职能所必需的基本财力需要，它的作用主要在于平衡地区间的差别。地区间贫富差别越大的国家，一般性转移支付的比重和数额也越大。专项转移支付规定了资金的使用用途，有的甚至附带了一些条件，下级政府只能在规定项目中使用转移支付资金。从各国的实际情况看，如果地区之间公共服务的差距较大，或者出现一些特殊情况，如救灾、扶贫、国土整治、环境保护、跨地区的基础设施建设等，可以在转移支付资金的结构安排上适度增加专项转移支付。例如，澳大利亚均所采用的财政转移支付形式，删繁就简，仅包括一般性转移支付和专项转移支付两大类，具有较强的操作性。

其四，建立纵横交错的财政转移支付模式，以防止公共财政体系出现僵化。大体而言，对于幅员足够大的国家而言，单一的财政转移支付模式往往都存在某种缺陷。因此，各大国均建立了纵横交错且以纵为主、以横为辅的财政转移支付模式。当然，建立何种财政转移支付模式，无疑是各国的内政，但从中可以看出一些规律性的做法，即良好的财政转移支付模式的设计要与国情相适应，能够充分体现时代性、针对性和政策意图。例如，加拿大、澳大利亚以"父子型"纵向转移支付为主，强调联邦政府对全国均等化公共服务的责任；而德国则以"兄弟型"横向转移支付为主，强调原西德地区因历史原因而保持着较高的经济水平，因此负有帮助原东德地区的责任，从而通过保持相对均衡的公共服务来维护国家的统一。从理论上讲，在实行财政转移支付时，对于不同地区间财政能力的差额，要按照财力均等化原则，主要应当考虑由中央政府通过特定的手段进行纵向转移支付，然后再由中央政府组织各地区政府间进行直接的横向转移支付。其中，纵向转移支付由中央政府直接安排，资金的使用侧重于贯彻国家经济政策，实现中央的宏观调控目标。横向转移支付由不同地区政府直接进行，由财力富裕地区向财力贫困地区转移，资金主要用于弥补落后地区的财力开支不足，缩小地区财力差距，实现财力均等化。这种有主有次，纵横交错，抽肥补瘦，相互配套的财政转移支付模式的优点，在于能够发挥中央和地方两个方面的积极性、主动性，既体现了中央权威，又能发挥地区优势。

2. 我国财政转移支付制度及其存在问题

(1)我国现行财政转移支付制度及其实行状况

我国现行的财政转移支付制度是自1994年实行分税制之时建立的,并在以后的实践中不断得到完善。1994年颁布的《预算法》正式确立了"国家实行中央和地方分税制",并确定了"一级政府一级预算"和"各级预算应当做到收支平衡"等基本原则。该法还规定:"地方各级政府预算包括下级政府向上级政府上解的收入数额和上级政府对下级政府返还或者给予补助的数额",因此,这为财政转移支付制度的建立奠定了法律基础。当年,由财政部制定部门规章《过渡期财政转移支付办法》,具体规范了这种基本财政制度的运作。自此,转移支付制度成为分税制改革的重要配套措施,成为许多不发达或欠发达地区政府实现本级财政预算的平衡,维持地方财政支出平衡的基础性制度。这种过渡期财政转移支付制度经过1995年试运行后,在吸收各地实践经验和有关学者的合理建议的基础上,分别于1996年、1997年和1998年作了三次较大规模的改进和完善。

1996年的改进措施主要有三项:一是改进了客观性转移支付的计算办法,以"标准收入"替代"财力"因素。标准收入测算范围包括增值税、营业税、农业税、农业特产税、资源税、土地使用税。二是改进了标准收入的测算方法。尽可能向"经济税基×平均有效税率"的规范做法靠近;无法取得相关经济税基数据的,采用多元回归方法;既无税基数据又难以建立回归方程的,按照一定的客观标准,将全国关于该项目的实际收入分解到各省区;其余部分以实际数额视为标准数。三是完善了激励机制。一方面,建立了收入增长激励机制:凡地方收入未达到全国平均水平的地区,适当扣减转移支付补助数额,而对收入增长率高于全国平均水平的地区,另加一定奖励。另一方面,调整财政供养人员奖惩力度:对财政供养人员未超标的地区,给予更多的奖励;对超标的地区,给予一定惩罚。

1997年的改进措施主要有四项:一是关于标准支出方面,增加了高寒因素,按照各地(以省会城市为准)当年10月至次年4月期间的日平均气温,并参照取暖支出的实际情况,划分出五类地区,根据各地行政单位取暖费算数,分别核定每类地区年人均取暖费标准。二是关于增值税标准收入估算方面,鉴于增值税测算中没有考虑征税成本、企业规模、经济结构等因素,故对计算结果进行了适当调整。三是关于政策性转移支付方面,以标准财政支出为基础,在客观性转移支付基础上,增加民族地区政策性转移支付系数,具体办法是:根据民族地区有增长弹性的收入(包括地方收入和税收返还)满足标准支出的程度,分档核定政策性转移支付系数。四是再次调整财政供养人员的奖励力度:对财政供应人员实际数低于标准数的地区,差额部分的奖励比例由原来的20%提高到80%。

1998年主要是在保持总体框架的情况下,进一步扩大标准化收支的测算面,并针对财政数据统计口径的变化,对部分项目的测算方法进行完善,使得标准收支测算结果在两个方面更趋于合理:一是扩大了标准收入测算面,即按照"税基×标准税率"的方法测算屠宰税、车船使用税。二是对标准支出测算方法从五个方面加以完善:①适当调整了标准财政供养人员测算口径。将离退休人员从财政供养人数中分离出来,据实计算。为了提高标准财政支出测算的准确性,将财政供养人员按省、地、县三级分别测算。②彻底改革了公用经费的测算办法,采用全国统一的人均公用经费标准和各地区财政供养人数为公用经费的两个因数,辅之以适当的成本差异系数计算确定。③用因素法计算确定车辆燃修费。根据标准财政供养人数和全国行政事业单位人车比例,计算确定各地行政事业单位标准车辆数;同时根据各地行政事业单位标准车辆数和单车年耗油量、价格以及单车修理费定额,计算确定车辆燃修费应支数;按照海拔高度修正系数和路况情况调整系数进行调整。④用病床数和医技人员因素计算确定卫生事业费。⑤考虑城市人口、城区面积等因素。

鉴于经过上述三次较大规模的改进,我国此项财政基本制度已经逐渐趋于完善,于是,国家财政部于2002年正式宣布,不再称作"过渡性财政转移支付",而改称为"一般性财政转移支付"。这样,我国的财政转移支付制度有力地支撑起新的分税制财政体制的建立，并成为许多经济欠发达地区实现本级财政收支平衡的基础性财政制度。以下，我们以该项财政法律制度定型后的2005年为例，用图表的形式显示我国中央政府对地方政府给予财政转移支付资金的实际情况。

表4-1 2005年中央对地方财政转移支付资金统计表（亿元）[①]

转移支付总额	税收返还	财力性转移支付总额（3813）						体制性补助	专项转移支付
		一般性转移支付	民族地区转移支付	调整工资转移支付	农税改革转移支付	县乡财政奖补资金	年终结算财力补助		
11474	3758	1121	159	994	662	150	727	386	3517

如表所示，该年度中央政府对地方的税收返还占财政转移支付总额的33%，财力性转移支付占33%，体制性补助占3%，专项转移支付占31%。按照李金华提供的数据，该年度中央财政总支出为20259.99亿元[②]，其中财政转移支付金额占当年财政总支出的56.63%。

（2）我国财政转移支付制度存在的主要问题

毋庸讳言，我国现行的财政转移支付制度，仍然带有明显的过渡性，既要为新体制服务，又带有旧体制的烙印。而且，由于当时在设计方案时主要是保证分税制改革的顺利进行，对平衡各地区财力和保证基本公共服务均等化主面考虑得较少。因此，随着社会经济的发展，其体制性弊病逐渐显现出来。这些弊端主要表现在以下三个方面。

一是立法滞后。纵观世界市场经济发达国家，对于财政转移支付资金的管理，都有一套科学、完善的法律法规体系。例如，美国对于财政转移支付中的政府支出责任、收入划分、转移支付规模、结算

---

① 《2006年中央和地方预算执行情况与中央和地方预算草案的报告》，其中年终财力补助根据已知数据测算。

② 李金华著：《关于2005年度中央预算执行的审计》，第十届全国人大常委会第22次会议，2006年6月27日。

办法,其至关于计算转移支付的有关技术性比例等,都用法律形式明确规定。而我国对数以几千亿元的转移支付资金的管理,却只有《预算法》的个别比较隐晦的条文,以及由财政部在没有国务院明确授权的情况下,以部门规章的性质制定的财政转移支付的基本管理制度——《过渡期财政转移支付办法》。而且,由于当时存在甘当分税制改革配角的思想,所建立的这种基本财政管理制度,以临时的"过渡性"为基本定位,因而缺乏充分的调研论证,致使其主要权利义务的配置缺乏科学性,运行程序存在模糊性、自由性和随意性,在一定程度上增强了各级政府"财政自利"的倾向,形成了大大小小的"漏斗",致使财政转移支付资金不能很好地发挥作用。例如,一笔专项资金拨下来之后,各级政府往往都要成立专门的机构来主持资金的运作,不仅要配备专门的人员和办公地点,还需要专用交通工具和办公设备。由于我国有五级政府,如果这项专项资金是从中央政府下拨的,那么,就要经过四道关口,才能最终到达乡镇政府。要真正到达实际需要使用该项资金的基层单位时,已经所剩无几。据调查,1997—1999年上半年,中央和地方各级政府向全国592个贫困县投入的共488亿扶贫资金中,竟有43亿元的资金被非法挤占挪用。[1]所以,依照这种财政转移支付制度的实施结果,真正需要用钱的县乡政府,仍然财力窘困,显得捉襟见肘。

二是滞后于公共服务均等化的实践需求。按常理,各国建立财政转移支付制度,主要是基于保证社会公平和建立与之相应的公共财政为目的,以保证各地各级政府能够有必要的财力来提供全国基本均等的公共服务。但是,我国现行财政转移支付制度的建立却缺乏这种应有的理论高度。改革开放初期,基于当时存在的财政困难而实行所谓的"财政分灶吃饭"的体制改革,中央政府享受全国财政收入的25%,地方各级人民政府享受75%。可是,这种改革措施实施的结果,却造成了中央政府财力困难,地方政府则存在苦乐不均的

---

[1] 张光著:《中国财政转移支付政策的演变(1949—2009年)》,载《中国社会科学报》,2009年11月19日。

"马太效应"。这是分税制改革的历史背景,也是需要解决的现实问题。因此,当时所确立的分税制改革目标,就是要通过建立事权与财权相平衡的原则,让中央政府财政能力能够大幅度提高,即在明确中央政府与地方政府事权划分的基础上将中央财政收入的比例提高为40%。这就是说,分税制改革的重要目的是向地方上收财权,而不是为了建立与公共服务均等化相匹配的公共财政。因此,当时的指导思想只是为了解决各级政府之间的利益再分配问题,而不是考虑如何实现政府履行的公共服务职能。换一句话说,这种改革本身就带有政府"自利"的倾向,因而在十多年来的实践中难以克制有关政府及其工作部门愈演愈烈的"财力自利"情节。所以,这种依照国际经验用于建设公共财政,为各级政府履行公共服务职能提供财力保障的基础性制度,在我们的实践中却变味了:不仅未能提高财政资金的公平性,反而降低了这种行政资源的社会效率。尤其需要注意的是,在"让一部分人先富起来"的思想指导下实施的经济体制改革,已经出现了区域性经济差异日趋严重的社会问题,如果听之任之,仅仅依靠地方政府量本地之财力而为,那么,那些经济不发达地区的政府,就难以达到国家在《十二五规划纲要》中设定的"覆盖城乡居民的基本公共服务体系逐步完善"的政策目标。

三是有些具体的方式方法设计得不科学、不规范,缺乏可操作性。如转移支付的形式过多,出现相互交叉、不便协调和管理混乱等问题。又如专项转移支付规模过大,且运行不规范,要获得这些资金往往需要使出浑身解数,不仅助长了不正之风盛行,还造成了基层政府之间财力差距不断拉大的局面。

3. 完善我国财政转移支付制度的主要对策

首先,应当转变观念,确立"在维护公平的基础上提高效率"为基本指导思想。

当初,我们在创建财政转移支付制度时,并未理解这种财政基本制度对于建立健全公共财政的重要意义,因而在具体规范的设计和试点过程中,显得不够慎重和稳妥,出现了一些本该避免的问题。

现在,我们要根据政府职能转变的实践需要来完善该项制度,就应当转变观念,确立正确的指导思想。

我们知道,实现社会公平是财政分配的重要职能。这里,公平不仅仅是指个人在社会生活中能够合理地实现预期的劳动价值,还包括在享受政府提供的各项公共服务方面的平等权利,如义务教育、社会保障、享用有关公共设施,等等。显然,如果我们的财政体制自身缺乏维护社会公平的机制,就可能导致不同区域之间社会经济生活存在或不断拉大差距。而这种情形的出现,不仅不利于维护国家的统一和民族的团结,也不能充分体现社会主义的优越性。当然,如果不顾生产力发展的客观规律,强制性地"抽肥补瘦",就可能重新落入"平均主义"的窠臼。毫无疑问,这就涉及公平与效率的关系问题。对此,笔者以为,我国《人民银行法》第三条所确立的基本理念,可以移植到这里。该法条规定:"(国家的)货币政策目标是保持货币币值的稳定,并以此促进经济增长。"众所周知,维护货币币值稳定和促进经济增长,都是各国央行的政策目标。然而,在实际操作过程中,这两个政策目标却处于相互对立或矛盾的状态:维护货币币值稳定,即保证社会公平,就要减少货币供应量、降低货币流动性;这样做可以使广大人民群众的生活安定、财富保值,但不利于投资增长和发展经济。而要促进经济发展,即提高现社会效率,则需要增大货币供应量、增强货币的流动性;这样做可以刺激投资和发展生产,但不利于人民群众安居乐业。但是,我国《人民银行法》第三条所确立的理念具有划时代的意义——从政府的角度看,社会公平与社会效率不是片面、机械地处于一种理论层面的——如果用唯物主义辩证法的术语来表述——社会公平是主要矛盾或矛盾的主要方面,抓住重点才能让矛盾迎刃而解。

这就是说,对于健全的财政转移支付制度而言,其规范和调整的法律关系主要涉及掌握和行使公共权力的政府,而政府的天职就是在社会生活中维护公平和正义,因此,其基本行政理念应当是:以维护社会公平为"一票否决"的基本政策目标,如果这个目标没有实现,那么,其他目标就根本用不着再考核;如果能够实现这个政策目标,那么,就需要在此基础上进一步通过这种政策效应本身或在这种政策效应的基础上提高社会效率。

其次,改变现行财政转移支付制度的随意性、主观性,坚持法制化的制度建设之路。

我们知道,依照《立法法》的规定,"基本经济制度以及财政、税收、海关、金融和外贸的基本制度"只能通过制定法律来建立。可是,我国现行的财政转移支付制度只是财政部以部门规章的形式,以及有关地方政府工作部门以其他规范性文件的形式建立起来的,不仅立法层级低,与本应获得的法律地位不相称;而且,由于法律权威不足,在实际运行过程中往往受到领导意志的干预,严重影响了财政资金的社会效率。当然,对于这种历史局面的形成,我们不能苛求前人,但也不能对存在问题熟视无睹,听之任之,而是需要积极地通过深化改革来解决这些问题。更为重要的是,通过近年来的实践和理论探索,我们已经确立了"科学发展"和"建设社会主义和谐社会"的新思维,要求我国政府进行新一轮的职能转变,即将核心职能定位于提供公共服务。这时,从全国的角度看,建立科学完善的财政转移支付制度就成为建立公共财政的基石。这就是说,财政转移支付制度是否健全是涉及全国人民福祉,事关国家统一和民族团结的大事,应当属于《立法法》所指的财政领域的基本制度。因此,我们建议:应当由全国人大及其常委会通过行使国家立法权的形式,尽快制定《财政转移支付法》,以基本法的形式确立财政转移支付的目标、基本原则、资金来源、法定形式、核算标准、分配方法及转移支付的监督和法律责任等,将财政转移支付过程纳入法制化轨道。

当然,在这个基本法的基础上,国务院及其有关工作部门还可以进一步制定具体的操作性的行政法规或部门规章,以增强财政转移支付制度的可操作性。各级地方政府及其工作部门也可以依据上位法和本地的实际情况,建立符合本地财政情况的相关制度。

另外,应当重视和充分体现财政转移支付制度的独立性、基础性和科学性,让它摆脱分税制改革附庸的阴影,成为实现公共服务均等化的法制基础。

所谓财政转移支付制度的独立性,是指它本身就有相对独立的调整对象和调整手段,不应当依附于分税制。按理说,实行分税制改革的着眼点,在于解决中央政府与地方政府事权与财权的合理划分与平衡问题,以便能够调动各级政府的积极性。因而严格地讲,这只是建立财政法律制度的某个侧面或环节,如果把这种局部性改革绝对化,要求别的具有基础性意义的财政制度来与之配套,就可能成为笑话。当然,随着我国分税制改革的成功和各地社会经济发展的长足进步,又为我们建立合理的财政转移支付制度提供了良好的社会历史条件。所谓财政转移支付制度的基础性,则是指它是保障各级政府能够有必要的财力来妥善履行法定职责的基础性条件。当然,我们在建立财政转移支付制度时,对该项制度的基础性还没有给予充分的认识。可是,时过境迁,当"十二五"规划纲要正式确立了提供均等化公共服务为基本国策之后,财政转移支付制度的基础性已经充分彰显。至于转移支付制度的科学性,则是指这种制度应当能够充分体现"良法而治"的时代精神,妥善配置权利义务和程序性规范,以保证这种制度能够发挥其应有的社会作用,其主要内容可以概括为以下三个方面。

一是依法界定各级政府的事权与支出责任,保证财政资金发挥其应有的社会作用。最近,谢旭人同志撰文指出:"十二五"时期加快财政体制改革的首要任务是"健全财力与事权相匹配的财政体制,促进基本公共服务均等化"①。要完成这项任务,我们应当在充分把握政府与市场作用边界的基础上,按照"以人为本"、"科学发展"、基层优先和加快政府职能转变的要求,科学、合理地划分中央和地方各级政府的事权和财权。首先,应当明确义务教育、公共卫生、公共安全和社会保障的全国性标准,按照公共财政的原则逐级分解权利

① 谢旭人著:《加快财税体制改革,促进又好又快发展》,载《求是》,2010年第22期。

义务和责任,建立以中央财政为主导、地方各级政府紧密参与的,与之相配套的财政转移支付体系。其次,应当加大对中西部地区和革命老区、民族地区、边疆地区和贫困地区的扶持和帮助力度,将有关财政转移支付项目常态化,从根本上杜绝"跑项目—要资金"的恶性循环。另外,完善监督管理机制,加强对财政转移支付资金的检查监督和绩效评估,尤其是防止专项资金被截留、挪用。

二是简化财政转移支付的法定形式。如上所述,我国现行政府间的财政转移支付形式有四种。其中,税收返还是中央对地方财政转移支付的重要组成部分,在1994年的分税制财政体制改革中发挥了重要作用。但这种制度设计主要是维护地方既得利益,保证新、旧体制能够顺利转轨。体制补助是1994年分税制改革后从旧的财政分级包干体制中延续下来的形式,其政策属性和目标都比较模糊,且随着时间的推移,其财政均等化效果也在不断衰减。由于这两种形式都属于旧体制的延续,与公共服务均等化的目标相悖,因而应当归并到其他形式之中。从立法技巧的角度看,我们可以借鉴国际经验,依法建立以一般转移支付为主、专项转移支付为辅,科学设置、合理配搭的复合型财政转移支付体系。

三是应当消除财政转移支付资金分配中的主观因素,即采用"因素法"来代替"基数法"。我国现行财政转移支付资金的确定方法属于所谓的"基数法",注重历史而不注重将来,在客观上具有造成地方财政支出扩大、收入减少的逆向调节作用。而所谓"因素法",即是在确定转移支付额时,依据事先统一选择的那些不易为人控制,能够反映各地收支客观情况的因素作为计算公式和标准。采用这种方法来计算和确定财政转移支付金额,所有接受财政转移支付的地区都在同样的公式下得到相应拨款,所有测算公式都是公开运作的,能够保证整个实施过程都有章可循,从而提高透明度、客观公正性和可预见性。各地方政府不仅要知道本地区将得到多少财政转移支付资金,而且还要了解其他地区得到的具体金额,这样就能从制度上杜绝或减少腐败。

第五章
公用事业公私合作及其主要法律问题

一、公用事业及其发展概况

1. 公用事业及其特点

按照普遍的看法,"公用事业"一语源于英文"Public Utilities",一般是指通过固定网络设施为公众或不特定多数人提供服务或传输服务的行业,主要包括供电、供气、供水、供热、公共交通、垃圾处理、污水处理等。从理论上讲,我们可从以下四个方面来把握这类行业的特点。

一是规模性。这是指举办公用事业具有投资数额大、资产专用性强等要求,因而应当面向多数人群,不能只为特定个人或少数几个人提供这种服务。正是基于这个特点,城市比农村更有理由获得公用事业项目。笔者曾遇见过这样的事情,有位同志为了论证推进

311

城乡一体化的必要性,他举了这么一个例子:最近某乡要修一条公路,上级政府每公里补助20万元,但仍然存在一个资金缺口,需要受益村组以"一事一议"的形式集资。他说:"这显然太不合理了!凭什么城里人走路不给钱,我们乡下人走路就要出这么多的钱?"毫无疑问,这里涉及判定举办公用事业项目的标准问题。从理论上讲,判断修建一条道路是否属于公用事业项目,主要看受益人是否具有足够规模的数量。笔者曾在美国佐治亚州一位朋友家做客。这位朋友当年正好从公职上退休,准备专心管理自己5平方英里的私家山林。为了方便机械化耕种,他专门购置并租用了筑路机具,在林区修建一个私家专用道路系统。显然,这位美国友人在自家林园里修的路,就不可能属于公用事业项目,因而不能让政府为之"买单"。同样,对于偏远乡村,由于其道路建设只能够为某些特定住户提供出行方便,显然无法与城市道路受益人群的规模相比拟,因而采用政府补助、受益人适当集资的模式兴办,并无不当。一般而言,选择和决定公用事业项目所需要考虑的规模性,不仅存在受益规模的因素,还要考虑摊销生产成本的规模问题。如果某个公用事业项目的生产成本无法合理分摊,就需要对受益规模作进一步的拓展,以期能够更具可操作性。

二是外部性。这种属性又被称为溢出效应、外部影响或外差效应,指一个人或一群人的行动或决策对另外的不特定人必然性地增加了相应的成本或利益。尽管社会行为的外部性只是一种"非市场"的附带影响,但是,由于人们对社会生活的依赖是不容置疑的,因而需要予以高度重视。大体而言,我们可以将这种社会现象分为两种类型:正外部性(Positive Externality)和负外部性(Negative Externality)。正外部性是某个社会成员的个体行为使他人或社会受益,而受益者无须支付对价。例如,某人注射了甲流疫苗,这种行为不仅对于他自己有好处,对他周围的人也有一定的好处,即接触到病毒的传染源减少。这里,某人主动注射疫苗的行为对于他身边的所有人都具有正外部性。相反,负外部性是某个社会成员的行为使他人或社会受损,而造成外部不经济的人却没有为此承担成本。例如,某人养了一只狗,这只狗喜欢在每天夜里不停地叫。这个人由于习惯夜生活,对此并不感到困扰。可是,他的邻居却习惯于早睡早起,每天晚上都会被狗的叫声弄得难以入眠,于是不得不花钱服用安眠药。在这里,养狗对于这个失眠的邻居就是一种负外部性。由此可见,外部性是一种人为活动所产生的客观影响,这种客观影响是在该项活动初始目的以外派生出来的,而这种现象的存在会造成社会脱离最有效的成产状态,使得"等价交换"的市场机制不能很好地发挥作用。这就意味着,由于公用事业具有外部性,因而难以完全遵守市场法则而实现资源优化配置,只能通过行政机关依法发现民意和遵循民意的途径,来进行管理和组织实施。

三是成本弱增性。一般而言,如果某个行业具有这样的情形,即由一个主体提供整个行业所需产品而其成本小于多主体分别供应的总成本,那么,这个行业就具有自然垄断(Natural Monopoly)的性质。如果用生产函数来表示这种性质,则相应的成本方程就具有弱增性,简称成本弱增性。关于公用事业具有自然垄断的性质,在20世纪末叶有关西方国家进行行政改革时,就已经充分地认识到了。他们通过实证研究发现,对于任何一个公用事业的具体行业而言,往往都具有X种不同的产品,如果采用市场竞争的方式,让Y个生产者分别提供其中任何一种或者多种产品,则往往会出现恶性竞争,最终会形成所谓赢家通吃的局面,即由一个成本最低者胜出,从而形成行业垄断。显然,由于这些行业存在成本弱增性,即使该行业的平均生产成本会不断上升,但采用单一主体垄断供应的模式,仍然表现为社会成本最小,也最容易为社会成员所接受。其实,在国内改革进程中也有许多这种实例。例如,成都市光华村到青羊宫的公共交通服务,曾经有城市公交公司经营的公交车和个体老板经营的中巴车同时存在,因而形成相互竞争的局面。正是这种竞争机制的存在,一度出现票价协商、服务热情和"随叫随停"的情形,消费者颇为受益。可是,这种不计成本的竞争最终使个体老板败阵而逃,这里又重新回到公交车独家经营的局面。这时,票价和停靠站点都由公交公司单方决定,"皇帝女儿不愁嫁"的心态油然而生。一次,笔者要从市区回光华村,足足等了40分钟才来了一辆车。有乘客向驾驶员抱怨:"怎么搞得? 这么长时间才来一辆车!"驾驶员生硬地回了一句:"你等急了吗,去坐出租车嘛! 跟我吵什么?"于是,激烈、粗俗的口角发生了。笔者实在看不下去,上前插话:"大家不要吵! 我说句公道话。当初有中巴车同你们竞争时,你们17路公交车的态度多好啊! 现在中巴车没有了,你们就翘尾巴。干脆我们大家给市长写信,要求恢复竞争。让你们吃差点,免得说话这么难听。"由此可见,公用事业的自然垄断既是它的长处,也可能成为其短处。对此,现代法学认为,自然垄断是指基于市场规模特定的自然条件而形成的,如果听任经营单位进行竞争,则可能导致社会资源的浪费或者市场秩序的混乱;但是,如果听任垄断经营者随意宰割消费者,则会出现社会生活不公平的现象。显然,政府规制在这里的存在就显得非常必要,既要让公用事业产品的制作成本下降,又要保证垄断经营者依法、合理和善意服务。

四是准公共性。如前所述,公共产品是具有非排他性和非竞争性的物品,但在这里,我们还要对其进一步予以划分。按照公共产品的供给、消费等技术特征,我们可以将它进一步划分为纯公共产品和准公共产品。一般而言,纯公共产品的消费不应存在"拥挤效应",也不能通过特定的技术手段进行排他性使用,否则代价将非常高昂。所以,各国对于纯公共产品都按照均等化的要求,由政府负责提供。而准公共产品则介于私人产品和纯公共产品之间,其使用和消费往往局限在一定的地域或范围。这就是说,尽管公用事业产品满足公共性的一般定义,但相对于纯公共产品而言,其受益的范围是有限的;然而,公用事业所具有的这种准公共性,使得这种行业所提供的产品,可以让任意不特定人使用或消费,却不能排斥其他任何人的使用或消费。因此,出于维护自身利益的人类本性,针对有关这类产品的使用或消费就可能出现"拥挤效应"或"过度使用"等问题,人们可以在其"拥挤点"上设定订购装置,形成"谁受益谁付费"的机制。对此,各国政府主要是通过给予一定的补贴或授予行政特许经营权的办法,引导和利用市场资源配置机制和商业组织的经营与技术优势,建立既公平又富有效率,既降低公共财政的支出规模又提高公众满意度的新机制。

2. 我国公用事业发展概况

我国政府历来重视公用事业建设,但其指导思想却有巨大的变化。在计划经济时期,政府确立的方针是"积极推进工业化,相对抑制城市化",因此,市政公用设施建设曾长期处于为工业化配套的地位。这时,不仅没有设置市政公用设施建设的专项资金,而且其建设投资比重也非常低。改革开放以来,特别是随着城市化发展速度的加快,我国各地城市政府纷纷确立新的指导思想——市政公用事业建设是城市化进程的重要基础和硬件保障,因而开始对传统的公用事业体制进行大力改革,极大地推动了公用事业的发展。如果根据制度创新的历程,我国近年市政公用事业的发展可分为以下三个阶段。

第一阶段:1978—1992年,主要通过对公用事业机构内部进行经管方式的改革,提高生产和经营效率。

首先,公用事业单位在内部用工制度、干部任用制度和分配制度等方面进行了广泛的探索和实践,建立了以内部承包责任制为主的经营管理方式,初步形成内部激励和约束机制,提高其自我发展能力。例如,在公交行业,1985年国务院以国发59号文的方式批转了原城乡建设环境保护部《关于改革城市公共交通工作报告的通知》,提出建立"以国营为主,发展集体和个体经营"的经济结构,"改变城市公共交通独家经营的体制",在经营方式上"可以实行全民所有制下的个人承包"。1992年6月颁布的《中共中央国务院关于加快发展第三产业的决定》,将公用事业确定为对国民经济发展具有全局性、先导性影响的基础行业,要求逐步从生产型向经营型转变,实行企业化管理。

其次,国家积极引导和鼓励企业、集体、个人和外商投资建设市政公用设施。这时,初步改变了市政基础设施建设领域单一依赖国家投资的传统模式,在国家为主导的基础上逐步引入竞争机制,很快出现了统一规划、统一管理,动员地方、部门和集体经济力量,共同兴办公用事业的良好局面。1990年5月19日,国务院还发布了《外商投资开发土地管理办法》,提出要吸收外资开发经营成片土地,以加强新城区公用设施建设。显然,此时允许外商投资市政设施建设,是以成片开发土地的配套设施建设作为前置条件的。此闸一开,市政公用事业的投、融资渠道得以拓宽,外资和自筹资金增长迅速。例如,到1992年底,城市供水行业先后利用世界银行、亚洲开发银行等国际金融组织以及日本、法国、德国等发达国家提供的中长期优惠贷款,共建设城市供水项目140多项,利用外资累计达17亿美元。

从总体上看,虽然这个时期的市政公用事业在投、融资结构、价格体制方面有所改善,但是,市政设施建设单纯依赖政府管理的模式没有根本性改变,其行业性改革主要集中在如何改善经营模式和提高效率。

第二阶段:1992~2001年,建立现代企业制度,引导外资和民间资本大规模介入公用事业的经营和管理。

首先,按照培养适格市场主体的要求进行体制改革。1993年,《公司法》颁布后,一批公用事业领域的生产经营机构,按照《公司法》的要求进行改组或改制,大都转变为国有独资的有限责任公司。例如,1994年,深圳市取消供水企业行政主管部门,代之以组建国有资产经营公司对供水企业进行产权管理,市水务局不再充当供水企业的"婆婆",而是依法从事行业性和社会性的行政监管。

其次,通过价格改革促进新型的投、融资机制的建立。20世纪90年代,我国加快了包括价格管理体制在内的各种经济体制的改革步伐,公用事业产品价格的管理逐步走向法制化,公用事业开始成为吸引外资进入的亮点。例如,1992年,我国第一家全部由外商投资建设并经营管理的供水厂——中山坦洲水厂签约。此后,中法水务、法国通用水务、英国泰晤士水务等国际供水集团开始大规模进入我国，参与水厂的经营管理。1998年9月，原国家计委、建设部联合下发《城市供水价格管理办法》，明确规定了供水的成本、利润率和价格的组成，使这个行业的价格管理和投、融资机制焕然一新。又如，1993年12月，广州市政府率先利用外资和民营资本兴办城市公交，由广州电车公司与澳门新福利巴士公司合作成立国内公交系统首个中外合资企业——广州新福利巴士服务有限公司，并获得26条线路的经营权。

显然，在这个时期，我国的公用事业建设和运营正在形成和积极探索现代经营管理机制，其改革的实效主要表现在经营管理上减少了一些政府部门的行政干预，在一定程度上激发了有关企事业单位经营管理的积极性；但是，其管理体制在总体上仍然没有实质性变化，仍然存在产权不够清晰、政企未能完全分开、机制缺乏创新等问题。因此，从整体上看，距离建立现代公用事业体制还有较大的差距。

第三阶段：2001年至今，在中央政府及其有关部门的主导和支持下，市政公共事业市场化改革全面实施。

首先，确立以市场为导向的发展方向，进一步增强公用事业的融资能力。2001年底，原国家计委颁布的《关于促进和引导民间投资的若干意见》明确提出，鼓励和引导民间投资以独资、合作、联营、参股、特许经营等方式，参与经营性的基础设施和公益事业项目建设。这个政策的出台具有里程碑式的意义，为该领域进行市场取向的改革奠定了基础。

其次，建立和完善市政公用事业特许经营制度。2002年12月，原国家建设部发布《关于加快市政公用行业市场化进程的意见》，提出要建立政府特许经营制度。2003年10月召开的十六届三中全会，第一次把打破垄断、开放市场、推进市政公用行业市场化写进了党的决定。2004年，原国家建设部颁布了《市政公用事业特许经营办法》，并印发了《城市供水、管道燃气、城市生活垃圾处理特许经营示范文本》。随后,北京、深圳等城市也制定了相应的特许经营办法。2005年国务院颁布《关于鼓励支持和引导个体私营等非公有制经济发展的若干意见》(即所谓的"非公36条"),进一步规范和支持非公有资本积极参与市政公用事业的投资、建设和运营,鼓励参与市政公用企事业单位产权制度和经营方式的改革。自此,非公有资本参与公用事业建设从以前的"零敲碎打"发展到"全面出击",涉足了交通、水、电、气、道路、园林绿化、垃圾处理等,几乎涵盖了市政公用事业的全部领域。全国各地,尤其是以上海、深圳、广州、南京、成都等为代表的城市,明显了加快改革和发展的步伐,取得了前所未有的成就。

从总体上看,这一阶段最重要的改革成果,就是逐步建立和完善了公用事业公私合作制度,即通过市政公用事业特许经营权的规范管理而实现了政府与市场的有效对接。甚至在发展速度比较快的城市,还大胆创建了行政特许经营权交易制度。这样,政府不仅可以通过公开招标的方式选择投资者或经营者,还使得市政公用事业特许经营项目成为促进地方经济增长的亮点。

二、公私合作制:我国公用事业改革的重大突破

1. 公私合作制的概念

从史料的记载看,公私合作制(Public-Private Partnerships,简称为PPP,国内文献亦译作"公私伙伴关系")源远流长。例如,英国成为全球性大帝国的里程碑事件,英国皇家海军于1588年6月在英吉利海峡一举击败西班牙无敌舰队,它的197艘战舰之中,就有163艘属于临时武装起来的私营商船。这个案例意味着,公私合作制并不是一个全新的概念,而且,即使在非常敏感的国防领域也存在着这种操作模式。不过,经过当代西方发达国家行政改革的洗礼后,公私合作制又被赋予了新的特色。

20世纪80年代,英国在其著名的行政改革运动时,又重新发现

了公私合作制的现代价值。按照英国人当时的理解,纯公共产品无疑应当由政府全权提供,但对于准公共产品,则主要应当通过PPP的形式来提供。最初,英国有关当局把这种模式称为私营商业部门融资参与(Private Finance Initiative,简为PFI),即在政府固定预算和现有税收条件下,引入私营商业组织的参与来降低公共产品的成本,并提高服务质量。因此,这种条件下的公私合作制可以定义为,公共部门与商业部门为提供某些公共服务而建立起来的一种长期合作伙伴关系。在这种模式下,合作双方可以充分发挥各自优势,共担风险,共享成效。由此可看,PPP的提出和应用反映了公共设施和服务生产方式上的一种新的理念[①],其特点主要体现在三个方面:一是属于"公共采购法"的范畴,或者是传统"政府采购"的延伸;二是由公共部门采用程序公正的路径,即通过公开、平等、竞争的方式选择合适的商业组织为合作伙伴;三是公共部门与商业部门合作,主要表现在市政公用事业领域就有关公共设施和服务的供给分担风险、分享收益。

近20多年来,由于各国政府在市政公用事业项目上的支出越来越大,资金和资源的稀缺与社会需求的矛盾日趋突出,故纷纷利用公私合作制来发展公用事业,并逐渐形成了十类相对完善的运作形式。

第一类:运营与维护(Operation and Maintenance)。这是政府部门与私营商业部门签订合同,由商业组织运营和维护公共设施。其适用范围非常广泛,包括自来水厂、污水处理厂、固体垃圾收集、道路维护、公园、景观维护、娱乐设施、停车场、下水道与泄洪系统等。优点:①可提高服务的质量与效率;②能大大节约成本;③公私协商领域比较宽,具有一定灵活性;④政府拥有资产所有权,便于监管和调控。缺点:①政府与私人合作者往往存在价值取向的背离,如果合同限制过严,则私方积极性不高;如果合同出现软约束,则可能出现

---

① 余晖、秦虹主编:《公私合作制的中国试验》,上海人民出版社,2005年版,第36～37页。

层层分包的麻烦;②由于制定合同本身需要一定的交易成本,如果有关公众需求不断变化,往往会出现反应能力滞后的现象。

第二类:设计与建设(Design-build)。特点是政府部门与私营商业部门签订合同,商业部门设计和建设符合政府标准与绩效要求的设施。设施建成后,政府拥有所有权,并且负责设施的运营和管理。其适用范围为大多数公共基础设施和建设项目,包括道路、自来水厂、污水处理厂、排水和供水系统、运动娱乐场所及其他政府设施等。优点:①利用了商业部门的经验;②易于创新与节约成本;③在建设中提升了效率;④减少了建设时间;⑤商业部门承担的风险增加;⑥对所有人的单一责任;⑦减少建设要求。缺点:①降低所有者的控制权;②加入希望的设计特征与改变合同的成本增加;③更复杂的授予程序,较高的运营和维护成本可能抵消较低的资本成本。

第三类:承包运营(Turnkey Operation)。特点是政府为项目提供资金,雇佣商业部门设计、建设,并且在特定的一段时间内负责项目的运营。公共部门设定绩效目标,并且拥有所有权。其适用范围是政府希望拥有所有权,但是又从商业部门的建设和运营中获取收益的情形,包括自来水厂、污水处理厂、运动娱乐场所、高尔夫球场以及政府建筑等。优点:①把建设的风险转移到商业部门;②通过征求建议书可以控制设计、位置和运营目标;③运营责任的转移可以提升建设的质量;④公共部门可能从商业部门建设和运营的效率中受益;⑤通过将建设与设计联系在一起的方式加速建设。缺点:①政府对设施运营的控制权降低;②更复杂的授予程序;③合同一旦订立,对设计和运营进行调整的成本可能增加政府面临投资的风险,但这主要取决于基础设施的类型。

第四类:公共设施的扩建(Wrap around Addition)。其特点是商业部门投资并兴建公共设施的扩建和附属设施,然后在一个固定期限内负责设施的运营,或者运营到收回投资加上合理的投资回报时。其适用范围是大多数基础设施和其他公共设施,包括道路、供水系统、自来水厂、污水处理厂、滑冰场以及游泳池等设施。优点:①政府不用为公共设施的扩建和更新提供资金;②投资和风险由商业部门承担;③公共部门可能从商业部门建设和运营的效率中受益;④通过将建设与设计联系在一起的方式加速建设;④采购中的灵活性;⑥建设效率的提高;⑦加快项目的完成时间。缺点:①未来进行合同中没有包括的更新可能比较困难;②变更现有合同将付出代价;③感觉到失去控制;④更加复杂的合同授予程序。

第五类:租赁—购买(Lease-Purchase)。其特点是政府与商业部门签订合同,商业部门负责设计、融资、建设设施以提供公共服务。商业部门然后将设施租赁给政府一段时间,直到政府取得所有权。主要适用于资本性资产,如建筑物、交通工具、自来水厂、污水处理厂、固体废物处理以及机械设备等。优点:①提高建设的效率;②提供了创新的机会;③租赁的支出可能低于借债的成本;④将运营的风险转移给私人部门;⑤以较低的成本向公众提供更好的服务;⑥可能发展为"依照绩效付费"的租赁。缺点:可能会减少政府对服务和基础设施的控制。

第六类:临时的私有化(Temporary Privatization)。其特点是某一现有的公共设施的所有权转移到改善和扩建此设施的商业部门的手中,设施的所有权和经营权在一段时间内归商业部门,直到其收回投资并获得合理的投资回报。适用于大多数公共基础设施和其他公共设施,包括道路、自来水厂、污水处理厂、排水和供水系统、停车设施、政府建筑物、机场及剧场等。优点:①如果合同设计得当,市政当局可以保留一些对标准和绩效的控制,而不需要承担所有的经营成本;②资产的转让能够降低政府经营的成本;③商业部门能够提高设施的建设和运营效率;④获得商业部门对建设和运营的投资;⑤经营的风险由商业部门承担。缺点:①有可能丧失控制;②最初合同必须设计完善,以能够涵盖将来可能发生的所有情况;③由于商业部门决定使用付费的水平,因此使用者的费用可能高于政府控制时的费用;④在商业部门破产或者违约的情况下,很难进行替换;⑤政府雇员被取代以及因此产生的劳工问题。

第七类：租赁—开发—购买，或购买—开发—运营。其特点是商业部门从政府租赁或购买一项设施，进行扩建或者改建，然后依据与政府签订的合同进行运营，商业部门投资于改建与完善，并赋予合作者一段时间的经营权，使其能够收回投资并得到回报。适用于大多数公共基础设施和其他公共设施，包括道路、自来水厂、污水处理厂、排水和供水系统、停车设施、政府建筑物、机场及剧场等。优点：①商业部门购买设施，政府能获得可观的现金收入；②政府不用为设施的更新投资；③融资的风险由私人部门承担；④双方都能增收；⑤设施的更新能够使服务的质量得到改善，从而使用者受益；⑥将建设与设计联系在一起，加速建设；⑦采购中的灵活性；⑧建设效率的提高，加快项目完成时间。缺点：①有可能丧失控制；②那些接受过资金援助的资本性资产在出售与租赁时存在的问题；③即使设施已经出售给商业部门，失败的风险仍然是存在的，政府仍然可能成为服务设施的提供者；④未来对设施的更新不能写入合同中，之后若要进行更新将遇到困难。

第八类：建设—转让—运营（Build－Transfer－Operate）。其特点是政府和商业部门签订合同，由私人投资者融资和建设公共设施，商业部门将设施的所有权转移给政府。然后，政府与商业部门签订合同，以长期租赁的方式把设施租赁给合作经营者，实行租赁经营。在租赁期内，商业部门有机会收回投资，并且得到合理的回报。其适用范围是大多数基础设施和公共设施，包括道路、供水系统、自来水厂、污水处理厂、滑冰场以及游泳池等设施。优点：①政府能够从商业部门的专业建设知识中获益；②公共部门通过商业部门的运营节约成本；③公共部门保持资产所有权；④公共部门保持控制服务水平和收费标准的权威；⑤与BOT相比，这种模式可以避免法律、法规和侵权责任问题；⑥政府可以控制运营表现、服务和维护水平；⑦如果未能达到服务的水准和效率的标准，政府可以终止契约；⑧建设、设计成本的节约以及长期运营成本的节约。缺点：如果商业部门出现破产和违约的情况，政府要替代商业部门或者终止协议将会遇到困难。

第九类:建设—拥有—运营—转让(Build-Own-Operate-Transfer)。其特点是从政府部门得到排他性的特许权,负责融资、建设、经营、维护和管理公共设施,并通过使用者付费的方式,在一定的期限内,向使用者收取费用以收回投资,在特许经营期满后,将所有权转让给政府。适用于大多数基础设施和公共设施,包括自来水厂与污水处理厂、体育娱乐设施、政府建筑物、固体废物处理等。优点:①政府能极大地利用市场资金资源;②在锁定成本的基础上,确保建设效率和效果最好;③在预先确定时期内对商业部门的承认;④在不增加政府大额支出或长期负债的情况下,向社会提供设施;⑤所有项目启动的问题都由私人部门解决;⑥可以利用商业部门的经验、创新能力和劳动关系,节约成本;⑦与商业部门分担风险。缺点:①设施投入运营后,如果运营成本上涨,设施可能转回给政府;②政府可能丧失对建设和运营模式的控制权;③签订合同时需要考虑得十分周全,以涵盖未来可能出现的问题;④商业部门有权决定收费的标准(除非政府提供补贴);⑤与BTO模式相比,政府的控制权要少一些;⑥如果商业部门出现破产和违约的情况,政府部门要替代商业部门或者终止协议将会遇到困难。

第十类:建设—拥有—运营(Build-Own-Operate)。其特点是政府把现有公共设施的所有权与经营权的责任转移给商业部门,或者与商业部门签订合同,约定由商业部门永久地建设、拥有和经营新的设施。适用于大多数基础设施和公共设施,包括自来水厂与污水处理厂、停车设施、体育娱乐设施、政府建筑物等。优点:①公共部门不介入公共设施的建设与运营;②公共部门能够对商业部门所提供的"受监管的垄断的"服务进行监管;③无论是从长期还是短期来看,商业部门都能够以最有效率的方式提供服务;④公共部门不需要进行投资;⑤政府通过对商业部门所有的设施征收所得税和财产税,增加公共利益;⑥长期的所有权能够鼓励开发商进行重大的资本投资。缺点:①在建设、运营设施和提供服务时,商业部门可能不会从公共利益的角度考虑问题;②公共服务部门没有监管服务价格的机制,除非该服务是一种受到特殊监管的产品;③由于缺乏竞争,需要有比较健全的法律制度来规范经营活动并控制价格。

尽管我国大陆地区推行公用事业公私合作制的时间并不算长,但由于国情复杂和各级政府解放思想,大胆实践,其运作模式却丰富多彩。大体而言,国内比较成熟的形式主要有六类:BT(建设—回购)、TOT(移交—运营—移交)、BTO(建设—移交—运营)、BOT(建设—运营—移交)、ROT(改扩建—运营—移交)、BOO(建设—拥有—运营)。

2. 我国推行公用事业公私合作制的内在动力

从以上叙述中可以看到,我国公用事业发展有一个基本线索——以减轻政府财政负担和提高生产效率为目标,以改革开放为基本手段来克服垄断性经营管理体制的桎梏,有效解决有关公共产品所存在的供需矛盾。以下,我们来剖析推动这种体制改革的动力。

首先,城镇化高速发展与基础设施短缺的矛盾,激发了地方政府改革的积极性。长期以来,我国的市政公用事业在管理体制上实行高度的政企合一,在投融资体制上完全由政府充当单一主体,在经营机制上是国有企、事业单位垄断经营,在价格形成机制上是严格的计划控制。改革开放以前,我们曾处于经济比较落后的时代,采用这种中央集权的供给方式,有利于集中有限的财力、物力来保证公用事业的稳定供给,对于保证社会的稳定、生产的顺利,降低人们的生活成本,曾起到过巨大的作用。但是,改革开放以来,尤其是通过中央和地方政府的共同努力,我们终于找到了"城镇化拉动"的经济发展模式,使中国经济进入高速发展的快车道。然而,随着市政基础设施的社会需求的高速增长,也充分暴露出单一依靠政府投资经营所存在的滞后性。这种滞后性的主要表现是:市政公用设施与城市经济和人口的快速增长不能保持同步,公用事业产品短缺的矛盾越来越突出,公用事业发展的滞后成为制约区域经济起飞的瓶颈。因此,拓宽渠道,建立多元化的市政设施建设的投、融资机制,就成为各地推进城镇化建设和加大招商引资力度的基础环节。正是在这种思想和机制的作用下，各地政府主动进行体制改革和放开市场，积极寻求有实力、有技术的商业资本进入本地区市政公用事业领域。

其次，通过寻找战略合作伙伴来增强科技创新能力，提高公用事业运营效率和服务质量。随着科技进步和产业升级，市政公用事业的科技含量愈来愈高，投资额度也愈来愈大。如果按照传统体制，市政公用事业所需资金依赖政府组织和安排，那么，由于我国多数城市政府都属于"吃饭财政"，根本拿不出足额的投资来引入科技含量高的先进设备和运营模式。这样，如果不能有效突破传统体制的束缚，那么，我国多数地区就可能错过重要的经济发展战略机遇期。其实，在这个阶段，有些经济建设走在前列的地区，已经开始尝试通过赋予本地所属公用企、事业单位的招商引资权，绕过旧体制而引入具有先进技术优势的商业组织，以便能够让本地区率先分享世界科技进步所带来的红利。但是，由于传统的公用事业生产和经营机构本身只是政府部门的附属物，大事小事都得听命于政府，自己没有真正的经营决策权。所以，这种以"市场化"改造公用事业产品生产机制的努力，并没有产生有意义的实际效果，反而留下了许多遗憾、争议和诉讼案件。因为，只要政府既是政策的制定者、监督者，同时也是市政服务的生产者、供应者，即在不改变那种政企不分、政事不分、政资不分的体制下，先进的科学技术和管理模式就无法进入公用事业领域。换一句话说，我国过去存在的公用事业产品短缺，即生产效率低、服务质量差，同生产供应过程缺乏必要的科技含量不无关系。然而，这种科技创新能力不足的根本性原因，仍旧在于旧体制所必然导致的弊端。因为，在行政"篱笆"保护下的垄断性经营，使市政公用企、事业单位在一定范围内独家经营，外部没有竞争压力，也就没有降低成本、提高效率的内在动力。而且，即使是出现亏损，也往往以政策性亏损来掩人耳目，掩盖其体制性弊端和管理薄弱、经营不善的问题。

第三，降低政府财政负担。过去，我国对市政公用事业采取的是低价格、高财政补贴的体制和政策，公用事业的价格由国家统一控制，其价格基本不受供求关系和成本变动的影响，致使公用事业提供的物品和劳务的价格严重背离其价值。其实，这里存在着一种思想观念上的误区。因为，即使是在西方发达国家，也将公共产品进行了必要的分类，只有纯公共产品才由政府包干，而所谓的准公共产品则实行"受益人付款"的制度。按照这种思路，绝大多数公共事业产品均居于准公共产品的类型，因此，让政府无条件地承担市政公用产品在生产经营中出现的亏损，让国家财政为此背负沉重的包袱，就于法无据，于理不通。由于逐渐认识到传统体制下城市市政公用事业在生产、服务和管理上存在的诸多弊端，以及产生这些弊端的深层次的原因，人们开始重新思考城市公用事业所具有的经济属性和特点，并分析、探寻适合我国城市公用事业发展的市场化改革之路。

3. 关于鼓励和规范公用事业公私合作的制度建设

我国推行市政公用事业公私合作制的改革，源于20世纪90年代。当时，最有影响的个案是1994年上海市政府将南浦和杨浦大桥的专营权转让给香港公司。从此，关于鼓励和规范这种体制改革的制度建设，成为一个重要的历史潮流。概而论之，对公用事业体制改革产生重要影响的制度建设，主要包括以下四个方面。

(1)十六届三中全会的决定

2003年10月，中共中央召开了十六届三中全会，做出了《关于完善社会主义市场经济体制若干问题的决定》(以下简称《决定》)。这个关于经济建设和改革的纲领性文件，对指导市政公用事业改革具有重要意义。

《决定》提出，要大力发展混合所有制经济，实现投资主体多元化，使股份制成为公有制的主要实现形式。这样，股份制由以往是公有制的一种实现形式变为主要实现形式。这一重大变化使国有企业股权多元化的改制速度大大加快，为民营企业和境外资本参与国内市政公用设施建设创造了前所未有的历史机遇。其中，关于混合所有制经济的提法,使"公"与"私"不再对立,能够相互结合,从而实现共赢。这种思想对市政公用事业建立"公私合作"的经营体制,奠定了重要的理论基础。

《决定》还提出,要建立健全现代产权制度。这对于我国长期以来市政公用事业领域中国有事业单位占绝对数量的情形,无疑是个重大的改革信号。《决定》允许非公有资本进入法律法规未禁入的公用事业及其有关领域,加快垄断行业改革,放宽市场准入,引入竞争机制。《决定》同时要求,各级政府应当对自然垄断业务进行有效监管。这样,对公用事业的改革,由过去的政企分开,到政资分开、政事分开,为进一步发展奠定了有效的监管内容,因而更具全面性、科学性。这就充分表明,党中央已经将政府职能的定位,按市场经济体制的要求逐步调整到位,放开该放的事,管好该管的事。过去,关于市政公用事业的规划、建设和管理,是建设行政主管部门的主要职责,而在新一轮的改革思路中,主要职责则是要放开建设和运营环节,管好规划和行政监管环节。

通过以上政策调整,非公有资本开始积极地参与到市政公用事业领域的发展之中,政府的对市政公用设施业的监管责任也更加严格。

(2)《关于加快市政公用行业市场化进程的意见》

2002年12月,原国家建设部颁布《关于加快市政公用行业市场化进程的意见》(以下简称《意见》),这既是贯彻"十六大"关于"推进垄断行业改革,积极引入竞争机制"的具体举措,也是促进市政公用事业改革和发展的重要文件。

《意见》明确指出:鼓励社会资金、外国资本采取独资、合资、合作等多种形式,参与市政公用设施的建设,形成多元化的投资结构;允许跨地区、跨行业参与市政公用企业经营;市政公用行业的工程设计、施工和监理、设备生产和供应等必须从主业中剥离出来,纳入建设市场的统一管理,实行公开招标和投标。《意见》提出,按照项目分类的方法,把市政公用事业按经营性和非经营性项目加以区分。

经营性市政公用事业的建设和运营实行特许经营制度,政府通过合同或其他方式,明确政府与获得特许权的商业组织之间的权利和义务。非经营性市政公用事业的建设和维护,实行竞争招标制度。

原国家建设部这个文件出台以后,引起了强烈的反响,许多省市纷纷出台类似文件。一时间,市政公用事业建设项目的招商引资、盘活存量资产等活动在各地十分活跃。应该讲,由于各地政府的积极推动,市政公用设施建设的引资效果非常明显,过去由政府单一投资的市政公用事业开始显现出投资多元化的格局。市政公用事业这个巨大的市场和未来的发展前景,强烈地吸引着外商、民营企业积极进入。但不可否认的是,文件只是对开放市政公用设施建设市场提出了原则性要求,且非常宏观,而对经营性设施则只提出了特许经营制度的设想。然而,在各地缺乏具体政策指导和改革经验的情况下,急于将市政公用设施推向市场,少数地区也出现了一些失误,如将本来十分复杂的问题,简单地用市场化改革来草率处理;在监管机制尚未建立的情况下,将国有资产一卖了之;或与外商企业签订了严重脱离实际的特许经营合同,出现对消费者利益保护不力的新问题。

(3)《市政公用事业特许经营管理办法》

在2002年《意见》的基础上,2004年5月,原国家建设部出台《市政公用事业特许经营管理办法》(以下简称《办法》),进一步明确了我国市政公用设施业特许经营的改革方向,并对特许经营的有关原则作了明确的规定。这对于地方政府建立和完善以特许经营制度为核心的公共事业体制改革有很强的指导和规范作用。

该《办法》明确了政府对市政公用事业监管的责任,明确规定"国务院建设主管部门负责全国市政公用事业特许经营活动的指导和监督工作",确定由国家建设行政主管部门对特许经营的监督管理权,同时,规定"直辖市、市、县人民政府市政公用事业主管部门依据人民政府的授权,负责本行政区域内的市政公用事业特许经营的具体实施"。《办法》规定了主管部门应当履行的监管责任,包括成本和价格监管、经营监管、质量监管和安全监管,受理公众投诉等。《办法》在总结当时部分政府通过市场化盲目引资,以及部分企业存在投机问题的基础上,原则性地规定了商业组织获得特许经营的进入条件,在一定程度上阻止了不合格的企业进入市政公用设施业,从而减少了运营风险。

当然,该《办法》仍然是对特许经营制度的一种宏观性的、原则性的规定,各地政府仍需要在实践中出台更具体、更详细的管理制度。

(4)其他有关政策规定

近年来,有关国家机关出台的相关规范性文件,也对推进市政公用事业公私合作制改革提供了必要的政策环境。如2001年12月11日,原国家计委发布《关于印发促进和引导民间投资的若干意见的通知》,提出要逐步放宽投资领域,除国家有特殊规定的以外,凡是鼓励和允许外商投资的领域,均鼓励和允许民间资本进入;鼓励和引导民间投资以独资、合作、联营、参股、特许经营等方式,参与经营性的基础设施和公益事业项目建设。2002年1月,又发布《"十五"期间加快发展服务业若干政策措施的意见》,提出要积极鼓励非国有经济在更广泛的领域参与服务业发展,放宽外贸、教育、文化、公用事业、旅游、电信、金融、保险、中介服务等行业的市场准入条件。国务院有关部门随即制定并公示有条件准入的领域、准入条件、审批确认等准入程序以及管理监督办法。2002年3月4日公布的《外商投资产业指导目录》中,对城市供水厂的建设和经营、城市封闭型道路的建设和经营、城市地铁及轻轨的建设和经营(中方控股)、污水和垃圾处理厂以及危险废物处理处置厂(焚烧厂、填埋场)及环境污染治理设施的建设和经营都列为鼓励项目,原禁止外商投资的燃气、热力、供排水等城市管网首次被列为对外开放领域,但需中方控股。2002年10月,原国家计委、原国家建设部、原环保总局出台了《关于推进城市污水、垃圾处理产业化发展的意见》,提出改革价格机制和管理体制,鼓励各类所有制经济积极参与投资和经营,逐步建立与社会主义市场经济体制相适应的投、融资及运营管理体制,实现投资主体多元化、运营主体企业化、运行管理市场化,形成开放式、竞争性的建设运营格局。

与此同时,各地区尤其是以上海、深圳、广州、南京、成都等为代表的城市明显加快了市政公共事业的改革步伐,相继出台了推进本地区城市市政公用事业改革的相关政策措施,大力推行行业管理体制、存量企业制度创新、新增项目建设与运营等方面的改革,尤其是通过地方出台的规范性文件完善了行政特许经营制度,使公共事业建设取得了显著的成就。

三、行政特许经营——公用事业公私合作制的法律基础

1. 行政特许经营的概念

一般而言,特许经营(Franchising)是指有关权利当局授予个人或法人行使某项特权的行为。国际特许经营协会(International Franchise Association)认为:特许经营是特许人和受许人之间,依法缔结的契约关系,它们两者都应当是在法律和财务上分离和独立的当事人。

按照学理上的分类,特许经营往往包括政府特许经营和商业特许经营两种类型。根据我国现有法律、法规,所谓政府特许经营,又称行政特许经营,其缔结特许经营关系的当事人中,至少有一方是政府或者获得政府授权的有关公权组织。而且,无论是政府还是这种公权组织,在与市场主体缔结特许经营关系时,可以也应当拥有相应的法定职能和职权,其特许经营合同的缔结不能影响它们拥有和行使这些行政权力,并应依法承担相应的行政责任。大体而言,依据《行政许可法》第十二条第二项、第三项的规定,行政特许经营主要包括两种:一是项目特许经营,包括有限资源开发利用、公共资源配置以及直接关系公共利益的特定行业的市场准入等需要赋予特

定权力的事项,如《市政公用事业特许经营管理办法》(原国家建设部126号令)中明确的城市供水、供气、供热、公共交通、污水处理、垃圾处理等事项;二是行业特许经营,指提供公共服务并且直接关系公共利益的职业、行业,需要确定具备特殊信誉、特殊条件或者特殊技能等资格、资质的事项。如《民用航空法》中规定的公共航空运输企业的经营许可、民用机场的使用许可、民用航空器的生产许可等。

而所谓的商业特许经营,根据《商业特许经营管理办法》(商业部25号令)的规定,是指通过签订合同,特许人将有权授予他人使用的商标、商号、经营模式等经营资源,授予被特许人使用,被特许人按照合同约定在同一经营体系下从事经营活动,并向特许人支付特许经营费。如果进一步细分,商业特许经营还可以分为直接特许和分特许两种。按照该办法第四条的阐述,直接特许指特许人将特许经营权直接授予被特许人,被特许人只能自己按照特许经营合同开展经营活动,不得再行转让;分特许则意味着特许人将在指定区域内的独家特许经营权授予被特许人,该被特许人可以自己在该地区从事经营活动,也可以将特许经营权再授予其他申请人使用。

单就法律性质而言,行政特许经营和商业特许经营之间有明显的区别:前者属于行政法律领域,后者则被纳入民商事法律范畴。因此,行政特许经营所涉及的法律关系往往比商业特许经营更为复杂。

例如,2004年,成都市政府决定参照BOT模式,采用特许经营方式建设成都市洛带城市生活垃圾焚烧发电厂。为此,成都市政府授权成都市发展计划委员会(以下简称"市计委"),以公开招标的方式选择项目法人。2004年12月,市计委向潜在投标人发售了项目法律文件,经开标和评标程序之后,选定中标人为上海环境投资有限公司投标联合体。该中标人根据招标文件的要求,依法设立成都废弃物再生能源有限公司(以下简称"项目公司"),作为具体实施投资、建设、运营和管理该项目的企业法人。成都市政府同意将项目特许经营权授予项目公司,并授权市计委与项目公司签订和履行关于该垃圾焚烧发电厂的特许经营权协议。2005年5月,双方订立特许经营权协议,其有关权利义务的约定主要包括以下内容。

首先,依法约定或明确市计委在该项目特许经营期内所享有的权利、义务和应当承担的责任。

关于市计委所享有的基本权利,主要有五项。一是自特许经营协议生效日后七个工作日内,向项目公司收取前期费用,即完成项目论证、招标等工作事项的费用,共计195万元;并要求项目公司提供履约保函和保证金2000万元,工程竣工最终验收合格后解除履约保函并返还未提取的保证金;工程竣工最终验收合格后,解除履约保函之前,要求项目公司提供维护保函及其项目下的款项,分别是第一年为600万元,第二年为上年度垃圾处理费的30%且不得低于600万元。二是提出工程建设的技术规范、技术要求和技术方案,其有关文本作为特许经营协议的附件,并组织或委托中介机构和审计机构对项目工程进行验收和审计。三是拥有从项目公司购买垃圾处理的权利。为此,市计委承诺在特许经营期间按约向项目公司提供相应数量的垃圾,并与项目公司为这种服务的采购签订"垃圾处理服务协议",作为特许经营协议的附件。四是拥有对项目建设期资金进行监管的权利。项目公司向市计委提供实施该项目的商务方案,作为特许经营协议的附件。该商务方案根据四川省发改委"川发改投资[2004]757号文"和市计委关于本项目的招标文件,明确该项目投资总额为47,089万元。中标人安排自有资金16,920万元,其中12,000万元作为项目公司的注册资本金,其余4,920万元由项目公司股东以非债务资金的形式投入。其余30,169万元,由特许经营协议正式签订后60个工作日内,由项目公司以本项目特许经营权、收费权质押或由项目公司股东担保的形式,向中标人所在地银行贷十年期固定资产借款,分两年三次到位。五是对项目公司是否遵守协议和国家有关强制性规定而拥有监督检查权以及对项目建设、运营和维护的介入权。为此,市计委拥有垃圾发电厂区的进出权,有权委派常驻项目公司行政执法人员若干名,建立与市环保和城管当局联网的数据采集和分析系统,并定期将有关数据向全社会公布。

关于市计委应当积极履行的基本义务,主要有六项。一是协助项目公司获得必要的有关行政许可或批准,包括但不限于可行性研究报告和环境影响评估报告的审批,建设用地规划许可证和施工许可证。但市计委依约对项目公司的这些协助,不应免除项目公司应当履行获得所有批准事项的义务。二是为项目公司无偿提供国有工业用地105亩,直到特许经营期期满,方可无偿收回。三是负责该垃圾发电厂红线范围外项目所需配套设施的建设,主要包括:①将输水管道修建到该厂区红线外1米处;②在有关垃圾填埋场附近修建一个飞灰填埋场;③负责将天然气管道修建至该厂区红线外。四是负责垃圾的供应,并按"垃圾服务协议"的约定,按照每吨71元的价格,按月处理进度向项目公司支付垃圾处理费,若成都市居民消费物价有重大变化,可以此为基数两年调整一次价格。五是在项目建设过程中,协助项目公司与场地周边所涉及的有关单位进行联系和协调。六是协助项目公司与电力公司签订和执行"销售电合同",其上网电价的标准应按照国家优惠政策执行。如果项目公司上网电力的价格低于每度0.5元,差额部分由市计委负责补足。

市计委的责任可以分为三类。一是一般责任,主要包括四个方面:①在项目特许经营期内出现重大法律变更,且造成项目公司足够数额的损失,市计委负有通知和减少影响,或者给予必要补助,或者因项目公司无法继续履约而启动终止协议的程序;②项目公司为依法运营而提出的行政许可或审批申请,市计委应当协助办理并依法取得,并保持到项目建设和运营结束之日。但市纪委的该项责任,不应免除项目公司本身应当取得合法经营所必须具备的有关资质或其他法规条件的义务;③除特许协议另有规定之外,市计委不得干预项目公司有关的投资、建设、运营和维护;④如果市计委提取项目公司提交的履约保函、维护保函的保证金属于不当计提,那么,市计委应及时向项目公司退还该款项,并按同期银行贷款支付利息。二是违约责任,主要包括三个方面:①市计委如果在项目公司施工设计完成后,就场地条件、处理规范、技术标准等重要事项,向项目公司提出调整变更,致使项目工程需要重新设计或者重新采购主体设备而导致中途停建缓建的,或者因市计委的原因导致项目现场工地停水、停电、道路不通且持续七天以上,致使项目工程完工延误的,或者在竣工验收和完工验收期间,市计委未按照协议规定足额提供垃圾,或未协助项目公司落实外部电源和电力上网等事宜,致使项目工程不能按期调试、测试而无法按期完工的,应顺延预定完工日和特许经营期;②市计委未按约向项目公司提供足额垃圾,或者未按期支付垃圾处理服务费的,应按有关规定承担违约责任;③除上述两个方面之外,如果市计委不履行其他约定义务,且经项目公司书面催告后十五个工作日内仍不履行的,应赔偿延迟履行义务所造成的损失。三是关于其他责任的约定,其主要内容包括两个方面:一方面,用列举加概括的形式明确了不可抗力事件的具体情形,因不可抗力事件引起当事方无法全部或部分履行协议义务时,不应承担违约责任,并有权根据协议约定终止有关义务,但市计委不能将此种情形视为不可抗力事件而中止履行有关义务——成都市政府依照本市政府规章对项目设施或其任何部分实行没收、征用、充公或国有化;另一方面,如果市计委依法或依约单方面发出终止协议的意向通知,应当承担相应的赔偿责任。

其次,对项目公司在该项目特许经营期内所享有的权利、义务和应当承担的责任,给予了明确的规定。

关于项目公司所享有的基本权利主要有五项。一是通过签订特许经营协议而获得成都市洛带城市生活垃圾焚烧发电厂及其相关附属设施投资、建设、运营和维护的特许经营权,特许经营期自协议生效之日起25年。在征得市计委书面同意的条件下,项目公司可将该特许经营权作为本项目融资质押担保。项目特许期届满,项目公司可与政府或政府授权机构达成新的特许经营协议。二是在特许经营期内,享有对垃圾焚烧发电厂之外但与该项目有关的设施、设备的使用权,享有无偿占有和使用该厂土地的权利。三是对项目资产享有所有权,但特许经营期限届满,项目资产中的房屋、构筑物等不动产和主、辅设备、备品、备件、工具等动产,以及项目文件和运营维护记录、质量保护计划等文件及其该类文件项下的合同性权利,全部无偿移交市计委或市计委委托机构;与项目有关的知识产权由市计委在本项目范围内无偿使用;其余项目资产可自行处置,但须在期满六十日内搬迁完毕,逾期未搬迁的视为自动放弃所有权,由市计委处置。四是依照市计委招标文件和特许经营协议的规定,修建日处理城市生活垃圾1200吨,年运营时间在8000小时以上,年处理垃圾量不低于40万吨的专用设备,要求市计委组织相关机构均衡供应生活垃圾,并按协议规定收取垃圾处理费。五是利用垃圾焚烧余热发电,且享有电力上网优惠价格的权利,上网电量由四川省物价局测算电价时核定。

关于项目公司的基本义务主要包括六项。一是承担垃圾发电厂投资、建设、运营和维护的费用及其风险。二是投资、建设垃圾发电厂至污水管网之间的污水管道和垃圾发电厂与现有公共道路之间的永久性道路,自行绿化厂区及其本项目代征地(范围为垃圾发电厂红线至外面50米)。三是按时完成项目建设,确保项目工程按预定时间完工。四是提供持续、安全、稳定的垃圾处理服务。每个年度运营时间在8000小时以上,年处理垃圾量不低于40万吨,处理质量标准为国内领先,部分指标达国际先进水平。五是自行承担费用维护垃圾发电厂外专用于本项目的设施设备。六是除本协议有明确规定的之外,在任何时候均不得以任何理由停止垃圾处理服务。七是保护环境,不应因本项目的建设或运营而造成环境污染。

项目公司的责任也可以分为三类。一是一般责任,主要包括四个方面。①项目公司的注册资本为1.2亿元人民币,初始股东为上海环境投资有限公司和上海海湾投资有限公司,分别持股95%和5%,在垃圾发电厂开始运营之日起三年内,项目公司的股东人数不得变更,且任何股东均不得转让其在项目公司的全部或部分股权。为此,项目公司的章程应对股东和股权限作出明确的规定。②项目公司应当始终遵守所有适用法律。但出现重大法律变更的,即在项目特许期内任何一个连续三年期内出现一项或多项重大法律变更,使项目公司在特许经营期剩余期间对项目的资产性投资的累积减少额等于或超过2000万元的,或者在项目特许期内的任何一年内出现一项或多项法律变更,使项目公司经常性支出累计减少额等于或超过100万,且该项数额每年递增10%的,市计委可以书面形式通知项目公司要求根据约定而调整有关支付金额,使项目公司保持基本相同的经济状况。③项目公司应当遵守法律和本协议附件规定的技术规范和要求,保证安全生产,达到所有健康和安全标准。④项目公司应自费取得和保持项目建设、运营和维护所要求的所有批准,并应促使所有建设承包商、运营和维护承包商取得并保持所需要的有关批准。⑤项目公司应使融资文件、股东协议、公司章程、保险单以及其他对外签署的与本项目有关的任何法律文件,均与特许经营协议保持一致。⑥项目公司应当依照法律规定缴纳所有税金、关税及收费,并委托市计委认可的会计师事务所进行年度财务审计,并向市计委提交审计报告。⑦项目公司可雇佣有关承包商,承包合同应在签订后五个工作日内交市计委备案。项目公司雇佣承包商,不解除约定的任何义务,对承包商及其代理人或他们直接、间接雇佣人员的任何作为或不作为承担全部责任。⑧项目公司应确保融资文件中包含贷款人的两项承诺:其一,只要特许经营协议及其附件有效,贷款人不得采取任何影响、干预或损害市计委在特许协议中的权利;其二,当项目公司违反贷款协议的约定时,贷款人应以书面方式将项目公司违约事项通知市计委,市计委有权在收到该书面通知后九十个工作日内纠正项目公司的违约行为,贷款人在纠正期间不得行使针对违约行为的任何权利或补救;纠正期满而项目公司违约事件持续存在,贷款人行使权利应以不妨碍、不损害市计委在特许经营协议下的权利和保持项目正常运营为前提。二是违约责任,主要包括三个方面。①项目公司在设计和施工中,不得擅自变更技术方案。若发生此类行为,市计委有权纠正;若项目公司的措施及其结果不能让市计委满意,市计委有权提取项目公司履约保函项下的全部款项。②

除市计委违约或不可抗力外,项目公司不能在协议规定的开工日或之前开工,预定初步完工日前初步完工或者预定最终完工日前最终完工,每逾期一日,项目公司应向市计委支付一万元违约金。③在项目建设期,项目公司放弃或视为放弃项目建设的,市计委有权提取其履约保函项下的全部款项;如果该款项不足以弥补市计委损失的,项目公司还应赔偿市计委差额部分的损失。④若项目建设失败,项目公司向市计委支付的违约金应为其履约保函项下的全部款项。⑤若出现垃圾处理数量或质量违约,项目公司按约定标准向市计委承担违约责任:其一,炉渣热灼减率不合格,按上月垃圾处理服务费的20%支付违约金;其二,炉渣、飞灰、渗透液及其生产、生活污水处理,按一项不合格支付十万元的标准承担违约责任;其三,其他质量不合格的,按"无效处理量×垃圾处理服务费"单价计算违约金。项目公司支付上属违约金后,并不减免其纠正或整改有关设备和工艺的责任。⑥项目公司违反协议规定而出租、质押和转让项目或项目特许经营权,或项目公司股东违约转让股权的,其有关行为不产生法律效力,市计委还有权提取项目公司履约保函或维护保函项下的全部款项。三是其他责任的约定,其主要内容包括以下两个方面:一方面,项目公司不履行协议规定的其他义务,且经市计委书面催告后十五个工作日仍不履行的,应赔偿由此给市计委造成的损失;另一方面,如果发生对方违约的情形,项目公司应主动采取减轻损失的措施,如果为采取适当措施而使损失扩大的,项目公司应承担相应的责任。

该特许经营协议签订后,项目公司通过两年的建设施工,于2007年11月建成投产。此后,成都市利用这种模式又建设了成都九江环保发电厂、成都祥福环保发电厂,使中心城区生活垃圾全部得到无害化处理。

由该案例可见,公权组织利用公用事业公私合作制提供公共服务产品时,往往涉及多重法律关系。如该案例就至少涉及两重法律关系:一方面,项目公司因与市计委签订特许经营协议而具有投资、建设、运营和维护该垃圾发电厂的主体资格,因而在它们之间具有典型的行政特许经营关系；另一方面，由于项目公司在25年特许经营期限届满后，依约要将该项目的动产和不动产全部移交给公共组织，因而在它们之间具有属于BOT模式的经营关系。显然，在这两种法律关系中，行政特许经营关系是最基本的，是包括BOT在内其他法律关系赖以建立的基础。

2. 关于行政特许经营权的法律性质

从学理上讲，行政特许经营属于形成性行政行为。这是行政机关依法为适格行政相对人设定、变更有关权利，赋予某种经营活动能力或法律地位的具体行为。如果行政相对人具备相应条件，依照法定程序提出申请，并通过协商一致而签订书面行政协议等法律文件，即可取得这种行政特许经营权。

尽管我国现行立法对行政特许经营权的规定还比较模糊，但从理论上讲，这种权利具有双重法律属性。

首先，它是一种由政府或政府授权组织依法设定并授予行政相对人的特殊权利，不仅需要事先设定取得该项权利的法定条件，而且，授权者与被授权者之间还具有管理与被管理的法律关系。尽管商业组织对于是否提出申请拥有意思自治的权利，但是，它必须具备行政机关所设定的条件，而且，一旦它提出这种申请与行政机关进行协商时，它的意思表达往往限制于对行政机关事先拟定的一揽子条件作出承诺，否则将失去签约的机会。此外，即便是依约授予商业组织该项特许经营权，授权者往往仍然依法或依约享有相应的特权，如检查监督权、了解信息和披露信息权，以及一旦发现被授权者不符合条件或者有违法违约经营的情形，还有权单方面做出意思表示，要求对方进行整改，若整改不能或未能达到授权者依法设定的标准，可以吊销或撤回该项行政特许权而不必承担违约责任。显然，在一般的民事特许关系中，双方当事人都是平等的民事主体，都必须遵循意思自治的原则。而在行政特许经营权的授予或转让过程中，意思自治必须服从依法行政原则。从这个角度看，行政特许经营权具有行政权利的属性。

其次,由于商业组织获得行政特许经营权往往需要通过市场化的竞争环节,即需要通过招、投标的竞争,以承诺履行并具有承担该项承诺的责任能力,因此,对于这些商业组织而言,他们所拥有的行政特许经营权具有财产权的特征和意义。毫无疑问,将行政特许经营权视为一种民事权利,属于一种新型的财产权,不仅可以给被授权者带来持续、连续和稳定的经营业务和经济回报,而且,还可以作为特定的财产权利质押给金融机构,从而获得相应的贷款。不过,行政特许经营权虽然产生于合同,但因其权利的内容、作用机制以及权利客体都不能被该合同穷尽地涵盖,所以其性质并非合同权利。对合同来说,债权人享有的是对债务人的请求权;而对特许经营权来讲,被授权人通过与授权方签订合同,其所获得的不仅仅是与合同中的请求权相当的权利,被授权人还有权要求政府在特许期限内提供已承诺的各项设施,包括提供土地使用权、地上权,并要求签约方的政府部门不得再投资重复建设与之有过度竞争性的另一个类似项目。这就是说,对于商业组织而言,行政特许经营权虽然也是公司的法人财产,但因特许经营权对授权方和被授权方都有特殊要求,因此,尽管商业组织获得了特许经营权,但仍不具有自由处理的权能。事实上,开始选择投资者时,政府就会对投资者的资质能力、资金状况、经营方案、技术人员等方面进行审查。如果特许经营者随意转让政府授予的特许经营权,就意味着政府需要对新的经营者有关方面作重新审查,所以,特许经营权不能随意转让。否则,将给公用事业的经营和监管造成较大的困难。为此,我国《市政公用事业特许经营管理办法》第十八条规定,获得特许经营权的企业擅自转让、出租特许经营权或擅自将所经营的财产进行处置或者抵押的,主管部门应当依法终止特许经营协议,取消其特许经营权,并可以实施临时接管。

毫无疑问,我国现行法律对行政特许经营权的规定还比较模糊,其直接原因可归结为"马赛克式"的立法模式。例如,在城市建设和管理领域,这方面的主要立法成果是原国家建设部的部门规章——《市政公用事业特许经营管理办法》。而在其他公用事业领域,如在航空业,有全国人大常委会颁布的《民用航空法》;在食品卫生业,其法律依据则为《食品卫生法》;等等。由于各行各业各自为政的立法,不仅难以清晰地规定行政特许经营的基本法律属性,同时也因各行业的特点而出现某些口径或概念方面的冲突。当然,出现这种情形的实质原因,主要在于我们有关体制改革采用"摸着石头过河"的方式,缺乏大陆法系国家立法模式所应有的理性思维和通盘考虑。这里,我们结合我国行业性差异和所有制原因,对行政特许经营权的取得方式与社会作用的不同,予以分别论述。

首先,关于非营利性社会组织获得行政特许经营权而进入公共服务领域所具有的主要特点。

这种非营利性组织主要包括各类非基础教育学校和有关培训机构、医疗机构、研究机构、咨询机构以及诸如法律援助中心等中介组织。其实,各国均有这种社会组织分布在公共服务的各个领域,只不过表现形式千姿百态,因而称谓也有所不同。例如,法国的这类非营利性社会组织被冠以"公务法人"的称谓,成为获得有关行政特许经营权而提供公共服务的最普遍的社会组织。由于这类社会组织通常是以供应某种公共产品而组建的,因而往往通过有关公法或组建机构起草规范性文件而直接获得授权,而他们生产或维护公共产品的成本则直接以预算管理的形式拨付。我国往往将这种承担公共产品生产维护的非营利性社会组织称为"事业单位",以区别纯粹的商业组织。但是,我国所谓的"事业单位"显得过于庞杂,因而存在管理思路混乱的问题,主要表现在四个方面。

一是这种非营利性社会组织获得行政特许经营权往往存在法律依据不充分、不明确的问题,甚至以潜规则的形式参与公共服务的供应链。

二是这种所谓的事业单位往往都是由有关公权组织出资兴办,往往将该公权组织自身不能消化的问题移植到这些单位,一方面出现所谓的"换手抠背"的现象,另一方面则出现有关公权组织借手中的行政管理权而为这些"自家的孩子"寻租。

三是由于主管部门行政经费往往并不宽裕,而且,这些所谓的"事业单位"与授权机关本身并没有为生产公共产品的成本和经费保障进行必要的协商,因此,这些非营利性社会组织往往存在经费保障不力的问题,它们最常见的应对策略是涨价或者搭载强制性消费项目。在我们的现实生活中,医疗机构屡屡出现的"强制性体检"和"大处方"现象,就是这种机制所造成的。对此,国人认为可以通过实行所谓"事业单位企业化管理"的改革来解决这类问题。其实,这种做法无异于与虎谋皮,有悖于公用事业发展的基本规律。笔者以为,我们完全可以通过行政特许经营权制度来规范管理和解决这类问题。据笔者了解,成都市政府特许经营权协调小组办公室和市卫生局,已经将公立医院有关物资供应纳入特许经营权管理范围。显然,这种改革思路比较符合现代行政法发展方向。

四是存在明显的行政化倾向。按理,这些依公法而组建的"事业单位"并不拥有行政管理权,应当尽可能地避免官僚性、贵族化,但是,由于这些"事业单位"所属的管理机关往往将一些自己的事务下放,或者大量抽调这些社会组织的业务干部到机关协助工作,这就出现所谓的"画虎不成反类犬"的后果。笔者以为,这种问题的解决仍然可以通过规范行政特许经营权入手,政府或其他公权组织应当明确其职责职权和法律地位,形成具有相对灵活性、依法治理的机制;有关公权组织只应承担依法培育市场、引导和监督"事业单位"规范运营的责任。

其次,国有企业以及国家控股或参股企业依法获得行政特许经营权并按照政府意志供给公共服务。

显然,这是社会主义国家所特有的现象。国企获得行政特许经营权的实质,往往是行政权的自然延伸。事实上,我国许多国企持有行政特许经营权,往往是以行业性法律法规为根据。这种行业性法律规范往往是有关部门负责起草或积极参与立法而形成的。事实上,这类法律往往涉及与公共利益直接相关的职业、行业,所以需要行业主管部门设定门槛,如特殊信誉、特殊条件或者特殊技能等资格、资质事项。

例如,《民用航空法》中规定的公共航空运输企业的经营许可、民用机场的使用许可、民用航空器的生产许可等。近年来,虽然随着政企分开、公司化改制和属地化管理等改革措施的推进,我国民航运营管理体制发生了脱胎换骨的变化,但在计划经济体制下形成的思维定势还有较大的市场,航空运输链上的相关协作单位对机场的特许经营权还缺乏应有的理解和认识,人们总是认为民航是一家,机场资源是大家共有的,所以对这种资源的利用无需特别许可和支付代价。因此,即便是在机构分设、资产分离、经营独立的情况下,由于错综复杂的业务交叉关系,土地使用权属的不明确,以及有关机场经营权的传统理念,在具体经济活动中,机场特许经营权的独立性和专属性往往受到质疑和争议,给机场管理机构正常的监管活动带来障碍,一定程度上影响了机场的收益。此外,随着我国民航业开放程度的不断增加,外国资本和民营资本也在逐步进军机场业,不断扩大其相关经营活动的范围。在这种情况下,尽快明确机场经营权的范围、经营内容和市场准入标准,以保证民航资源的有序配置和规范运作就成当务之急。就当前而言,在行业内部既无明确先例可循,也无法就业务权分割问题达成统一认识的情况下,可通过立法手段明确对机场管理机构进行授权。只有确立机场特许经营权的地位,才是推进改革和解决矛盾的有效途径。当然,由于特殊的地理因素和行业特征,以及现行法律对机场公司资本构成的特殊要求,共同造就并维护着机场资源的垄断性。对此,有关部门应依法确立机场管理机构拥有相关资源的专属地位,令有关国企依法取得行政许可经营权来确保具垄断性资源的占有、使用和收益,这样不仅可防止有关权利和资源面临市场化冲击而产生寻租现象,而且保持这种自然垄断状态,非常有利于政府按照自己的意志来生产和供应有关公共产品。

再次,私营企业依法取得行政特许经营权并直接面向消费者而供给公共服务。在法律或政策的层面允许私营企业通过取得行政特许经营权而进入公共服务领域,这既是一种真正意义上的"改革",也是一种真正意义上的"开放"。正是这种改革开放,才真正把市场竞争和效率机制引入到公共产品供应领域,也才是真正意义的公私合作制。但是,由于国人日渐增强的民族主义意识,将国家安全、经济主权和社会稳定等政治因素附加在公用事业体制改革之上,因而出现了"新冷战思维"的倾向,并只将一些不便于行政垄断的项目向私营企业开发,形成所谓的"玻璃门"现象。例如,供水、供热、城市公共交通、城市生活垃圾处理设施等项目,就是既不便于由行政机关、行业协会或非营利性社会组织来供给,同时也不便于全部交由市场竞争来生产。因此,大家都倾向于采取一种折中方案,直接或间接地授予包括私营企业、外资企业等各类商业组织以特许经营权的方式来供给此类公共服务。在公法划定的公共服务范围中,这类公共服务的可竞争性最强,其中有很大一部分属于因技术进步等原因而不再具有自然垄断属性的行业,如电信业;除此之外,还有相当一部分公共服务的可竞争性,虽然尚不足以通过私人选择机制的方式自我实现供求平衡,但是与私人服务仅有一步之遥,徘徊于公共服务的边缘。因此,公法授权工商企业利用私人选择机制来供给这些具有较强可竞争性的公共服务,有可能带来更高的公共服务效益。

一般而言,公法通过授予行政特许经营权的方式来选择特定商业组织供给公共服务主要有两大原因:一是行政特许经营权通常暗含着某种一般商业组织所不享有的优惠待遇,诸如财政补贴、税费减免、必要的市场份额、长期垄断经营等,这些优惠待遇主要用来填补投资公共服务领域的成本—收益缺口,从而为商业组织问津这一领域供给必要动力;二是通过授予特许经营的方式不仅保证了只有具备相应资质的商业组织才能进入这一领域,同时政府还可以根据特许经营合同的约定来指导和监督商业组织,尤其是严格限制商业组织随意改变或者退出经营,以免导致公共服务中断。相对于传统公共服务模式而言,现代公法所建构的这种公私合作的公共服务模式具有两个显著特点:一是这种合理的运作模式反映出公法对服务型政府的全面理解，既要求政府承担保障公共服务供给的法定职责，又竭力避免其滑入大包大揽的全能政府或者陷入琐碎的公共服务细节之中。二是公法根据行政机关、行业协会、非营利性社会组织和工商企业的不同特点，因势利导，将其塑造为在不同领域和不同层次上既竞争、又合作的公共服务供给者，对公共选择机制和私人选择机制加以有效整合，在有效避免"政府失灵"、"市场失灵"和"合约失灵"的基础上实现优势互补。

3. 关于行政特许经营协议法律性质辨析

在采用行政特许经营协议来实现公用事业公私合作制的过程中，对特许经营协议的性质存在很大争议。其中，所涉及的具体问题主要有：公共部门与商业组织之间为共同提供公共服务而签订的协议是属于公法性质还是私法性质，此类行政协议签订和履行之中的意思自治有何特殊性，针对此类协议发生纠纷之后该通过何种方式来解决，等等。我们以下从学理上对之进行必要的剖析。

（1）特许经营协议属于公法性质还是私法性质

关于这个问题，大陆法系国家、普通法系国家以及相关国际组织都存在不同的认识。一般而言，大陆法系的国家往往以缔约主体和缔约目的为双重标准，判定契约是否具有公法性质。如果缔约主体双方或一方为行政主体，且为达成一定行政目的而缔结的契约，就称为"公法契约"，要求接受公法与私法的双重规制。例如，韩国将这种行政特许经营协议称作"公物、营造物利用关系的设定契约"①，视为行政合同的一种特殊的类型。而在普通法系的国家，则以缔约主体作为单一的识别标准，即将政府为一方当事人的合同统称为政府合同。例如，英国是普通法系的母法国，由于没有民法这样一个独立界址的法律领域，合同法与侵权法、信托法一样，均属于重要的法律部门，国王及其大臣（中央政府部门）在遵守这些法律规定方面与普通私人并无不同。这样，法律承认公共当局可以通过制定合同来满足某些特殊的社会需

---

① 〔韩〕金东熙著、赵峰译：《行政法》（第9版），中国人民大学出版社，2006年版，第166页。

求,但原则上要求公共当局在合同法的基础上享有权利,承担义务。这就是说,英国合同法的绝大多数内容,同样也是公共当局应当遵守的行为规范。但根据1947年的《王权诉讼法》和长期形成的判例法原则,政府尤其是中央政府在签订和履行影响公共利益的合同时,可享有一定的豁免权,因而可以在一定程度上不受合同的约束。当然,作为对方当事人的商业部门,则有权得到公平补偿或者调整。至于有关国际组织的意见,可以从它们编写的文件中看到:"在属于民法传统或受民法传统影响的许多法律制度中,公共服务的提供可能受到一些称作'行政法'的法律的管辖,这种法律管辖广泛的政府职能。这种制度按这样的原则运作,即政府可以通过行政行为或行政合同行使其权力和职能。人们还普遍认识到,另一种方式是,政府可以根据管辖私人商业合同的法律签订私人合同。这两种合同之间的差别可能是很大的。"[①]可见,作为国际社会的共识,是将关于公共服务的特许经营协议视为公法领域的问题。

　　笔者以为,为生产、供应公共服务而签订的特许经营协议,由于可以实现或扩大公共利益,政府在其中享有一定"特权"是必要的,但应遵守公法普遍原则的约束。例如,在前面介绍的典型个案中,双方在特许经营协议中明确规定,特许经营期间关于项目设计、建设、运营和维护,政府享有监管权、信息披露权和强制接管权,如果特许经营公司违反协议,政府有权采取包括收回特许经营权在内的制裁措施,等等。显然,这些内容的存在使得该协议具有明确无误的公法性质。当然,我们在理论上探讨特许经营协议等行政合同具有公法属性的同时,也要看到在实践中,行政合同越来越凸显其合同性,即私法性。行政主体在行政合同中的特权越来越多地受到私法原则的约束,如行政主体基于公共利益而修改或终止合同时,通常要赔偿对方因此受到的损失,或者修改其他条款以重新保持双方权利义务的平衡。对此,或许有的学者会认为,此类特许经营协议的主要内容

[①] 参见联合国贸易法委员会编:《私人融资基础设施项目法律指南》,2001年,第7章第24段。

是政府将特定基础设施项目的用益物权、经营收益权与商业投资者的资本、技术和管理进行交易,其合同标的仍旧属于民事法律关系,因而政府更多地是以一种民事主体的身份出现的。显然,这种观点只看到政府在特许经营领域中拥有处置自身权益的权能,却没有认识到政府此外还担任着多重角色,如它在这种情况下仍然是行政监管者和公共利益代表者。这就是说,仅仅以民事法律关系来看待和规范政府在这个领域中的行为是不充分的。

总之,行政特许经营协议中反映了公共部门与商业组织之间对于公共服务的买卖合同关系,还反映了商业组织作为公共产品的生产者、经营者与公共部门作为公共服务市场的监管者之间的管理与被管理关系,应属于兼具公法和私法性质的混合合同,但这种双重法律关系中又应当以公法为主,即当两种法律规范出现冲突时,应当优先适用和遵守公法。

(2)关于行政特许经营协议的意思自治

笔者认为,我们应当承认这样一个历史事实:普通民事合同是行政合同的理论起点和法学基础,故行政合同需要受契约自由和依法行政这两大公、私法原则共同支配。这就是说,行政合同与普通民事合同,一般行政行为相比较,存在既相联系又相区别的关系。

毫无疑问,只要是合同,就必须体现意思自治原则。然而,由于政府行为必须以依法行政为基本原则,因此,它在签订行政合同的意思自治时就与民事主体有明显的区分。我们知道,行政合同是一种“通过多个当事人之间的意思一致,产生一定法的效果的契约,在这一点上基本与私法契约相同”①。可是,行政合同所确立、变更和消灭的法律关系中包含有公法内容,即可产生行政法上的效果,因而又具有区别于普通民事合同的本质特征。根据《联邦德国行政程序法(1997年)》第五十四条规定:“公法范畴的法律关系可以通过合同

---

① 〔韩〕金东熙著、赵峰译:《行政法I》(第9版),中国人民大学出版社,2008年版,第164页。

② 应松年主编:《外国行政程序法汇编》,中国法制出版社,1999年版,第618页。

设立、变更或撤销，但以法规无相反规定为限。"② 这就是说，在行政合同签订、履行过程中，应当充分尊重当事人的意思自治，但经过双方当事人协商一致而形成对各方当事人均有约束力的规范，不得与法律已有规定相冲突，否则不产生法律效力。

同样，行政合同也是行政目的的实现手段，能够产生相应的公法效果，故与一般行政行为存在共性。但是，行政合同的"法律效果是通过多数人的意思一致产生的，与此相反，行政行为是通过行政主体单方面的意思(决定)而产生的，在这一点上，二者不同"①。显然，行政主体可以单方作出强制相对人接受的意思表示，但行政主体一旦依法选择以行政合同的方式来作出某种具体行政行为，它就应当放弃传统的行政命令或行政强制的做法。而且，行政主体签订、履行行政合同并非因私人利益所驱使，因而也不能享有完全性的意思自治。这就是说，即便是行政合同享有一定的意思自治的因素，但对于行政主体而言，它们必须受到依法行政原则的限制；而对于行政合同的对方当事人而言，它们必须接受行政当局所享有的限制性选择和强制性意思表示等特殊权利。例如，澳门行政程序法(1994年)第一百六十一条："……就旨在于私人共同正常履行行政职责之合同，应透过公开投标、有限制性之竞投或直接磋商，而选择共同订立合同人，但有特别制度者除外。"② 传统上，行政当局往往习惯通过普遍约束性规定和单向强制性禁令来调节社会成员的行为，但是，随着公私合作的深入开展和方式多样化，这些传统的行为方式在许多情况下已经难以完全规制、调节市场主体的行为。故在公共服务的广大领域，只要行政合同的内容与法律规范不对立，其有关法律关系就可以通过这种合作性方式来建立、改变或者废除。

综上，行政合同无疑具有某种中立的性质，政府可以通过双向互动与形成合意的路径来行使其职权。为了吸引民间资本进入公共服务领域，通过官方(政府)与商业部门签订对出资人有利(实际上

---

① 〔韩〕金东熙著、赵峰译：《行政法Ⅰ》(第9版)，中国人民大学出版社，2008年版，第164页。
② 转引自应松年主编：《外国行政程序法汇编》，中国法制出版社，1999年版，第619页。

也是为了公共利益或者提供公共服务)的双务合同,其中官方为了完成自己的法律任务,积极从事采购和获取服务。[①]所以,对商业组织而言,当它们与行政主体订立合同时,既确立了具有不平等性的行政隶属关系,同时也建立了权利义务相对称的合作关系;而对行政主体而言,当它决定签署行政合同,那么,它就已经明确无误地表达了这样一种意思:它今后对有关方面所采取的职权行为,将主要采用与行政相对人协商一致的方式,而不再是传统的单方意思表示的行政公文或其他强制性职权行为,即主要是在双方达成共识的基础上采取共同行动。

(3)特许经营纠纷怎样解决

在采用特许经营模式实现公用事业公私合作制的过程中,主要包括三类活动主体:公共部门、商业组织和其他利益相关者(如公共服务的消费者、为公共设施的建设和运营提供产品或服务的供应商、融资提供方等)。从某种意义上讲,特许经营协议的实现过程就是这三类利益主体的互动过程。由于这三类主体的价值取向、行为方式均有不同之处,它们在实现这种互动的过程中,难免会出现这样那样的纠纷。这些纠纷主要有两类,因而解决路径也相应地有以下两条。

首先,对于特许经营纠纷,最主要表现在公共部门与商业组织之间的权利(力)义务或有关程序性规定等方面,可采用缔约各方都参加的"项目委员会"的方法,在协调一致的基础上得到解决。对于这两类最容易预见到的纠纷,按照原国家建设部草拟的特许经营协议指导范本的内容,缔约双方应成立"项目委员会",按照协商一致的方式来解决。其协商解决的事项包括但不限于这五项:①协调双方在项目设施的建设、调试及运营方面的计划和程序;②在发生不可抗力影响项目运营时讨论应采取的步骤;③影响项目设施安全的事项;④为解决本协议项下的争议任命财务专家或专家小组;⑤其

---

① 罗尔弗·斯特博著:《德国经济行政法》,中国政法大学出版社,1999年版,第272~273页。

他双方同意的事项。当然,如果有关争议不能在"项目委员会"的范围内得到协商解决,双方均有权将争议提交有管辖权的法院。

其次,对于特许经营协议中还存在着商业组织与消费者、信贷者等其他利益主体之间的法律关系,通常属于比较典型的民事法律领域的问题。对于此种法律关系,一般都是以普通民事合同的方式予以确定,若在这个领域发生争议,可以申请公共部门协调或者裁决,或者可以通过独立的民事诉讼途径和仲裁程序来予以处理。

由此可见,基于特许经营协议属于兼具公法和私法性质的混合合同,双方当事人应同时受到公法和私法原则约束,除行政主体方通过行政行为方式侵害商业部门权益等情形之外,还应当允许非行政主体当事人自由选择通过公法或者私法方式来解决由此引发的法律争议。对比,我们还可借鉴西方发达国家的经验,尝试依法设立一些独立于行政机关的监管机构,令其履行公用事业的监管及相关法律纠纷的裁决职能。

四、公用事业公私合作制的主要法律问题探析

1. 正确处理公益性与行政特权的关系

如上所述,本书是将公用事业公私合作制的适用领域界定为"准公共产品"的生产和供应,但笔者的这种界定并不是要贬低这类公共产品供应机制所应当具备的公益性,而是要想提醒读者思考纯公共产品与准公共产品供应机制方面所存在的区别。因为,人们为了追求或实现某种公益性目标,赋予公权组织通过授予行政特许经营权来定制和采购这种准公共产品时,也赋予公权组织拥有相应的行政特权,以便防范商业主体利用特殊地位牟取不正当利益。这就是说,从形成这种合作关系之初,公私双方就存在着价值取向和行为方式的差异性。当然,我们承认合作双方之间的差异性,并不是要因噎废食,放弃关于这种新型公用事业运营模式的实践和探索,而

是要进一步理顺和规范商业部门作为公共服务的生产者、经营者与公共部门作为公共服务市场的采购者、监管者之间的关系。对此,从法学理性思维的角度看,妥善解决公益性与行政特权之间的关系,是完善相关制度建设的重要环节。下面,我们先介绍一个典型案例,然后再作理论概括。

1999年,为缓解城市污水处理的压力,长春市政府通过招商选定香港汇津中国污水处理有限公司(以下简称"汇津公司"。该公司系在英属维尔京群岛登记的商业公司,英国泰晤士水务公司于2002年6月成为该公司大股东,占48.8%股权)为合作伙伴。经双方协商一致,达成以下共识:①长春市政府授权市排水公司与汇津公司订立《合作经营合同》,共同投资3.2亿元人民币,组建日处理39万吨污水的中外合作企业"长春汇津污水处理有限公司"(以下简称"长春汇津"),经营期限为20年。长春市政府同意市排水公司将北郊污水处理设施在建工程合项目的全部土地使用权作价5000万人民币为出资,汇津公司以货币资金2.7亿人民币出资。②市政府制定并颁发《长春汇津污水处理专营管理办法》(以下简称《专营办法》),规定由排水公司向汇津公司供应污水,由汇津公司进行处理。市排水公司每天至少需向污水处理厂提供污水39万吨,污水处理费为0.6元每吨,每两年涨4%。③市政府责成自来水公司、市水资源办严格按照有关规定及时向用水单位收取污水处理费,每月按时将污水处理费上缴市财政,市财政每月按时将污水处理费拨付到市排水公司专用账户,市排水公司优先支付汇津公司。④如果市排水公司不能按照合同约定支付污水处理费,市政府将令市财政从城建维护费中拨付专项资金用于补充差额,以确保汇津公司按时收到合同规定的污水处理费;当城建维护费变更为新费种时,由新费种承担前款规定的支付职能。⑤因法律、法规和政策的调整或者因专营办法的调整、废止以及市排水公司的原因需要提前解散汇津公司时,外方公司在"长春汇津"未收回部分的资产和预期收益,由市政府用财政资金通过市排水公司或其他经济实体,按照合同规定的计算方式所确定的价格向外方公司收购。⑥市政府承诺,保证合作公司的外方公司除收回本金外,按实际经营年限获取一定年净回报率的补偿。

该污水处理厂于2000年底正式投产并正常运营。可是,2003年2月28日,在未通知双方当事人的情况下,长春市政府单方面废止了《长春汇津污水专营管理办法》;从2003年3月开始,市排水公司完全停止支付任何污水处理费。2003年8月,汇津公司和长春汇津以长春市政府为被告,向长春市中级人民法院提起行政诉讼。在诉讼中,双方围绕以下几个争议点,进行了充分的意见陈述。

第一个争议点:长春市政府能不能单方废止《专营办法》? 2000年7月14日,经长春市市长批示,市政府颁布了《长春汇津污水专营管理办法》。显然,这是由地方政府制定的规范性文件,具有法律效力,是汇津公司投资及经营的基础。那么,长春市政府为什么要单方面予以废止呢? 长春市政府在一审答辩中称,废止的原因是该合作项目"是一个采取规避中国法律方式而设定国家明令禁止的变相对外融资举债的'固定回报'项目",按照《国务院办公厅关于妥善处理现有保证外方投资固定回报项目有关问题的通知》(国办发2002年"43号文件")精神,"属于应清理、废止、撤销的范围",为了有效维护国家利益和投资各方利益,坚持中外投资者利益共享、风险共担的原则,同时也为了保持长春市吸引外资的良好环境,经市政府讨论通过,决定废止该《专营办法》。原告则认为,长春市政府废止《专营办法》的具体行政行为缺乏法律依据,属于滥用职权的具体行政行为,依法应予以撤销。因为,从法律规范体系而言,国办发2002年"43号文件"既非法律,也不是法规,因此,即便是《专营办法》违法,长春市政府也不应该援引该文件作出"废止决定"。显然,国办发2002年"43号文件"并没有错,而是被告错误地理解其精神并在本案中错误地加以援引。

第二个争议点:争议项目是否属于固定回报?市政府认为,按照国务院办公厅2002年"43号文件"精神,严禁各地兴办保证外方投资固定回报项目,任何单位违反国家规定保证外方投资固定回报都要坚决予以纠正,对有关责任人应严肃查处并追究领导人的责任。两原告认为,本案涉及的污水处理项目并不具有"保证外方投资固定回报"的内容，不属于国务院通知调整的范围。污水处理项目于2000年9月19日获得了吉林省外经贸厅批准,合作合同、章程及可行性研究报告均报长春市外资办预审,其后通过长春市政府上报省外经贸厅批准并报国务院外经贸部备案。当时,国务院《关于加强外汇外债管理开展外汇外债检查的通知》(1998)及国家建设部《城市市政公用事业利用外资暂行规定》(2000)中都已经对涉及"固定回报"的问题作出了禁止性规定,因而可以推定:本案涉及的污水处理项目能够顺利通过各级行政部门的严格审核,可见其并不包含有固定投资回报的内容。一审法院在审理中,根据合作合同、章程中的关于合作双方权利、义务的条款,认为该项目违反了《中华人民共和国合作经营企业法》的"利益共享、风险共担"的原则,属于固定回报项目,属于国务院国办发(2002)"43号文件"规定的保证外方投资固定回报的项目。

第三个争议点:政府是否应该履行法定告知义务?两原告诉称,最让人无法接受的是,对于决定投资者生死的《专营办法》被废止,长春市政府竟然不履行告知或通知的义务,这剥夺了长春汇津和汇津公司的知情权、申诉抗辩权和救济权。原告方律师还表示,至今没有任何法律、法规规定,行政机关在实施具体行政行为时可以不通知行政相对人。知情权是最基本的权利,不能被随意剥夺。一审法院认为:"按照《中华人民共和国行政处罚法》的规定,行政机关作出行政处罚决定之前应当履行告知程序, 且当事人有权陈述和申辩,未履行告知程序的,所作出的行政处罚决定无效。但在本案中,被告作出废止《专营办法》的决定,则不属于行政处罚性质的决定,不适用《行政处罚法》规定的告知程序,也不需要当事人陈述和申辩。"

第四个争议点:政府是否应该承担赔偿责任?两原告诉称,长春汇津污水处理项目之所以能够建成并运营,完全是汇津公司基于对长春市人民政府的高度信任。然而,在汇津公司资金到位并开始获得投资收益时,仅仅由于政府对于法律理解的偏差,便断然废止了《专营办法》,使汇津污水处理项目失去了基础和依据。显然,长春市政府这种做法,严重侵犯了原告的合法利益,应当停止侵权并承担赔偿责任。长春市政府辩称:"城市污水处理项目是个涉及社会公共利益的项目,在水排污治理项目上非法投机取利,不仅为社会公德所不容,也为国家法律所不准。"

2003年12月24日,长春市中级人民法院作出一审判决:认定被告长春市人民政府废止《专营办法》合法有效,驳回原告要求被告长春市人民政府承担行政赔偿责任的诉讼请求,案件受理费由原告负担。原告不服,于2004年1月8日上诉至吉林省高级人民法院。就在案件二审进程中,长春汇津正式停产,这就意味着每天有39万吨污水直接排入松花江。在强大的舆论压力下,被告同意以2.7亿元人民币的价格回购长春汇津,两原告撤诉。于是,轰动一时的"汇津事件"终于落幕。

这是一个典型的公益性与行政特权相冲突的案例。长春汇津所拥有日处理39万吨污水的专用设施,对于保证松花江水质稳定达标具有重要的意义,因而具有明确无误的公益性。可是,由于那时国家还没有建立行政特许经营制度,因此,长春市政府采用不太规范的方式提供这种公私合作的法律基础,使得政府当局所具有的特权过于强势,甚至可以完全吞并对方当事人有关实体性和程序性的权利。显然,长春市政府在这里具有两重性:一方面,它作为地方人民的政府应当对本地全体居民负责,其行政特权的行使应当实现地方利益最大化;另一方面,它作为向上级政府负责的一级地方政府,应当代表和维护国家与全国人民的利益,其行政特权的行使不能仅仅实现地方利益,如果出现国家利益与地方利益冲突时,要积极地维护国家利益,甚至为此而牺牲地方利益。这就是说,公益性本身是一个相对性概念,而行政特权的内涵则是比较稳定和规范的。这样,我们在分析公用事业公私合作制的公益性与行政特权的冲突时,就应当本着实事求是的原则,具体情况具体分析。

首先,我们应当承认,赋予公权组织在公共事业公私合作关系中享有相应的行政特权,是为了更好地实现和维护公共利益。从总体上讲,我国行政法学者大都认可在行政合同中,应当充分保障行政主体拥有相应的行政特权。这是指行政主体在行政合同的订立或执行过程中,为实现公共利益的目的而依法享有的单方强制性权利。由于这种权利具有不同于民事合同双方当事人权利义务对等关系的特点,所以称为"特权"。行政特权可具体表现为公权组织有权根据公共利益的变化调整合同本身的内容,在履行过程中还享有对合同的监督权、变更权、终止权、制裁权等。行政主体所享有的这种"特权"贯穿于合同的始终。① 在原国家建设部《城市基础设施特许经营条例》(2005)第三十五、四十、四十一、三十二等条即分别对行政部门的监督检查权、制裁权、单方终止权等作了相关规定。可见,这种学术观念已经得到有关立法者的认同,并付诸实践。但本案之中,长春市政府的行政特权过于强势,因而存在着当事人之间权利义务不平衡的问题。长春市政府正是凭借这种强势地位,采用单方面意思表达的形式,将自己的决定强加给行政相对人。显然,这种做法有悖于采用行政合同的初衷。

其次,我们还要实事求是地看到,有关公共事业项目的公益性往往具有相对性和变异性,因而要求行政主体审时度势地判定有关公共利益之间的关系。这是正确运用行政特权的关键环节,也是"汇津事件"的实质原因。据资料显示,长春市政府决定修建污水处理厂,其重要原因是两个:一是原长春市内有大量工业企业,每天产生大量的工业污水;二是这些污水严重污染松花江,引起下游地区甚至俄罗斯的异议。可是,由于长春市以后又采用"腾笼换鸟"的方式,将这些高污染企业迁移到市外。这样,长春市工业污水大量减少,根本达不到原长春汇津日处理39万吨污水的设计要求。因此,这种所谓的公益性与行政特权相冲突,实质就是拥有城市规划权的政府,

---

① 参见姜明安主编:《行政法与行政诉讼法(第二版)》,法律出版社,2006年版,第242页。

有能力使区域性公共利益发生实质性变化。从表面上看,长春市政府因公共利益发生变化而代表本地区全体居民作出相应的政策调整,但实际上却是有关政府官员在这个问题上出现"短视"的问题,没有足够估计一定时后可能出现的情况。所以,政府在公共事业合作关系中拥有和行使相应的行政特权,应当具有一定的预见性,能够妥善处理公共性改变后的利益关系;应当为自己刻意追求公益性项目客观条件发生重大变化的行为,承担相应的责任。笔者以为,行政合同中权力(利)因素存在固然是基于公共利益的需要,但从实践的角度看,公共利益优先理念在现实生活中还显得过于空泛,应当依法加以规范和引导。从理论上讲,行政主体是凭借公共利益的需要而存在和行使权力的,但如果将公共利益的判定权和执行权全部赋予这些行政主体,就可能出现权力被滥用的情形。这里有一个显而易见的道理,行政机关固然是公共利益的守护神,但是,如果它不具备"神"的全知全能,误判了公共利益及其实现形式,同样可能导致社会生活的不公平。因此,"汇津事件"最终以政府回购的形式了结,也是一种不了了之的办法。

再次,公权组织必须依法行使其行政特权。结合原国家建设部的《市政公用事业特许经营条管理办法》,我们可以发现,行政法中关于正当程序的基本原则及制度,并没有在这个涉及行政合同的法律文件中体现。例如,其中关于公共利益征用补偿的第三十二条规定:"确因公共利益需要,政府可以收回特许经营权、终止特许经营协议、征用实施特许经营的城市基础设施、指令特许经营者提供公共产品或者服务,但是应当按照特许经营协议的约定给予相应补偿。"却无其他诸如听证等相关程序性制度规定,似乎就显得行政特权过于强势。笔者认为,行政合同作为一种可替代传统行政行为的法律行为,行政主体方当然应当保有一定程度的行政特权,但是,我们仍然需要从公法角度建立相关行政程序制度来约束行政特权,以保障行政相对人的合法权利。显然,这个问题不仅是公用事业公私合作制的法学死角,同样也是我国整个行政法律制度建设的盲区。

现代行政法治理论认为,一套体现正义与效率的程序更符合行政合同的本质要求,从权力正当行使的角度,如果影响到对方当事人的权益,则必须遵循正当的程序。因此,我们可以将公用事业公私合作制中行政特权的行使程序概括为以下三个方面:一是严格行政合同的签订程序。行政主体虽然对合同相对方及合同内容具有决定权,但签订合同仍应遵守审批、公示、听证等程序,或通过招标等公平竞争方式确定相对人并与之签订合同。① 二是行政合同的变更、解除应当遵守现行告知,说明理由、补偿听证的程序。三是在行政合同监督、制裁过程应遵守违约行为调查—认定—做出书面的制裁决定的程序,并说明事实理由和法律依据,对已经作出的决定,必须告知合同相对人使其获悉内容,并告知异议期限及方式。

2. 依法完善公用事业公私合作制的政策性风险防范机制

根据世界各国的经验,采用PPP模式提供准公共产品并非毫无风险,其政策性风险主要包括以下五种情形。

一是效率风险。实践表明,在推进公用事业公私合作制的过程中,容易使有关地方政府及其工作部门偏重于关注自身权力的实现,卸载财政包袱等狭隘政绩事项,因而对外部资本的引入,往往看重对方的包装而不注重有效竞争机制的构建,甚至将某项公用事业的垄断环节与非垄断环节捆绑销售,"一揽子"地转交给商业投资者而任其摆布。这样做的结果,往往是将国有企业的低效率变为民营企业的低效率,由此产生的消极后果最终只能由整个社会来承担。

二是公平风险。从理论上讲,政府将提供公共产品的职能委托给了商业组织,但该项公用事业的公益性并未发生变化。因此,人民群众会按照从前的习惯来看待提供这种公益服务的商业组织,并要求它们积极履行相应的社会义务,承担相应的社会责任。然而,实际情况并不乐观。世界银行承认:"大量私营企业参与供水和卫生设施服务,并不必然意味着穷人能够得到更好的服务。除非服务合同是

---

① 参见:《北京市城市基础设施特许经营条例》(2005),第7~11条。

仔细制订的,否则这些合同可能会将为低收入地区提供的服务排斥在外,并形成地方垄断企业。"例如,英国电信引入私营企业之后,采用了更有利于资费收缴的制度改革。对此,行政监管当局承认,在1990~1995年间,个人消费者所付价格下跌1％,而工商业用户却降了20％。

三是公共安全风险。包括供水、供气、供电、公共交通等公用事业,其本身就具有较高的安全风险,一旦出现事故,社会影响巨大。但是,对于任何一个产业或事业,只要是按照市场机制组织运行,其经营者必然追求自身利益的最大化而不是公共利益的最大化。这样,存在或引发公共安全事故的隐患就必然增加。当然,国有企业或事业单位负责此类产品的生产经营,并不一定能保证相关公用事业产品的绝对安全,但是,它们是以政府信誉作保证的。但是,商业组织在法律上一般只负"有限责任",再加其经济利益最大化的内在驱动机制,这就使得公共安全的风险相对增加了。例如,2003年8月28日傍晚,英国首都伦敦和英国东南部地区发生大规模停电事故。由于时逢下班高峰,地铁和火车停运使伦敦的交通出现大混乱。英国《卫报》撰文批评布莱尔政府推行的有关政策是此次事故的罪魁祸首。

四是腐败风险。市政公用事业产品的社会需求相对稳定,受经济周期波动的影响很小,整个行业具有良好的现金流和稳定的经济回报。因此,公用事业领域存在着潜在的巨大的利益空间,是许多商业资本集团渴望进入的领域。这样,在推行公用事业公私合作制的整个过程中,就容易出现权钱交易的腐败现象。世界银行指出,对于那些没钱和社会关系的穷人来说,公共卫生或者公共安全服务上轻微的"腐败可能具有毁灭性的结果"。

五是政府合法性风险。各国政府采用公私合作制来生产供应有关公用事业产品,往往出于减轻财政负担的目的,这就容易给政府的合法性造成挑战。一方面,往往只有那些拥有巨额资本的利益集团,才有可能获得特许经营权;另一方面,商业资本凭借特许经营权建立起来的垄断性运营模式,往往会把消费者强制性地捆在自己的盈利机制之上。例如,菲律宾首都马尼拉市将本来是地方政府管理的水公司变为外资和当地资本合作的企业经营。改革四年之后,该市水务公司无视居民平均水费已经增加很多的事实,仍然以亚洲金融危机为借口,向市政府提出修改合同,提高水价的要求。这些要求被拒绝后,商业资本于2002年12月单方面提出,要来提前终止合同。关注此事的国际人士指出,菲律宾首都的公用事业项目遇到如此尴尬的局面,"严重影响了政府的威望,民选总统都受到了不良影响"。同样,因为公用事业改制而导致政府陷入合法性危机的事例,在玻利维亚、加拿大等国家都曾出现过。

那么,怎样规避或控制这些政策性风险呢?笔者以为,主要可以从以下四个方面总结或探索有关路径。

第一,针对公用事业项目具有资金需求量大、运营周期长、经济收益稳定等特点,可以通过严格设置项目条件的方式来控制政策性风险。原国家建设部《管理办法》第七条规定了参与特许经营权竞标者应当具备七个条件,但对于什么样的公用事业项目可以采用授予特许经营的模式引入商业组织,只作了原则性规定和授权,因而出现各地做法不同的现象。例如,2003年8月20日通过的《河北省市政公用事业特许经营管理办法》中规定,市政公用行业实行特许经营的范围包括:城市供水、供气、集中供热、污水处理、垃圾处理、公共客运交通等直接关系社会公共利益及涉及有限公共资源配置的行业。2009年10月22日通过的《成都市人民政府特许经营权管理办法》规定,直接关系公共利益,涉及公共资源配置和有限自然资源开发利用的项目,可以实施特许经营,包括:①城市供水、供气、供热;②污水处理、垃圾处理;③城市轨道交通和其他公共交通;④法律、法规、规章规定的其他项目。显然,由于各地的做法不尽相同,便会加大政策性风险,故因给予统一。至于原国家建设部《管理办法》的授权——"实施特许经营的项目由省、自治区、直辖市通过法定形式和程序确定",由于这个条文太原则、太模糊,故不便于控制政策性风险。笔者以为,应当按照"分权制衡、程序优先"的原则,将这种规定细则化:一是将建设项目是否属于公共利益的判定权,交各地人大票决;二是明确行政部门在提供建议或议案时,应当有听证的必备程序;三是当项目初审之后,应当作全民公告,公示期满而没有异议,或者出现异议都能够给予妥善解决,或者能够与提出异议的相对人协商一致的,方可批准执行。

第二,进一步完善并严格执行关于公共事业项目的特许投资经营者的选择程序。原国家建设部《市政公用事业特许经营管理办法》规定了特许经营权竞标和选择的程序:①提出市政公用事业特许经营项目,报直辖市、市、县人民政府批准后,向社会公开发布招标条件,受理投标;②根据招标条件,对特许经营权的投标人进行资格审查和方案预审,推荐出符合条件的投标候选人;③组织评审委员会依法进行评审,并经过质询和公开答辩,择优选择特许经营权授予对象;④向社会公示中标结果,公示时间不少于20天;⑤公示期满,对中标者没有异议的,经直辖市、市、县人民政府批准,与中标者签订特许经营协议。显然,这种规定与《招标投标法》相比较,显得较为粗糙。从法理上讲,公开选择公共事业项目的特许经营者,属于政府采购的范畴,这种行为应当受《政府采购法》和《招标投标法》的约束。但从近年来的实际情况看,大部分市政公用事业特许经营项目并没有按照有关法律法规的要求实行向社会公开招投标,只是由地方政府采用协议招标的形式,只向少数与政府关系密切的社会资本发出招投标要约,从而将许多符合条件的投资者挡在了市政公用事业特许经营项目投资市场的门槛以外,使他们失去了参与项目公平竞争的机会,造成了事实上的投资机会的不平等。由于议标的方式容易出现暗箱操作,难以防范腐败风险,因而应当在立法上予以明令禁止,并明确规定必须依法采用公开招投标的形式,邀请所有符合条件的商业组织参与竞争。这样,既可以让参与竞争的各个商业组织有机会认真评价取得特许经营权的经营风险,也可以让全体社会成员了解具体情况,从而认同政府的承诺或做法,共同控制可能出现的政策性风险。

第三，建立公共信息平台，加强公共事业项目的建设与运行社会监管，从信息和舆论的角度防止公共利益虚化。《管理办法》规定了特许协议的主要内容，并规定了双方当事人的责任，为建立健全社会监管机制奠定了基础。但是，实践表明，仅此还不充分，还需要建立关于公共事业项目建设与运营的共享信息平台，同步向全体社会成员公开，主动接受人民群众的监督。而且，由于市政公用事业项目关系到普通消费者的生活，他们有权了解这些产品的生产情况，故投资方和政府均有义务构建公共信息平台，及时将有关信息通过公共媒体等形式向社会公告。由于公用事业产品及服务的不可替代性，对于有关的一些重大问题，作为消费者的城乡居民当然有权知悉并通过合法渠道表达自己的利益诉求。然而，在现实的特许经营运作过程中，地方政府往往为了减少麻烦和工作量，常常有意无意地"三缄其口"，让普通市民既无从知晓，也无法参与，消费者群体的力量被严重忽略，社会公众对市政公用事业特许经营更无法享有其知情权、建议权。所以直辖市、市、县人民政府应当建立社会公众参与机制，保障公众能够对实施特许经营情况进行监督。

第四，严格执行《价格法》的有关规定，完善价格监管机制。毫无疑问，政府对公用事业的监管，集中体现在对其价格的监管上。大体而言，各国政府的公用事业价格管制通常采用利益平衡的原则，即综合考虑经营者的收益、社会承受能力、透明度、对社会总体经济增长的影响。例如，英国对公用事业价格的规制是控制其价格水平，政府依法采用最高限价模型来控制公用事业价格，价格调整主要取决于一定时期的通货膨胀率和企业效率的提高。法国对公用事业价格的监管主要通过综合协调机制，其特点主要为：一是价格必须经市政议会讨论确定。二是价格应当由社会中介机构测算得出。在测算中，比如水的销售价格和废水处理价格，要考虑收支平衡、产量或消费量、经营形势变化、税收等因素。三是对价格和企业收入定期复核调整。四是在发生争议的情况下，可以通过专门的仲裁机制来解决。

在我国,根据《价格法》的规定,公用事业价格的监管机构为县级以上人民政府的价格主管部门,定价原则还有待完善。因为,现行法条所确立的是"成本加合理利润"原则,而"合理利润"是事先确定且长期不变的,那么,公用事业企业产品的制造成本便成为定价的主要甚至是唯一的因素。但是,由于原公用事业的生产单位往往是有关行政部门的附属机构,对成本的理解与控制往往不太重视,许多公用事业生产单位的成本都是一笔算不清的糊涂账。这样,在没有历史数据的情况下,政府关于特许经营权的有关规定,往往被商业组织及其雇佣的"专家"所忽悠。所以,如何认定并控制公用事业的成本也成了政府价格监管成功与否的关键。对此有两种改革思路:一种思路是,改变"成本加合理利润"的定价思路,参考英国的最高限价模式,设计一种符合中国国情、具有操作性的定价公式,让经营者可以通过提高效率来增加收益。另一种思路是,在不改变现行定价原则的基础上,对定价因素中的"成本"部分严格审计,并在一般定价的基础上合理运用季节价格、时段价格、社会公益性价格等多种公用事业价格形式,对普遍服务承担者、低收入者等给予补贴。

3. 关于公用事业公私合作关系中政府角色及其法制化

毋庸讳言,采用公私合作制来兴办公用事业,并非一帆风顺,而是伴随着不断地发现问题和不断地产生学术争论。关于这些问题和争论,我们可以概括为"五个悖论",集中体现了因政府扮演了多重角色,不仅出现价值平衡的困难,还受到利益博弈的影响,因而需要依法加以规范。

一是产权悖论。根据民法"谁投资谁所有"的原则,如果商业组织充分履行和承担了投资责任和风险,那么,对于由此形成的合法资产应当享有占有、使用、收益和处分的权利。由于公用事业项目所提供的产品往往为全社会成员所需要,为了保护这些弱势的受益群体免受这种巨额资本的侵害,行政部门需要承担监管责任,强制性地限制出资集团有关合法权利的行使。这样一来,以民法所建立和代表的财产权制度与市场机制就难以正常发挥作用。同样,如果完全听任商业组织充分行使其所有者权利,那么,所有的不特定人都负有尊重出资人有关权利的义务,而且,政府等国家机关还负有保护这些合法权利免受非法侵犯的责任。那么,这些巨额资本为其自有资产的增值或保值所作的各种努力,就可能导致社会弱势群体进一步丧失其生存和发展权。这样一来,传统的财产权制度与单纯的市场机制反而成为导致社会冲突的根源,由此便产生了两个问题:其一,市场主体的财产权利出现了不确定性;其二,政府的信用出现了不完备性。

二是效率悖论。采用行政特许经营的方式将商业主体引入公用事业领域,其重要目的之一就是希望借此提高该行业的市场效率。但从实证研究的成果看,即使私营企业进入公用事业领域,也未必能够改善公用事业领域的市场效率。例如,Junker1975的研究成果表明,在欧洲各国的电力行业中,民营企业与国有企业具有基本相同的效率。而且,之后Atkinson和Halvorsen等人于1986年所作的跟踪调查发现,这些国家电力行业中的民营企业与国有企业,不仅具有几乎相当的效率水平,且都存在效率逐渐降低的趋势。而且,这种观察结论还得到其他行业有关研究报告的印证。如Caves、Christensen和Swanson等人于1980年的研究报告称,他们发现在欧洲和北美的铁路行业中,民营企业与国有企业在生产效率方面无实质性差异,且往往低于其他行业的平均效率水准。对此,英国学者马丁和帕克有一个概率性规律的总结:在竞争比较充分的市场上,企业私有化后的平均效率会显著提高;而在垄断市场上,企业私有化后平均效率的提高并不明显。由此可以解释,像伦敦铁路这种具有准公共性的领域,为何在商业组织入主之后出现了服务水平下降的问题。其实,市场化的经济合理性主要在于它能促进竞争,至于市场化本身能不能产生竞争,就取决于市场化的形式及其所处的行业环境和市场结构。这就是说,如果政府简单地利用行政特许经营将商业组织引入具有自然垄断性的公用事业部门领域,此举丝毫不能刺激竞争,也不能对市场结构产生实质性的改变,其结果仅仅是将垄断性的国有企业转换成垄断性的民营企业，不仅不能提高效率，反而可能造成效率萎缩。

三是价格管制悖论。尽管前文将"加强价格监管"作为控制政策性风险的对策之一，但我们必须承认，这种做法也只能实现程序或形式正义，而并不能解决深层次的实质问题。因为，由政府实行价格管制本身就存在着理论问题——如果政府能够发现或形成一个有效的公用事业产品的市场价格，那么，政府为什么要把公用事业交给商业组织去运作呢？尽管大家都知道价格是由成本和利润构成的，但由于政府在组织公共产品生产时往往并不关心投入—产出的核算，因而很难了解真实的市场成本。反之，如果政府不知道或不愿知道真实的市场价格，那么，它凭什么来管制价格呢？

四是福利悖论。毫无疑问，通过公用事业公私合作制而引入商业组织，其目标就是要提高社会成员的福利。可是，商业组织都是"经济人"，都希望通过自己的投资与管理获得尽可能高的经济回报。这就意味着，通过行政特许经营协议而实现政企分开，虽然可以让公用事业产品的生产经营者获得发挥自身优势的环境条件，但是，商业组织自身效率的提高并不等于社会福利的提高，对追求利益最大化的商业组织来说，追求社会福利的提高，反而可能意味着经济上的损失。如果它们的这种损失得不到相应的弥补，它们必然违反公共服务的可承受性和非歧视性原则。这就出现新矛盾——以增进社会成员福利为出发点的改革，却收到了适得其反的结果，即对那些在数量上占较大比例的社会弱势群体，其相关社会福利可能绝对或相对地受到损害。

五是责任悖论。人们都倾向于认为，提供充分的公用事业产品是政府不可推卸的责任。但推行公用事业公私合作制之后，政府把自己在这一领域的责任推给了商业组织。可是，如果商业组织在这个领域得不到平均利润，它们就可能千方百计地规避有关社会责任。而一旦出现这种问题，最终仍然会出现人民群众问责政府的事件。这样一来，有关社会责任就成了"足球"，被大家踢来踢去。

毫无疑问,由于这"五个悖论"的存在,充分说明了公用事业公私合作制本身就是一个利弊兼有的社会事物,需要依法规制,才能扬长避短,兴利除弊。笔者以为,由于利用公私合作制生产公共物品本身还是个新生事物,故需要得到社会各界的关心、支持和爱护。从理论上讲,政府采用授予行政特许经营权的模式引入商业组织参与公共物品的供应,并没有减少政府的公共服务提供责任,只是将自己所扮演的角色复杂化了而已。过去,政府可以比较单纯地思考问题,现在却至少承担着三重角色的责任和义务[①],即规则的制定者与执行者、公共服务的采购者和提供者、利益关系的协调者和公共服务的监管者。显然,只有进一步建立健全相关法律制度,才能够有效规制和敦促政府积极、妥善地处理好这些社会矛盾。

首先,应尽快完善有关立法,规范政府既是规则制定者又是执行者的情形。

目前,对市政公用事业特许经营进行规范管理的法律依据,最主要的是原国家建设部于2004年2月24日颁布实施的规章《市政公用事业特许经营管理办法》以及有关部门的相关条规,因而存在着三个方面的问题。一是该部规章颁布的时间比较早,仅对市政公用事业特许经营作出了一些原则上的规定,存在着特许经营范围狭窄、反垄断规定缺失等诸多问题,难以适应当前市政公用事业特许经营快速发展的形势。二是由于该部规章的法律阶位较低,执行力度不够,故难以对市政公用事业特许经营活动进行有效的规范。三是这种"马赛克"式的立法模式,影响了制度建设的社会效应。

笔者建议,全国人大常委会和国务院应适时启动立法程序,制定《市政公用事业特许经营法》或者《市政公用事业特许经营条例》,明确市政公用事业特许经营的法律地位,明确市政公用事业特许经营的范围以及管理主体、投资者的权利义务及法律责任,将市政公用事业特许经营纳入法制化管理轨道。其主要理由有两个:其一,我

---

① 参见余晖、秦虹主编:《公私合作制的中国试验》,上海人民出版社,2005年版,第81~82页。

国市政公共设施建设是一个极大的"蛋糕",需要加强法制规范。目前,国内外都看好中国大陆市政基础设施建设市场的发展前景。例如,2006年3月,亚洲发银行、日本国际协力银行和世界银行发布合作研究的成果《连接东亚:基础设施的新框架》,就预测了东亚发展中国家未来将以每年超过1600亿美元投资修建道路、供水、通讯、电力和其他基础设施,以满足城市迅速扩大,人口增加和私营部门日益旺盛的需要。其中中国相关投资占80%,即每年超过1300亿美元,折合人民币为1.7万亿。国家住建部官员预测:尽管国家实行了严格的房市宏观调控政策,但是,中国内地的城市化发展速度仍然会比较高,而且,由于实行保障房、廉租房等惠民政策以及实行积极的财政政策和扩大内需的调控目标,市政公用设施建设仍旧会保持高速增长的势头,到2013年将占当年城市固定资产投资的35.3%。其二,依法规范政府既是PPP规则的制定者又是其执行者的双重社会角色。由于这其中存在大量的立法空白,各地往往都是在混淆规则制定者与执行者的关系上,选择有利于自己的角色。例如,河北省《市政公用事业特许经营管理办法》是由该省建设厅指定的,显然存在自己给自己定规矩的情况。而前文所述的长春市"汇津案件",其重要根源之一,就是该市政府自己给自己制定了"管理办法"。由于起草、颁布与废止这种规范性文件都是该市政府的职权行为,所以,它什么时候感到对自己不利时,即可随时将它废弃。

显然,按照法治社会"立法者不执行,执行者不立法"的原则,国家应当把有关的规则创制权上收,交由法律统一规定,以此消除或减少不必要的社会矛盾。

其次,转变政府职能,强化和规范公共服务的采购、定制和供应机制。

从总体上看,我国政府目前仍然以政治职能、经济职能为主,因而往往将公共服务的采购、定制与供应机制纳入政绩工程配角来考虑。对于这种情形,必须予以根本性改造。

一方面, 应当根据政府的现代职能而改变有关机构的人员结构,提高业务素质。目前,我国各级政府及其工作机构中,真正懂得公用事业产品和供应机制的官员为数极少,主要依靠"外脑"来处理相关业务事宜,这严重制约了政府职能的转变。对比,我们应当认真总结经验和教训,大胆启用接受过系统专业知识和技能培训的人士担当重任,并对有关机构的现职人员进行全面性培训,使其能够了解有关科技新成果、先进工艺技术和设备,掌握处理相关问题的法律知识和技能。只有坚持以人为本,依靠科技进步,建立一批业务水平高、法制观念强的公用事业专业管理和执法队伍,才能将先进科技成果转化为本地区、本城市的市政公用新产品,才能提高有关公共产品的采购质量和供应能力。

另一方面,应当依法界定和规范公共产品采购与供应的关系。一般而言,在公共产品的采购与供应之间,后者应当是政府的基本定位,只是为了更好地履行供应职能才将一部分公共产品的生产剥离出来,通过定制和采购来满足社会需求。也就是说,公共产品供应者的身份是"本源",而定制和采购者的角色则是由此而派生出来的。但现在已经出现了一种非常令人担心情况——有些地方政府主要是根据自身利益来决定哪些公用事业产品自己生产,哪些外包给商业组织。而且,有些拥有巨额资本的商业组织也看准了这些政府官员的政绩心理,挖空心思地设局,让那些素质不高的官员往里跳,因而出现了一些不规范的行为,既造成国有资产流失,又造成公用事业产品价格大幅上涨的局面。

从理论上讲,关于什么是公用事业产品,哪些公用事业产品可以采用公私合作的方式供应,并没有绝对的标准和界限,而是根据生产力水平和政府职能定位来确定的。事实上,原国家建设部的《管理办法》授权各地政府自找把握公用事业的范围,就是基于这种社会历史现状和立法水平。如果各级地方政府不能从本质上理解自己的法定职能,只是为了省事、单纯追求政绩,就可能出现偏差,将公用事业产品的定制、采购机制变成酝酿社会矛盾的温室。笔者以为,我们应当在有关立法之中明确划分政府的这些多重角色中的层级,明确界定这些不同层级的职能之间的秩序关系。例如,公共产品的生产职能应当高于定制、采购职能,应当优先履行。只有纯化了政府公共事务的社会角色,才能妥善处理政府有关社会角色的冲突,杜绝借机寻租的不良现象。

另外,强化政府的社会责任,依法充当利益关系的协调者和公共利益的监管者。

我们知道,采用公私合作的形式生产和供应公用事业产品,将传统的公物消费关系复杂化了。或者说,商业组织因获得特许经营权而跻身公用事业领域,将过去的"两人世界"转变为"三人世界"。在传统的公共产品供应模式之中,政府作为公共产品的供应者,人民群众作为这些产品的消费者,这是比较直观、自然的"两人世界",即便出现一些争议也很容易得到沟通和解决。然而,随着商业部门的介入而打破了这种简约直观的社会关系,这不仅意味着社会分工由此得以深化,同时也使利益关系进一步复杂化。

中央党校张衡山教授曾专门建立过一个数学模型:"三人世界理论",穷尽地分析了在这种条件下的社会演变规律,揭示了人类社会出现制度和依赖制度实现社会治理的必然性。不过,在公用事业公私合作制所出现的"三人世界"中,这三个"人"并非处于平权对等的境地。例如,基于前文所介绍的情形,政府拥有行政特权是一个显而易见的事实。这样,政府在这里既是一个独立的利益主体,同时又是一个权重大于其他主体的特殊主体,因而才有能力成为其他两种利益主体的协调者。显然,这种情形与张衡山教授的"三人世界理论"有所不同。在张教授的数学模式中,由于局中人都是平等的主体,因而最终只能通过制度的创设和贯彻执行来实现和维系社会秩序和利益平衡。那么,这种平权世界的理论能否运用到这里来呢?笔者以为,张衡山教授的数学模型是一种单纯的理论抽象,完全可以在这种理论演绎的基础上加载更多的内容,而这种增加模拟条件的理论结论只对这些给定条件之间具有必然联系,因此,其思想方法之间具有共性,而分析结论之间可以比较但不能简单移植。

　　显然,在公用事业公私合作制的"三人世界"中,张衡山教授的"制度形成与制度依赖的必然性"结论依然成立;但由于这里对"制度"的要求和创设机制有所不同,所以应当依法明确政府在这种新型社会分工之中拥有相应的特权,并依法予以规范。这就是说,在这新型的"三人世界"中,局中人之间固然存在相互依赖、相互制约的关系,但政府作为特殊的局中人,拥有相对更大的权力和责任,而且需要更加严格地加以规范。

后 记

由于本书涉及当今时代最新的课题,故撰写难度颇大。虽然经过多次教学实践和参加有关调研活动,但是,对本书所涉及的课题仍然没有减轻丝毫的重量,以至于参加课题的一些同志多次萌生退意。故此,本书的撰写足足经历了三个年头,且有许多部分多次推倒重来,几易其稿。现在终于能够杀青,大家颇有如释重负之感。唯愿我们的辛劳能够有助于我国法治建设的进程,有助于我国政府的职能转变,有助于广大人民群众能够分享改革和法治进步所带来的红利。

本书各章撰写分工为:绪论、第一章,李延铸(四川省委党校—四川行政学院);第二章,杜炳昌(四川省委党校—四川行政学院法学);第三章,邵宴生(四川省委党校—四川行政学院);第四章,蒋文(四川省委党校—四川行政学院);第五章,李延铸、杜小勇(成都市城市管理研究院)。本书由主编、副主编确定选题,编制撰写提纲和统稿。

　　本书能够出版，感谢四川省委党校四川行政学院的各位领导和有关部门工作人员的关心、支持和帮助。感谢四川大学法学院徐继敏同志在百忙中审读全书，为我们修改、完善和进一步深化本课题的研究，提供了宝贵的意见和建议。感谢成都市城市管理研究院，为我们提供了进行有关实证研究的场所和数据。感谢为本课题研究和撰稿提供各种有益帮助的其他各位友人。

作　者

2012年5月28日